Carsten Damm
Die Politisierbarkeit ökonomischer Modellwelten

Arbeit und Organisation | Band 17

Editorial

Die Reihe **Arbeit und Organisation** bietet theoretischen und empirischen Studien der Arbeits- und Industriesoziologie sowie der Organisations- und neuen Wirtschaftssoziologie eine gemeinsame editorische Plattform. Dabei stehen Themen wie die Digitalisierung der Arbeitswelt, Analysen gegenwärtiger Organisationsentwicklungen und deren Effekte auf Individuum und Gesellschaft sowie Untersuchungen von (alternativen) Wirtschaftsformen, Märkten und Netzwerken im Zentrum. Dies macht einen umfassenden Diskurs sichtbar, der den soziotechnischen und sozioökonomischen Wandel nebst dessen Konstitution und Ursachen zu verstehen hilft. Die Reihe schließt Monographien und Sammelbände ebenso ein wie Qualifikationsarbeiten und längere Essays.

Carsten Damm, geb. 1988, arbeitet als Software-Entwickler und -Architekt mit den Schwerpunkten Cloud, DevOps und Data Science. Er promovierte an der Staatswissenschaftlichen Fakultät der Universität Erfurt in den Fachrichtungen Wirtschaft und Gesellschaft.

Carsten Damm

Die Politisierbarkeit ökonomischer Modellwelten

Zum Einfluss der Wirtschaftswissenschaft auf die Gesellschaft

[transcript]

Gefördert durch die Jutta Heidemann Stiftung, Erfurt
www.heidemann-stiftungen.org/jutta-heidemann-stiftung

Dissertation der Universität Erfurt, 2022

Gutachter: Prof. Dr. Frank Ettrich, Prof. Dr. Carsten Herrmann-Pillath, Prof. Dr. Thorsten Thiel, Prof. Dr. Guido Mehlkop

Bibliografische Information der Deutschen Nationalbibliothek
Die Deutsche Nationalbibliothek verzeichnet diese Publikation in der Deutschen Nationalbibliografie; detaillierte bibliografische Daten sind im Internet über https://dnb.dnb.de abrufbar.

Erschienen 2024 im transcript Verlag, Bielefeld

Umschlaggestaltung: Maria Arndt, Bielefeld
Lektorat: Christine Schirmer
Satz: Carsten Damm
Druck: Elanders Waiblingen GmbH, Waiblingen
Print-ISBN 978-3-8376-7533-7
PDF-ISBN 978-3-8394-7533-1
https://doi.org/10.14361/9783839475331
Buchreihen-ISSN: 2702-7910
Buchreihen-eISSN: 2703-0326

Gedruckt auf alterungsbeständigem Papier mit chlorfrei gebleichtem Zellstoff.

Für meine Eltern

„Nec multis verbis nec circumitu longo, quod sit summum bonum, colliges; digito, ut ita dicam, demonstrandum est nec in multa spargendum."

Seneca

Inhalt

Danksagung

Ohne die Hilfe unzähliger Menschen, von denen ich hier nur einen Teil auflisten kann, wäre die vorliegende Arbeit undenkbar gewesen. Der Jutta Heidemann Stiftung danke ich für die großzügige finanzielle Unterstützung sowie die zahlreichen Austauschmöglichkeiten mit Stipendiatinnen und Stipendiaten anderer Fachrichtungen.

Frank Ettrich danke ich für die exzellente akademische Betreuung an einer langen Leine mit recht bemessenem Zug. Tobias Rötheli hat mich gelehrt, die Sprache der Ökonomik besser zu verstehen. Dafür danke ich ihm. Bettina Hollstein, Andreas Pettenkofer und Carsten Herrmann-Pillath vom Max-Weber-Kolleg sowie den Mitstudierenden an der Professur für Strukturanalyse moderner Gesellschaften der Universität Erfurt danke ich für das ermutigende Interesse am Thema der Arbeit sowie den damit verbundenen Diskussionen.

Ich bedanke mich auch bei den Kolleginnen und Kollegen von CGI für ihr stets offenes Ohr und ihre Bereitschaft zur kritischen Diskussion, vor allem über sozialwissenschaftliche Themen. Darüber hinaus hat mir CGI für mein Projekt den nötigen Freiraum gewährt.

Nicht zuletzt danke ich meiner Familie und meinen Freunden für den unbedingten Rückhalt, der nicht nur diese Arbeit, sondern auch deren Autor möglich macht. Für die technische Ermöglichung des empirischen Forschungsdesigns danke ich der Open-Source-Community, insbesondere den Contributors von *LimeSurvey* und dem Team von *toolsforresearch.com*. Für ein äußerst sorgfältiges Lektorat mit zahlreichen wertvollen Hinweisen danke ich Christine Schirmer.

Vorwort

Für den Begriff der »lehrbuchstabilisierten Unterscheidungen« kann ich (Nassehi und Nollmann, 2016, S. 7) wohl nicht genug danken. Denn dieser erlaubt es mir vielleicht, meine folgenden Ausreden wenigstens mit Autorität zu versehen. Die vorliegende Arbeit mischt nämlich nicht nur soziologische Theorien bunt durcheinander, sondern greift zudem höchst selektiv auf andere Disziplinen über, sodass es den Anschein haben könnte, als *zielte* der Autor geradezu auf Abweichung, um auf diese Weise polemisch-selbstdarstellerischen Interessen zu genügen.

Diesem wohl unwiderlegbaren Eindruck kann ich nur die Hoffnung entgegenhalten, dass sich der einheitliche Problembezug zu erkennen gibt: Das nunmehr acht Jahre währende Bemühen dient der Absicht, wissenssoziologisches Licht auf das Problem der Performativität ökonomischer Modelle zu werfen. Doch ging es mir dabei nicht um Situationen, in denen ökonomische Experten aus der Wissenschaft amtierende Politiker beraten. Vielmehr stand die Frage im Vordergrund, wie ökonomische Modellwelten gerade auch Akteuren außerhalb des Wissenschafts- und Politikbetriebs dabei helfen, politischen Ansprüchen »im Kleinen« intersubjektive Geltung zu verschaffen.

In einem Seminar über Beiträge der französischen Wissenssoziologie zum Verhältnis von Wissen und Politik bin ich auf die Rechtfertigungssoziologie von (Boltanski und Thévenot, 2008) aufmerksam geworden. Während ich dann später im Rahmen meiner Masterarbeit den internationalen Diskurs der Arbeitsmarktökonomik unter politisch-historischen Gesichtspunkten studierte, verbanden sich diese Gedanken in meinem Kopf mit der Rechtfertigungstheorie nach Boltanski und Thévenot zu der Idee, welche dieser Arbeit zugrunde liegt.

Sich diesem Thema allein auf theoretische Weise zu nähern, verbot aus meiner Sicht schon der Gegenstand selbst: Wie könnte eine Theorie des Zusammenhangs zwischen Theorie und Praxis glaubwürdig reine Theorie bleiben? So entstand die Idee eines empirischen Forschungsdesigns, in dessen Zentrum die sogenannte Q-Methode stehen sollte, weil mir diese geeignet schien, latente Politisierungsmuster im Gebrauch ökonomischer Modellaussagen aufzudecken. Die Befragung über einen in der Cloud gehosteten Online-Fragebogen abzuwickeln, versprach für mich einen geringeren Rekrutierungsaufwand als bei der Durchführung von Präsenzterminen. Doch obwohl man die Fragen recht bequem sogar vom mobilen Endgerät aus beantworten konnte, gestaltete es sich für mich unmöglich, genügend Leute der entsprechenden Zielgruppe von der Teilnahme zu überzeugen. So kam es zu einer längeren Phase zwischen Erfindungsreichtum und Resignation, bis ich mich dazu entschloss, eine externe Agentur damit zu beauftragen, geeignete Personen auf den von mir selbst zur Verfügung gestellten Online-Fragebogen zu leiten.

Dieser Weg sollte sich als erfolgreich erweisen: Tatsächlich gelang es mir, genügend Arbeitnehmer, Arbeitgeber und Arbeitslose der soziographisch kontrollierten Zielgruppe dazu zu bewegen, 20 charakteristische Modellaussagen zu bewerten, die ich zuvor mithilfe der Rechtfertigungstheorie von (Boltanski und Thévenot, 2008) aus dem älteren und jüngeren Diskurs der Arbeitsmarktökonomik rekonstruiert hatte.

Insgesamt gleicht die Entstehungsgeschichte der vorliegenden Arbeit einer Odyssee, deren Ergebnis ich nun in der Hoffnung vorlegen darf, der geneigten Leserin[1] eine ähnliche Irrfahrt zu ersparen.

Carsten Damm
Erfurt, 2024

1 In der vorliegenden Arbeit wird das grammatikalische Genus in zufälliger Abwechslung verwendet. Während des Schreibens nutzte ich einen Zufallsgenerator, um die Genera auszuwürfeln.

Abbildungsverzeichnis

Tabellenverzeichnis

Einleitung

Ein Verständnis von politisierender Performativität ökonomischer Modelle zu entwickeln und es empirisch auf die Probe zu stellen, motiviert den vorliegenden Text primär. Ein ökonomisches Modell, so eine leitende These, bringt als solches auch eine Modellwelt mit, eine »World in the Model« (Morgan, 2012), von der sich in strittigen Situationen politisierender Gebrauch machen lässt. Zur Veranschaulichung hilft vielleicht ein bewusst absurdes Situationsbeispiel. Man stelle sich vor, eine arbeitende Person bekäme von ihrer Firma am Monatsende, anstatt Lohn ausbezahlt, die eigene Arbeitszeit in Rechnung gestellt. Ein Streit bricht aus, jedoch kein gewaltsamer. Die betroffene Person versucht, klarzumachen, dass *die* Welt *so* nicht funktioniert. Schließlich *gibt es* doch Unternehmen und Beschäftigte. Erstere haben Letztere für ihre Arbeit zu entlohnen, anstatt auch noch Geld dafür zu verlangen! Auch ohne sich explizit auf ein wissenschaftliches Modell zu beziehen, zeigt die Geprellte eine Arbeitsmarkt-Welt auf, in der die Transaktion als eine Art Vorzeichenfehler gilt. Hätte man stattdessen nicht auch einfach eine Verletzung des Arbeitsvertrags nachweisen und, ohne Sanktionsdrohung, darauf pochen können, dass Verträge doch einzuhalten sind?

Für weniger absurde Politisierungssituationen ökonomischer Modellwelten finden sich wohl zahlreiche Beispiele in der öffentlichen Berichterstattung über Tarifauseinandersetzungen oder Sozialpolitik, aber auch im ganz alltäglichen Arbeitsleben. Aus meiner Berufspraxis weiß ich von einem Beispiel zu berichten, anhand dessen ich im *ersten Kapitel* sozialtheoretisch explizieren möchte, was es heißt, eine ökonomische Modellwelt zu politisieren. Begrifflich vertrauen wir dabei auf einen Klassiker: Die Theorie symbolischer Kommunikationsmedien nach Talcott Parsons situationsanalytisch zu gebrauchen, weist auf, wie Akteure ökonomische Modellwelten wertorientiert einsetzen können, um koordinative Unsicherheit zu bannen. Man weiß nicht, wie gemeinsam weitermachen. Modellwelten explizieren konkurrierende Wirklichkeitsvorschläge so, dass sie sich anhand von Wertmustern mit gegenseitigen Verpflichtungen zu passenden Anschlüssen verdichten lassen.

Das erste Kapitel hat sein Ziel erreicht, wenn sich ein normativ informiertes Verständnis von Performativität entwickelt hat, wenn sich erhellt, wie die symbolischen Kommunikationsmedien *Einfluss* und *Wertbindung* bei einer *Politisierung ökonomischer Modellwelten* zusammenspielen. Als verfehlt wird aber das Ziel gelten, empirisch generalisierbare Aussagen über derartige Politisierungsmuster zu gewinnen: Wie politisieren unterschiedliche Subjekttypen unterschiedliche Modellweltfamilien? Die situationale Fixierung auf *einen* Personenkreis sowie *ein einziges* ökonomisches Modell, das zudem höchstens methodischen Bezug zum Wissenschaftsdiskurs unterhält, erlauben keine Antwort auf diese oder ähnliche Fragen. Mehr als eine situationsreflektierte Begriffsexplikation kommt im ersten Kapitel nicht heraus.

In den folgenden Kapiteln wird versucht, diese beiden empirischen Starrheiten aufzulockern: Das *zweite Kapitel* kümmert sich um die Varianz der Modellwelten, das *dritte Kapitel* um jene der beteiligten Personengruppen. Dabei beginnt jedes der beiden Kapitel mit einer theoretischen Grundlegung, welche dann jeweils in eine empirische Ausgestaltung übergeht.

An den symbolischen Kommunikationsmedien *Einfluss* und *Wertbindung* nimmt das theoretische Vorspiel des zweiten Kapitels den Faden des vorangehenden auf. Der funktionale Situationsbeitrag dieser beiden Medien wird auf die Unterscheidung zwischen Welt (*monde commun*) und Wertordnung (*cité*) nach der Rechtfertigungssoziologie von (Boltanski und Thévenot, 2008) abgebildet. Das von den Autoren vorgeschlagene »Analysegitter« (*grille d'analyse des mondes communs*) erlaubt es sodann, eine Pluralität politisierbarer Modellwelten aus dem älteren und jüngeren Diskurs der Arbeitsmarktökonomik zu rekonstruieren. Vier Modellfamilien lassen sich systematisch ausdifferenzieren und aus diesen wiederum je fünf charakteristische Aussagen, die sich wie »Fühler der [hier: modellweltichen, C.D.] Bildelemente« (Wittgenstein, 2003b, S. 15) zum empirischen Forschungsdesign austrecken.

Das *dritte Kapitel* zeigt auf, wie die charakteristischen Modellaussagen unter die Leute kommen. Wie verwenden verschiedene Personen die im vorherigen Kapitel hergeleiteten Modellaussagen? Wie können wir Informationen aus der Verwendungssituation zur Auswertung über die Zeit retten? Auf diese Fragen hat das Forschungsdesign Antworten zu geben. Beiden Fragen scheint aber eine tiefere zugrunde zu liegen: *Wie spricht man über Sprechen?* Anders als obiges Wittgenstein-Zitat nämlich suggerieren mag, tasten wir mit den Aussagen aus dem zweiten Kapitel keine fix-fertig-vorgängige Welt ab. Wir sagen beispielsweise nicht, *dass* es Unternehmen und Haushalte gibt, die sich »so und so« (Wittgenstein, 2003b, S. 55) verhalten. Wir *versuchen*, zu sagen, ob und wie Personen in Rechtfertigungssituationen so etwas sagen.

Wittgenstein exponiert im *Tractatus* Probleme sprachlichen Selbstbezugs in kaum zu überbietender Konsequenz. Seine spätere Beschreibung von Sprachspielen bearbeitet dieses Problem auf eine Weise, welche dem empirischen Forschungsdesign der vorliegenden Untersuchung auf die Füße hilft. Als Vignette bauen wir *ein* Rechtfertigungssprachspiel, das *verschiedene* Personen je einzeln so spielen können, dass Informationen über die Spielzüge auswertbar erhalten bleiben.

Die Ausführungen des dritten Kapitels *rechtfertigen* ein Forschungsdesign, welches die Defizite der egologischen Feldbeobachtung aus dem ersten Kapitel überwindet. Nicht mehr nur *eine* Person, die von der Politisierung bloß *einer* Modellwelt hauptsächlich aus der Erinnerung berichtet – eine Online-Befragung brachte die charakteristischen Modellaussagen der *verschiedenen* Modellfamilien digital dokumentiert mit *verschiedenen* Personengruppen zusammen: Arbeitslosen, Arbeitgebern und Arbeitnehmern[1].

Jede Person spielte von ihrem jeweiligen Endgerät aus ein Sprachspiel. Dieses bestand darin, sich vorzustellen, man sei vor dem Hintergrund einer Arbeitsmarktkrise in eine Fernsehsendung eingeladen worden und erarbeitete dazu gerade eine Rede mit einer vertrauten Beratungsperson. Diese schlägt einem nun, ohne weitere Angaben über den Kontext, die charakteristischen Modellaussagen vor: Wie, wenn überhaupt, würde man sich in der vorzubereitenden Rede auf die Aussagen beziehen? Die Skala reichte von »-4 (stark ablehnend)« über »0 (überhaupt nicht)« bis zu »4 (stark zustimmend)«. Die Bewertungen jeder Modellaussage von jeder Person hinterließen Spuren in einer cloudgehosteten Datenbank, die ein forschender Blick nach den gespielten Partien auswertete.

Die Ergebnisse darzustellen und mögliche Interpretationen vorzuschlagen, macht das Anliegen des *vierten Kapitels* aus. Ohne zu sehr vorzugreifen, lassen sich an dieser Stelle vielleicht schon zwei »Entdeckungen« festhalten: Zum einen weist

---

1 Die grammatikalischen Maskulina ergeben sich in diesem Fall nicht zufällig. Befragt wurden ausschließlich Männer über 40 mit Wohnsitz in den neuen Bundesländern. Die Auswahl hatte allein statistisch-wissenschaftstheoretische und forschungspragmatische Gründe. Gerade, wenn man nicht ausschließt, dass soziographische und sozialisatorische Unterschiede auch soziale Ungleichheiten schaffen, die sich in subjektiven Perspektiven niederschlagen, kann man dies methodologisch kaum ignorieren. Nehmen wir, nur zu Illustrationszwecken, an, die Untersuchung hätte alle befragten Personen ohne Merkmalseinschränkungen aufgenommen und eine der Untersuchungsgruppen bestünde zufälligerweise fast ausschließlich aus jungen Frauen, während sich in einer anderen ältere Männer häuften. Nun zeigen sich signifikant verschiedene Strukturmuster zwischen den beiden Gruppen. Wie antwortet man auf den Einwand, dass diese Unterschiede nichts mit dem Beschäftigungsstatus, sondern bloß mit Alter und Geschlecht zu tun hätten?
Es ähnelt, überspitzt gesprochen, einer Situation, in der man testen wollte, ob die Wirkung eines Medikaments für Arbeitnehmer oder Arbeitssuchende einen Unterschied macht, doch eine der Gruppen überwiegend aus kerngesunden Jugendlichen, die andere aber aus chronisch kranken Älteren besteht. So sehr man weder die eine noch die andere Gruppe als solche von der Teilnahme ausschließen möchte, kommt man, wenn man statistisch aussagekräftige Ergebnisse erzielen möchte, um Einschränkungen nicht herum. Dass im vorliegenden Fall die Wahl auf Männer über 40 mit Hauptwohnsitz in den neuen Bundesländern fiel, hat den einfachen Grund, dass der Autor, als in Thüringen ansässig und *gerade angesichts* männlicher Übergewichte am Arbeitsmarkt, so den Rekrutierungsauswand zu minimieren glaubte - es ging dennoch nur sehr schleppend und rückschlagsbehaftet voran.
Offen und unbedingt zu diskutieren bleibt trotz alledem die Frage, wie sehr die Arbeit Ungleichheiten, indem sie diese als gegeben annimmt, mit *perfomiert*. Sie kann diesen Vorwurf nicht völlig entkäften, aber ihn wenigstens diskursiv annehmen.

das Antwortverhalten der Probanden Struktur auf. Man darf begründet von der Hand weisen, dass die Befragten ihre Antworten lediglich ausgewürfelt hätten. Sie wussten mit den alltagssprachlich reduzierten Modellaussagen offensichtlich etwas anzufangen. Zum anderen aber scheint dies für die Untersuchungsgruppe der Arbeitgeber in höherem Maße zu gelten; ihre Bewertungen weisen eine stärkere Kohäsion auf. Mehr als die befragten Arbeitslosen und Arbeitnehmer scheinen die befragten Arbeitgeber von *einer* Welt zu sprechen, wenn sie ökonomische Modellaussagen politisierend gebrauchen. Sie scheinen sich auch ohne Absprache in ihrem ökonomischen Weltverständnis einiger.

Die erforschten Selbstverständlichkeiten spannen den Bogen zurück zur Theorie symbolischer Kommunikationsmedien aus dem ersten Kapitel. Dass Untersuchungsgruppen unabgesprochen doch ähnlich geantwortet haben, deutet auf mediale Vermittlungsstrukturen hin, also, grob gesprochen, auf das, was ungesagt bleiben kann und muss, um Interaktion zu ermöglichen. Nach einer kritischen Zusammenfassung nimmt das *Schlusskapitel* daher zunächst diesen theoretischen Faden wieder auf, um ihn ausblickhaft mit soziologisch-systemtheoretischen Entwicklungen nach Parsons zu verknüpfen. Auf höchstem Abstraktionsniveau tritt explizit Niklas Luhmanns Semantikbegriff das Erbe der symbolischen Interaktionsmedien an.

Vor dem Hintergrund der empirischen Ergebnisse lassen sich Überlegungen zur *Politisierbarkeit ökonomischer Modellwelten* vielleicht mit diskurstheoretischen Mitteln zugleich erden und normativ aufladen. Unter der Voraussetzung ökonomischer Modellwelten lässt sich nämlich vortrefflich streiten, ohne diese Voraussetzungen selbst zu reflektieren. Jürgen Habermas' Begriff einer kritischen Öffentlichkeit scheint noch immer geeignet, um normative Grenzen medialer Vermittlung aufzuzeigen, denn als *implizite* Grundlage politischer Diskurse entzieht sich der Einfluss ökonomischer Modellwelten womöglich dem Zugriff ebendieser Diskurse. Wie Dissens auch über die Grundlagen von Dissens zustande kommen kann, zeigen rechtfertigungssoziologische oder anerkennungsphilosophische Ansätze wohl deutlicher auf, weil die Grenze zwischen Medialität und Reflexion, zwischen impliziter Weltformung und expliziter Argumentation, in die Betrachtungen selbst eingeht.

Die Politisierbarkeit ökonomischer Modellwelten selbst zu reflektieren, zeigt sich am Ende als ein Hauptanliegen der vorliegenden Arbeit. Dass ökonomische Theorie nie *nur* beschreibt, sondern auch politisierend performieren kann, bedeutet dann ein Problem, wenn dieser Zug selbst aus dem Blick gerät, indem man sich den Naturwissenschaften möglicherweise zu nahe wähnt. Die Arbeit endet daher mit einem Plädoyer für eine unvermeidlich wertorientierte Zusammenarbeit zwischen reflexiver Soziologie und performierender Ökonomik.

1. Performativistische Beobachtungen mit Parsons

Als »Erstannahmestelle«[1] für sozialtheoretisch zwar relevante, aber noch eher undifferenziert beschriebene Phänomene scheint Parsons' Strukturfunktionalismus mit seiner umfassenden analytischen Unterscheidungsvielfalt nach wie vor das Mittel der Wahl. Gerade dort, wo das alltägliche Bewusstsein allein deswegen Identität stiftet, weil Ereignisse sich in raumzeitlicher Nähe zueinander befinden, erweitert Parsons die Sicht, indem er begriffliche Differenzen einführt, deren Ordnung sich an der Konsistenz des von ihm vorgeschlagenen Systems orientiert. So mag ein geneigter Beobachter in einer Kreditvergabe ein Einzelnes sehen. Schaut dieser hingegen durch die Linsen des strukturfunktionalistischen Systems, so erblickt man darin äußerst differenzierte Austauschverhältnisse zwischen den Subsystemen Wirtschaft und Politik (vgl. Parsons, 1980b, S. 114-122).

Berechtigt nicht schon dieser durch systematische Differenzierung erzielte Informationswert dazu, noch relativ »zusammengeknäuelte« Erscheinungen soziologisch zunächst mit Parsons' Theorie zu greifen? Vor diesem Hintergrund mag sich die begriffliche Starrheit, welche Parsons' Ansatz in gewissen Hinsichten wohl zurecht vorgeworfen wird, gar als Tugend erweisen. Denn schließlich geht es darum, Kontinuitäten auf ein analytisches Kategoriensystem zu beziehen. Die Trennschärfe des Systems muss dann die Indifferenz des zu beobachtenden Kontinuums ausgleichen. Dies leistet Parsons' Theorie aus meiner Sicht noch immer beispiellos.

Gleichwohl verbietet es sich, wie Parsons auch selbst wusste, das System als Beobachtungsinstrument mit dem zu beobachtenden Ereignisstrom gleichzusetzen. Hier rächt sich der Mangel an kategorialer Geschmeidigkeit. Es ist – sehr naiv, aber dafür anschaulich gesprochen – ein bisschen so als würde man Kekse ausstechen[2]:

1 Hier orientiere ich mich an der Darstellung von (Joas und Knöbl, 2017), dergemäß sich die verschiedenen Strömungen der modernen Sozialtheorie, ob sie nun von Parsons' Theorie abrücken oder zu ihr hin konvergieren, noch immer am besten ausgehend davon entwickeln lassen.

2 Die Naivität rührt vor allem daher, dass man dem Teig in diesem Bild eine »Ding-an-sich«-hafte Objektivität unterstellen könnte, welche sich nicht verträgt mit der konstruktivistischen Veranlagung von Parsons' Theorie (vgl. Jensen, 1976, S. 12-18). Vielleicht könnte man

Um beispielsweise einen ausgestochenen Stern als Stern erkennen und entsprechend beschreiben zu können, sollte das Material der Form möglichst unnachgiebig ausfallen.

Allerdings garantiert man auf diese Weise geradezu »Verschnitt«. An dieser Stelle kommt die Kritik an der Korsetthaftigkeit von Parsons' Strukturfunktionalismus zu ihrer Geltung. Daher scheint es heute geboten, diesen Ansatz nicht über die Funktion einer Erstannahmestelle hinaus überzustrapazieren. Dass Parsons eine so gewaltige soziologische Theoriebildung stimuliert hat, ist sicherlich nicht zuletzt auf den Verschnitt oder gar das verschneidende Vorgehen im Allgemeinen zurückzuführen. Deshalb ist die weitere Bearbeitung heutzutage nahezu immer an jene zuständigen Theorieströmungen weiterzuleiten, welche die blinden Flecken des Strukturfunktionalismus im jeweiligen Fall am überzeugendsten aufgedeckt haben.

Während meiner Tätigkeit als IT-Berater hatte ich Gelegenheit zu einer Feldbeobachtung, die aus meiner Sicht sowohl für die »Erstannahmestelle Parsons« als auch die Performativismusforschung ein relevantes Phänomen bedeutet. Im Folgenden möchte ich die Theorie symbolischer Kommunikationsmedien nur so ausführlich darstellen, dass die Relevanz für die performativistische Themenstellung hervortreten kann (1.1). Daraufhin werde ich, methodisch eher ungezwungen, von dem betreffenden Fall möglichst nüchtern berichten (1.2). Abschließend möchte ich vorschlagen, wie sich der berichtete Fall mit dem Instrumentarium aus Abschnitt 1.1 rekonstruieren lässt (1.3). Im nächsten Kapitel bereiten wir die rechtfertigungssoziologischen Mittel für ein differenzierteres Forschungsdesign vor, das den Kern der Arbeit bildet.

1.1 Die Theorie symbolisch generalisierter Kommunikationsmedien

Von Parsons' gewaltigem Theoriebau möchte ich mich auf den Teil der symbolisch generalisierten Kommunikationsmedien[3] beschränken. Beziehen werde ich mich dabei größtenteils auf die von Stefan Jensen übersetzten und kommentierten Parsons-Aufsätze speziell zu diesem Thema (vgl. Parsons, 1980b), (vgl. Parsons, 1980d), (vgl. Parsons, 1980c), (vgl. Parsons, 1980a). Die wesentliche Funktion symbolischer Austauschmedien[4] besteht für Parsons darin, Austausch-Interaktionen

---

das Bild mit dem Hinweis retten, dass auch jeder Teig immer von Menschen gemacht worden ist, sodass ihm faktische Geltung lediglich im Sinne eines *modus operatum* zukommt.

3 In einem bestimmten Sinne spricht man auch von »Interaktionsmedien«. Wir werden auf den Unterschied unten (S. 28) kurz zu sprechen kommen.

4 Mit dem Rückgang auf dieses Theoriekonzept verbinde ich auch die Hoffnung, ein Verständnis von Performativität zu entwickeln, das sich bewusst und dezidiert von Versuchen abgegrenzt, soziale Strukturbildung orientiert an einer wie auch immer gearteten Kausalseman-

zwischen den gesellschaftlichen Subsystemen zu realisieren. Beispielsweise braucht es Geld, damit auch im politischen System notwendige Ressourcen und Produktivitätschancen zur Verfügung stehen. Es braucht Macht, damit im wirtschaftlichen System Transaktionen verbindlich werden können. Einfluss wohnt als Medium dem integrativen Subsystem inne. Von dort aus erhält dieses Medium die »Komplementarität zwischen Einheiten, die qualitativ unterschiedliche Funktionsbeiträge zur Gesellschaft als System leisten« (Parsons, 1980c, S. 188). So vermittelt Einfluss beispielsweise die Interessen heterogener Gruppen an das politische System als »›Definition der Situation‹ für den politischen Entscheidungsvollzug« (Parsons, 1980c, S. 118). Für das Wirtschaftssystem ermöglicht Einfluss es, normative Standards zu etablieren, die den Marktverkehr von Abstimmungsbedarfen entlasten.

Normierend hält Einfluss also das System *ganz*. Aber *wozu* überhaupt das Ganze? Auf diese Frage antwortet das Medium »Commitment«. Als Hausmedium des strukturerhaltenden Systems sichert Commitment den verpflichtenden Charakter von Werten, verstanden als kollektive Zielsetzungen.

---

tik zu »erklären«. Dieser Weg scheint noch immer ein üblicher, wie beispielsweise einige Beiträge in (Boldyrev und Svetlova, 2016) bezeugen. So grenzen sich (Pahl und Sparsam, 2016) zwar von der Konzeption einer »monocausal performativity« (a. a. O., S. 155) ab. Doch könnte man hier zurückfragen, ob man sich nur am »mono« oder auch dem »causal« stört. Als »semiotic causation« versucht (Herrmann-Pillath, 2016, S. 56) die Performativität ökonomischer Modelle zu fassen. Hier könnte man, wenn so zu sprechen erlaubt ist, fragen: Was nun, »semiotic« oder »causation«? Sollte sich Zeichenhaftigkeit wesentlich von Kausalität unterscheiden oder jene diese gar ausschließen, so bindet man sich mit der Entscheidung für einen mechanizistisch-explanativen Ansatz womöglich einen Bären auf, welcher die Sicht verdeckt. Tiefere Gründe, auf kausale Semantiken zur Beschreibung von Performativität zu verzichten, scheinen mir zunächst hermeneutischer Natur. Woher wissen wir denn, dass die Bezeichnung »Performativität« nicht wesentlich zur Abgrenzung gegenüber kausal Beschreibbarem dienen kann? In Statistik-Lehrveranstaltungen lernen angehende empirische Sozialwissenschaftlerinnen »Kausalität« – bestenfalls – als einen besonderen Typus von Korrelation kennen. Von welchem Standpunkt aus könnte man a priori begründen, dass sich jede performativitätsbezogene Korrelation nur als kausale beschreiben ließe? Solange wir auf diese Frage keine überzeugende Antwort geben können, verstellten wir uns mit der ungerechtfertigten Einengung von Korrelation auf Kausalität womöglich bloß die Sicht auf andere Weisen des Problemzugriffs. Vielleicht betreiben die Sozialwissenschaften an dieser Stelle ja lediglich eine Art naturwissenschafsbezogenes Mimikry, wenn sie ihr Geschäft an der Dichotomie von »Ursache« und »Wirkung« orientieren. Die These, dass man gerade die interessanten Problemaspekte performativistischer Phänomene aus dem Blick verliert, wenn man diese kausalistisch zu explizieren sucht, erfährt mitunter Zuspruch seitens der pragmatistischen Soziologie: »[D]ie Register der Semantik und der materialen Umgebung ›entsprechen‹ einander nicht« (Renn, 2006, S. 245). Deshalb treffen wir hier keine Vorentscheidungen, solange wir auch ohne das Konzept »Kausalität« auskommen.

> »Commitments als Medium sollten definiert werden als ›*generalisierte Fähigkeit und glaubwürdiges Versprechen, die Implementation von Werten zu bewirken*‹.« (Parsons, 1980c, S. 203).

Commitment ermöglicht es also, gemeinschaftliche Werte im gesellschaftlichen Austausch zu aktivieren. Während Einfluss einen »Zustand der ›Kohäsion‹ in einem Sozialsystem« (Parsons, 1980c, S. 188) garantiert, bindet Commitment den Zusammenhalt an erstrebenswerte Ziele, an »*conceptions of the desirable*«. Die Normen einer Verbraucherschutzorganisation können das Verhalten von Marktteilnehmern zwar regulieren, aber als bloße Standards nicht wirklich motivieren, solange nicht die Verpflichtung gegenüber einem Wert wie beispielsweise »Gesundheit« hinzutritt. Bezogen auf die staatlichen Eingriffe im Zuge der Coronapandemie hat sich gezeigt, wie hilflos der normierende Einfluss von Expertenwissen ohne überzeugende Wertbindungen dastehen kann. Dass Maßnahmen, die aus der Warte der einen Zielorientierung, beispielsweise *kollektiver Gesundheitsschutz*, als unterstützenswert gelten, aus anderer aber, etwa *persönliche Freiheit*, durch Protestbewegungen abgelehnt werden (vgl. Frei et al., 2021), veranschaulicht die »mediale Arbeitsteilung« zwischen Einfluss und Commitment: Die Normen kollektiver Organisation müssen an konsistente Wertmuster rückgebunden werden, um dauerhaft zu bestehen. Umgekehrt verlieren Werte an Glaubwürdigkeit, sie »inflationieren« (vgl. Parsons, 1980c, S. 211), wenn man sie nicht einflussreich verwirklicht.

Die mediale Interaktion zwischen Einfluss und Commitment wird uns später noch als Beschreibungsmittel dienen. Daher habe ich den Zusammenhang an dieser Stelle schon bis zu einem gewissen Punkt ausgeführt. Keinesfalls aber unterhält Commitment ein exklusives Privatverhältnis zum integrativen Subsystem. Da das Wertesystem für Parsons strukturerhaltende Funktionen für das gesamte Sozialsystem übernimmt, vermittelt es über Werte die Zielorientierungen für *alle* Subsysteme. Es »werden die Prozesse eines jeden funktionalen Subsystems von dem charakteristischen Wertprinzip im kybernetischen Sinne ›gesteuert‹, das ihre funktionale Spezifikation bestimmt« (Parsons, 1980c, S. 186). Dass die Aufgabe des politischen Systems darin besteht, *kollektive Ziele zu realisieren*, Wirtschaft sich primär an *Nutzenerwägungen* orientiert sowie das integrative System *Solidarität* als werthaft auszeichnet, führt Parsons letztlich auf die Integrität konsistenter Wertmuster zurück, welche das Strukturerhaltungssystem aus dem noch allgemeineren Bereich der Kultur für gesellschaftliche Zwecke verfügbar macht.

> »Unser Schlüsselbegriff im Zusammenhang mit den Wertmustern ist hier das Konzept des ›Commitments‹. Ungeachtet der sonstigen Wertbindungen, die eine Einheit haben mag, geht es uns hier darum, Wertstrukturen in der Kapazität als Mitglied eines oder mehrerer Sozialsysteme zu verwirklichen. Die *Ebene der Allgemeinheit* des Commitments in diesem Kontext definiert dann den *Feldbereich* [›*scope*‹ in der englischen Übersetzung, C. D.]« (ebd.).

»Commitment« bezeichnet nach Parsons also das Medium, in dem sich die allgemeinsten Wertstrukturen eines Gesellschaftssystems in all dessen untergeordneten Systemen Geltung verschaffen können.

Wenn wir aus dieser Sicht über jene Austauschprozesse sprechen, die durch symbolisch generalisierte Medien möglich werden, so sprechen wir über *sozialsystemische* Vorgänge, die nur *analytisch* getrennt liegen. Im Vollzug selbst lassen sich diese analytischen Einschnitte aber nicht aufrechterhalten.

> »Dieses Problem entsteht, weil der Ausdruck ›Interaktion‹ in einer doppelten Bedeutung vorkommt. Er bezeichnet einmal reziprokes Handeln, zum anderen aber auch die dynamischen Interdependenzen zwischen Systemelementen. Nun haben wir früher ausführlich darauf hingewiesen, daß Handlungssysteme rein strukturalistische Systeme sind, die als solche *kein Verhalten* aufweisen. Man kann sich strukturalistische Systeme stets als reine Muster (etwa als Anordnung von Symbolen auf einem Blatt Papier) vorstellen. Diese weisen zwar *Beziehungen* auf, aber es geschieht nichts zwischen ihnen. Solche Muster können jedoch Modelle realer Zusammenhänge darstellen. Dann stellt sich die Aufgabe, die Veränderungen der realen Zusammenhänge (die auf materiell-energetischen Prozessen beruhen) als sukzessive Veränderungen der Muster wiederzugeben.« (Jensen, 1976, S. 53).

Wenn wir an das obige Beispiel der Kreditvergabe anknüpfen, würden wir in der Alltagswirklichkeit wohl nur eine Person sehen, die einen Kreditvertrag unterschreibt, damit anschließend Geld auf ihr Konto fließt. Um diesen Vorgang mit Parsons zu beobachten, betrachten wir ihn *gleichzeitig* noch auf einer weiteren Projektionsfläche, wie auf einer Art »zweitem Display«, welches wir neben den faktischen Ablauf stellen und auf dem die funktionalen Austauschprozesse als schematisch dargestellte Aktivitäten mitlaufen. Wir sehen dann vielleicht im Anzug der Bankmitarbeiterin, ihrem Namensschild mit dem Banklogo sowie dem ordentlich formatiert vorliegenden Vertragstext einen *einfluss*mäßigen Beitrag des integrativen Systems für die Wirtschaft. Dass beide Parteien sich als »ehrenwerte Bürger« verpflichtet fühlen, Verträge als solche, und damit auch diesen, einzuhalten, was jeder beispielsweise am ernst-aufrichtigen Gesichtsausdruck des Gegenübers ablesen kann, blinkt auf unserem Zweitdisplay als Commitment-Aktivierung aus dem Werte- an das Wirtschaftssystem auf. Dennoch besteht auf keiner Seite Zweifel, dass auch glaubwürdige Zwangsandrohungen den Vertrag absichern: Das politische System überträgt Macht an die Ökonomie. Die rechtliche Legitimität dieser Macht bedeutet aber wiederum einen *Commitment*-Beitrag aus dem strukturerhaltenden System an das politische usw.

Dass wir sozialsystemisch-mediale Vermittlungen nach Parsons immer auch mit Situationsbezug denken können, ja vielleicht sogar müssen, – schließlich greift Parsons selbst zur Erläuterung rege auf Situationsbeispiele zurück –, hat wohl mit der Doppelgesichtigkeit dieses Medienbegriffs zu tun.

> »[D]ie Medien [dienen, C. D.] allgemein auf theoretischer Ebene dazu, Interaktion (im technischen Sinne) zu analysieren; inhaltlich aber handelt es sich um *kommunikative* Strukturen. Daher beziehen sich die Ausdrücke ›Interaktionsmedien‹ oder ›Austauschmedien‹ auf den theoretischen Aspekt der Systemkonstitution, während sich der Ausdruck ›Kommunikationsmedien‹ auf den inhaltlichen Aspekt der Medien selbst richtet. [...] Die Medien haben die Funktion, die Situationsauslegung symbolisch zu repräsentieren und damit dem reziproken Handeln zugänglich zu machen.« (Jensen, 1976, S. 54).

Obwohl also der *Begriff* symbolisch generalisierter Medien bloß als systemische Interaktion auf dem Zweitdisplay der Sozialwissenschaftlerin auftaucht, behandeln sie ein sehr pragmatisches Bezugsproblem sozialer Interaktion: jenes der *doppelten Kontingenz* (vgl. Luhmann, 1987, S. 148-190).

> »Das Ausgangsproblem der Medien lässt sich folgendermaßen formulieren: A priori hat die Welt keine Ordnung, die festlegt, wie ich erleben und handeln muß. Ich bin also frei, mein Erleben und Handeln zu gestalten, und dies gilt für alle. Damit erhebt sich die Frage: Warum soll ein anderer meine Sinndeutung übernehmen? Warum folgen Jesus seine Jünger? Warum Marx die seinen? Warum soll man auf seine Eltern hören, nicht aber auf einen Eckensteher in der Kneipe? Allgemein: Wie ist möglich, daß gemeinsames Erleben und Handeln zustandekommt [sic!], wenn jeder frei ist, seine eigene Weltsicht zu entwickeln?« (Jensen, 1976, S. 52-53).

Wir leben in der wechselseitigen Unterstellung, in bestimmten Situationen so auf bestimmte Verhaltensweisen zu verzichten, unser Verhalten, mit anderen Worten, so zu *selektieren*, dass gegenseitiges Anschließen hinreichend wahrscheinlich wird. Wenn Kunde *A* beim Bäcker die Geldmünzen in die bereits ausgestreckte Hand des Verkäufers *B* hat gleiten lassen, kann *A selbstverständlich* das Brot an sich nehmen, weil es ausgeschlossen scheint, das Verkäufer *B* Kunde *A* daran hindern wird, etwa so, als versuchte *A* zu stehlen. Auf bestimmte Verhaltensweisen zu *verzichten*, heißt hier dann, dass man sich auch anders verhalten könnte. Verkäufer *B könnte* A wie einen Dieb behandeln oder die Hand erschrocken zurückziehen, bevor *A* die Münzen fallen lässt – genauso wie *A* sich sowohl weigern könnte, die Münzen herauszugeben, als auch, nach der Zahlung das Brot mitzunehmen. Aber es kommt eben nicht so, wie es auch hätte kommen können, sondern so, wie es kommt. Käme es anders, ginge *A* womöglich ohne Brot nach Hause und *B* ohne das Geld. Die mediale Betrachtungsweise sortiert von der Forschungsfantasie *ex post* erdachte Handlungsmöglichkeiten so, dass ihre faktisch-realisierten Sequenzen als symbolisch vermittelte, weil ansonsten zu unwahrscheinliche Praxis erscheinen können[5].

Der parsonianische Medienbegriff zwingt die geneigte Leserin also, stets zwischen der *systemischen* und der *kommunikativen* Bedeutungsdimension einerseits zu *differenzieren* andererseits aber zu *mediieren*. Man hat zu *differenzieren*, weil man *Kommunikations*situationen zusätzlich wie auf einem *systemischen* Display beobachtet. Man hat zu *mediieren*, weil die Darstellung auf dem systemischen Display der beobachteten Situation synchron entspricht. Mediale Vermittlungen beziehen sich auf konkrete Situationen, erhalten ihre funktionale Relevanz aber erst auf dem systemischen Zweitdisplay. Es ließe sich auch sagen, dass die beobachtete Situation selbst zum Display wird, wenn man das systemische »danebenstellt«. Denn dieses *Daneben*stellen kann nicht auf derselben Projektionsfläche wie die Situation abgebildet werden. Andernfalls stellten wir es in die Situation mit *hinein* und nicht synchron *daneben*. Wir müssen also, wie es scheint, entweder eine »Reflexionsstufe« erklimmen oder den Ausdruck »daneben« zweckentfremden. Beide Displays, das faktische und das systemisch-funktionale, können dann aber nicht mehr ohne das jeweils andere. Ohne die mitgedachte Funktionsanzeige (Zweitdisplay) sähen wir in der Situation eben nur eine Situation ohne funktionale Struktur. Ohne die faktische Kommunikationssituation (*dann* Erstdisplay) aber starrten wir nur auf funktionale »Buchungssätze« etwa der Form *System X Beitrag Y an System Z*.

Tatsächlich scheint Parsons den Begriff symbolisch generalisierter Medien von relativ klaren Fällen am Beispiel des Mediums Geld, »Geld eignet sich besonders gut zur Illustration, weil es so vertraut ist« (Parsons, 1980c, S. 191), vom Wirtschaftssystem ausgehend auf die Medien der drei anderen sozialen Subsysteme ausgedehnt zu haben. Am Ende dieser Begriffsexpansion versuchte Parsons den Medienbegriff vom Geldparadigma zu lösen, um ihn gleichsam stärker an den »Prototyp« (Parsons, 1980d, S. 140) der Sprache zu koppeln.

> »Für mich war Geld [...] das Modell, von dem ich bei meinen Überlegungen zur Medientheorie ausging; demgegenüber trat in neueren Überlegungen zur Medientheorie in letzter Zeit mehr und mehr der Vergleich zur Sprache in den Vordergrund« (Parsons, 1980a, S. 229).

5 Hier mögen natürlich Parallelen zur *Objektiven Hermeneutik* nach (Oevermann et al., 1979) aufschreien. Wenn es mir nicht misslingt, verfahre ich hier aber rein rekonstruktiv, indem ich Parsons nichts unterschiebe, was nicht schon aus dem Selbstverständnis seines Ansatzes entspringt. Das Medienkonzept dieses Klassikers zu rekonstruieren, bietet den Vorteil, sich mitten ins Ökosystem der soziologischen Systemtheorie zu stellen. Mögliche Forschungsergebnisse kommen so unmittelbar in einem »Theorie-Gehäuse« unter, von dem ausgehend man sie weiterbehandeln kann.

Es scheint sich hier mehr um eine theoriestrategische Entwicklung als um eine Revision früherer Ergebnisse zu handeln, als hätte die Theorie in diesem Stadium einen Reifegrad erreicht, welcher den Übergang zu einem allgemeineren Modell gestattet, das von der wirtschaftssystemisch behafteten Metaphorik des Geldes noch stärker abstrahiert, um in diesem Zuge gleichsam das symbolische Moment stärker zu betonen.

> »Das Bestreben bei der Erweiterung des Theorienmodells von Geld als einem Medium auf weitere Medien ging dahin, zu diesen Eigenschaften Parallelen in Fällen zu finden, die zwar formal ähnlich lagen, aber einen anderen Inhalt hatten. Erstes Kriterium oder *erste* Eigenschaft eines Mediums war der Symbolcharakter, der bei den ökonomischen Klassikern Ausdruck in der These fand, daß Geld einen Tauschwert, aber keinen Gebrauchswert habe. Dieses Kriterium gilt auch für linguistische Symbole; beispielsweise kann das Wort ›Hund‹, das eine Spezies vierfüßiger Säugetiere bezeichnet, weder bellen noch beissen [sic!], während ein wirklicher Hund beides kann.« (Parsons, 1980a, S. 230-231).

Aus dieser Anlehnung an die klassisch-ökonomische These, dass Geld keinen Gebrauchswert habe, könnte nun der Eindruck entstehen, dass Parsons diesen auch sprachlichen Symbolen abspricht. Dabei ermöglicht wohl gerade der unauflösliche Doppelbezug der Sprache zu einem allgemeinen Code einerseits sowie situationalen Vermittlungserfordernissen andererseits die synchrone Beobachtungsweise, die oben (S. 29) angedeutet wurde.

> »Einerseits ist der Gebrauch der Sprache ein Prozeß der Emission und Übertragung von Botschaften, der Kombinationen von linguistischen Komponenten mit spezifischen Bezügen zu bestimmten Situationen; andererseits ist Sprache ein *Code*, kraft dessen die jeweiligen Symbole, die irgendeine bestimmte Botschaft bilden, ihre ›Bedeutung‹ haben. Mithin kann eine Botschaft nur für den sinnvoll sein und nur von dem verstanden werden, der ›die Sprache‹ – d.h. den Code – ›kennt‹ und ihre ›Regeln‹ akzeptiert« (Parsons, 1980d, S. 40).

Als »*Sondersprachen*, deren Formen und Inhalte mit besonderen Einrichtungen abgesichert sind« (Jensen, 1980, S. 12), »erben« symbolisch generalisierte Medien diese beiden komplementären Eigenschaften. Die Funktionalität der »Sprach-Codes« beruht daher wesentlich auf den anerkannten Gebrauchsregeln einer spezifischen Grammatik.

Je weitläufiger sich die Grammatiken symbolischer Medien generalisieren, desto stärker fällt in der Regel ihr Institutionalisierungsgrad aus. Als eine zweite wesentliche Eigenschaft symbolischer Austauschmedien, neben ihrer Symbolhaftigkeit, nennt Parsons daher den Grad an Institutionalisierung. Geld funktioniert demnach nur, wenn staatliche Institutionen und Zentralbanken dessen Wert garantieren; Macht als »die generalisierte Fähigkeit zur Sicherung des Einhaltens bindender Verpflichtungen der Einheiten einer kollektiven Organisation« (Parsons, 1980b, S. 70) benötigt eine institutionalisierte Legitimitätsordnung, die sich durch autorisierte Rollenträger nötigenfalls auch gegen Widerstände durchsetzt. Wer Einfluss, das Medium des integrativen Systems, beispielsweise als beruflich anerkannter Arzt ausüben möchte, bedarf entsprechender Zertifizierungsstellen, welche diesen Status verbürgen. Wer gewisse Wertbindungen (*commitments*) geltend machen möchte, braucht Werte als »›Muster‹ (*patterns*) auf der Kulturebene, die durch ihre Institutionalisierung zu Determinanten (natürlich niemals den einzigen) des empirischen Sozialprozesses werden können« (Parsons, 1980c, S. 185).

Tabelle 1.1: Sanktionstypen medialer Interaktion

		Kanal	
		Situation	Absicht
Sanktion	positiv	Anreiz (*Inducement*)	Überredung (*Persuasion*)
	negativ	Einschüchterung (*Deterrence*)	Appell an Commitments (*Activation of Commitments*)

Als dritte wichtige Eigenschaft symbolischer Austauschmedien erwähnt Parsons eine »spezifische Sinnbedeutung und Wirkungsweise in der Evaluation und im Austausch« (Parsons, 1980a, S. 231). Dies bedeutet, dass Medien ihre Bedeutung im Vollzug nicht näher erklären müssen: Geld kauft, Macht schüchtert ein, Einfluss überredet und Commitment verpflichtet. Weiterhin bedingt die Sinnbedeutung von Medien immer auch praktische Konsequenzen. Ein *Ego*, das beispielsweise Geld auf den Tisch legt, vollzieht damit immer auch mehr als nur eine physische Bewegung, allein dadurch, dass *Alter* das Geld als Geld versteht. Dieser Sinnüberschuss steht, um ihn bewusst einsetzen zu können, schon im Vorhinein fest und kann auch allein darin liegen, dass *Ego Alter* eine geänderte Situationswahrnehmung aufzwingt, welche die Chancen der möglichen Interaktionsselektionen verschiebt. Man kann hier beispielsweise daran denken, wie es ist, wenn man in einem vertrauten Gespräch unter Freunden dem anderen plötzlich einen Geldschein vors Gesicht hält. Es handelt sich nicht um die gleiche Art von Irritation wie bei einem bloßen Stück Papier. Hier folgt die mögliche Verwirrung gerade aus der spezifischen Deutung als Zahlungsmittel, die man nach entsprechender Sozialisierung schon im Vorhinein kennt, aber in der jeweiligen Situation vielleicht nicht unbedingt übernehmen möchte.

Die Übertragungsmodalitäten, gemäß derer die verschiedenen Medien interaktiv kontingente Anschlüsse vermitteln, hat Parsons in einer Typologie ihrer je spezifischen Sanktionsweisen, »einem sehr einfachen Paradigma der Formen der Strukturierung von *intentionalem* Bemühen« (Parsons, 1980d, S. 144), zusammengefasst. Tabelle 1.1 bildet die entsprechende Darstellung von (Parsons, 1980d, S. 146) nach[6]. In der basalen Ausgangssituation, die allen vier Feldern zugrunde liegt, bringt *Ego*, eine »handelnde Bezugseinheit (die ein Individuum oder ein Kollektiv sein kann)« (Parsons, 1980b, S. 72), ein *Alter* zu anschlussfähigem Verhalten. Die Weisen, auf denen *Ego* dies gelingen kann, spezifizieren dann die einzelnen Abteilungen der Tabelle. Die Inhalte sind so gegeneinander parzelliert, dass sich ihnen die funktionalen Beiträge der verschiedenen Medien, also *Geld, Macht, Einfluss* und *Commitment*, möglichst typisch zuordnen lassen. Man darf diese Tabelle also als Bauplan für idealtypische Situationen verstehen, in denen die Vermittlungsweise eines bestimmten Mediums, *im Vergleich* zu allen anderen, mit möglichst deutlichen Konturen aufscheint. Wir können nach dieser Anleitung also exemplarische Interaktionsdarstellungen konstruieren, in denen beispielsweise Geld allein *und sonst kein anderes Medium* vermittelt. Dies können wir dann für jedes Medium tun, um danach Mischfälle zwischen den idealtypischen Situationen zu imaginieren, die sich mit faktischen Handlungssequenzen mehr oder weniger in Deckung bringen lassen.

Doch zu diesem Zweck gilt es zunächst, die Differenzierungsachsen der tabellarischen Einteilung nachzuvollziehen. Die Spalten unterscheiden, ob *Egos* Verhalten sich *für Alter* auf dessen Situationswahrnehmung oder das Verhältnis zu den eigenen Absichten bezieht, ob *Alter* also die Sanktionen als Fremdreferenz (*Alters* Situation) oder Selbstreferenz (*Alters* eigene Absichten) auffasst.

> »*Ego* kann erstens versuchen, sein Ziel bei *Alter* durchzusetzen, indem er die *Situation* von *Alter* so steuert, daß die Wahrscheinlichkeit dafür steigt, daß *Alter* sich in

6 Mit leichten Änderungen findet sich diese Darstellung auch bei (Parsons, 1980b, S. 73) und (Parsons, 1980c, S. 193). Meines Erachtens unterscheidet die hier abgebildete Tabelle gegenüber jener aus (Parsons, 1980c, S. 193) griffiger und trifft mit »Einschüchterung (*Deterrence*)« statt »Zwang (*Coercion*)« eine passendere Wortwahl als (Parsons, 1980b, S. 73). Das Problem mit der Darstellung aus (Parsons, 1980c, S. 193) besteht für mich darin, dass Parsons hier die »positiv«/»negativ«-Unterscheidung mit der Unterscheidung »individuell«/»kollektiv« verkoppelt (vgl. a. a. O., S. 194-195). Es scheint mir aber schwerlich einzusehen, warum eine einflussreiche Überredung für *Alter* nicht auch *gemeinschaftliche* Zugehörigkeitsgefühle im *positiven* Sinne sollte beschwören können. Dies durchkreuzte die exklusive Zuweisung »individuell«-»positiv« und »kollektiv«-»negativ«, weil sich so auch die Paarung »kollektiv«-»positiv« als plausibel erwiese.
Wenn man die Dichotomie »individuell«/»kollektiv« aber anwenden möchte, so scheint sie mir eher mit der Kanal-Unterscheidung zwischen »Situation« und »Absicht« zu kongruieren. Denn eher um Absichten vor einem Kollektiv als »gut« (positiv) oder »tadelnswert« (negativ) zu bewerten, scheint »eine regulative Allgemeinebene von Wertbindungen« (a. a. O., S. 194) nötig. Damit läge die »positiv«/»negativ«-Unterscheidung quer zur jener zwischen »individuell« und »kollektiv«. Auch vor diesem Hintergrund erschließt sich also kaum, aus welchem Grund Parsons die Bezeichnung »negativ« ausschließlich auf »kollektiv« beziehen möchte.

> der gewünschten Weise verhält. Alternativ dazu – ohne den Versuch, *Alters* Situation zu ändern – kann *Ego* anstreben, *Alters* ›Absichten‹ zu verändern: *Ego* manipuliert die für *Alter* bedeutungsvollen Symbole in einer solchen Weise, daß *Alter* die Wünsche oder Ziele *Egos* für sich als ›sinnvoll‹ oder ›gut‹ anerkennt« (Parsons, 1980b, S. 72).

Bezogen auf die Spaltennamen von einer »›*Kanal*-Variable‹« (Parsons, 1980d, S. 144) zu sprechen, unterstreicht dabei die nicht-kausalistische Stoßrichtung des »Modell[s] der symbolischen Interaktion« (Ackerman und Parsons, 1976, S. 70). Ob *Alter Egos* Sanktionen, den Zeilennamen entsprechend, *als* »positiv« oder »negativ« bewertet, erfährt *Ego* nicht durch eine nachgelagerte Erfahrung der Wirkung. *Ego* nimmt *Alters* Beurteilung symbolisch vorweg.

> »Die zweite Variable betrifft den Sanktionstyp, den *Ego* gegenüber *Alter* einsetzen kann. Die Dichotomie besteht hier zwischen positiven und negativen Sanktionen. So bedeutet eine *positive* Sanktion über den *Situations*-Kanal eine Situationsänderung für *Alter*, die von ihm wahrscheinlich für vorteilhaft gehalten und von *Ego* als Mittel zur Beeinflussung des Handelns von Alter eingesetzt wird. Eine *negative* Sanktion bedeutet in diesem Fall eine Verschlechterung der Situation von *Alter*« (ebd.).

Um es bildlich auszudrücken: *Ego* bezieht sich intentional auf *Alter* wie auf eine Jurorin, die in Reaktion auf *Egos* Handeln ein Täfelchen entweder mit der Aufschrift »positiv« oder »negativ« in die Luft streckt. Dabei spielt es keine Rolle, ob es dann auch *tatsächlich* so kommt. Wenn man die beteiligten Medien zu Recht als »generalisiert« bezeichnen darf, dann müssen sich *Ego* und *Alter* nicht gut genug kennen, um erst anschließend aus einer gemeinsamen »Verlaufshistorie« *kausale* Gesetze des gegenseitigen Umgangs abzuleiten.

Die vier Feldnamen liest man wohl am besten als Bezeichnungen für die idealtypischen Situationen – den Standardsituationen von Sprechaktbeschreibungen (vgl. Renn, 2006, S. 237) vielleicht nicht völlig unähnlich –, in denen sich die jeweilige »Art kommunikativer Operation« (Parsons, 1980d, S. 144), also *Anreizen*, *Einschüchtern*, *Überreden* und *Überzeugen*, abspielt. Anreize lösen das Problem doppelter Kontingenz über, wenn man so sagen möchte, »generalisierte Bestechung«. Wenn *Alter* sich auf die von *Ego* gewünschte Weise, statt auf eine andere, verhält, wird *Ego* im Gegenzug die Situation für *Alter* vorteilhaft gestalten, anstatt etwas anderes zu tun. So kommt es zur bilateral-interaktionsermöglichenden Selektion von Handlungsoptionen, die wir von einer soziologischen Beobachterposition aus beschreiben können – so, wie wir es auch gerade schon tun, indem wir den Beschreibungsrahmen anhand typischer Kommunikationssituationen explizieren. »Geld«, so reden wir gerade, »vermittelt wie ein gewährbarer Vorteil vom Bestechenden *Ego* an das Bestochene *Alter* in einer typischen Bestechungssituation«[7]. Dieser Typus lässt sich dann analogisch auf konkretere Fälle beziehen, sodass diese sich durch wechselseitigen Vergleich und, rein ordinal, entlang einer Skala der, wenn man es so nennen möchte, »Bestechungshaftigkeit« ordnen lassen.

Wenn Geld *besticht*, dann *schüchtert* Macht als symbolisches Medium im Sinne einer Negativ-Bestechung *ein* oder, konzeptionell vom Machtbegriff aus gesehen, Geld übt Positiv-Zwang im Sinne einer Erpressung durch Vorteilsgewährung aus. Für Parsons funktioniert Macht wie Geld, nur eben mit anderem Vorzeichen. Als Medium sendet Macht über den gleichen Kanal wie Geld, nämlich über die Situation als intentional veränderbar durch *Ego* auf eine für *Alter* als »positiv« oder »negativ« bewertete Weise. Im Gegensatz zu verheißungsvollen Geldsignalen droht Macht *Alter* aber brenzlig-negative Situationsänderungen an. *Ego* hat es in der Hand, sie *Alter* zu ersparen, wenn *Alter* sich aus Sicht von *Ego* wohlverhält.

Während *Ego* bei den Aktionstypen des Situationskanals signalisiert, auf *Alters* äußerliche Umgebung einzuwirken, bildet nun, wenn wir zur zweiten Spalte, dem *Absichts*kanal, wechseln *Alter* selbst die Angriffsfläche für *Egos* Einflussnahmen. Im Übergang vom Situations- zum Absichtskanal unterscheiden wir, »ob der Vorteil oder Nachteil eine voraussichtliche oder kontingente Veränderung in *Alters* Handlungssituation (unabhängig von seinen Intentionen) mit sich bringt oder ob er seine *Intentionen* betrifft, nämlich die Definition seiner Ziele, seiner spezifizierten Werte und so weiter, unabhängig von seiner Situation« (Parsons, 1980c, S. 193). Der Ausdruck »unabhängig von seiner Situation« kann wohl nur bedeuten »unabhängig von *Egos* Einwirkungsmöglichkeiten auf *Alters* Situation«. Denn damit kann ja nicht gemeint sein, dass *Alter* außerhalb irgendeines Situationskontexts handelt, sozusagen in einer Art Vakuum.

Bei der Rede von »Zielen« und »Werten« mag man vielleicht zuallererst an kollektive Konzeptionen des Guten denken. Die Bereitstellung von integeren Wertmustern, welche den evaluativen Maßstab zur Bewertung von Zielen als solchen liefern können, fällt in die Zuständigkeit des normenerhaltenden Wertesystems, also in das Subsystem, als dessen »Hausmedium« Parsons eben Commitment benennt.

7 Man könnte sich hier fragen, ob sich das Bestimmungsverhältnis nicht auch umkehren lässt. Also nicht etwa: »Wenn etwas Geld ist, dann lässt es sich in Bestechungssituationen als gewährbarer Vorteil einsetzen«, sondern stattdessen: »Wenn etwas sich in Bestechungssituationen als gewährbarer Vorteil einsetzen lässt, dann ist es Geld«. Vermutlich greift diese Umkehrung in dieser Formulierung aber zu kurz. Denn wenn etwas nur in sehr *spezifischen* Situationen als gewährbarer Vorteil gelten kann, so fehlt das, für Geld als Medium wesentliche, Moment der *Generalität*. Weiter kommt man hier vielleicht, wenn man sich gradueller ausdrückt: »Je vielfältiger die Situationen ausfallen können, in denen sich etwas als gewährbarer Vorteil interpretieren lässt, desto näher kommt es der medialen Vermittlungsweise von Geld.« Man könnte hier an kleinere, leicht transferierbare Dinge denken, die sehr *allgemeinhin* als »Geschenke« oder »Genussmittel« gelten können.

> »Commitments stellen ein generalisiertes Medium zur Aktivierung von *Wertbindungen* dar, die in der Regel *moralisch bindend* sind, weil sie auf gemeinsamen Werten von Ego und Alter beruhen. Die Sanktionen, die sich an die Mißachtung von geltenden Werten knüpfen, sind, wie im Falle der Macht, negativ; sie wirken jedoch ›innerlich‹, weil sie sich für den einzelnen als Schuldgefühle (oder auch Scham) und für das Kollektiv als eine Reaktion im internen Ordnungsgefüge zeigen – etwa der Entlassung eines Funktionärs, der für eine Entscheidung verantwortlich zeichnete, die mit geltenden Werten unvereinbar wäre« (Parsons, 1980c, S. 194).

Wenn wir dem Prädikat »innerlich« mehr Bedeutung beilegen als bloß etwa »unabhängig von Situationsänderungen durch *Ego*«, geraten wir wohl unnötig in introspektive Mystik. Es bezeichnet eher so etwas wie »das *Andere* des Situationskanals«. *Ego* wird *Alters* Situation zwar nicht anrühren, stellt einige von *Alters* Handlungsmöglichkeiten diesem gegenüber aber als Abweichung von einer bestimmten *Soll*-Linie dar, als Verfehlung von einem »Richtigen«, die *Alter* »nicht ernsthaft« wollen kann.

Dass *Alter* sich an etwas »Richtigem« orientiert, macht auch eine wesentliche Bedingung des Überredungsmodus aus, dargestellt durch den *Positiv-Absicht*-Quadranten, welchem Parsons *Einfluss* als Medium beiordnet.

> »*Einfluß ist ein Mittel der Meinungsbildung (persuasion)*. Es wird eine Entscheidung Alters für eine bestimmende Art des Handelns erzielt, weil es *ihm selbst* ›richtig‹ (*a good thing*) zu sein scheint, unabhängig von kontingenten oder sonstwie verursachten Veränderungen in seiner Lage einerseits, aus positiven Gründen andererseits, und nicht etwa der Verpflichtung wegen, die er durch eine Weigerung verletzen könnte« (Parsons, 1980c, S. 150).

Sowohl Commitment als auch Einfluss vermitteln also über das, was *Alter* aus *Egos* Sicht »für richtig« hält. Dies wirft die Frage auf, worin sich *Überredung* und *Wert-Appell* überhaupt unterscheiden. Man könnte auch fragen, wozu es noch den Überredungs-Quadranten braucht, wo das Richtige doch in die Zuständigkeit des Wertesystems fällt und damit über Commitments vermittelt wird.

Von dieser Problematik aus gesehen, helfen auch die Zeilen-Labels »positiv« und »negativ« nicht weiter; sie scheinen das Problem eher noch zu verschärfen als zu lösen. Denn liest man sie nicht mehr als Bezeichner für *Alters* Situationsbewertungen, sondern, wie Parsons es hier wohl suggeriert, als Bezeichner für *Alters* Bewertungen selbst, so gerät man offenbar in einen Zirkel: Denn wie bringt *Ego Alter* dazu, die eigenen »positiv«/»negativ«-Bewertungen so *positiv* oder *negativ* zu bewerten, dass *Alter* anschließend von einem ursprünglich intendierten Verhalten abweicht?

Statt diese Frage zu beantworten, möchte ich lieber versuchen, ihr gerechtfertigt aus dem Weg zu gehen. Zu diesem Zweck scheint es mir aber unumgänglich, die Bedeutung der Zeilenbeschriftung »positiv«/»negativ« im Übergang vom Situations-

zum Absichtskanal zu verändern – was man, bezogen auf tabellarische Darstellungen, sicherlich als ungewöhnlichen Spielzug[8] empfinden darf. Von welchem Standpunkt man diese Vorgehensweise aber als fehlerhaft verbieten könnte, erschließt sich kaum. Im Grunde versuchen wir lediglich, die situationale Sensibilität unseres Beschreibungsinstruments zu steigern. Die Wirklichkeitswiderstände, auf die wir hier zu stoßen scheinen, lassen sich vielleicht sogar ins »Positive« wenden: Wenn man sich zu Anpassungen genötigt sieht, darf man sich gleichermaßen auf Tuchfühlung wähnen – ähnlich wie wenn man beim Autofahren das Lenkrad bewegen muss, um gegen Windwiderstände anzusteuern, doch dabei gleichsam auch Informationen über die Windstärke »ertastet«.

Um den angesprochenen normativen Zirkel, »Welches Sollen soll man sollen?«, zu vermeiden, scheint sich für die Absichtsspalte in Tabelle 1.1 eine andere Lesart der »positiv«/»negativ«-Unterscheidung anzubieten. Aufschlussreich scheint in dieser Absicht eine Stelle, an der Parsons den funktionalen Beitrag symbolischer Medien

---

8 Mit Blick auf die »positiv«/»negativ«-Unterscheidung stört sich auch schon (Habermas, 1995, S. 415) am Übergang vom Situations- zum Absichtskanal. Wenn die beiden Interaktionspartnerinnen den Austausch nicht mehr unmittelbar über situationale Reize regeln, dann, so Habermas, bleibt nur noch der Weg »einer konsensuellen Einflussnahme« über sprechaktvermittelte Geltungsansprüche.

> »Er [gemeint ist Parsons, C. D.] berücksichtigt nicht, und er kann auch im Rahmen seiner Handlungstheorie nicht berücksichtigen, *daß sich der Begriff der Sanktion auf Ja/Nein-Stellungnahmen zu kritisierbaren Geltungsansprüchen nicht anwenden läßt*« (ebd.).

Anders als Habermas beziehen wir uns hier auf Parsons' Tabelle nicht in gesellschaftstheoretischer, sondern, wenn man es so nennen darf, *reflexionspragmatischer* Hinsicht. Es geht hier darum, die Tabelle empirisch zu operationalisieren, um einen Begriff der Politisierbarkeit ökonomischer Modellwelten zu reflektieren. Gesellschaftstheoretisch, so meine Vermutung, liefe diese Vorgehensweise auf eine Kritik an jenem *Formal*pragmatismus hinaus, welcher Habermas' *Theorie des kommunikativen Handelns* nach (Renn, 2006, S. 237) idealisierend innewohnt.

> »Wir werden sehen, dass sich die Formalpragmatik bei allen Errungenschaften, die ihr zu verdanken sind, in genau diesem Punkt auf systematisch folgenreiche Weise von einer ›materialeren‹ Pragmatik unterscheidet (zu der neben empirischen Unternehmen wie der Konversationsanalyse die Theorie der ›Kreativität‹ des Handelns (Joas) und die philosophischen, also auch generalisierenden, Analysen Wittgensteins, Ryles und Austins gezählt werden können)« (ebd.).

Im Rahmen der vorliegenden Arbeit müssen wir theoretische Rechenschaft an dieser Stelle leider schuldig bleiben. Wenn es aber im dritten Kapitel daran geht, das empirische Forschungsdesign mit Wittgenstein zu *rechtfertigen*, ergeben sich dort vielleicht auch theoriebezogene Einsichten für die Soziologie.

im Allgemeinen rekapituliert, um in einem nächsten Schritt Einfluss spezifisch von diesem gemeinsamen Hintergrund abzuheben.

> »Es soll nun versucht werden, der Analyse von Einfluß etwas näher zu kommen, indem wir uns einem anderen Aspekt der generalisierten Medien zuwenden: als Mechanismen innerhalb des Sozialsystems. Sie überbrücken dabei die Kluft zwischen *normativen* [Hervorhebung, C. D.] und *faktischen* [Hervorhebung, C. D.] Aspekten des Systems, in dem sie wirken« (Parsons, 1980d, S. 148).

Gemeinsam haben die spezifischen medialen Vermittlungsweisen also, dass sie *faktische* Situationslagen mit *normativen* Gesellschaftserwartungen verknüpfen. Bei Signalen, die über den Situationskanal laufen, also bei Macht- oder Geldsignalen, fällt die normative Dimension weitestgehend mit *Alters* Bewertung der verheißenen oder angedrohten Umgebungsänderungen zusammen. Einfluss und Commitment hingegen können sich in wesentlich geringerem Maße auf faktische Umgebungseffekte verlassen, sodass an dieser Stelle die normativen Aspekte gesellschaftlicher Erwartungsbildung stärker hervortreten müssen. Da hier, im Gegensatz zu Geld und Macht, die faktische Situation bloß als Überträger fungiert, vermitteln Einfluss und Commitment in diesem Sinne zwar unmittelbarer, aber dafür weniger selbsterklärend. Welche äußeren Reize Lust oder Schmerz bereiten, versteht sich meist von selbst. Commitment und Einfluss aber müssen ins Gewissen und die Wahrnehmung reden. Daher stehen sich diese beiden Begriffe wohl näher als *Geld* und *Macht*. Es verwundert daher nicht, dass sich die Abgrenzung schwieriger gestaltet.

Ein Schlüssel scheint mir darin zu bestehen, die Unterscheidung zwischen *Überredung* und *Wert-Appell* an jener zwischen *Sein* und *Sollen* zu orientieren. Es stellt sich dann aber die Frage, was »Sein« hier noch heißen kann, wo wir doch in der Absichtsspalte von situationsbezogener Faktizität, also von dem, »was ist«, gerade abzusehen trachten. Rufen wir uns zunächst in Erinnerung, dass der ganze Anlass von Parsons' Medienkonzept ja gerade darin gründet, dass »Situation« keine fix-fertig-unhinterfragbare Wirklichkeit bezeichnet, sondern eine gegenseitige Unterstellung, die man stets auf vielfältige Weise in Zweifel ziehen kann. Dass man den Zweifel kontingent suspendiert, also obwohl man »auch anders könnte«, macht gerade die Leistung medialer Vermittlung aus. Einfluss, so mein Interpretationsvorschlag, kommt »als generalisiertes Medium der Meinungsbildung« (Parsons, 1980b, S. 87) vorzugsweise dann zum Zuge, wenn es darum geht, zu vermitteln, *»was der Fall ist«*[9].

9 Zu möglichen Fällen gehören auch Absichten und Motivationslagen der Beteiligten. Denn in sozialen Situationen ist es immer auch der Fall, *dass* die anderen etwas wollen. Die Zuständigkeit von Einfluss ergibt sich dann nicht, *obwohl*, sondern gerade, *weil* diese »inneren Zustände« als unmittelbar unbeobachtbar gelten.

> »Dies kann sich im Bereich von Information abspielen. Hier muß es eine Basis geben, aufgrund derer *Alter Ego* für eine vertrauenswürdige Informationsquelle hält und ihm ›glaubt‹, auch wenn er nicht in der Lage ist, die Information selbständig zu verifizieren – oder sich nicht diese Mühe machen will« (Parsons, 1980d, S. 151).

Ein einflussreiches *Ego* füllt die weißen Flecken auf *Alters* »Situations-Landkarte«, *ohne* dass *Alter* sich in den relevanten Hinsichten *selbst überzeugen* müsste. Einfluss macht, so könnte man wohl sagen, *glauben, ohne wissen zu lassen*, und erbringt demnach keine nachvollziehbaren Beweise, sondern »die normative Rechtfertigung allgemeiner Aussagen über Intentionen oder Sachverhalte (*nicht* ihre empirische Validierung)« (a. a. O., S. 152). Das normative Moment bildet gewissermaßen die andere Seite der Vertrauensmedaille. In dem Maße, wie Einfluss von der Überprüfung der Faktenlage entbindet, hat sich *Alters* Situationswahrnehmung aus anderen, für verlässlich gehaltenen Quellen zu speisen. Diese Quellen wiederum haben sich vor ihrer Vertrauensgemeinschaft zu *rechtfertigen*.

> »Wer Einfluß nutzt, steht unter dem Druck, seine Aussagen zu rechtfertigen, mit denen er *Alters* Handeln beeinflussen will, indem er sie zu Normen in Beziehung setzt, die für beide verbindlich sind. Aussagen über Sachverhalte erfordern eine Rechtfertigung deswegen, weil Einfluß ein symbolisches Medium ist. Die Funktion einer Rechtfertigung besteht nicht etwa darin, einzelne Informationen zu verifizieren, sondern eine Basis für das *Recht* des Kommunizierenden zu schaffen, sich zu äußern, ohne daß *Alter* diese Äußerung verifizieren müßte« (ebd.).

Fakten, die man nicht selbstständig überprüfen kann, muss man als solchen vertrauen, oder sie verdienen den Namen »Fakten« nicht. Unter allem, was wir für wirklich halten, »ohne nachzusehen«, klebt demnach eine normative Rechtfertigungsgrundlage. Situationen sind zwar stets bestimmt, aber immer auch so offen, dass sie noch Platz für Überraschungen lassen. So wird Fürwahrhalten zur problematischen Handlung, die, gemessen an einem Wertesystem, als »richtig« oder »falsch« gelten kann. Die analytische Unterscheidung zwischen *Sein* und *Sollen* verschwimmt damit zur polaren Dichotomie.

Die Abtrennung zwischen »Überredung« und »Appell an Commitments« in Tabelle 1.1 unterscheidet also eher die relative Gewichtung zwischen situativer Faktizität und normativer Geltung, wenn man es so nennen darf. An Commitments zu appellieren, bedeutet dann, die normative Seite der Situation stärker zu betonen. Beispielsweise kann die moralische Integrität der bürgenden Informationsquelle in Zweifel gezogen werden oder man bezweifelt die Relevanz des Situationskontextes zugunsten moralischer Überlegungen.

> »Aus der Sicht der sozialen Einheit lautet die Frage nicht, mit welchen Mitteln man seinen Commitments nachkommen will, sondern *ob man die Verpflichtungen überhaupt* eingeht. Will man überhaupt etwas tun, so ist die Frage nicht, wie es er-

> reicht werden kann, sondern vielmehr, ob man es eigentlich unternehmen *dürfte* – im Sinne einer Rechtfertigung eines solchen Engagements. Commitments sind in diesem Sinne sicherlich eine gesellschaftliche Ressource; im Handlungsparadigma beziehen sie sich aber bei der Analyse der ›unit action‹ auf die ›Orientierungsseite‹ und nicht auf die ›Situationsseite‹« (ebd.).

Nicht *ob* bestimmte Umstände bestehen, oder ob – gesetzt, sie bestehen – man das, was man tun soll, auf die richtige Weise tut, sondern ob man überhaupt tun soll, was man meint, tun zu sollen, bildet hier das medial zu vermittelnde Problem.

Stellen wir uns zur Veranschaulichung vor, *Ego* möchte *Alter* davon abhalten, einen Diebstahl zu begehen. Im einen Fall könnte *Ego* davon absehen, die moralische Rechtmäßigkeit des Vorhabens infrage zu stellen. Allerdings gilt *Ego* in *Alters* Augen als einflussreicher Meisterdieb, einer, der sich »mit solchen Situationen auskennt«, der also *glaubhaft* auf von *Ego* übersehene Umstände hinweist und daher vom Diebstahl abrät. Hier zieht hauptsächlich der situationsbezogene Einflusspol namens »Überredung«. Im anderen Fall, dem »Appell an Commitments«, versucht *Ego*, *Alter* so ins Gewissen zu reden, dass *Alter* den geplanten Diebstahl aus moralischen Gründen als Handlungsziel verwirft.

Den soeben dargestellten Fall könnten wir noch weiterspinnen, indem wir annehmen, dass *Alter* sich weigert, *Egos* Appell nachzukommen. Daraufhin könnte *Ego Alter* entweder einen Geldbetrag anbieten, von dem *Alter* sich das begehrte Diebesgut kaufen könnte (*Anreiz*), oder damit drohen, das Vorhaben der Polizei zu melden (*Einschüchterung*).

Der so rekonstruierte Beschreibungsapparat aus Tabelle 1.1 scheint nun also hinreichend sensibel, um sowohl verschiedene Interaktionssituationen als auch Interaktionssequenzen innerhalb einer Situation auf einheitliche Weise zu vergleichen. Bildlich könnte man hier, irgendwo zwischen *Science* und *Fiction*, an das Display eines »Situationsdetektors« denken, auf welchem die Quadranten aus Tabelle 1.1 als leere Kästchen zu sehen sind. Wenn wir den Detektor auf die jeweilige Situation anwenden, füllen sich die entsprechenden Kästchen mit relativer Kontraststärke schwarz.[10] Rollt in der jeweiligen Situation eine Interaktionssequenz ab, verändert sich die Kontraststärke der Kästchen synchron. Der Detektor zeichnet die Abfolge der Displaydarstellungen auf, sodass man sie auszugsweise auf bestimmte Muster hin vergleichen kann – entweder als einzelne Darstellungen innerhalb einer Sequenz oder als Sequenzen untereinander. Die entscheidende Leistung dieses

---

10 Der Nachteil dieses Bildes liegt darin, dass die Zuordnung zwischen Situation und Kontraststärke schon im Vorhinein feststehen müsste. In der sozialwissenschaftlichen Forschungspraxis muss man diese Zuordnung aber erst durch einen Situationsvergleich erarbeiten. Die Sozialforscherin hat also die Funktionsweise des Detektors selbst, so transparent wie möglich, auszufüllen.

Ansatzes liegt in der Beobachtung der korrelativen Gleichzeitigkeit von Beobachten und Beobachtetem.

> »In die Analyse geht ein formender Input ein, dessen Komponenten nicht im Moment der Begegnung mit ›Tatsachen‹ aus dem Nichts geboren werden; sie sind vielmehr in der Orientierung und im Bezugsrahmen des Analytikers verwurzelt. Die Welt wird tatsächlich größtenteils von uns geschaffen, wir begegnen ihr nicht bloß« (Ackerman und Parsons, 1976, S. 69).

Auf den Zusammenhang zwischen Beobachtung und Form werden wir am Ende des dritten Kapitels zurückkommen.

1.2 Eine Feldbeobachtung

Der Fall entstammt einer Beobachtung, die ich während meiner Tätigkeit als externer Berater in einem größeren DAX-Unternehmen machen konnte. Aus Notizen, Dokumenten und meiner Erinnerung werde ich versuchen, von dem Geschehenen narrativ zu berichten.

Die zu schildernde Situation ereignete sich im Rahmen der Projekttätigkeiten bei besagtem Unternehmen. Die Aufgaben unseres Projektteams drehten sich im Wesentlichen darum, einen Prozess zu betreuen, der darin bestand, Informationen in digitaler Tabellenform zwischen verschiedenen Akteuren zirkulieren zu lassen. Ein Abschnitt im Gesamtprozess sah vor, die Tabellendaten durch ein automatisiertes Verfahren validieren zu lassen. Fiel die Validierung erfolgreich aus, konnte die Tabelle an die als Nächstes zuständige Stelle weitergegeben werden. Im negativen Fall galt es, die angezeigten Fehler durch Sichtprüfung einzuordnen und meist manuell zu beheben.

Perspektivisch hatte das Unternehmen vor, den Prozess umfassend in eine neue Technologie zu überführen. Dabei war die Auftraggeberseite der Auffassung, dass jegliche weiteren Investitionen in die bestehende Technik dazu führen würden, dass sich der Übergang zur neuen verzögert. Diese Auffassung bewog unsere Kunden dazu, eine Beauftragungsserie auszusetzen, die ich verantwortet habe. Es kam zu einer Online-Telefonkonferenz, bei der meine Aufgabe darin bestand, die Ergebnisse der vergangenen Auftragsarbeit darzustellen. Außerdem wollte ich die Gelegenheit nutzen, um aus meiner Sicht zu erläutern, inwiefern die erwähnte Auffassung nicht zutrifft, weil es sich aus meiner Sicht lohnte, weiter in die bestehenden Werkzeuge zu investieren.

Mir kommt es rückblickend so vor, als sei es mir gar nicht so sehr darum gegangen, argumentativ eine weitere Beauftragung zu erstreiten. Eher war es die sachliche Verzerrung, die mich irritierte: Mir lag daran, möglichst objektiv und *zwingend* darzulegen, wie Unterinvestitionen in den bestehenden technologischen

Prozess zu Effizienzverlusten führen, die den Übergang zur neuen Technologie vielmehr aufhalten als fördern. Schon zu jener Zeit war mir völlig klar, dass sich hier auch die Möglichkeit für ein performativistisches Feldexperiment bietet. Die besondere Motivation, die ich in der Vorbereitung auf den genannten Termin gespürt habe, geht für mich vor allem darauf zurück, dass ich mir dieser Möglichkeit gänzlich bewusst war. Es ist also davon auszugehen, dass mein Verhalten durch wissenschaftliche Erwägungen schon vorstrukturiert, ich also nicht nur zu beobachtender Teilnehmer, sondern, wenn man so sagen kann, auch Laborhelfer war.

An der Telefonkonferenz teilgenommen hat ein Personenkreis, der sich im Grunde in zwei Parteien einteilen lässt: IT-Dienstleister und Kundenfirma. Vonseiten Letzterer waren zwei Vertreter der Abteilung zugegen, die uns beauftragt hat. Einer davon war für die Finanzen der Abteilung verantwortlich. Diese Person konnte entscheiden, wie das verfügbare Budget der Geschäftseinheit verteilt wird. Ein Vetorecht besaß hier deren direkter Vorgesetzter, der als zweiter Teilnehmer der Kundenseite zugegen war.

Auf der Seite des IT-Dienstleisters war ich als technisch Verantwortlicher am Gespräch beteiligt sowie der Leiter des jeweiligen Gesamtprojekts, in dem die zu verhandelnde Beauftragung stand, und eine Kollegin. Der Projektleiter verkörperte in einer Person zusammengefasst grob die Funktionen der beiden Vertreter auf Kundenseite, da er sowohl verantwortlich für Finanzen als auch meiner Kollegin und mir gegenüber weisungsbefugt war.

Nach einer kurzen Einführung hatte ich das Wort. Stützen konnte ich mich während meines Vortrags auf einen Satz von »PowerPoint«-Folien, die ich in den Tagen zuvor vorbereitet hatte und für alle anderen sichtbar in der Online-Sitzung zeigen konnte. Die Darstellung gliederte sich wesentlich in drei Teile: Zunächst fasste ich aus technischer Perspektive das Ziel des in Rede stehenden Teilprojekts zusammen, um anschließend auf die Ergebnisse unserer bisherigen Arbeit zu sprechen zu kommen und gleichsam nachzuweisen, inwiefern diese Ergebnisse den zuvor angesprochenen Auftragszielen genügen. Schließlich – auf diesem Teil liegt der Fokus des gegenwärtigen Abschnitts (1.2) – habe ich durch ein kleines mathematisches Modell zu zeigen versucht, dass die Entscheidung, möglichst keine Ressourcen mehr in die bestehende Technologie zu investieren, eine falsche ist, weil dies Effizienzverluste und in diesem Sinne Kosten mit sich bringt, deren Betrag jenen der zu investierenden Ressourcen mit großer Sicherheit übersteigt.

Beim ersten Teil, der Zusammenfassung der Beauftragungsziele, handelte es sich vermutlich nicht eigentlich um eine bloße Zusammenfassung. Vielmehr habe ich zunächst ein Beurteilungskriterium technischer Effizienz zugrunde gelegt, den sogenannten »Throughput« oder Durchsatz[11]. In diesem Zusammenhang damit

11 Tipps, um den Durchsatz zu maximieren, finden sich auch in einschlägiger IT-Management-Ratgeber-Literatur: »We increase flow by making work visible, by reducing batch sizes and

gemeint war die Zahl der Datendokumente, die pro Zeiteinheit (hier bevorzugt die Kalenderwoche) von einem Prozessschritt in den nächsten überführt werden.

Stützen konnte ich mich dabei auf kundenseitig bereits vorhandene Darstellungen von Messdaten, die genau diese Größen beinhalteten. Ein nachgestellter Ausschnitt dieser Darstellungen, den ich mit den Originalzahlen so auch in meiner Präsentation gezeigt habe, ist in Abbildung 1.1 zu sehen. Die ersten vier Spalten sind nach den verschiedenen Prozessschritten aufgeteilt: Die erste Spalte bezieht sich auf den ersten Prozessschritt, die zweite auf den zweiten usw. Dabei handelt es sich bei der vierten Spalte nicht im eigentlichen Sinne um einen Prozessschritt, sondern eher um einen Endstatus, der indiziert, dass die betreffenden Dokumente den letzten Prozessschritt erfolgreich durchlaufen haben. Die letzte Spalte enthält schlicht die jeweilige Summe der vorhergehenden Spaltenwerte.

In den Zeilen sind, von oben nach unten gelesen, die aufeinanderfolgenden Kalenderwochen eingetragen. Diese Zahlen selbst stehen für die Zu- bzw. Abgänge[12] in jedem Prozessschritt pro Kalenderwoche. So bedeutet beispielsweise der Wert -17 ganz links in der ersten Zeile, dass in dieser Kalenderwoche 17 Datendokumente den ersten Prozessschritt verlassen haben. Der rechts angrenzende Wert von 18 heißt, dass 18 *zusätzliche* Dokumente am Ende der jeweiligen Kalenderwoche im zweiten Prozessschritt liegen. Die Färbung der Zellen richtet sich nach den Vorzeichen der Werte und deutet an, welche Ausprägungen für die jeweilige Spalte als wünschenswert gelten: *grün* heißt wünschenswert, *rot* bedeutet das Gegenteil. In den ersten drei Spalten sind keine oder nur kleine Werte mit positivem Vorzeichen erwünscht. »Rote Zahlen« geben nämlich zu erkennen, dass es im jeweiligen Prozessschritt Zugänge gab, die in derselben Kalenderwoche nicht in den nächsten Schritt prozessiert wurden. Gemäß dieser, so verstanden, durchaus normativen Beschreibung gilt es also, die *Ab*gänge pro Kalenderwoche für jeden Prozessschritt zu maximieren und weiterhin am besten noch die Verweildauer der Datendokumente an jeder Stelle zu minimieren. Im idealen Fluchtpunkt würde jeder Zugang genau in dem Moment, in dem er zugeht, auch wieder abgehen.

Anders verhält es sich natürlich für die vierte Spalte, denn man kann in jeder Kalenderwoche nie genug Vorgänge abschließen. Die letzte Spalte bleibt als Summenspalte »wertneutral« gefärbt. Meine Argumentation am Ende der Präsentation sollte zeigen, dass weitere Investitionen in die bestehende Technologie diesen Zielvorgaben in höherem Maße genügen, als wenn sie ausblieben.

Zuvor war mir im Mittelteil daran gelegen, die Ergebnisse der bisherigen Beauftragungsreihe vorzustellen. Mein Vorgesetzter hatte einige Tage vor dem Termin

intervals of work« (Kim et al., 2016, S. 15). Da meine Lektüre dieses Buches, vom damaligen Zeitpunkt aus gesehen, nur wenige Wochen zurücklag, kann ich nicht ausschließen, dass ich mich dort habe inspirieren lassen.

12 Die sogenannten »Deltas«, wie es unter Kollegen heißt.

betont, wie wichtig diese Ergebnisdarstellung sei. Man wolle vermeiden, dass unsere Kunden hier das Gefühl haben könnten, ihr Geld »in den Sand gesetzt« zu haben. Vielleicht wegen einer Mischung aus persönlichem Stolz und als Schutz vor Rufschädigung empfand ich diese »Ehrenrettung« ebenfalls als ziemlich wichtig.

-17	18	2	14	17
0	3	7	15	25
-7	-11	17	21	20
-10	-7	11	24	18
-1	-17	19	21	22
-2	-18	17	18	15
-7	-10	26	23	32
-17	7	22	18	30
-9	-31	35	17	12
-70	-66	156	171	463
15,1 %	14,30 %	33,70 %	36,90 %	100,00 %

Abbildung 1.1: Der Gesamtprozess als Differentialsystem in datenschutzkonformer Nachstellung

Dass der Verdacht, Geld möglicherweise verschwendet zu haben, überhaupt aufkommen konnte, liegt wohl mitunter daran, dass die bestehende Technologie sich in einem höchst instabilen und schlecht gewarteten Zustand befand. Das übergeordnete Ziel, das über den Aufträgen stand, lautete, dass wir als Dienstleister die betriebliche Bedienung der für den Prozess notwendigen Softwarewerkzeuge vollständig übernehmen, um den zuständigen Entwickler des Kundenunternehmens von diesen Aufgaben zu entlasten und organisationsübergreifende Abstimmungsaufwände zu reduzieren. Doch es hatte sich gezeigt, dass die bisher eingesetzten Tools weit davon entfernt waren, extern, also ohne das Wissen des betreffenden Entwicklers von Kundenseite, bedient, geschweige denn gewartet werden zu können.

So waren wir nicht umhingekommen, zunächst qualitätssichernde Maßnahmen mit ungewissem Ausgang durchzuführen. Auf diese Weise *iterativ*, wie man es nennt, vorzugehen, bietet sich meist angesichts großer Unsicherheiten an. Man plant eher kurzfristige Maßnahmen, führt sie durch, um anschließend das Ergebnis so auszuwerten, dass man die nächsten Maßnahmen planen kann und immer so weiter, bis man einen wünschenswerten Zustand herbeigeführt hat.

Der Vorteil dieses Verfahrens liegt darin, dass man seiner Umgebung in kurzer Zeit viele Informationen entlockt, an denen sich die weiteren Maßnahmen passgenau orientieren können. Der Nachteil dieser ständig abtastenden Herangehensweise besteht gerade in deren Kurzsichtigkeit: Da man den Weg immer wieder neu anpasst, läuft man Gefahr, das ursprüngliche Ziel aus den Augen zu verlieren und schlimmstenfalls in einem endlosen Anpassungsprozess zu mäandrieren.

Als ich die Ergebnisse darstellte, stand ich also vor der Herausforderung, nicht nur nachzuweisen, *dass* es Ergebnisse gab, sondern auch, dass diese der ursprünglichen Zielstellung genügten. An einer Stelle führte dies zu heftigen Einwänden des für Finanzen verantwortlichen Vertreters der Kundenseite. Dort konnte man den Beitrag zum Gesamtziel auf den ersten Blick wohl am wenigsten erkennen. Es kam sinngemäß zu Äußerungen wie: »Genau so etwas ist der Grund, warum wir die weitere Beauftragung ausgesetzt haben!«. Sehr deutlich spürte ich dabei, dass ich hier gegen starke Widerstände anzureden hatte, dass ich keine Aussagen tätigte, die man selbstverständlich teilte, keine »offenen Türen einrannte«. Mir war spätestens zu diesem Zeitpunkt durchaus bewusst, dass ich hier etwas gegen den Willen der anderen Seite durchzusetzen hatte. Allerdings habe ich mit dieser Gegenwehr gerechnet und konnte vorausschauend auf den letzten Teil verweisen, in dessen Zuge ich genau diese Art von Einwänden entkräften wollte.

Wie gewohnt habe ich es nicht geschafft, mich bei den ersten beiden Teilen außerordentlich kurzzufassen, sodass unser Projektleiter die Notwendigkeit verspürte, mich daran zu erinnern, noch genügend Zeit für den letzten Teil einzuplanen. Im Vorfeld hatte ich die Inhalte des Vortrags schon kursorisch mit ihm abgestimmt. Bei dieser Klärung vorab ging es mir vor allem um den letzten Teil, weil die dort angewandte Argumentationsweise meiner Erfahrung nach vermutlich eher nicht zum Instrumentarium des typischen IT-Beraters gehörte. Mein Vorgesetzter kommentierte die interne Vorpräsentation sinngemäß mit den Worten: »Ich weiß nicht, wie das ankommt, das musst du wissen«. Dieses Vertrauen rührte wohl auch daher, dass ich deutlich näher mit unseren Kunden zusammenarbeitete und deren Präferenzen daher wohl treffender einschätzen konnte. Mit der Differentialdarstellung aus Abbildung 1.1 im Hinterkopf gab ich eine Antwort im Sinne von: »Ich glaube, das kommt gut an. Sie [die Vertreter der Kundenseite] stehen auf Messen, Berechnen, Darstellen und dergleichen«.

In der Tat hatte ich für den letzten Teil genau jene Begründungsweise vorgesehen, die mich schon bei der Vorbereitung an meine wirtschaftssoziologischen Forschungsinteressen erinnert hat. Mithilfe eines mathematischen Modells wollte ich zeigen, wie es bei einem ganz bestimmten Prozessschritt zu einem Engpass kommt, wenn man dort die technische Rationalisierung vernachlässigt.

Gemessen am Ziel der Durchsatzmaximierung steht die Figur des Engpasses nämlich stets für den größten Sündenfall – dessen war ich mir bewusst. Da es sich bei der zu beeinflussenden Entscheidung um eine Investitionsentscheidung handelte, war auf diese Weise auch der ökonomische Bezug gegeben, ohne dass ich die Notwendigkeit verspürte, näher auf diesen einzugehen: Die Kosten eines Dienstleisters korrelieren in der Regel stark mit der Zeit. Je schneller wir Datendokumente in den nächsten Prozessschritt überführen konnten, desto geringer also die Stückkosten.

Das mathematische Modell hatte ich im Vorfeld mit der Programmiersprache *R* angelegt. Dabei fokussierte ich mich möglichst auf jene Objekte und Größen, die im Zusammenspiel den erwähnten Engpass herbeiführen, wenn man nicht an den richtigen Stellschrauben dreht. Mein Ziel bestand darin eine sehr einfache Welt zu bauen, in der es nur um dieses Problem geht. Auf keinen Fall kam es mir so vor, als würde ich von einer vorgängigen, wie auch immer »realen« Welt in dem Sinne abstrahieren, dass ich in dieser Welt selbst die irrelevanten Faktoren herausstreiche und aus den übrigen – weiterhin in derselben Welt – ein Modell baue. Wie sollte das auch gehen? Viel eher fühlte es sich so an, als würde ich eine, wenn auch sehr reduzierte, *eigene* Welt errichten, der ich durch computergestützte Simulationsdarstellungen sinnhafte Selbstgenügsamkeit *auch* in unserer als real ausgezeichneten Welt verleihe.

Diese Modellwelt bestand im Grunde nur aus einem Objekttyp, dessen Exemplare zwei verschiedene Status annehmen können.[13] Es gibt *zu validierende* Datendokumente, die noch im bisherigen Prozessschritt verbleiben müssen, und es gibt *valide* Datendokumente, die weiterverarbeitet werden können. Die Dokumente befinden sich nicht ein für alle Mal in einem der beiden Status: *Zu validierende* Dokumente können *valide* werden. Damit dies überhaupt möglich wird, bedarf es einer Zeitachse, entlang derer sich die Zustände der Meldungen unterscheiden können.

Der Validierungsprozess selbst bleibt unsichtbar. In der Modellwelt gibt es für ihn keinen eigenen Objekttyp. Er existiert als Blackbox allein vermittels seiner Wirkung, *zu validierende* Dokumente in *valide* zu überführen, und der Parameter, die dieses Wirken beeinflussen. Man kann sich das Ganze als ein dynamisches Zufallsexperiment vorstellen, bei dem in jeder Zeiteinheit *alle zu validierenden* Dokumente in den Validierungsprozess gegeben werden. Für jedes Dokument gilt, dass es mit einer gewissen Wahrscheinlichkeit als *valide* und mit der Gegenwahrscheinlichkeit als noch immer *zu validierend* aus dem Validierungsprozess herauskommen wird. Da wir in der realen Welt keine verlässlichen Informationen über das exakte Ausmaß dieser Wahrscheinlichkeit zur Verfügung stehen hatten, nahm ich einen Wert von $0,5$ an, wie dies in der ökonomischen Theorie üblich ist, wenn es darum geht, Entscheidungen zwischen zwei Optionen unter Unwissenheit zu modellieren.

Dokumente, die als *valide* aus dem Validierungsprozess zurückkehren, verschwinden aus der Modellwelt. Da sich das Modell dezidiert nur auf einen Prozessschritt bezieht, schien mir diese Festlegung sinnäquivalent auszudrücken, dass *valide* Dokumente diesen Prozessschritt progressiv in Richtung des nächsten verlassen.[14] Technisch gesehen hat diese Modellierungsweise den Vorteil, dass man das

13 Ich gehe hier grammatikalisch zum Präsens über, um die Eigenzeit der Modellwelt zu markieren.

14 Man kann hier natürlich die Frage stellen, ob es *valide* Dokumente in der Modellwelt dann überhaupt gibt. In jedem Fall ist der Status »valide« erforderlich, um überhaupt angeben zu

Problem mathematisch einfach als einen Vorgang exponentiellen Zerfalls bearbeiten kann.

Für den Validierungsprozess gab es neben dessen Erfolgswahrscheinlichkeit noch einen zweiten Parameter: die Häufigkeit, mit welcher der Validierungsprozess in jeder Zeiteinheit durchgeführt wird. Dieser Parameter sollte im Zentrum meiner Argumentation stehen, weil man von dessen realweltlicher Entsprechung plausibel annehmen konnte, dass sie von künftigen Investitionsentscheidungen unmittelbar positiv betroffen sein würde. In der wirklichen Welt konnten wir Dokumente nämlich nur einmal am Tag im Validierungsprozess verarbeiten. Im Rahmen weiterer Aufträge hätten wir die eingesetzten Werkzeuge technisch so verbessern können, dass diese Frequenz deutlich zugenommen hätte.

Deshalb sollte diese Größe im Zentrum meiner Argumentation stehen. Mir ging es in einem ersten Schritt darum, einen kontrafaktischen Eindruck dessen zu vermitteln, wie viel mehr Dokumente man schon *an nur einem Tag* in den nächsten Prozessschritt übergäbe, wenn man den Validierungsprozess häufiger aktivieren könnte. In einem zweiten Schritt nahm ich mir vor, zu fragen, wie lange es in Abhängigkeit von dieser Häufigkeit dauern würde, 100 Dokumente erfolgreich in den nächsten Prozessschritt zu überführen.

Vor jedem der Schritte schien es mir nötig, die Intuition des folgenden Modells in einer scharnierartigen Vermittlungsschicht zwischen realer und modellhafter Welt zu entwickeln. Zu diesem Zweck bediente ich mich – wie in Abbildung 1.2 zu sehen – einfacher Zeichnungen in welchen die Dokumente noch mit sinnlichem Sachbezug, als Blätter dargestellt, vorkamen. Der Verarbeitungsprozess war nur als Blackbox zu erkennen, die Datenblätter als Input entgegennimmt und mit einer gewissen Wahrscheinlichkeit in verändertem Zustand wieder ausgibt. Auf diese Weise wollte ich initial dazu anregen, den Verarbeitungsprozess als Zufallsexperiment zu betrachten, um so den Boden für die mathematische Formalisierung zu bereiten.

Bevor ich daran ging, die relevanten Objekte in numerische Variablen zu übersetzen, hielt ich es für angebracht, darauf hinzuweisen, dass ich als ausgebildeter Volkswirt auch befähigt bin, derartige Modelle zu bauen. Nach meiner Erinnerung hatte ich nicht die Absicht, eine Expertise nach außen zu kehren. Völlig selbstbewusst ging ich davon aus, dass ich diese Expertise bereits eingesetzt hatte, als ich das Modell gebaut hatte. Sie schien mir in geronnener Form darin aufbewahrt, sodass ich mich darauf stützen konnte, indem ich lediglich das Modell und dessen Implikationen verständlich zu machen hatte.

Am stärksten getragen wurde meine Argumentation wohl von der diagrammatischen Darstellung in Abbildung 1.3, die ich schon im Vorhinein als eine derartige

können, kraft welcher Unterscheidung ein Dokument aus der Welt ist. Für eine Beobachterin *in* der Modellwelt freilich könnten *valide* Dokumente dann vermutlich schon definitionsgemäß überhaupt nicht existieren.

Säule im Blick hatte. Die Graphen interpretierte ich als Schar von Lösungskurven einer Differentialgleichung, die ich in vorhergehenden Schritten entwickelt hatte.[15] Im Grunde handelt es sich um eine nicht-prädikative Antwort auf die Frage: *Wie lange dauert es, 100 Datendokumente in den nächsten Prozessschritt zu überführen, wenn man den Validierungsprozess 1-mal (rot), 2-mal (gelb) oder 5-mal (grün) am Tag durchführt?* Den »Kniff«, Werturteile durch Farbgebung zu fällen, hatte ich wahrscheinlich von der Differentialdarstellung aus Abbildung 1.1 übernommen. Da es sich hier um eine durchaus übliche Praxis handelt, hatte es aber sicherlich auch genug andere Gelegenheiten gegeben, mir diese Technik abzuschauen.

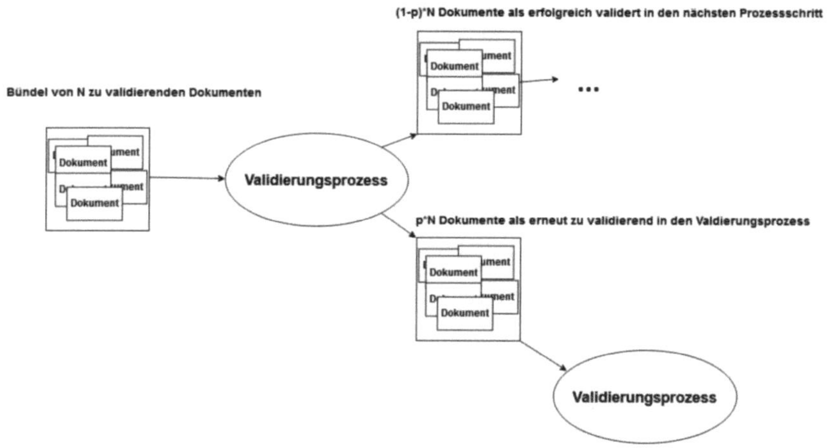

Abbildung 1.2: Datenschutzkonform abgeänderte Darstellung des modellierten Zufallsexperiments

Natürlich konnte man auf einen Blick sehen, dass Maßnahmen *innerhalb der Modellwelt*, die darauf abzielen, die Häufigkeit der täglichen Validierungsprozessdurchläufe zu erhöhen, den Durchsatz deutlich steigern würden. Durch die Rotfärbung freilich noch verstärkt, wurde, anders gesagt, der Eindruck nahegelegt, dass der Status quo, d. h. eine Häufigkeit von 1, ein »Bottleneck« beinhaltete, das man eigentlich nicht ignorieren konnte. Sogleich kam es vom finanzverantwortlichen Vertreter der Kundenseite auch zu verbaler Gegenwehr: »Die alte Technologie ist doch ein toter Gaul!« oder auch »Wir sehen hier doch nur einen einzelnen Prozessschritt. Es kommt doch auf den Gesamtprozess an!«. Doch zu keiner Zeit äußerte man Bedenken darüber, die Modellwelt in diesen Hinsichten mit der realen zu *identifizieren*.

15 Eine datenschutzkonforme Darstellung der vorgestellten Algebra findet sich in Appendix C.

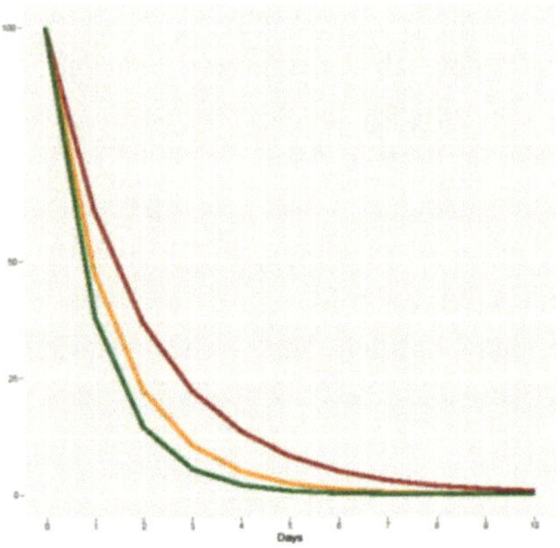

Abbildung 1.3: Eine Lösungskurvenschar, die in Abhängigkeit der Häufigkeit täglicher Validierungsprozesse verdeutlicht, wie lange es innerhalb der Modellwelt im Schnitt dauert, 100 Datendokumente in den nächsten Prozessschritt zu bringen. Die rote Kurve gilt für eine Häufigkeit von 1, die gelbe für eine Häufigkeit von 2 und die grüne für eine Häufigkeit von 5. Die Zahl der verbleibenden Dokumente ist auf der y-Achse eingetragen, die Dauer in Tagen auf der x-Achse.

Als ich die Kurven zuvor hergeleitet hatte, achtete ich sorgfältig darauf, gewisse Modellannahmen zu plausibilisieren, die als unrealistisch hätten empfunden werden können. Nach diesen Vorkehrungen hatte ich kaum Mühe alle Einwände zu entkräften. Erinnern kann ich mich, dass als Replik meinerseits oft der sinngemäße Verweis auf die Modelldarstellung genügte: »Das [die Kundenaussagen, C. D.] sind nur Annahmen. Das hier [die Darstellung der Kurvenschar, C. D.] ist transparent und objektiv hergeleitet«.

Da wir die veranschlagte Zeit des Termins komplett aufgebraucht hatten und es einige Teilnehmer in Anschlusstermine zog, endete das Gespräch abrupt und ohne Einigung. Am nächsten Tag informierte mich jener Vorgesetzte und Projektleiter, der an der besprochenen Konferenz teilgenommen hatte, darüber, dass er soeben einen Anruf des finanzverantwortlichen Kundenvertreters erhalten hatte: Man habe sich dafür entschuldigt, dass der Termin so plötzlich zu Ende ging, und wolle unbedingt weiter in die bestehende Technologie investieren.

1.3 Beobachten mit Parsons

Wenn wir nun versuchen, den Abschnitt 1.1 erarbeiteten »Situationsdetektor« in Betrieb zu nehmen, indem wir den eben geschilderten Fall auf Tabelle 1.1 beziehen, gehen wir wohl am besten nach dem Ausschlussverfahren vor. Gibt es Felder, von denen wir begründet erwarten können, dass sie im Situationsverlauf völlig blass bleiben, weil korrespondierende Signale fehlen? Ob gar eine komplette Spalte ungefüllt bleiben kann, hängt davon ab, ob überhaupt Kommunikation über den Situationskanal verläuft. Man könnte erwägen, die in Aussicht gestellten Maßnahmen als *Anreiz* aufzufassen, den Dienstleister weiter zu beauftragen, um diese zu realisieren. Schließlich sollen diese Maßnahmen die Situation ja »zum Besseren« ändern. Doch scheinen mir die oben angesprochenen Auseinandersetzungen gerade das Moment der Verbesserung zur Diskussion zu stellen: Würde eine Weiterbeauftragung überhaupt Verbesserungen bringen – und was heißt in diesem Fall überhaupt »besser«? Im Falle eines möglichen Anreizmittels müssten solche Fragen aber bereits eindeutig »zum Positiven« entschieden sein. Damit *Ego Alter* mit einem Geldschein bestechen kann, müssen sich beide schon über dessen Vorteilhaftigkeit einig sein.

Auf den ersten Blick könnte es vielleicht so aussehen, als ob wir damit auch schon das »negativ«-Feld der Situationsspalte, *Einschüchterung*, abgehandelt hätten. Denn die Beauftragungsmaßnahmen den Kunden als Bedrohung zu verkaufen, scheint eine widersinnige Idee. Hat nicht aber vielleicht schon die modellökonomische Darstellung die Situation für die Kundenseite zum Negativen verändert? Haben sich dadurch nicht schon die *Rechtfertigungsdispositionen* so verschoben, dass man die Präsentation selbst bereits als Drohung verstehen kann? Tatsächlich lässt Parsons solche Grenzfälle, in denen Negativ-Änderung und Drohung zusammenfallen, ausdrücklich zu.

> »*Ego* [kann, C. D.] dann unmittelbar handeln und *Alter* mit einem *fait accompli* konfrontieren« (Parsons, 1980b, S. 74).

Ego kann *uno actu*, wenn man so sprechen darf, fordern und foltern. Im vorliegenden Fall hätte ich beispielweise damit drohen können, den »aufgedeckten« Engpass an vorgesetzte Stellen zu melden – sei es auch erst bei einer Gelegenheit, die sich noch hätte bieten müssen. Derartige »Erpressungsversuche« blieben aber aus.

Dass der Versuch *sachgerechter* Darstellung aber kurzzeitige Irritationen hervorrufen konnte, damit musste ich rechnen. Hinsichtlich meiner Kommunikationsabsichten aber sinnvoll unterstellbar von »Gerechtigkeit in der Sache« sprechen zu können, scheint mir aufschlussreich: Es lag mir daran, die Sache so richtig darzustellen, dass sich zeigen konnte, was richtig ist. Diese »Sein-Sollen-Spannung« spricht für Aktivität in der Absichtsspalte, also für Austauschprozesse vermittels der Medien *Einfluss* und *Commitment*. Zur Illustration solcher Prozesse führt Parsons ein typisches Verhältnis zwischen Arzt und Patient an.

> »Der Meinungsmacher ›erhält‹ durch den Einsatz seines Einflusses bestimmte Commitments, die er seinerseits wieder ›verwenden‹ kann. Was das bedeutet, kann vielleicht am Beispiel des Einsatzes von Einfluß erläutert werden, der die

> ›Kompetenzlücke‹ im medizinischen Bereich überbrücken soll. Beispielsweise soll ein Patient ›angewiesen‹ werden, sich einer bestimmten Operation zu unterziehen. Wenn er diesen Rat akzeptiert, und das heißt, ein Commitment eingeht, kann der Chirurg dann die tatsächliche Operation mit einer hohen Wahrscheinlichkeit planen, daß der Patient ›die Sache wirklich durchzieht‹. In einem komplizierteren Fall kann der Patient angewiesen werden, sich einer ziemlich umständlichen Prozedur in Verfolg eines langwierigen Krankheitsproblems zu unterziehen. Folgt er diesen Anweisungen, so geht er ein Commitment ein, eine Vielzahl von Pflichten in verschiedenen Umständen über eine ausgedehnte Periode hinweg auf sich zu nehmen« (Parsons, 1980d, S. 168-169).

Als »Meinungsmacher« steht der Arzt zunächst vor der Aufgabe, den Patienten zu einer bestimmten »Sicht der Dinge« zu *überreden*, sodass dieser darin die Relevanz für den Wert der »Gesundheitsfürsorge« erkennt, um sich zu entsprechenden therapeutischen Maßnahmen zu verpflichten. Analog dazu habe ich als Berater die Kunden mithilfe der Modellweltdarstellung eingeladen, eine Situationsdeutung zu übernehmen, in welcher ein gewisses Wertmuster, nennen wir es »technische Effizienz«[16], als handlungsleitend hervortreten kann.

Zwei Unterschiede zum Arztbeispiel scheinen mir jedoch von besonderem Interesse: In den meisten Fällen wird eine Ärztin ihre Patienten nicht zu selbstständig urteilsfähigen Medizinerinnen ausbilden, die sich von ihrem eigenen Gesundheitszustand dann *selbst* überzeugen könnten. Wenn eine Ärztin Patienten erfolgreich überredet, muss dieser Erfolg sich in aller Regel auf das berufsständische Ansehen ihrer medizinischen Expertenrolle stützen. Im IT-Beratungsfall hingegen ging es mir gerade darum, die Kundenvertreter möglichst in den Stand zu versetzen, sich selbst der Wahrheitsgeltung meiner Aussagen zu versichern. Wer die Mathematik versteht, welche die Modellwelt im Innersten zusammenhält, kann an diesen Zusammenhängen als solchen nicht mehr zweifeln. Entweder versteht man sie nicht und bezweifelt sie oder man versteht sie und kann sie dann nicht mehr bezweifeln.

---

16 Es lässt sich darüber streiten, ob *Effizienz* ein eigenständiges Wertmuster darstellt. Einerseits bezieht sich Effizienz bloß darauf, *bereits als wertvoll Ausgezeichnetes* mit möglichst geringem Mitteleinsatz zu erreichen oder umzusetzen. Deshalb verwirft beispielsweise (Herrmann-Pillath, 2023, S. 30) »die Annahme, dass die Wirtschaftswissenschaft selbst die Normen der Bewertung ökonomischer Zustände erzeugen kann, wie etwa ›Effizienz‹ oder ›Nutzen‹« (ebd.).
Dieser Ansicht stellt andererseits die Konventionssoziologie nach (Boltanski und Thévenot, 2008, S. 252-262) die industrielle Weltordnung (*monde industriel*) entgegen, in welcher *Effizienz* als das maßgebende Wertmuster firmiert.
Dieser Antagonismus bedürfte sicherlich ausführlicherer Diskussion. Zunächst scheint mir der Gedanke aber nicht völlig von der Hand zu weisen, dass auch die Wahl der geringsten Mittel zur Erreichung bloß »eingeklammerter« Werte *ein* Muster darstellt, welches normative Orientierung bieten kann.

Die mathematische Darstellung verstellt hier einen denkbar möglichen Mittelweg. Folglich war mein Einfluss nur vonnöten, um die mathematischen Verhältnisse verständlich zu machen. Soweit mir dies gelang, genügte die Modellwelt in der Beobachtung der Beteiligten sich selbst. Die Ärztin *füllt* die medizinische Kompetenzlücke durch ihren Einfluss, wohingegen Einfluss in Beratungssituationen wie der oben dargestellten diese Lücke *schließen*, also zum Verschwinden bringen muss.

Der Status der technischen Expertenrolle leistet deshalb nur einen transitorischen Beitrag. Wenn die Modellwelt sich in der Beobachtung hinreichend selbst trägt, macht sie sich, zumindest als Modellwelt, auch hinreichend selbst glauben. Allerdings macht auch ein gut gebautes Flaschenschiff hinreichend glauben, dass es sich um ein Schiff handelt, ohne einen Beobachter freilich dazu zu überreden, sich selbst an Bord zu wähnen. Genau diese Leistung aber hat die ökonomische Modellwelt in der Beratungssituation zusätzlich noch zu erfüllen, wenn sie den Wert technischer Effizienz *für* die als wirklich ausgezeichnete Welt, also den tatsächlichen Betriebsprozess, soll aktivieren können. Um im Bild zu bleiben: Das Flaschenschiff muss so gebaut sein, dass betroffene Beobachter sich selbst an Bord wähnen können, sodass der glaubhafte Hinweis auf ein Leck dazu verpflichtet, es zu stopfen.

Das Publikum durfte die *eigene* Situation also von der Modellwelt in gewissen Hinsichten nicht mehr unterscheiden können. Diese spezifische Anforderung beleuchtet Parsons Betrachtung noch zu wenig. Möchte man dieses Erfordernis am Arzt-Patient-Beispiel veranschaulichen, so könnte man an einen Patienten denken, der nicht glauben möchte, dass bestimmte Verhaltensweisen die eigenen Organe beschädigen. Die Ärztin stellt daraufhin, wie im Biologieunterricht, ein Modell der relevanten Organstrukturen auf den Tisch, um dieses dann so zu beschreiben, dass der Patient das Modell unter den relevanten Aspekten mit dem eigenen Körper *verwechselt*.

Es fällt mir schwer, Fälle zu erdenken, in denen Einfluss als Überredungsmittel nicht auf die ein oder andere Weise solche Selbstbezüge[17] herstellen muss. Wer

---

17 Ein bestimmter Ausschnitt der eigenen Welt muss demnach für die Beobachter in einem Anderen, dem Modell, so erscheinen, dass sich das Modell auf die eigene Welt hin befragen lässt und sachgemäß antwortet. »Bestimmt man Resonanz dergestalt als einen spezifischen Beziehungsmodus, das heißt als eine spezifische Art des *Auf-die-Welt-Bezogenseins*, welche diese Welt beziehungsweise das entsprechende Weltsegment als responsiv erfährt« (Rosa, 2021, S. 289), so könnte man hier konsequenterweise wohl schon von einem Resonanzverhältnis sprechen.
Folgt man aber (Habermas, 1995, S. 415-416) darin, überredenden Einfluss nach Parsons eher als, wenn ich so zuspitzen darf, *wertneutralen* Pol der reinen Seinsgeltung aufzufassen, scheint sich die Rede von einem Resonanzverhältnis an dieser Stelle zu verbieten. Denn nach Rosa »sind Resonanzverhältnisse essenziell an die Affirmation starker Wertungen gebunden« (Rosa, 2021, S. 291).

überredet wird, muss Beschreibungen, sei es über Situationsumstände oder eigene Absichten, stets plausibel *auf sich selbst* übertragen können. Aus der Sicht sozialer Systeme hat (Luhmann, 1993b) diese Notwendigkeit mitlaufender Selbstthematisierung in seinem Begriff der *Semantik* untergebracht. In modernen, differenzierten Gesellschaften »entsteht ein Bedarf für Semantik dadurch, daß die Symbolik der Hierarchie, die als Ordnungssymbolik außer Zweifel stand, nun mediatisiert werden muß« (a. a. O., S. 32). Damit knüpft Luhmann an das Bezugsproblem symbolisch generalisierter Medien nach Parsons an. Wie schon Parsons, so sieht auch Luhmann die moderne Gesellschaft durch zunehmende Kontingenzerfahrungen geprägt.

> »Die Welt wird für diese Gesellschaft zum Horizont endlos möglicher Progression in die Weite und in die Binnentiefe der Substanzen. Grenzen reflektieren daher nur noch operative Notwendigkeiten, nicht mehr Letztgegebenheiten, Sphären oder Atome oder Individuen der realen Welt« (a. a. O., S. 33).

»Die Welt« kann vieles und sogar vieles gleichzeitig bedeuten. Daher müssen moderne Sozialsysteme sich nicht nur, wie jedes System im Luhmannschen Sinne, beobachtbar von einer Umwelt abgrenzen, sondern diese Abgrenzung auch in Form pluraler und mehr oder weniger institutionalisierter *Selbstbeobachtungen* aktualisieren.

> »Der Zusammenhang von Funktion und Leistung ist nicht mehr durch eine gesamtgesellschaftliche Grundsymbolik der Hierarchie und der direkten Reziprozität gewährleistet; er erfordert vielmehr in jedem System die Orientierung an einer dritten Systemreferenz: der zu sich selbst« (a. a. O., S. 29).

Abseits der systemischen Perspektive, aus Sicht interagierender Handlungseinheiten im Parsonschen Sinne, tritt uns der Reflexionsbedarf sozialer Systeme als Unsicherheit über die Welt, in der wir handeln müssen, gegenüber. Vereinfacht gesprochen: Die Frage, *wie* wir handeln sollen, wird ständig von der Frage untergraben,

---

Was also tun? Sollten wir schon dort von Resonanz sprechen, wo es lediglich um überredenden Einfluss geht und konzeptionsgemäß gerade noch keine starken Wertungen im Spiel sind? Dann scheint es, als wären wir gezwungen, jede Art von Scharlatanerie schon Resonanz zu nennen. »[M]an sieht sie förmlich vor sich, die Glücks- und Erfolgsratgeber, die das Resonanzkonzept für ihre Zwecke fruchtbar zu machen versuchen« (a. a. O., S. 318).
Von Resonanz zu sprechen, ergäbe demnach erst dann Sinn, wenn sich wert-appellierende Aktivität im Absichtskanal beobachten lässt. Wo ordnen wir dann aber die überredende Weltvermittlung ein, welche dem Wert-Appell vorausgeht? Möchte man hier schon »von ideologischer Resonanz oder, besser noch, von *Resonanzsimulation*« (a. a. O., S. 319) reden? Wie ließen sich dann aber Weltbezüge, die zwar reflexiv-identifizierenden Einfluss ausüben und nur *noch* keinen Bezug zu durchaus legitimen Wertungen hergestellt haben, von bloß *ideologisch*-resonanten, die solche Wertbezüge nicht einmal der Absicht nach etablieren, unterscheiden? Hier weiß ich noch nicht so recht weiter.

wo wir überhaupt handeln. Es fallen ständig lokale Positionsbestimmungen an, von denen aus Wertmuster erst situative Relevanz erlangen müssen. Bezugsprobleme solcher Art sieht Parsons durch symbolisch generalisierten Einfluss behandelt.

Genau in diesem Sinne scheint mir Einfluss auch in der beschriebenen Feldsituation eingesetzt. Die erste Etappe auf dem Weg zur Aktivierung relevanter Wertmuster bestand darin, eine Modellwelt zu präsentieren, die in entscheidenden Merkmalen von der wirklichen nicht mehr zu unterscheiden ist. Natürlich hätte ich die Beteiligten nur schwer davon überzeugen können, dass sie auf der Powerpoint-Folie leben, die sie gerade anschauen. Aber dass man im alltäglichen Betrieb mit Mengen von zu validierenden Datendokumenten umgeht, wie sie auch in der dargestellten Modellwelt auftauchen – wie hätte man dies noch bezweifeln können?

Die Kurven aus Abbildung 1.3 zeigen eine Welt, in welcher bei gleichem Mitteleinsatz verschiedene Durchsatzniveaus erreicht werden. Bei den korrespondierenden Zahlen kann man schon nicht mehr so klar sagen, ob sie diese Niveaus bloß quantitativ-spezifizierend beschreiben oder normativ-ordnend. Die Unterscheidung zwischen »viel« und »wenig« fällt bis zur Unkenntlichkeit mit jener zwischen »gut« und »schlecht« zusammen. Um möglichst eindeutig den Ausschlag zu Letzterer zu geben und durch *Commitment Activation* das »negativ-Absicht«-Feld auf unserem Situationsdisplay zu füllen, hatte ich nur noch die normative Färbung, von *Grün* über *Gelb* nach *Rot*, wie als gesonderte »Wert-Folie« über die Kurven zu legen. So war ein konkretisierender Bezug zum Wertmuster der technischen Effizienz hergestellt, der sich schließlich auch Bahn zur Weiterbeauftragung gebrochen hat.

Versuchen wir abschließend, die Aktivität auf der Situationsanzeige gemäß Tabelle 1.1 zusammenzufassen. Eingangs haben wir festgestellt, dass sich Kontrastgebungen im Situationskanal nicht plausibel rechtfertigen[18] lassen. Im Absichtskanal hingegen können wir verschiedene Phasen unterscheiden. Wir beginnen mit einem starken Kontrast im *Überredungs*feld, während das *Commitment-Appell*-Feld blass bleibt. In diesem Zustand haben wir nun zwei Darstellungsmöglichkeiten: Mit dem Übergang des welt-konstituierenden Einflusses von meiner *Person* auf die Modellstruktur können wir das Überredungsfeld entweder gleichermaßen kontrastiert oder zunehmend blass werden lassen. Mir scheint, dass zweiter Vorschlag eher mit dem Parsonschen Konzept übereinstimmt, weil diesem gemäß Einfluss in dem Maße nachlässt, wie sich die zu Überredenden vom betreffenden Sachverhalt selbst überzeugen können. Ab dem Moment, als die Welt selbstgenügsam in der Beobachtung des Publikums zu walten begann, scheinen Aktivitäten im *Commitment*-Feld gerechtfertigt. Die höchste Kontraststärke wird hier wohl dann erreicht, wenn die normativ-gefärbten Kurven in Abbildung 1.3 einen Bezug zum

18 Man kann hier leicht erkennen, dass wir selbst im Grunde nichts anderes als das tun, was wir beschreiben: Wir rechtfertigen eine Beschreibungsweise einer Rechtfertigungssituation.

Wertmuster technischer Effizienz nahezu unabweisbar erscheinen lassen. Derartige Wechselspiele zwischen *Einfluss* und *Commitment*, zwischen *Überredung* und *Appell an Wertbindungen*, bei denen zunächst eine Situationsbeschreibung in *faktische* und anschließend in kollektiv-motivierende Geltung gesetzt wird, möchte ich unter dem Titel »Politisierung von Welt« versammeln. Aus der Interaktionsperspektive haben (Boltanski und Thévenot, 2008) Vorgänge dieser Art als Rechtfertigungshandeln thematisiert, das faktische Weltbezüge (*mondes communs*) in konkreten Situationen mit normativen Ordnungen (*cités*) überzeugend zu balancieren hat.

2. Politisierung und ökonomische Modellwelten

Im ersten Kapitel haben wir den Begriff der *Politisierbarkeit von Modellwelten* situationsbezogen expliziert. Eine sehr sparsame Modellwelt traf in politisierendem Gebrauch auf einen sehr begrenzten Personenkreis. Das zweite und dritte Kapitel möchten diesen Engpässen in Richtung eines empirisch tragfähigeren Forschungsdesigns entgegenwirken: das gegenwärtige Kapitel mit Blick auf die Vielfalt und den wirtschaftswissenschaftlichen Bezug der Modellwelten, das dritte mit Blick auf einen erweiterten und differenzierteren Personenkreis. In den nun folgenden Abschnitten möchte ich in die Rechtfertigungstheorie nach (Boltanski und Thévenot, 2008) nur so weit einführen, dass sich mit dem dort verwendeten Analyseraster ökonomische Modellwelten für verschiedene Modellfamilien aus dem wissenschaftlichen Diskurs der Arbeitsmarktökonomik rekonstruieren lassen (2.1). Den Anfang machen im zweiten Abschnitt (2.2) die Modellwelten walrasianischer Prägung zunächst in ihrer allgemeinen Form (2.2.1), bevor danach zuerst die klassische (2.2.2) und dann die keynesianische (2.2.3) Version spezifiziert werden. Abschließend geht es um die – im Vergleich zu Abkömmlingen der walrasianischen Modellfamilie – doch deutlich anders gestrickten Such- und Matchingmodellwelten (2.3).

2.1 Die Politisierbarkeit von Welt

2.1.1 Der Politisierungsbegriff bei Boltanski und Thévenot

Der Begriff der Politisierung (französisch: »politisation«) taucht in dem für die neuere französische Wirtschaftssoziologie (vgl. Diaz-Bone, 2015) grundlegenden Werk »*De la justification. Les économies de la grandeur*« (Boltanski und Thévenot, 2008) wohl so nicht auf.[1] Geht man in der Ideengeschichte der französischen Sozialtheorie jedoch einen Schritt zurück, findet man, dass Bourdieu mit »Politisierung« einen

1 Eine elektronische Version des Textes habe ich mit einer Texterkennungssoftware bearbeitet, um jene anschließend auf das Wort »politisation« abzusuchen. Die Suche ergab keine Treffer.

Begriff bezeichnet, der vor allem die Verallgemeinerung von Interessen in lokalen Situationen beinhaltet.

> »Muß die konkrete Situation beachtet, auf sie notwendig eingegangen werden, um überhaupt Vertrauen zu erwecken, so ist gleichwohl über den in Partikularität verstrickenden, folglich *isolierenden* Einzelfall hinauszugehen, da nur auf diese Weise eine kollektive Mobilisierung um *gemeinsame Probleme* möglich wird. Diese Dialektik von Allgemeinem und Besonderem, Kernstück einer jeden Politik und zumal jeden Versuchs der *Politisierung*, heißt für die einen, die es mit der etablierten Ordnung halten, notwendig, ihre besonderen Interessen als allgemeine zu setzen, für die anderen das Besondere ihrer Lage in seiner Allgemeinheit zu erfassen« (Bourdieu, 2014, S. 681).

Ein wesentliches Merkmal von Politisierungsprozessen bestehe demnach in der paradoxen Aufgabe, besondere Ansprüche generalisierend von ihrer Besonderheit zu reinigen. Gemäß Bourdieu stellt sich diese Aufgabe je nach Position im sozialen Raum verschieden dar. Die *herrschenden* Klassen müssen das Besondere der allgemeingeltenden Ordnung *verschleiern*, während die *beherrschten* Klassen die Kontingenz dieser vermeintlichen Allgemeingültigkeit *entschleiern*, indem sie einige Besonderheiten ihrer Lage verallgemeinern.

Obwohl der Politisierungsbegriff, wie erwähnt, bei (Boltanski und Thévenot, 2008) nominell nicht auftaucht, spielt dennoch die Spannung zwischen Allgemeinem und Besonderem eine wichtige Rolle in deren Gesellschaftstheorie.[2] Ausgangspunkt, nicht nur für politisches, sondern für Handeln überhaupt, bildet die Unsicherheit, mit welcher sich Personen in Situationen stets mehr oder minder konfrontiert sehen. Begegnen können sie dieser Unsicherheit nur, indem sie – im Wortsinn – die Dinge in Ordnung bringen.

> »Wir versuchen die Art und Weise aufzuzeigen, auf welche sich Personen der Unsicherheit stellen, indem sie sich auf Objekte stützen, um Ordnungen herzustellen« (a. a. O., S. 31) [Übersetzung, C. D.].

Zu diesem Zweck greifen Akteure auf Äquivalenzprinzipien zurück, welche sich eignen, um zwischen den Dingen Identität zu erzeugen.

> »Jedes Ganze aus Objekten, welche mit einem übergeordneten Prinzip verknüpft sind, bilden eine kohärente und selbstgenügsame Welt, eine *Natur*« (a. a. O., S. 58) [Übersetzung, C. D.].

2 Hier möchte ich die gravierenden Unterschiede zwischen dieser Theorie und jener Bourdieus keineswegs unterschlagen. Nicht grundlos scheinen Boltanski und Bourdieu nach dem Erscheinen der Vorversion von *De la Justification* miteinander gebrochen zu haben (vgl. Diaz-Bone, 2015, S. 34). Mir dient das Bourdieu-Zitat hier lediglich als Einleitung in eine Auseinandersetzung mit dem, was »Politisierung« bei (Boltanski und Thévenot, 2008) heißen könnte.

Eine jede Welt besteht demnach aus Objekten und einem dominanten Äquivalenzprinzip, welches jene zusammenhält.

Hier von einem bloß dominanten, nicht aber völlig alternativlosen Prinzip zu sprechen, soll zum Ausdruck bringen, dass jede Welt grundsätzlich von Unsicherheit gefährdet bleibt. Denn zu den Dingen passen, wenn auch mehr oder weniger, immer verschiedene Äquivalenzprinzipien. So können Personen sich zugleich raumzeitlich nahestehen, aber, von dieser Gemeinsamkeit abgesehen, in völlig verschiedenen Welten leben.

> »[D]ie Koexistenz schafft nicht immer eine Situation. Die Wesen, die sich über den Weg laufen, nehmen nicht an ein und demselben Handlungsvollzug teil« (a. a. O., S. 51) [Übersetzung, C. D.].

Falls jedoch der pragmatische Druck entstehen sollte, sich gewaltlos auf eine gemeinsame Situation zu einigen, weil vereinzelte Situationen zusammengefasst oder eine bestehende Situation kritisiert oder gegen Kritik verteidigt werden soll, herrscht ein Rechtfertigungsimperativ vor. Um Einigung zu erzielen, müssen die Beteiligten versuchen, die Dinge unter ein gemeinsames Äquivalenzprinzip zu bringen, welches gegebenenfalls auch einen Kompromiss zwischen inkommensurablen Welten darstellen kann. Um eine derartige Generalisierungsarbeit zu bewerkstelligen, müssen die Beteiligten beweisen[3], dass Dinge anwesend sind, welche die angestrebten Identitätszuweisungen kohärent abstützen.

> »Die Bewerkstelligung eines annehmbaren Beweises, ob es sich nun um einen rechtlichen Beweis oder einen wissenschaftlichen oder technischen Beweis handelt, setzt in der Tat voraus, dass er sich auf Dinge stützen kann, die bereits zum Gegenstand von Verallgemeinerungen gemacht wurden« (Boltanski und Thévenot, 2008, S. 25) [Übersetzung, C. D.].

Eine Weltinstandsetzung hat also umso bessere Chancen, je leichter sie an bereits erfolgte Verallgemeinerungen anknüpfen kann.

Wozu aber wollen Personen überhaupt Welten zur Geltung bringen? Dass es nicht um bloße Rechthaberei geht, versuchen Boltanski und Thévenot anhand der Unterscheidung zwischen *Justesse* und *Justice* zu plausibilisieren. Sie bezeichnen damit verschiedene Geltungsdimensionen, die sich praktisch nie scharf isolieren lassen. *Justesse* bezieht sich dabei eher auf Wahrheitsgeltung, während *Justice* eher mit normativen Geltungsansprüchen zu tun hat. Für Boltanski und Thévenot handelt es sich bei Akteuren stets um notorische Kohärentisten: Als wahr erscheint

---

3 Als wesentliches Merkmal kommt der Theorie von Boltanski und Thévenot zu, Beweisoperationen nicht auf den Bereich wissenschaftlichen Handelns zu beschränken. Sie »symmetrisieren« dadurch die Analyseperspektive, weil sie zwischen wissenschaftlichem und alltäglichem Handeln nicht mehr kategorisch trennen (vgl. Diaz-Bone, 2015, S. 36-37).

ihnen, was zueinander passt. Dabei bezeichnet »Justesse« aber nicht Wahrheit im wissenschaftstheoretischen Sinne. Boltanski und Thévenot meinen damit eher epistemische Richtigkeit im Alltagshandeln. Die Dinge sind in diesem Sinne richtig und eignen sich demnach zur Beweisführung, wenn sie sich in einer kohärenten Dingordnung, einem Dispositiv, zusammenfügen.

> »Die Herangehensweise erfolgt nicht durch eine transzendentale Regel, wie dies traditionellerweise der Fall ist, sondern indem man den Zwängen der pragmatischen Ordnung folgt, die von der Relevanz eines Dispositivs oder, wenn man will, dessen Richtigkeit abhängen« (a. a. O., S. 19) [Übersetzung, C. D.].

Richtig ist ein Dispositiv in dem Maße, wie sich dessen Dinge mit dem übergeordneten Prinzip einer Weltordnung vereinen lassen.

> »Eine Situation gelangt nur dann zur Reinheit, wenn Dispositionen angenommen und Dispositive eingerichtet wurden. Die kohärenten Wesen und Objekte sind befördert, aktiviert und angeordnet« (a. a. O., S. 174) [Übersetzung, C. D.].

Dispositive dienen also dazu, Situationen zu bereinigen, indem die Objekte des Dispositivs sich gegenseitig stützen und sich so gegenüber störenden Elementen verschließen.

Der Grund, aus dem Personen Ordnungen aufbauen, liegt nun aber nicht in einem selbstzweckhaften Kohärentismus. Ein wesentliches Merkmal (und aus meiner Sicht auch eine Stärke) der Rechtfertigungstheorie von Boltanski und Thévenot besteht darin, Ordnungen der Dinge stets zusammen mit Ordnungen der Personen zu denken. Letztere haben mit Fragen der Gerechtigkeit zu tun. Richtigkeit in dieser Hinsicht nennen die Autoren folgerichtig *justice*. Die kohärenzschaffenden Äquivalenzprinzipien, welche die Beziehungen zwischen Personen betreffen, gehen auf bestimmte Wertordnungen, sogenannte *cités*, zurück. Derartige Ordnungen orientieren das Handeln von Personen auf gemeinsame Werte hin und organisieren schematisch deren Größenverhältnisse. Um sich aber praktisch in Situationen zu messen, benötigen Personen die Dinge, weil nur diese ihnen beobachtbare Maßstäbe liefern können.

> »Im Modell der Wertordnung [cité, C. D.] können die Größenzustände den Personen nicht auf feste Weise angeheftet werden. Die Einigung muss sich demnach durch Erprobungen der Wirklichkeit in die Tat umsetzen, die Objekte einbeziehen, vermittels derer die Personen sich messen und ihre relativen Größen bestimmen können« (a. a. O., S. 34) [Übersetzung, C. D.].

Da Personen ihre Größe also nur durch Dinge zur Geltung bringen können, hängen die Realisierungschancen einer Wertordnung von der Welt ab, in der sie zurzeit leben. Den Zusammenhang zwischen Wert und Welt darf man dabei nicht als einen bloß zufälligen verstehen, so als würden Wertordnungen für sich bestehen, ab und an macht sich aber der Einfluss der Dinge bemerkbar.

> »Der Beweis der Größe einer Person kann nicht einfach auf einer intrinsischen Eigenschaft beruhen, was schon eine vorgelagerte Form der Äquivalenz voraussetzte, welche dieser Eigenschaft folgt. Der Beweis muss sich auf Gegenstände stützen, welche der Person äußerlich sind und gewissermaßen als Instrumente oder Geräte der Größe dienen« (a. a. O., S. 165) [Übersetzung, C. D.].

Daraus folgt wohl, dass keine Wertordnung ohne Dinge bestehen kann. Faktizität und normative Geltung bilden damit keine abgetrennten Sphären, die zeitweise interferieren, sondern Seiten ein und derselben Medaille.

> »Der Gegenstand stützt die Größe, engt aber zugleich die Erprobung ein, indem er fordert, ihn zur Geltung zu bringen« (a. a. O., S. 166) [Übersetzung, C. D.][4].

Vor diesem Hintergrund lässt sich der Bogen zurück zum Politisierungsbegriff spannen. Denn als Vermittler zwischen Wert und Welt verbinden Dinge auch das Besondere mit dem Allgemeinen oder, anders ausgedrückt, das Lokale mit dem Globalen. Wenn wir uns das obige Zitat von Bourdieu in Erinnerung rufen, dann geht es bei Politisierungsprozessen darum, besondere Ansprüche zu verallgemeinern. Nach Boltanski und Thévenot müssen sich Personen zu diesem Zweck vergrößern, indem sie ihre besonderen Interessen so darstellen, dass diese als einem Allgemeinwohl dienlich erscheinen. Demnach gibt es keine Politisierungsvorgänge, die sich nicht auf Gerechtigkeitsprinzipien, also interpersonale Wertordnungen, beziehen. Deshalb fallen alle Verallgemeinerungen, denen dieses Merkmal fehlt, nicht unter den Politisierungsbegriff. Zeige ich beispielsweise in einer Situation auf einen Gegenstand und sage »Dies ist ein Stein«, so habe ich diesen Gegenstand zwar in Bezug auf alle Situationen, in denen Steine anwesend sind, verallgemeinert, aber *nicht* politisiert. Denn Politisieren schließt ein, sich im Rahmen einer Wertordnung zu vergrößern.

> »Also, sich die ›allgemeinen Interessen der Menschheit‹ zu Herzen zu nehmen, sich darum Sorgen zu machen, in ihrem Namen zu sprechen, das heißt einen einzelnen Wunsch, der mit einer körperlichen Verbundenheit (für ein Mitglied der eigenen Familie) zusammenhängt, in eine gattungsmäßige Beziehung zu verwandeln, die enthoben ist und nicht mehr Gegenstand körperlicher und individueller Befriedigung sein kann« (a. a. O., S. 56) [Übersetzung, C. D.].

---

4 Es mag etwas merkwürdig klingen, dass Gegenstände Verhaltensweisen fordern. Doch genau das scheinen Boltanski und Thévenot ausdrücken zu wollen: »Gegenstände verpflichten die menschlichen Wesen dazu, auf der Höhe zu sein« (ebd.) [Übersetzung, C. D.].

Wie aber bereits erwähnt, hängt die Relevanz einer Wertordnung konstitutiv mit einer Weltordnung zusammen. Personen also, die im Namen der Gattung oder zumindest einer Gruppe sprechen wollen, müssen die Welt so aussehen lassen, dass ein günstiges Gerechtigkeitsprinzip darin Fuß fassen kann.

2.1.2 Gesichtspunkte für Kritik und Erweiterung

Im deutschsprachigen Raum hat u. a. Axel Honneth die Rechtfertigungstheorie von Boltanski und Thévenot kritisch rezipiert. Die für seinen Essay namensgebende These von »Verflüssigungen des Sozialen« (Honneth, 2010, S. 131) beinhaltet, dass die beiden Autoren die Veränderbarkeit sozialer Ordnungen überschätzen.

> »Wie aber soll sich eine normative Einstellung, über die wir kaum verfügen können, weil sie zur zweiten Natur geworden ist, auf rein deliberativem Weg verändern lassen? Wenn die eingespielte, bislang bewährte Rechtfertigungsordnung für uns eine lebensweltliche Selbstverständlichkeit bildet, wird sie mehr an Beharrungsvermögen besitzen, als die Vorstellung einer bloßen Aushandlung von moralischen Konflikten zuläßt« (a. a. O., S. 154).

Die Kritik scheint aus meiner Sicht aber zu scharf formuliert. Erstens sprechen Boltanski und Thévenot den Ordnungen eine gewisse Beharrlichkeit keineswegs ab. Mithilfe des Konzepts der Forminvestitionen versuchen sie darzulegen, wie Akteure kostspielige Maßnahmen ergreifen können, um bestimmte Handlungsabläufe chancenreicher auf Dauer zu stellen (vgl. Diaz-Bone, 2015, S. 89-91). Zudem scheinen sich auch Boltanski und Thévenot dessen gewahr zu sein, dass Deliberation allein noch keine Ordnung stürzt. Wie oben (S. 56 ff.) dargelegt, müssen Personen zu diesem Zweck ordnungsgefährdende Dinge ins Spiel bringen, was umso schwerer fällt, je gründlicher man solche Störelemente zuvor durch Forminvestitionen beseitigt hat.

Nichtsdestotrotz scheint mir Honneths Kritik einen triftigen Kern zu enthalten. Bei der Lektüre mancher Passagen kann man tatsächlich den Eindruck gewinnen, Situationen wären durch den Zufall meist hochgradig einsturzgefährdet.

> »Die Situation droht stets zu entgleiten und zu einer erneuten Erprobung zu führen, so wie ein Würfelwurf oder das Ziehen einer Karte die Partie in Schwung bringen« (Boltanski und Thévenot, 2008, S. 171) [Übersetzung, C. D.].

Ein bedeutsames Gefährdungspotenzial für Situationen geht nach den beiden Autoren vor allem von Personen aus.

> »Die Personen sind immer ablenkend, weil sie immer in allen Welten und vielförmig sind« (a. a. O., S. 184) [Übersetzung, C. D.].

Zugleich müssen Personen gemäß den Autoren aber auch vielförmig sein, *gerade* um die Situationen *nicht* zu stören. Denn ohne diese »Vielförmigkeit« könnten sie ihrem Verhalten nach nicht in unterschiedlichen Welten »auf der Höhe« sein. Die widersprüchliche Spannung zwischen Vielförmigkeit als notwendiger Bedingung sowie zugleich ständiger Bedrohung für situative Ordnung lassen die Autoren weitgehend unbeleuchtet. Eine naheliegendere aber – um Honneths Begriff zu gebrauchen – weniger »verflüssigte« Möglichkeit schließen sie aus:

> »Wir haben in der Tat die Hypothese aufgestellt, dass dieselben Personen sich auf alle Werte beziehen können, im Gegensatz zur Hypothese, welche Wertsysteme und Kulturen an die Mitglieder einer selben sozialen Gruppe oder Institution knüpft« (a. a. O., S. 189) [Übersetzung, C. D.].

Zunächst scheint es fraglich, ob man zwischen diesen beiden Alternativen tatsächlich wählen *muss*, oder ob es sich nicht eher um falsche Alternativen handelt. Es scheint einigermaßen plausibel, dass Personen prinzipiell zugleich Konsument, Vater, Managerin, Staatsbürger oder Künstlerin sein können *und* dass habituelle Rigiditäten es dennoch unterschiedlichen Personen unterschiedlich schwer machen, sich an den gebotenen Werten einer Situation zu orientieren. Es ist nicht einzusehen, warum nur persönliche *Viel-*, aber nicht auch *Ein*förmigkeiten Situationen bedrohen können. Vor diesem Hintergrund scheint mir Honneths Verflüssigungseinwand zutreffend.

Vielleicht lassen sich die systematischen Ursachen für diese Verflüssigungstendenzen etwas tiefgreifender diagnostizieren. Boltanski und Thévenot suggerieren, die von ihnen vorgeschlagenen *allgemeinen* Welt- und Wertordnungen aus den zugrundeliegenden Quellen rekonstruiert zu haben (vgl. a. a. O., S. 188). Dem Aufbau ihrer Arbeit merkt man dieses Vorgehen allerdings kaum an. Wenn sie ihr allgemeines Modell der Wertordnung einführen, sprechen sie sogar ausdrücklich von Axiomen (vgl. a. a. O., S. 96-102). Auch postulieren sie die Grammatik der möglichen Welten, noch bevor sie sich den jeweiligen Ratgebern zuwenden. Auf diese Weise bleibt die eigentliche Rekonstruktionsarbeit für den Leser im Nachhinein kaum nachvollziehbar. Bedingt durch die Gliederung der Arbeit drängt sich eher der Eindruck auf, dass die Modellkategorien zuerst da waren und man die Klassiker- und Ratgebertexte darunter subsumiert hat. Mir scheint nun, dass die von Honneth attestierte Unbestimmtheit hinsichtlich der vorgeschlagenen Ordnungsmodelle[5]

---

5 »[D]ie Autoren sprechen zwar von den ›Ordnungen‹ der Rechtfertigung, nehmen aber nicht recht ernst, was im soziologischen Begriff der ›Ordnung‹ enthalten ist. Dieses Problem einer gleichzeitigen Inanspruchnahme und Verleugnung von normativen Strukturen steigert sich nun aber noch, sobald Boltanski und Thévenot darangehen, den ›Konflikt‹ als eine zweite Form der sozialen Auseinandersetzung über Rechtfertigungsordnungen zu analysieren; hier herrscht von Beginn an eine große Verwirrung hinsichtlich der Frage, ob solche Ordnungen nun bloße Vorstellungen und Überzeugungen oder tatsächlich Strukturgebilde bezeichnen sollen« (Honneth, 2010, S. 152).

sowie der zu flüssige Aggregatzustand des Sozialen mit dieser *scheinbar* subsumtionslogischen Vorgehensweise zusammenhängen. Da Boltanski und Thévenot die allgemeinen Ordnungskategorien schlicht postulieren, aber dennoch als Rekonstruktionen verstanden wissen wollen, wirken diese Begriffe nicht nur unbestimmt, sondern auch etwas ortlos über den Dingen schwebend. Eben dadurch entsteht der Eindruck, Personen könnten immer und zu jeder Zeit prinzipiell alle Ordnungen ins Spiel bringen, wenn sie sich nur recht darauf verstehen, mit den Dingen zu spielen.

Die Verflüssigungen des Sozialen scheinen also systematisch mit Verfestigungen der Kategorien zusammenzuhängen. Wie lassen sich diese Schwächen therapieren? Auf den ersten Blick scheint im Zentrum der Kritik die Frage zu stehen, wie die »Viskosität« sozialer Ordnung angemessen zu bestimmen ist: In mancherlei Hinsicht scheint sie eher »flüssig«, in anderer eher »zäh«. Weiterhin scheint zwischen den beiden Positionen kein Plausibilitätsgefälle zu liegen: Schon die Diagnose *pluraler* Ordnung lässt eine gewisse Flüssigkeit unabweisbar erscheinen, gleichwohl lässt sich kaum vorstellen, wie man von der einen zur anderen Ordnung übergehen kann, ohne sich in der Regel mit erheblichen Rigiditäten auseinandersetzen zu müssen. Honneth spitzt seine Kritik in diesem Punkt zu, indem er diese Rigiditäten gedankenexperimentell von gewissen Situationstypen abstreift, um die Absurdität dieser Annahme dann an potenziell aus ihr resultierenden Handlungsverläufen vorzuführen.

> »Die Autoren scheinen im Fortgang ihrer Analyse zu unterstellen, daß jedes der sechs [von (Boltanski und Thévenot, 2008), C. D.] unterschiedenen Rechtfertigungsmodelle jederzeit und an beliebigen Orten herangezogen werden kann, um das normative Muster für den Vorschlag einer Veränderung unserer Interaktionsbeziehungen abzugeben; [...] Um sich klarmachen zu können, was das empirisch bedeuten würde, muß man sich nur den Vater vorstellen, der im Kreis der Familie eines Tages vorschlägt, den gemeinsamen Haushalt zukünftig nach dem normativen Muster einer Marktordnung zu organisieren; oder den Naturwissenschaftler, der die arbeitsteilige Organisation des Labors umzustürzen versucht, indem er als Modell für die Koordinierung der verschiedenen Tätigkeiten fortan das familiale Arrangement einer fürsorglichen Autorität empfiehlt« (Honneth, 2010, S. 154-155).

All diese Beispiele haben gemeinsam, dass sich vor dem Hintergrund *einer* Situationsbeschreibung, beispielsweise »im Kreis der Familie«, *mehrere* Wertordnungen reibungslos abwechseln können, etwa von der *häuslichen* zur *Marktordnung*. So kann es dann wohl nicht anders aussehen, als dass die Situationsbeschreibung *steht*, während die Wertordnungen widerstandslos daran vorbei*fließen*. Wenn ich dabei nicht zu viel unterstelle, stört sich Honneth hier also vor allem an einem, aus seiner Sicht, verkehrten Viskositätsgefälle zwischen situationsbezogenen *Welt*darstellungen, *mondes communs*, und normativ gehaltvollen *Wert*ordnungen, *cités*.

In der Tat kann dieser Eindruck entstehen, wenn (Boltanski und Thévenot, 2008, S. 165) davon sprechen, dass die Größe von Personen sich letztlich an *äußerlichen* Objekten messen muss, weil innerliche Personenzustände keinen Maßstab abgeben können. Wertordnungen, so könnte aus diesem Blickwinkel dann naheliegen, befinden sich stets in wechselhaftem Fluss und können nur flüchtig bestehen, indem man sie vorübergehend an die *Seinsgeltung* von Situationsbeschreibungen heftet.

Dieses Missverständnis löst sich aber aus meiner Sicht dadurch auf, dass gerade diejenigen Objekte, welche eine Wertordnung am beständigsten fixieren, nicht konstitutiv zu einer *Welt* gehören. *Rohes Seiendes*, »étant brut« (Boltanski und Thévenot, 2008, S. 165), überdauert den Wechsel jener Kohärenzprinzipien, welche die Autoren *mondes communs* nennen. Als Beispiel führen (Boltanski und Thévenot, 2008, S. 164) einen Fels an, der unter der einen Beschreibung als Zuflucht, unter einer anderen aber als erkletterbares Vergnügungsobjekt gilt. *Als Fels* gehört er aber beiden Welten an und transzendiert deren charakteristischen Inhalt: Die »Felsigkeit« des Felsens eignet sich nicht, zwischen den beiden Welten zu unterscheiden, weil sie für keine der beiden konstitutive Relevanz besitzt.

Unter einer *monde commun* verstehen (Boltanski und Thévenot, 2008) gerade jene Ordnungen, welche im Falle von Uneinigkeit eher der einen oder anderen Situationsbeschreibung Geltung verschaffen. Es handelt sich mehr um »Vorlagen« für ideale Beweissituationen, die man in strittigen Fällen aktivieren kann. Da über den Fels *als Fels* aber, zumindest in diesem Beispiel, keine Uneinigkeit entstehen kann, muss auch eine entsprechende Welt fehlen, die spezifisch in Fällen zum Einsatz käme, in denen die »Felsigkeit« des Felsens auf dem Spiel steht. Solange sich die Beteiligten aber stets *selbst* vom Fels als Fels überzeugen können und sich auch jeder selbst davon überzeugen kann, dass jeder sich selbst überzeugen kann, bleibt das, um anschaulich zu sprechen, »Streit-Instrument« einer Welt unausgebildet.

Die Geltung einer *monde commun* fließt vielmehr gerade in jene »Situationsspalten«, in denen solcherlei Unsicherheit herrscht, dass die beteiligten Personen sich dort nicht *selbst überzeugen* und daher nur mehr oder weniger gerechtfertigt vertrauen können. *Welten*, so scheint mir, vermitteln damit in ähnlichen Lücken wie *Einfluss* als symbolisches Kommunikationsmedium nach Parsons. In Interaktionssituationen spült Einfluss *um* das »rohe Seiende« (vgl. Boltanski und Thévenot, 2008, S. 165) jene Kohärenz, die nötig ist, um weiteres Handeln anzuleiten. Wie (Parsons, 1976, S. 88) sehen auch (Boltanski und Thévenot, 2008, S. 161) *Wert-* und *Welt*ordnungen in einem Verhältnis von Generalisierung und Spezifikation:

> »Jede Wertordnung [*cité*, C. D.] ermöglicht, Komplexität zu reduzieren, indem sie die anderen Formen der Allgemeinheit aufs Besondere zurückstuft« (Boltanski und Thévenot, 2008, S. 161) [Übersetzung, C. D.].

Damit stützen sich *Wert-* und *Welt*ordnungen in analoger Weise wie *Werte* und *Normen* bei Parsons.

> »Der erste hierarchische Aspekt liegt in der Art und Weise, in der die allgemeinsten Werte der höchsten Ebene auf den sukzessiv niedrigeren Ebenen so präzisiert werden, daß schließlich Normen für spezifische Handlungen auf der untersten Ebene formulierbar sind. Dabei gehen wir davon aus, daß jedes soziale Handeln durch normative Muster gesteuert wird, die mehr oder weniger institutionalisiert sind« (Parsons, 1976, S. 88).

Normen verleihen Werten die Beine der Handlungsspezifikation, während die Allgemeinheit kohärent-integerer Wertmuster Normen deren situationsintegrierende Kraft gibt. Bezogen auf die Frage nach dem Viskositätsgefälle zwischen *Wert-* und *Welt*ordnungen könnte man die flüssigere Seite dann bei den Welten verorten, indem diese in vielfältigen Welt*versionen* (vgl. Goodman, 1978, S. 5) *eine* Wertordnung abstützen bzw. aktivieren. Der Familienvater im honnethschen Beispiel kann zu Hause dann deshalb keine Marktordnung ausrufen, weil in den Augen der Beteiligten »um« das rohe Seiende im Haus wohl kaum eine Welt passt, die eine marktliche Wertordnung auch nur ansatzweise tragen könnte.

Im Folgenden soll das Analyseraster, welches (Boltanski und Thévenot, 2008, S. 177-181) zur Typologisierung übergeordneter Weltmodelle erarbeitet haben, herangezogen werden, um damit verschiedene Modellweltfamilien aus dem Diskurs der älteren und jüngeren Arbeitsmarktökonomik zu rekonstruieren. Das Ziel besteht darin, für jede Familie besonders charakteristische Aussagen zu extrahieren, um von diesen ausgehend die *Politisierbarkeit der ökonomischen Modellwelten* empirisch auf die Probe zu stellen. Das entsprechende Forschungsdesign wird dann im dritten Kapitel vorgestellt.

2.2 Walrasianische Modellwelten

In seiner Schrift über das konservative Denken in Deutschland vertritt Karl Mannheim die These, dass der Konservativismus im Sinne einer bewussten Orientierungsrichtung erst als Antwort auf eine Gegenströmung entstand.

> »Der Traditionalismus war noch eine in jedem schlummernde Tendenz, die sich ihrer selbst keineswegs bewußt ward, die ferner in dieser ihrer vegetativen Eigenart ursprünglich war; der Konservativismus dagegen ist als Gegenbewegung bereits reflektiv: ist er doch gleichsam als eine Antwort auf das ›Sich-Organisieren‹ und Agglomerieren der ›progressiven‹ Elemente im Erleben und Denken zustande gekommen« (Mannheim, 1964, S. 419).

Bevor nicht eine liberale Denkweise als herausfordernde Alternative erschien, war es einem unbefragten Traditionalismus demnach nicht möglich gewesen, sich zu einer denkbaren Einheit zu organisieren. Erst zum Problem geworden, konnte der entstehende Konservativismus selbst seine ihn konstituierende Gegenposition problematisieren, um sich auf diese Weise im Rahmen eines historisch-dynamischen Verhältnisses weiterhin auszudifferenzieren.

Unter Vorbehalten steht es wohl ganz ähnlich mit der Unterscheidung zwischen »Klassik« und »Keynesianismus« im Bereich der wirtschaftswissenschaftlichen Ideengeschichte. So schreibt beispielsweise Alvin H. Hansen, dass so etwas wie eine »solid orthodox-classical front« (Hansen, 1953, S. 4) bis zum Erscheinungsjahr von Keynes' *General Theory* nicht existiert habe. Vielmehr gab es einige weitestgehend akzeptierte Theoriebausteine sowie eine allgemeine Unzufriedenheit damit (vgl. ebd.). Dieser »state of distrust« (ebd.) deutet zwar eine Reflexivität an, die auf den von Mannheim angeführten Traditionalismus wohl nicht zutrifft, allerdings lag wohl auch hier ein unorganisiertes Wissen vor, das sich später vereinheitlichen sollte, indem eine Gegenposition entstand. Diese Gegenposition zu schaffen, um damit zugleich ein einheitliches Denksystem namens »Klassik« »als einer bewußt gepflegten und gewollten Strömung« (Mannheim, 1964, S. 419) zu konstituieren, versuchte Keynes durch seine *General Theory*.[6]

Allerdings handelt es sich bei der *General Theory* um alles andere als ein geschlossenes Gedankengebäude. »[T]here was much agreement that his book was both fundamental and nearly impenetrable« (Blanchard et al., 2010, S. 80). Der Text ist nicht nur in hohem Maße interpretationsbedürftig, sondern hat auch eine kaum überschaubare Masse an Interpretationsversuchen ausgelöst. Ohne Anspruch auf Vollständigkeit lassen sich aber vielleicht drei Hauptströmungen ausmachen (vgl. Blaug, 1990, S. 654-692): das Hicks-Hansen-IS-LM-Modell, die walrasianische Ungleichgewichtstheorie sowie eine Position, die man vor allem mit *Joan Robinson* und *G. L. S. Shackle* in Verbindung bringt. Mir scheint, dass man nicht völlig irrt, wenn man die keynesianische Rezeption als ein Sprachspiel ansieht, in dem verschiedene Parteien verschiedene Passagen eines höchst interpretationsoffenen Textes hervorheben und gegeneinander stark machen. Dabei hat jede Strömung ihren eigenen Gegenstandsbereich sowie Forschungsstil, was zur Folge hat, dass sich auch die Unterscheidung zwischen Keynes und Klassik stets nach anderen Kriterien richtet. Mir geht es in den folgenden Abschnitten darum, die Positionen sehr grob gegen-

6 Für einen diskursanalytischen Zugang des Gegensatzpaares »Klassik/Keynes« (vgl. Maeße, 2015, S. 153-171). Maeße untersucht die Positionierungsweisen ökonomischer Experten. Mir hingegen kommt es darauf an, die theoretischen Gehalte herauszuarbeiten, welche sich in zunehmend konkrete und oft wechselseitig exklusive Modellfamilien ausdifferenzieren. Personen und Sprecherperspektiven verschwinden hinter diesen Zusammenhängen.

einander abzugrenzen, um gleichsam zu begründen, warum ich die walrasianische Richtung hinsichtlich meines Forschungsvorhabens für am geeignetsten halte.

(Hicks, 1937) interpretiert Keynes im Rahmen eines Modells, das *gesamtwirtschaftliche* Größen in ein Verhältnis setzt: Entscheidungen auf der Mikroebene kommen nicht vor. Das sogenannte IS-LM-Modell behandelt vor allem den Zusammenhang zwischen dem Einkommen einer Volkswirtschaft und dem Zinssatz, indem es das wechselseitige Bedingungsverhältnis zwischen Güter- und Finanzmärkten herausstellt. Hicks betrachtet die keynesianische Theorie dabei als einen *Spezialfall der klassischen*, weil Keynes die nominale Geldnachfrage allein vom Zins und nicht auch von den Investitionen abhängig macht (vgl. a. a. O., S. 152-153).

Vor allem diese Ansicht trennt die IS-LM-Interpretation von der walrasianischen. Im Anschluss an (Clower, 1965) sieht (Leijonhufvud, 1968)[7] gerade die klassische Theorie als Spezialfall der keynesianischen und nicht umgekehrt. Wir werden später noch ausführlich darauf eingehen, wie die walrasianisch-keynesianische Denkart diese Unterscheidung mithilfe entsprechender Modelle konstruiert. Hier möchte ich zunächst die walrasianische Interpretation von der IS-LM-Interpretation abgrenzen. Beide Ansätze haben gemein, dass sie ihr jeweiliges Verständnis von Keynes' Theorie durch mathematische Modelle zum Ausdruck bringen (vgl. Clower, 1965), (vgl. Patinkin, 1965), (vgl. Barro und Grossman, 1971), (vgl. Barro und Grossman, 1976), (vgl. Malinvaud, 1978). Allerdings greifen Vertreter der walrasianischen Position dazu auf allgemeine Gleichgewichtsmodelle zurück, die von individuellen Entscheidungen ausgehen. Dass sie die aggregierten Größen in den Handlungen einzelner Haushalte und Firmen fundieren, unterscheidet sie vom IS-LM-Modell.

Mathematischen Modellen grundsätzlich skeptisch gegenüber stehen jene Autoren, die (Blaug, 1990, S. 671) als »fundamentalistische Keynesianer« bezeichnet.

> »This point of view rejects both reductionism and reconstituted reductionism, and of course the Hicks-Hansen model as ›bastard Keynesianism‹, and views Keynes' contribution to economic theory as announcing the final demise, not just of the choice-theoretic analysis of economic behavior, but of the very idea of equilibrium or disequilibrium theorizing« (ebd).

Mir scheint, dass diese Autoren vor allem zwei Abschnitte der *General Theory* stark machen: das berühmte Kapitel über Erwartungen (vgl. Keynes, 1997, S. 147-164), (vgl. Shackle, 1943) sowie Keynes' Warnung vor geschlossenen, mathematischen Modellen.

> »It is a great fault of symbolic pseudo-mathematical methods of formalising a system of economic analysis, [...] that they expressly assume strict independence

7 Später wird sich Leijonhufvud von der walrasianischen Deutung, die er 1968 geäußert hat, weitgehend abgrenzen (vgl. Leijonhufvud, 1998).

between the factors involved and lose all their cogency and authority if this hypothesis is disallowed; whereas, in ordinary discourse, where we are not blindly manipulating but know all the time what we are doing and what the words mean« (Keynes, 1997, S. 297).

Diesen Gedanken scheint (Robinson, 2002) aufzugreifen, wenn sie das neoklassische Nutzenkonzept als metaphysisch kritisiert.

»This kind of pseudomathematics still flourishs today. Quantitative *utility* long since evaporated, but it is still common to set up models in which quantities of ›capital‹ appear, without any indication of what it is supposed to be a quantity of« (a. a. O.: 66).

Damit grenzt sich der »Keynesianische Fundamentalismus« von der Klassik und der Neoklassik ab, indem jene Betrachtungsweise unvollständiges Wissen sowie eine prekäre Erwartungsbildung betont. In dieser Hinsicht und der kritischen Haltung gegenüber mathematisch-geschlossenem Modelldenken unterscheiden sich »Fundamentalkeynesianerinnen« außerdem von den beiden anderen Strömungen des Keynesianismus.

Wir können die Ansätze also grundlegend danach sortieren, ob sie Modelle bauen oder nicht. Sowohl der IS-LM-Keynesianismus als auch der walrasianische Keynesianismus denken in Modellen, die keynesianischen Fundamentalisten nicht. Von den modellgebrauchenden Ansätzen setzt nur der walrasianische auf Mikrofundierung. Da ich im Rahmen der vorliegenden Arbeit erforschen möchte, inwiefern globale Wirtschaftsmodelle lokale Politisierungsmuster bedingen, scheinen mir mikrofundierte Modelle deshalb günstiger, weil man erwarten kann, dass sich Personen eher mit individuellen Modellakteuren identifizieren können als mit aggregierten Größen.

2.2.1 Die allgemeine Version der walrasianischen Modellwelt

Die typische Bewohnerin (vgl. Morgan, 2012, S. 137) der walrasianischen Welt[8] betrachtet ihre Wirklichkeit als ein System aus zusammenhängenden Teilmärkten, auf denen Subjekte Güter tauschen.

»[T]he world can be considered as a vast general market composed of various special markets in which social wealth is sold and bought, and our concern is to recognize the laws according to which these sales and purchases tend to be made of their own accord« (Walras, 2014, S. 43).

8 Die normativen Voraussetzungen walrasianischer Modellwelten aus finanzwirtschaftlicher Perspektive rekonstruiert eindrucksvoll (Boldyrev, 2019).

Dabei gibt es für jede Güterart genau einen Markt (vgl. Rothschild, 1981, S. 8), und für jedes Gut einen Preis, der bestimmt, in welchen Verhältnissen man das jeweilige Gut gegen andere eintauschen kann. Eines der Güter übernimmt die Funktion des Numéraires, des Gutes also, in dessen Einheiten man die Preise aller anderen Güter ausdrückt. Die Preise selbst treten den Subjekten als gegebene Größen gegenüber, an denen sie *jeweils allein*[9] nichts ändern können. »[E]ach unit acts as a price taker that is, each unit neglects the impact of its own supply or demand on market price and wage« (Barro und Grossman, 1976, S. 9).

Wie lässt sich die walrasianische Modellwelt anhand des Analyserasters von (Boltanski und Thévenot, 2008, S. 177-181) beschreiben? Man könnte annehmen, dass die beiden Autoren diese Aufgabe schon vorwegnähmen, indem sie unter Rückgriff auf einen Praxisratgebertext die Welt des Marktes (*monde marchand*) darstellen (vgl. a. a. O., S. 241-252). Sie gehen davon aus, dass dieser *eine* Text eine repräsentative Beschreibung des marktförmigen Weltzusammenhangs liefert. Dieser wiederum sei mit einer Wertordnung vereinbar, welche die Autoren aus dem Werk von Adam Smith rekonstruieren. Diese Voraussetzungen lassen sich aber mit Ergebnissen der Wissenschaftsphilosophie der Ökonomik nicht unbedingt vereinbaren. So zeigt (Morgan, 2012) einerseits, dass Ökonomen viele Welten des Marktes erzeugen, indem sie diese mithilfe von Modellen darstellen. Andererseits verdeutlicht sie, dass sich die Weisen der Welterzeugung (vgl. Goodman, 1978), seit Adam Smith verändert haben.

> »[N]ew representations that came with modelling and mathematics involved conceptual elements that could not be expressed in the old forms. So, both the nature and content of the new representations, and the grammar they entailed, changed the way economists picture the economy. In learning to create and use these new representations, economists came to understand and see a different version, a newly made version, of the economic world« (Morgan, 2012, S. 98).

Die ökonomische Welt modellierend zu beschreiben, sei es verbal oder mathematisch, beinhaltet also einen schöpferischen Akt. So hat auch Adam Smith schon eine Welt erschaffen. Seine Schaffensweise zeichnet sich aber vor allem dadurch aus, dass er verbal beschreibt und dabei auf ökonomische Gesetzmäßigkeiten zurückgreift, die ihm als natürlich galten (vgl. a. a. O.: 1-2). Die Schöpfer der walrasianischen Welt hingegen machen Gebrauch von mathematischen Werkzeugen und Konzepten,

---

9 Das bedeutet nicht, dass das Verhalten der Akteure keine Auswirkungen auf den Preis hat. Wie wir später sehen werden, beinhalten klassische Modellwelten vollständige Preisflexibilität. Unter dieser Annahme fallen die Preise stets so aus, dass die Märkte geräumt werden, also das Angebot der Nachfrage entspricht. Hier möchte ich nur zum Ausdruck bringen, dass es keine Marktteilnehmerin gibt, die Preise auf einem oder mehreren Märkten eigenmächtig setzen könnte.

die Smith so noch nicht kannte: Präferenzordnungen, Nutzen- und Produktionsfunktionen, Indifferenzkurven usw. (Kreps, 1990, S. 187-223). Daher drängt sich zum einen die Frage auf, ob sich die von (Boltanski und Thévenot, 2008, S. 60-82) rekonstruierte Wertordnung überhaupt mit der Welt aktuellerer Praxisratgeber verträgt oder ob nicht ein Anachronismus vorliegt, zum anderen muss man sich fragen, ob es nicht statt einer Marktwelt vielmehr eine Pluralität an Markt- oder Wirtschaftswelten gibt. Letzteres würde dazu nötigen, möglichst genau anzugeben, von welcher Welt man spricht, und sich Verfahren zu überlegen, mit deren Hilfe man testen kann, welche Weltvorstellungen tatsächlich lebendig sind.[10] Um diese Welten aber zu beschreiben, scheint das Analyseraster von Boltanski und Thévenot fruchtbar, wie ich gleich zu zeigen versuchen werde.

Beginnen wir mit dem übergeordneten Gemeinprinzip (*principe supérieur commun*) (vgl. a. a. O.: 177). Dieses Prinzip erlaubt, in jeder Welt Äquivalenzverhältnisse herzustellen. Es stellt den gemeinsamen Maßstab dar, anhand dessen man Dinge und Personen gleichsetzen oder unterscheiden kann. »Man wird sagen können, dass ›a‹ gleichwertig ist mit ›b‹ gemäß dem (übergeordneten Gemeinprinzip)« (ebd.) [Übersetzung, C. D.]. Für Boltanski und Thévenot besteht das übergeordnete Gemeinprinzip der Marktwelt in der Konkurrenz zwischen den Marktteilnehmern (vgl. a. a. O.: 244). Dabei bleibt aber völlig unklar, inwiefern das Konkurrenzprinzip geeignet ist, in der Marktwelt Äquivalenzen zu ermöglichen. Unabhängig davon, ob man nun, wie es hier geschieht, die walrasianische Modellwelt zu rekonstruieren versucht, scheint es auf den ersten Blick doch naheliegender, das übergeordnete Prinzip im *Preissystem* zu erblicken. Die relativen Preise, ausgedrückt im Numéraire-Gut, bestimmen, welche Menge eines jeden Gutes derjenigen eines anderen entspricht. Daher ermöglicht wohl eher die *Preishaftigkeit* der Dinge, dass man diese gleichsetzen kann. Dinge, die keinen Preis haben, also Dinge, die man nicht kaufen kann, beispielsweise ein Stein am Wegesrand, spielen in der walrasianischen Welt keine Rolle. Sie sind nicht einmal klein – sie sind schlicht nicht da.

Hier kann man nun aber zu Recht einwenden, dass ein übergeordnetes Prinzip nicht nur die Dinge untereinander in ein Verhältnis setzen muss, sondern auch Personen mit Dingen und vermittels der Dinge Personen mit Personen. Indifferenzkurven setzen Dinge gleich, die für Personen den gleichen Nutzen haben. Preise haben damit nichts zu tun. Gerade, weil wir es hier mit ökonomischen *Modellen* zu tun haben, scheint mir ein anderes Äquivalenzprinzip am Werk: die mathematische Identität. Darunter verstehe ich alle Arten von mathematischen Gleichungen, mit

10 Diesen Weg haben (Boltanski und Chiapello, 2013) eingeschlagen, indem sie historisch verschiedene »Geister« des Kapitalismus unterscheiden und softwaregestützt eine große Vielzahl an Texten der Managementliteratur bearbeiten anstatt, wie zuvor, nur einzelne kanonische Texte. Allerdings analysieren sie dezidiert keine wirtschaftswissenschaftlichen Modelle.

denen man Modelle bauen kann, seien es logische Identitäten oder Verhaltensgleichungen (vgl. Chiang und Wainwright, 2005, S. 6-7). Erstere sagen aus, dass ein Ding ein und dasselbe ist, Letztere, dass Dinge gleich viel sind. Man identifiziert diese dann anhand abstrakter Gegenstände: reelle Zahlen, komplexe Zahlen, Mengen davon etc. Wenn man innerhalb der Modellwelt sagt, dass zwei Güter denselben Preis haben, dann meint man damit: Gut A ist Zahl P und Gut B ist Zahl P, also ist Gut A gleich Gut B. Wenn man sagt, dass Güter denselben Nutzen stiften, so heißt das: Setze ich Gut A in die Nutzenfunktion ein, nimmt diese den Wert U an, setze ich Gut B in die Nutzenfunktion ein, nimmt diese den Wert U an, also ist Gut A gleich Gut B. In walrasianischen Modellwelten identifiziert man Dinge vermittels mathematischer Gleichungen nach Maßgabe abstrakter Gegenstände. Dieser Gedanke wird durch die nun folgenden Ausführungen hoffentlich plausibler.

Nach dem übergeordneten Gemeinprinzip gilt es, die Beschaffenheit der Größe (*état de grand*) herauszuarbeiten. Was macht in der walrasianischen Welt Dinge und Personen groß? Bloß zu sagen, die Größe bestimmt sich durch den Preis, scheint zu einfach. In der walrasianischen Welt kann ein Ding zu einem Zeitpunkt 10 Geldeinheiten, zu einem anderen 100 kosten und dennoch gleich groß bleiben, wenn die Preise der anderen Güter ebenfalls um den Faktor 10 steigen. Die Größe eines jeden Dinges macht das Verhältnis aus, zu dem man es gegen andere eintauschen kann.

> »If we multiply all prices in a Walrasian equilibrium by a positive scalar, the solutions of the consumer's problems don't change, and so we still have an equilibrium. In other words, if $(p, (x_i))$ *is* a Walrasian equilibrium, so is $(\lambda p, (x_i))$, for any (strictly) positive scalar λ. Put still differently, what is important in a Walrasian equilibrium are the relative prices – the rates at which one commodity can be exchanged for another« (Kreps, 1990, S. 190).

Ein Gut A gleicht einem Gut B, wenn man für ein A genau ein B eintauschen kann. Ein Gut A ist größer als ein Gut B, wenn man für ein A mehr als ein B geben muss. Die Größen selbst bestimmen sich zwar nur relativ, dass ein Gut B aber kleiner als ein Gut A ist, wenn auf ein A im Tausch mehr als ein B entfällt, gilt als absolutes Gesetz, welches einem jeden Ding seine Größe zuweist. Im Tauschverhältnis grenzen sich dann gleichzeitig auch die großen Dinge von den kleinen ab, was deutlich zeigt, nach welcher Beschaffenheit sich Größe in der walrasianischen Welt richtet (vgl. Boltanski und Thévenot, 2008, 177-178). Personen sind demnach groß, wenn sie sich mit vielen großen Dingen verbinden können, also wenn sie über viele Dinge verfügen, von denen man wenige gegen viele andere eintauschen kann. Größe bedeutet demnach Kaufkraft.

Doch wessen Kaufkraft? Wer bewohnt überhaupt die walrasianschen Modellwelten, welche hier diskutiert werden? Bei den »Puppen« (vgl. Schütz, 1943, S. 143) dieser Welt handelt es sich um repräsentative Akteure. Sie stehen einerseits für Haushalte, andererseits für Firmen. Firmen produzieren Güter, die Haushalte nachfragen. Haushalte bieten Güter an, die Firmen benötigen, um zu produzieren, sogenannte Produktionsfaktoren. Beispielsweise betrachtet Robert Clower

> »a two-sector economy comprising households on the one side and firms on the other. Corresponding to this division into sectors, we distinguish two mutually exclusive classes of commodities: (a) those which are supplied by firms an demanded by households; (b) those which are supplied by households and demanded by firms« (Clower, 1965, S. 104).

Haushalte und Firmen unterscheiden sich durch die Interessen und Probleme, welche ihnen die Schöpfer der walrasianischen Welt implantieren. Ein Akteur kann deshalb nicht beliebig handeln.

> »He is not free in the sense that his acting could transgress the limits his creator, the social scientist, has fixed. He cannot, therefore, have other conflicts of interest and motives than those the social scientist has implanted in him« (Schütz, 1943, S. 144).

Haushalte versuchen, ihren Nutzen unter Budgetbeschränkungen zu maximieren, Firmen ihren Profit bei gegebenen Produktionsmöglichkeiten. Haushalte bieten Arbeitszeit gegen Lohn an, um sich von diesem die gewünschte Menge an Gütern zu kaufen. Firmen fragen Arbeitszeit gegen Lohn nach, um damit eine profitmaximierende Menge an Gütern zu produzieren. Die gemeinsame Eigenschaft dieser Personen (*dignité des personnes*) (vgl. Boltanski und Thévenot, 2008, S. 178) besteht also nicht in ihrer Bedürftigkeit, wie Boltanski und Thévenot es für ihre Version einer Marktwelt behaupten (a. a. O., S. 246-247). Denn Firmen maximieren keinen Nutzen, der aus Präferenzen entspringt. Ihnen fehlt die Fähigkeit, zu mögen oder zu verabscheuen – »capacité à aimer ou détester« (a. a. O., S. 246). Die vereinende Eigenschaft der Subjekte besteht in ihrer kalkulatorischen Fähigkeit. Sie vermögen Mengen unter gewissen Beschränkungen – das Budget der Haushalte, die Technologie der Firmen – so nachzufragen oder anzubieten, dass sie auf diese Weise eine Zielgröße maximieren.

> »[F]irms are maximizing profits, consumers are maximizing their utility given their budget constraints« (Kreps, 1990, S. 285).

Damit gerät die walrasianische Welt in die Nähe der industriellen Welt bei (Boltanski und Thévenot, 2008, S. 252-262). Effizienz (*efficacité*) stellt das übergeordnete Prinzip dieser Welt dar (a. a. O., S. 254). Man versucht, die vorhandenen Mittel optimal einzusetzen, um größtmöglichen Nutzen oder Profit zu erzielen (a. a. O., S. 254-255). In walrasianischen Modellen verschmelzen also die von Boltanski und Thévenot vorgenommenen Unterscheidungen. Sowohl Haushalte als auch Firmen handeln als kalkulierende Einheiten, die versuchen, aus beschränkten Kapazitäten – Budget oder Technologie – entweder den größten Nutzen oder den maximalen Profit zu erzielen. Die Annahmen über kalkulatorisches Verhalten, also beispielsweise Nutzen-, Produktions-, Kostenfunktionen, Budgetrestriktionen und maximierende Berechnungsweisen, scheinen für die Errichtung der walrasianischen Welt derart konstitutiv, dass es schwerfällt, sie ex post in Markt und Industrie zu zerlegen, um dann von einem Kompromiss zu sprechen.

Vielleicht zeigt sich die Einheit von Industrie und Markt noch deutlicher, wenn wir die bisherige Darstellung um das Verzeichnis der Objekte (*répertoire des objets et des dispositifs*) (a. a. O., S. 179) ergänzen. Die Objekte der walrasianischen Welt sind die Güter, also all das, was einen Preis hat und sich entsprechend sowohl kaufen als auch *ver*kaufen lässt. Haushalte verfügen über eine gewisse Ausstattung an Gütern, die sie gegen andere eintauschen können. Wie sie tauschen, hängt von ihren Präferenzen ab – der wohl subjektivsten Eigenschaft der Haushalte. Allerdings können sie auf dem Markt nach außen hin nur in Erscheinung treten, indem sie Güter anbieten und nachfragen. Für die jeweils anderen Marktteilnehmer existiert ein Haushalt nur durch seine Güterausstattung und sein Tauschverhalten. So, wie man in der alltäglichen Welt nur vermittels des eigenen Körpers wirken kann (vgl. Schütz, 1962, S. 218-222), wirkt man in der walrasianischen Welt nur durch äußerlich für alle beobachtbare Güter. Die Besitztümer stellen die Arme und Beine der Marktakteure dar. Personen behandeln sich hier zwar gegenseitig nicht zwangsläufig wie, aber doch als Objekte. Man sieht hinter den Objekten durchaus eine sie besitzende Person mit individuellen Interessen, doch nur vermittels ihrer Transaktionen kann diese sich bemerkbar machen. Diese weitgehende Identifikation von Personen mit Gütern (vgl. Boltanski und Thévenot, 2008, S. 261-262) nähert die walrasianische Welt ebenfalls der industriellen an.

Nahezu vollständig identifiziert man Personen mit Objekten auf dem Arbeitsmarkt. Arbeit bedeutet in der walrasianischen Welt nur ein Gut unter anderen (vgl. Granovetter, 1995, S. 25). Neben anderen Gütern verfügen Haushalte über Freizeit, die sie als Arbeitszeit an Firmen verkaufen können. Der Preis für eine Stunde Arbeit ist der Stundenlohn. Wie auch bei anderen Gütern versuchen Haushalte, genau so viel davon abzugeben, dass der Nutzen, den sie verlieren, indem sie eine Stunde Arbeit abgeben, exakt dem Nutzen entspricht, den sie durch das gesteigerte Einkommen gewinnen. Arbeitszeitanbieter machen sich in diesem Sinne also selbst zum veräußerlichen Objekt, zu einem handelbaren Gut, das die Produktion anderer Güter ermöglicht. Spätestens hier weist die walrasianische Welt sehr deutliche Züge der industriellen Welt nach Boltanski und Thévenot auf.

> »In der industriellen Welt wird die ausgezeichnete Würde der Menschheit dadurch bedroht, dass man Menschen wie Dinge behandelt. Die Größe der geschaffenen Objekte und Ordnungen kann verwechselt werden mit dieser Würde

> bis zu dem Punkt, an dem die Grenze der Menschheit verschwimmt« (Boltanski und Thévenot, 2008, S. 261-262) [Übersetzung, C. D.].

Man kann das Verzeichnis der Objekte der walrasianischen Welt also nicht beschreiben, ohne sich zugleich auf jenes der Subjekte zu beziehen.

Wir haben oben gesehen, dass sich die Größe der Subjekte nach deren Kaufkraft bemisst. Nach Boltanski und Thévenot müssen sie allerdings ein Opfer bringen, um sich zu vergrößern. Im Rahmen des von ihnen vorgeschlagenen Analyserasters nennen die Autoren diesen Gesichtspunkt Investitionsformel (*formule d'investissement*). Wer groß werden möchte, muss demnach partikulare Interessen zugunsten des Allgemeinwohls zurückstellen. Da die Investitionsmetapher ökonomischen Kontexten entliehen ist, kehrt sie in der walrasianischen Welt an ihren Heimatort zurück: durchzieht diese Welt doch vollständig das Prinzip, dass man nichts geschenkt bekommt,[11] dass man etwas aufgeben muss, um dafür etwas zu bekommen. Haushalte müssen Freizeit zugunsten von Arbeitszeit opfern, um sich Güter leisten zu können. Firmen müssen einen Teil ihres Umsatzes opfern, um überhaupt erst Umsatz zu generieren. Denn kauften sie keine Arbeitszeit, indem sie Löhne zahlen, könnten sie nichts produzieren.

Die Verhältnise zwischen den konkreten Größen (*rapport de grandeur*), die Kaufkraftverhältnisse, bestehen in relativen Preisen. Sie ordnen zunächst nur die Dinge, indem sie angeben, wie viele kleinere Dinge einem größeren entsprechen. Durch Besitzverhältnisse aber überträgt sich die Größe der Dinge auf die Subjekte.

> »Da die Dinge des Marktes die Wünsche anderer einschließen, bedeutet ihr Besitz ein hierarchisches Verhältnis im gewöhnlichen Sinne des Wortes. Das Große schließt das Kleine in einem Besitzverhältnis ein. Der Preis ist der Beweis für die Verbundenheit der anderen mit dem Gut, welches man besitzt« (Boltanski und Thévenot, 2008, S. 250) [Übersetzung, C. D.].

Wenn ein großes Subjekt also so viel besitzt wie zehn kleine, d. h., wenn es seinen Besitz gegen die gesamten Besitztümer der zehn anderen eintauschen könnte, dann umfasst jenes diese in einem Verhältnis von Allgemeinem zu Besonderem. Das große Subjekt erhebt sich auf diese Weise über die zehn kleinen.

In den hier betrachteten Modellen spielt der Handel zwischen Haushalten, wenn überhaupt, nur eine untergeordnete Rolle: Da sie den Arbeitsmarkt in den Fokus rücken, kommt es vor allem darauf an, wie Haushalte mit Firmen interagieren. Von exogenem Vermögen abgesehen (vgl. Barro und Grossman, 1976, S. 87) verfügen

---

11 Walrasianische Modelle lassen zwar kostenlose Güter zu, solange nicht alle Güter kostenfrei zu haben sind. Da der Preis dieser Güter jedoch 0 beträgt, kann man sie auch nicht gegen kostbare Güter eintauschen; sie stellen kein Budget dar (vgl. Kreps, 1990, S. 191). Wer Güter besitzt, die nichts kosten, bekommt dafür höchstens andere Gratisgüter. Es bleibt also dabei: Wer nichts gibt, bekommt dafür bestenfalls nichts.

die Haushalte lediglich über ihre Freizeit. Wenn demnach ein Unternehmen über genügend Umsatz verfügt, um sich die gesamte Freizeit von beispielsweise zehn Haushalten zu kaufen, so liegt ein hierarchisches Inklusionsverhältnis vor, wie es Boltanski und Thévenot charakterisieren. Das große Unternehmen besteht nur durch die Arbeitszeit der kleinen Haushalte, die es gemäß einer Produktionsfunktion in Güter umwandelt, welche die Haushalte wiederum nutzenspendend konsumieren. Das einzelne Unternehmen hängt dann wesentlich von vielen Haushalten ab – genauso, wie viele Haushalte wesentlich von einem einzelnen Unternehmen abhängen. Da die hier behandelten Modelle mit aggregierten Größen operieren, die auf den mikroökonomischen Entscheidungen der Subjekte gründen, spielen die Größenverhältnisse keine Rolle. Dennoch kommen sie in der walrasianischen Welt vor, wenn nicht gerade jeder Haushalt nur für genau ein Unternehmen arbeitet.

Die natürlichen Beziehungen zwischen den Subjekten und Dingen (*relations naturelles entre les êtres*) lassen sich grob in drei Klassen unterteilen: 1. Die Verhältnisse der Haushalte zu den Dingen, 2. Die Verhältnisse der Firmen zu den Dingen, 3. Die Verhältnisse der Haushalte und Firmen zueinander.

Ad 1.: Haushalte wollen ihren Nutzen maximieren. Zu diesem Zweck möchten sie so viel Arbeitszeit anbieten, dass sie sich die nutzenmaximierende Menge an Konsumgütern von ihrem erarbeiteten Einkommen kaufen können. Sie geben also einen Teil ihrer verfügbaren Freizeit auf, um *Arbeitszeit anzubieten* und *Konsumgüter nachzufragen*. Das Gut Freizeit und die Konsumgüter weisen dabei einen abnehmenden Grenznutzen auf. Je mehr man also schon von einem Gut besitzt, desto weniger Nutzen fügt eine weitere Einheit des jeweiligen Gutes hinzu. Haushalte möchten nun genau so viel Arbeitszeit anbieten, dass der Nutzen aus den Konsumgütern, die sie sich durch eine weitere Arbeitszeiteinheit leisten können, genau den Nutzen aufwiegt, der ihnen durch den Freizeitverlust entgeht.

Ad 2.: Unternehmen *fragen Arbeitszeit nach*, um *Güter zu produzieren*, welche sie dann *anbieten*. Auf diese Weise generieren sie einen Umsatz, welcher dem Gesamtpreis aller *verkauften* Güter entspricht. Davon *gehen* die Produktionskosten, einschließlich der Lohnzahlungen, *ab*. Übrig bleibt der Profit, jene Zielgröße, welche Unternehmen zu *maximieren* versuchen. Dazu entscheiden Unternehmen, wie viel Arbeitszeit sie einsetzen. Dabei kommt eine Figur zum Tragen, welche sich spiegelbildlich zum abnehmenden Grenznutzen der Haushalte verhält: das abnehmende Grenzprodukt der Arbeit, welches besagt, dass jede weitere Einheit an Arbeitszeit der produzierten Menge an Gütern weniger hinzufügt. Unternehmen möchten dann genau so viel Arbeitszeit einsetzen, dass die Lohnkosten einer weiteren Arbeitszeiteinheit genau dem Preis der dadurch zusätzlich produzierten Menge entsprechen.

Ad 3.: Hinsichtlich der Subjektrelationen setzen die Modelle den Akzent auf die Verhältnisse zwischen Haushalten und Unternehmen.[12] Unmittelbar treten sich die Akteure zwar nicht gegenüber; eine Face-to-Face-Synchronisation der Bewusstseinsabläufe, wie sie beispielsweise (Schütz, 1962, S. 221) in der Alltagswelt voraussetzt, unterscheidet sich deutlich von den Marktbeziehungen der walrasianischen Puppen. Dennoch scheint es verfehlt, zu behaupten, dass Märkte lediglich unverbundene Atome nebeneinander stellen (Callon, 1998, vgl.). Vielmehr lässt sich das Handeln eines jeden Subjekts im walrasianischen System nicht ohne jenes der anderen denken.

Der Grund dafür, dass walrasianische Akteure nicht direkt kommunizieren, liegt darin, dass ausschließlich Objekte zwischen ihnen vermitteln. Die wichtigsten Verben dieser Welt lauten »anbieten« bzw. »verkaufen« sowie »nachfragen« bzw. »kaufen«. Diese Ausdrücke haben keine anderen Subjekte zum Gegenstand wie beispielweise »Hände schütteln« in der Alltagswelt. Man kauft oder verkauft nicht andere Subjekte, sondern Güter *von* ihnen oder *an* sie. Informationen über andere Akteure kann jeder, wenn überhaupt,[13] nur aus Preis-Mengen-Kombinationen ableiten.

> »At least since the time of Adam Smith, the market mechanism has been regarded by economists as an ingenious device for reconciling the freedom of individuals to trade as they please with the ultimate necessity for individuals in the aggregate to buy neither more nor less of any commodity than is offered for sale. To accomplish this feat, the mechanism must be supplied with information about individual sale and purchase plans, which is precisely what is supposed to be furnished by the supply and demand functions of orthodox theory« (Clower, 1965, S. 106).

Demnach informieren Preise und Mengen in einem funktionierenden Marktsystem über die Präferenzen der Konsumenten oder über die Produktionsmöglichkeiten der Unternehmen. Es handelt sich jedoch um aggregierte Größen, welche die Informationen über die zugrundeliegenden Entscheidungsträger anonymisieren.

Das walrasianische Marktsystem als solches konstituiert sich selbstverständlich nicht durch Marktstände und interessierte Passanten. Es handelt sich um eine *Modell*welt, deren Realität in einem kohärenten Zusammenhang mathematischer Gleichungen besteht, welchen man durch algebraische Symbole oder Diagramme darstellt. Zu den Zutaten von Modellen gehören erklärende (exogene) und zu erklärende (endogene) Variablen. Erstere nimmt man als gegeben an; sie sind dem

---

12 Gleichwohl sehen einige Modelle auch den Gütertausch von Haushalten untereinander oder Faktormärkte zwischen Unternehmen vor (vgl. Arrow und Debreu, 1954).

13 Um hinsichtlich der Unterscheidung zwischen Klassik und Keynesianismus neutral zu bleiben, sei offengehalten, ob Preise korrekt informieren. Wie wir später sehen werden, versuchen keynesianische Ungleichgewichtsmodelle, zu zeigen, dass der Preismechanismus als Signalsystem unter bestimmten Umständen versagen kann.

Modell äußerlich. Doch *wenn* sie gegeben sind, erklären sie die endogenen Variablen, da diese sowohl untereinander als auch mit den exogenen zusammenhängen (vgl. Chiang und Wainwright, 2005, S. 5-28).

Um diese Zusammenhänge herzustellen, bedarf es allerdings bestimmter Annahmen, welche es erlauben, von einer Variablen auf andere zu schließen. Beispielsweise muss man annehmen, dass Preis und nachgefragte Gütermenge zusammenhängen, um von Preisbewegungen auf Nachfrageänderungen zu schließen. Um zu zeigen, wie diese Quantitäten zusammenhängen, bedarf es weiterer Annahmen. Damit man dann von verschiedenen Preisen auf jeweils genau eine nachgefragte Menge zeigen kann, sind zusätzliche Voraussetzungen erforderlich. Man schafft möglichst zwingende und eindeutige Äquivalenzverhältnisse in Form tautologischer Gleichungen, die mathematische Symbole verbinden. Sie konstituieren die harmonische Figur (*figure harmonieuse*) der walrasianischen Welt.

Die harmonische Figur lässt sich entlang desselben Schemas rekonstruieren wie die natürlichen Beziehungen zwischen den Subjekten und Dingen (*relations naturelles entre les êtres*). Es gibt die Beziehungen der Subjekte zu den Dingen, jeweils aufseiten der Haushalte und der Unternehmen, sowie die Beziehungen der Subjekte untereinander. Beginnen wir mit den Haushalten. Wie bereits erwähnt, versuchen diese, die nutzenmaximierende Kombination aus Konsumgütern und Freizeit zu erreichen. Um die nachgefragten und angebotenen Mengen eindeutig festzulegen, stellt man einige Anforderungen an die zugrundeliegende Nutzenfunktion. Zunächst muss der Nutzen mit der Menge an Konsumgütern oder Freizeit steigen. Mehr von jedem Gut stiftet also unter sonst gleichen Umständen mehr Nutzen. Mathematisch übersetzt bedeutet dies, dass die partiellen Ableitungsfunktionen der Nutzenfunktion nach den Variablen »Konsum« und »Freizeit« strikt positiv sind (vgl. Cahuc und Zylberberg, 2004, S. 53).

Träfe man hier keine zusätzlichen Annahmen, so fragten die Haushalte unendlich viele Konsumgüter und so viel Freizeit wie möglich nach.

> »Since the marginal utilities – the partial derivatives $U_1 \equiv \frac{\partial U}{\partial x_1}$ and $U_2 \equiv \frac{\partial U}{\partial x_2}$ – are positive for all levels x_1 and x_2 here, to have U maximized without any constraint, the consumer should purchase an *infinite* amount of goods, a solution that obviously has little practical relevance. To render the optimiziation problem meaningful, the purchasing power of the consumer must also be taken into account; i.e., a budget constraint should be incorporated into the problem« (Chiang und Wainwright, 2005, S. 348).

Die Unersättlichkeit der Haushalte verlangt also nach einer Einhalt gebietenden Budgetbeschränkung. Obwohl man eigentlich unendlich viel haben möchte, kann man sich durch diese Einschränkung nur das kaufen, was man sich leisten kann. Das Budget setzt sich typischerweise zusammen aus einem lohnabhängigen und einem lohnunabhängigen Teil, den man exogen vorgibt. Das lohnabhängige Einkommen steigt, je mehr Stunden ein Haushalt arbeitet. Man modelliert die Arbeitszeit dabei als Kehrseite der Freizeit. So entscheidet man sich uno actu für Arbeitszeit und Freizeit, weil diese mathematisch in einem eindeutigen Verhältnis stehen. Ziehen wir von 24 Stunden die Anzahl der Stunden an Freizeit ab, so erhalten wir exakt die Anzahl der Arbeitsstunden pro Tag und umgekehrt (vgl. Cahuc und Zylberberg, 2004, S. 5). Der Haushalt muss seine Freizeit also so wählen, dass er sich von seinem Budget die nutzenmaximierende Menge an Konsumgütern kaufen kann.

Um für dieses Problem allerdings eine eindeutige Lösung zu finden, müssen weitere mathematische Voraussetzungen erfüllt sein. Nicht nur muss der Nutzen mit jeder weiteren Einheit an Konsumgütern und Freizeit steigen, er muss es zudem in immer geringerem Maße. Die Nutzenfunktion muss, mathematisch gesprochen, *strikt quasikonkav* sein. Im dreidimensionalen Raum besitzt sie dann eine nach unten geöffnete Glockenform (vgl. Chiang und Wainwright, 2005, S. 364-365). Dabei interessiert man sich besonders für die Höhenlinien dieser Nutzengebirge, denn alle Punkte auf einer solchen Höhenlinie stehen für Güterkombinationen, die für den jeweiligen Haushalt gleichen Nutzen stiften. Man nennt diese Linien deshalb *Indifferenzkurven*. Ihre Besonderheit liegt darin, dass sie Subjekte mit Dingen verschmelzen. Mit ihrer Hilfe gelingt es, den subjektiven Nutzenniveaus der Haushalte genaue Güterkombinationen zuzuweisen. Sie lassen sich dabei sowohl *algebraisch* als auch *diagrammatisch* so handhaben, dass sie die Nutzenfunktion eindeutig mit der Budgetbeschränkung verknüpfen. Die bloß hypothetisch erreichbaren und unendlichen Punkte der Nutzenfunktion gelangen auf den Boden der Tatsachen, wenn Haushalte all ihr Budget aufwenden, um den einen Punkt der höchstmöglich erreichbaren Indifferenzkurve zu wählen. Die bloß potenzielle Objektivierung der Subjekte durch die Nutzenfunktion wird auf diese Weise aktuell, indem man die Präferenzen auf das tatsächlich vorhandene Budget bezieht.

In mathematischen Symbolen lässt sich die optimale Wahl der Haushalte dann durch Gleichung 2.1 ausdrücken:

$$\frac{U_L(C^*, L^*)}{U_C(C^*, L^*)} = w \tag{2.1}$$

Der Ausdruck auf der linken Seite stellt die *Grenzrate der Substitution von Freizeit für Konsum* dar. Dabei gibt die Funktion U_L an, wie sich der Nutzen des Konsumenten unter sonst gleichen Umständen mit der Menge an Freizeit ändert. Die Funktion U_C sagt das Gleiche für die Menge an Konsumgütern aus. Die Werte C^* und L^* bedeuten die jeweils optimale Menge an Konsumgütern und Freizeit. Die Grenzrate der Substitution sagt uns nun, wie viel mehr an Konsumgütern ein Haushalt benötigt, um sein Nutzenniveau zu wahren, wenn er auf eine Freizeiteinheit verzichtet, d. h. mehr arbeitet.

Auf der rechten Seite der Gleichung steht die Steigung der Budgetgeraden: der Reallohn für eine Zeiteinheit an Arbeit. Der Reallohn gibt die Gütermenge an, die man sich durch eine Einheit mehr Arbeit zusätzlich leisten kann oder die man durch eine Einheit mehr Freizeit verliert. Daher stellt er zugleich auch die Opportunitätskosten für eine weitere Stunde Freizeit dar.

> »The implicit price of leisure is its opportunity cost. If you take an hour of leisure, you forgo the opportunity to work for an hour. What you lose is an hour's wage. Money is not valuable in itself. What you really lose is what an hour's money wage would purchase in consumer goods, which is measured by the real wage (w/p)« (Hoover, 2012, S. 411).

Wenn ein Haushalt auf eine Freizeiteinheit verzichtet, kann er sich davon zusätzliche Konsumgüter im Wert des zusätzlichen Lohns leisten. Dies lässt sich an einem Zahlenbeispiel veranschaulichen. Sagen wir, ein Haushalt verzichtet auf eine Stunde Freizeit zugunsten von einer Stunde mehr Arbeit und erhält dafür einen Lohn von 15 €. Für diese 15 € kann er sich weitere 5 kg Brot kaufen. Im Haushaltsoptimum wiegt der Nutzen, der aus dem zusätzlichen Brotkonsum entsteht, den Nutzen, welcher dem Haushalt durch die verlorene Freizeit entgeht, genau auf. Denn überwöge der Nutzen des Brotkonsums, so könnte der Haushalt sich besser stellen, indem er mehr arbeitete. Nützte hingegen eine weitere Stunde Freizeit mehr als das zusätzliche Brot, so hätte der Haushalt mehr davon, weniger zu arbeiten.

Vor diesem Hintergrund lässt sich die Übersetzungsleistung der Indifferenzkurve besser verstehen; die Grenzrate der Substitution drückt nicht länger einen Nutzen aus, sondern eine kompensatorische Gütermenge.

> »[I]t tells us the amount of good k that the consumer must be given to compensate her for a one-unit marginal reduction in her consumption of good I« (Mas-Colell et al., 1995, S. 54).

Die Grenzrate der Substitution einer Indifferenzkurve wandelt also Informationen über eine subjektive Präferenzordnung in eine objektive Gütermenge um. Wo zuvor nur subjektiv-ordnende Beziehungen zwischen Gütermengen waren, steht jetzt eine bestimmte Menge. Die Nutzenfunktion selbst sagt zunächst nur aus, welche Gütermengenkombinationen Haushalte gegenüber anderen vorziehen oder gleich bewerten. Die Indifferenzkurven identifizieren die gleich bewerteten Gütermengen untereinander. Erst die Grenzrate der Substitution wird in einer Gütermenge gemessen, nämlich jener, welche einen Haushalt für eine andere Gütermenge nutzeninvariant entschädigt.

Auf diese Weise wird Gleichung 2.1 möglich. Auf der rechten Seite steht in Form des Reallohns nämlich ebenfalls eine Gütermenge. Da die Maßeinheiten übereinstimmen, lassen sich beide Ausdrücke anhand einer Zahl identifizieren, obwohl sie nicht denselben Sinn haben. In der Gütermenge auf der linken Seite stecken Informationen über subjektive Präferenzen; auf der rechten Seite steht ein Preisverhältnis zwischen dem Gut Arbeit und einem repräsentativen Konsumgut.

Die linke Seite entstand, indem man Gütermengen entlang von Indifferenzkurven, die rechte Seite, indem man Gütermengen durch Tauschverhältnisse identifiziert. Vermittels eines abstrakten Gegenstands, einer Zahl, lassen sich dann auch die beiden Seiten gleichsetzen.

Der nächste Schritt besteht nun darin, eine Arbeitsangebotsfunktion für die Haushalte abzuleiten, die jedem Reallohn eine Beschäftigungsmenge zuordnet, welche der jeweilige Haushalt anbieten möchte. Einzelne Haushalte können verschiedenartig reagieren, wenn sich Reallöhne ändern.[14] Im Aggregat nimmt man in der Regel aber ein gleichgerichtetes Verhältnis an, d. h. bei steigenden Reallöhnen wollen Haushalte auch mehr arbeiten (vgl. Cahuc und Zylberberg, 2004, S. 13-14), (vgl. Barro, 1998, S. 213-214). Um zum aggregierten Arbeitsangebot zu gelangen, summiert man schlicht die angebotenen Arbeitsstunden eines jeden Haushalts auf. Da Haushalte sich, indem sie ihr Arbeitsangebot festlegen, zugleich auch für die nachgefragte Menge an Konsumgütern entscheiden, folgt aus dem aggregierten Arbeitsangebot ebenfalls die aggregierte Güternachfrage.[15]

Damit haben wir die harmonische Figur der walrasianschen Welt für eine Seite des Subjektregisters (*répertoire des sujets*) rekonstruiert. Kommen wir nun zur anderen Seite: den Unternehmen. Wie oben (S. 68) angedeutet, kann keine Firma den Preis ihrer verkauften Güter beeinflussen, denn es herrscht perfekter Wettbewerb. Weiterhin betrachten die Unternehmen ihre Welt aus einer kurzfristigen Perspektive. Das bedeutet, dass sie sich nicht um konstante Produktionsfaktoren wie beispielsweise Kapital kümmern, die zu verändern eine gewisse Zeit in Anspruch nähme.

> »For reasons having to do principally with the time necessary to put them in place and their cost of installation or replacement, certain factors of production cannot be adjusted in the short run. Factors of this kind are called fixed or rigid factors, and we will assume that capital belongs to this category« (Cahuc und Zylberberg, 2004, S. 174).

Die Beschäftigungsmenge hingegen stellt einen flexiblen Faktor dar, den Firmen in der kurzen Frist beeinflussen können (vgl. ebd.). Sie versuchen, den Wert dieser Entscheidungsvariable so zu setzen, dass sie ihre Profite maximieren.

---

14 Allerdings gehen viele Autoren davon aus, dass das Arbeitsangebot ab einer gewissen Reallohnhöhe sinkt. Obwohl sich Freizeit mit steigendem Reallohn verteuert, fällt die Möglichkeit, gleich viel auch mit weniger Arbeit zu konsumieren, immer stärker ins Gewicht. Der sogenannte Einkommenseffekt überwiegt dann den Substitutionseffekt (vgl. Cahuc und Zylberberg, 2004, S. 9-12).

15 Um von den Entscheidungen einzelner Agenten auf das Verhalten aggregierter Größen zu schließen, bedarf es einiger problematischer Annahmen (vgl. Hoover, 2001, S. 57-87). Kaum minder problematische Voraussetzungen sind erforderlich, um einzelne Güter in Klassen zusammenzufassen (vgl. Leijonhufvud, 1968, S. 111-157).

Die analoge Figur aufseiten der Firmen zur strikt quasikonkaven Nutzenfunktion der Haushalte besteht in der konkaven Produktionsfunktion der Unternehmen. Sie bildet die Menge der eingesetzten Produktionsfaktoren auf die damit größtmöglich produzierbare Menge an Gütern ab. Im vorliegenden Fall sagt sie also aus, wie viel jede Firma mit einer bestimmten Beschäftigungsmenge produzieren kann. Auch hier muss man mathematische Vorkehrungen treffen, um ein eindeutiges Profitmaximum finden zu können.

> »We will assume that this function is strictly increasing and strictly concave, i.e., that the marginal productivity is positive [...] and decreasing with the level of employment« (ebd.).

Je mehr Beschäftigung man also einsetzt, desto mehr kann man produzieren. Allerdings fügt jede weitere Beschäftigungseinheit weniger hinzu. Das Grenzprodukt ist also positiv, fällt aber mit jeder weiteren Arbeitsstunde. Mathematisch übersetzt, bedeutet dies, dass die erste Ableitung der Produktionsfunktion nach der Beschäftigungsmenge an jeder Stelle positiv ausfällt, die zweite Ableitung hingegen negativ. Letztere Eigenschaft sorgt für ein konkaves Krümmungsverhalten, welches letztlich garantiert, dass es ein eindeutiges Profitmaximum gibt.

Der Profit einer Firma ist das, was übrig bleibt, wenn man vom Preis der produzierten Gütermenge deren Produktionskosten abzieht. In der kurzfristigen Perspektive der vorliegenden Modellwelten spielen nur die Lohnkosten eine Rolle. Profit ist hier zu verstehen als Antwort auf die Frage: Was bleibt dem Unternehmen, nachdem es die Beschäftigten entlohnt hat? Diesen Zusammenhang drückt Gleichung 2.2 aus (Barro, 1998, S. 208-209):

$$\pi = P \cdot f(L) - w \cdot L \tag{2.2}$$

Dabei steht π für den Profit, P für den Preis der produzierten Güter, $f(L)$ für die Produktionsfunktion, L für die Arbeitsnachfrage und w für den Nominallohn. Um die profitmaximierende Menge an Beschäftigung zu bestimmen, leitet man nach L ab, setzt den resultierenden Ausdruck gleich null und teilt auf beiden Seiten der Gleichung durch den Preis. Nach Umstellung folgt Gleichung 2.3:

$$f'(L^*) = \frac{w}{p} \tag{2.3}$$

Sie ist das Pendant zu Gleichung 2.1: So, wie Letztere das optimale Arbeitsangebot der Haushalte festlegt, bestimmt Erstere die entsprechende Nachfrage seitens der Unternehmen. Auf der rechten Seite der Gleichung steht der Reallohn, also die Kosten für eine Beschäftigungseinheit, ausgedrückt in Gütern. Links ist das Grenzprodukt des Faktors Arbeit dargestellt. Es besagt, wie viele Güter mehr ein Unternehmen produzieren kann, wenn es eine weitere Einheit Beschäftigung einsetzt. Im Optimum kostet zusätzliche Beschäftigung genau so viel, wie sie produziert. Anderenfalls lohnte es sich, entweder mehr oder weniger Beschäftigung zu kaufen.

Wie schon Gleichung 2.1 identifiziert auch Gleichung 2.3 zwei Gütermengen mit unterschiedlicher Bedeutung anhand ihrer Zahl. Die linke Gütermenge bedeutet zusätzliche Produktion, die rechte zusätzliche Kosten. Die linke verbindet eine Gütermenge mit einer Beschäftigungsmenge, die rechte setzt Preise in ein Verhältnis. Als Gegenstück zur Arbeitsangebotsfunktion der Haushalte lässt sich nun eine Arbeitsnachfragefunktion der Unternehmen ableiten. Da das Grenzprodukt abnimmt, je mehr Beschäftigung ein Unternehmen einsetzt, verhalten sich Reallohn und nachgefragte Beschäftigung invers zueinander. Außerdem produzieren Unternehmen umso mehr, je mehr Beschäftigung sie anwenden. Daher bieten sie unter sonst gleichen Umständen mehr Güter an, wenn der Preis steigt, weil dieser den Reallohn drückt.

Dadurch ermöglicht Gleichung 2.3 weitreichendere Äquivalenzen, denn es handelt sich um dieselben Größen, mit denen auch Haushalte zu tun haben. Beschäftigung und Reallohn bilden Achsen, entlang derer sich ein Raum aufspannt, in dem sowohl Haushalte als auch Unternehmen Platz finden. Die Arbeitsangebotsrelation der Haushalte und die Arbeitsnachfragerelation der Unternehmen verlaufen gegenläufig: Diese fällt mit dem Reallohn, jene hingegen steigt. Mathematisch betrachtet handelt es sich bei den beiden Relationen um geordnete Paare von Beschäftigungsmengen und Reallohnwerten. Bildlich gesprochen kann man hier an zwei Schachteln denken, die Zettel enthalten, auf denen je eine Zahl für die Beschäftigung und eine für den Reallohn steht. Wenn man Zettel aus der Arbeitsangebotsschachtel nimmt, um sie dann aufsteigend nach der Beschäftigungszahl zu sortieren, so wird man feststellen, dass auch die Reallohnwerte steigen. Bei Zetteln aus der Arbeitsnachfrageschachtel nehmen die Reallohnwerte mit steigender Beschäftigung ab. Stellt man sich nun weiter vor, dass die Zahlen auf den Zetteln alle möglichen positiven Werte einschließlich null annehmen können, so wird es nur genau eine Kombination geben, die sich in beiden Schachteln befindet. Für dieses Wertepaar gilt dann: Angebot gleich Nachfrage (siehe Abbildung 2.1).

Das gleiche Bild ergibt sich für den Gütermarkt. Die raumaufspannenden Achsen heißen hier Gütermenge und Preis. Ebenfalls gibt es eine steigende und eine fallende Relation, nur die Rollen sind anders verteilt: Unternehmen bieten unter sonst gleichen Umständen mehr Güter an, wenn der Preis steigt, wohingegen Haushalte weniger nachfragen. Auch hier existiert nur genau ein Wertepaar, das für beide Subjekttypen gleich ausfällt. Die Äquivalenzen von Angebot und Nachfrage auf den Märkten schließen die walrasianische Modellwelt. Sie beruhen auf einer Stufenfolge, an deren Anfang man zuerst Subjekte mit Objekten und anschließend Subjekte untereinander gleichsetzt. Auf diese Weise erhält man ein System von Gleichungen, deren Variablen sich gegenseitig erklären, wenn die exogenen Größen gegeben sind; das Modell ist dann geschlossen. Die Welt des Modells erlangt Vollständigkeit und Selbstgenügsamkeit, einen »caractère de complétude et d'autosuffisance« (Boltanski und Thévenot, 2008, S. 171).

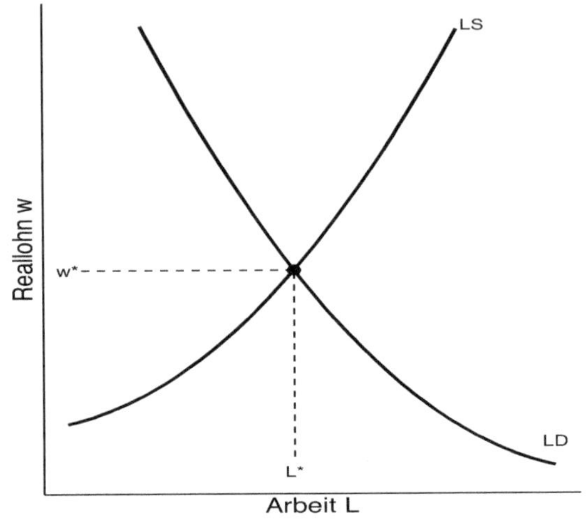

Abbildung 2.1: Ein Arbeitsmarktmodell mit Angebotskurve LS und Nachfragekurve LD.

Doch eine jede Welt hält sich stets nur in einem Meer von Unsicherheit. Welten aktualisieren sich in Situationen, die unvermeidlich prekär bleiben.

> »Betonen wir, dass keine Situation, wie rein sie auch sein mag, jemals die verschiedenen Kontingenzen beseitigen kann, deren Rauschen sich an den Rändern dessen, was in Ordnung ist, aufhält. Das Fortbestehen dieses Durcheinanders bürdet den Größen eine Unsicherheit auf« (ebd.) [Übersetzung, C. D.].

Es stellt sich die Frage, wo es in einem geschlossenen mathematischen Modell noch Platz für Ungewisses gibt. Die Antwort liegt wohl in den exogenen Variablen. Als *unerklärlich* eingeführt, bleiben sie dem Modell per definitionem äußerlich. Die Modellwelt beeinflusst sie nicht, sondern wird von ihnen beeinflusst. An den Rändern des Modells lauert eine konstitutive Unsicherheit in Person der Wirtschaftswissenschaftlerin, welche – nahezu gottgleich – die exogenen Variablen nach ihren Vorlieben manipuliert, um zu sehen, was dann passiert.

Auf diese Weise unterzieht sie ihr Modell einer Prüfung (*épreuve*). Sie konfrontiert die eigene Schöpfung mit exogenen Schocks, um zu erproben, wie sich die Welt verändert.

> »[E]conomists create mathematical models and experiment on them, that is, they experiment within the small model world« (Morgan, 2012, S. 257).

Ökonominnen erzeugen dabei eine doppelte Unsicherheit. Indem sie die exogenen Größen manipulieren, verunsichern sie die Welt im Modell. Da aber nicht klar ist, wie diese Welt reagieren wird, entsteht eine Unsicherheit für die Wissenschaftlerinnen. Eben darin liegt das Experimentelle. Allerdings halten sich die Überraschungen der Modellwelt in Grenzen.

> »It does make a difference to the power and scope of inference that the model experiment is one carried out on a pen-and-paper representation, that is, on the world in the model, not on the world itself. While model experiments may *surprise* the economist with unexpected results, laboratory experiments may *confound* the economist-scientist by producing results that are not only unexpected but potentially unexplainable given existing knowledge« (a. a. O., S. 34).

Obwohl die Welten von Wissenschaftlern selbst geschaffen sind, kann Unerwartetes in ihnen passieren. Doch aus demselben Grund können sie auch nichts Unerklärliches hervorbringen. Alles folgt aus den Annahmen, welche die harmonische Figur konstituieren. Das Modell erklärt seine Veränderungen von selbst. So lassen sich Modelle als ideale Beweissituationen (*épreuve modèle*) verstehen.

> »Der ideale Beweis oder große Augenblick ist eine Situation, die sich hält und für den Beweis vorbereitet ist, dessen Ausgang dennoch unsicher ist, und in die ein reines, besonders konsistentes Dispositiv eingebunden ist« (Boltanski und Thévenot, 2008, S. 181).

Die Äquivalenzverhältnisse der harmonischen Figur gewährleisten schon a priori, dass die Welt nicht zusammenbricht. Auch wenn, wie wir im Falle der keynesianischen Modellwelten sehen werden, Haushalte und Firmen nicht immer ihre nachgefragten oder angebotenen Mengen kaufen oder absetzen können, orientieren sie sich dennoch daran. Durch die Wohlgeformtheit der mathematischen Gestalten steht eines von vorneherein fest: Die walrasianische Welt wird nicht untergehen. Die Angebots- und Nachfragekurven verschieben sich vielleicht. Auch handeln die Subjekte möglicherweise nicht mehr die gleichgewichtigen Mengen. Doch keine Kurve wird sich auflösen, kein Haushalt anfangen, Lohnarbeit zu kaufen, oder aufhören, seinen Nutzen möglichst zu maximieren.

Doch muss die Ausdrucksweise des Urteils (*mode d'expression du jugement*) (vgl. ebd.) nicht notwendigerweise darin bestehen, exogene Größen zu verändern. Auch lassen sich zuvor exogene Größen endogenisieren oder neue Variablen in das Modell aufnehmen. Weiterhin lassen sich die Relationen zwischen Personen und Dingen verändern, indem man beispielsweise andere Typen von Nutzen- oder Produktionsfunktionen annimmt. Zu beachten bleibt dabei aber, dass die Urteilsweisen sich auf eine Welt beziehen. Nimmt man beispielsweise Differentialgleichungen statt statischer Gleichungen an, um nicht zwei verschiedene Systemzustände, sondern die dazwischenliegenden Anpassungspfade zu analysieren, wechselt man leicht in eine völlig andere Welt. Wir werden später, wenn wir die Welt der Matchingmodelle behandeln, sehen, dass die Subjekt- oder Objekttypen der walrasianischen Welt dort schlicht nirgends unterzubringen wären. Alle Urteilsweisen haben aber gemeinsam, dass sie sich auf mathematisch-logische Evidenzformen[16] (*forme de l'évidence*) stützen – Aussageformen also, die eher im Kern unserer Wissenssysteme liegen und sich gegenüber empirischen Veränderungen relativ invariant verhalten (Quine, 1963, S. 42-46).

Wie ist angesichts solch zwingender Beweisformen noch der Verfall (*déchéance*) der walrasianischen Welt möglich? Die etwas paradoxe Antwort lautet wohl, dass man die mathematische Beweisform gerade wegen ihres zwingenden Charakters auflösen kann. Wie wir in den vorhergehenden Abschnitten gesehen haben, bedarf es nämlich sehr spezifischer Annahmen, um die mathematischen Äquivalenzen zu etablieren. Daher fällt es – zumindest in verbaler Form – leicht, zu zeigen, dass man auch andere, womöglich gar plausiblere Annahmen treffen könnte. Man könnte behaupten, dass Personen in der »realen« Welt überhaupt keine Nutzenfunktion besitzen, geschweige denn eine konkave. Man könnte das abnehmende Grenzprodukt der Arbeit bezweifeln usw. Doch man würde hier, wie mir scheint, lediglich zwei Welten auf inkommensurable Weise gegeneinander ausspielen. Um die walrasianische Welt nämlich aufzulösen, müssen Ökonominnen *von außen her* für Unruhe *in* der walrasianischen Welt sorgen.

Dazu müssen sie die alltagsweltlichen Zweifel so in die Sprache der Mathematik übersetzen, dass die geltenden Äquivalenzen aufweichen. Statische Gleichungssysteme lassen sich beispielsweise durch zeitlich bedingte Differentialgleichungen, die nicht gegen einen bestimmten Wert konvergieren, bezweifeln. Damit gibt es auch nichts gleichzusetzen. Unsicherheit, Informationskosten und stochastische Schocks können die walrasianische Ordnung zum Einsturz bringen, aber eben nur von innen heraus, in derselben Sprache. Wenn wir gleich verschiedene Modellfamilien miteinander konfrontieren, ergibt sich daraus vielleicht ein anschaulicherer Eindruck von modellweltlichen Verfallsprozessen. Allen ist gemeinsam, dass ein menschlicher Impuls von außen benötigt wird. Nur ökonomische Experten können ihre Welten zerstören.

Für die *allgemeine* Welt des walrasianischen Modells habe ich, wie auch für jede andere der hier behandelten Modellweltfamilien, charakteristische Aussagen »abgeleitet«. Sie sind in Appendix A.1 unter den Schlüsseln AG1-5 aufgelistet. Um zu diesen Aussagen zu gelangen, bin ich allerdings keinem deutlich explizierbaren

16 Nicht alle ökonomischen Modelle müssen sich mathematischer Evidenz bedienen. Mathematik stellt nur eines von mehreren möglichen Beweisvehikeln dar.

> »[T]he model could be mathematical (geometric, or algebraic, or arithmetic) but need not be [...]. But it is an essential characteristic of models that they have resources that can be manipulated to produce outcomes; otherwise no demonstrations are possible« (Morgan, 2012, S. 226).

Verfahren gefolgt, sondern eher Prinzipien, die teilweise gegeneinander polarisieren.

1. *Allgemeinverständlichkeit*: Die Aussagen müssen so formuliert sein, dass man sie möglichst auch ohne wirtschaftswissenschaftliche Ausbildung versteht.
2. *Wissenschaftliche Richtigkeit*: Die Aussagen müssen so formuliert sein, dass die wirtschaftswissenschaftlichen Sachgehalte möglichst unverfälscht bleiben.
3. *Interne Totalabdeckung*: Die Aussagen müssen so formuliert sein, dass sie die Eigenschaften der jeweiligen Modellwelt möglichst umfassend abdecken.
4. *Externer Maximalkontrast*: Die Aussagen müssen so formuliert sein, dass sie die jeweilige Modellwelt möglichst charakteristisch von den übrigen abgrenzen.

Aus iterativem und an den genannten Prinzipien orientiertem Pretesting mit direkten sowie indirekten Kontakten aus dem Bekanntenkreis gingen dann die finalen charakteristischen Modellweltaussagen hervor.

2.2.2 Die klassische Version der walrasianischen Modellwelt

Bisher habe ich versucht, eine Welt zu rekonstruieren, die sich hinsichtlich der Unterscheidung zwischen *keynesianisch* und *klassisch* noch gleichgültig verhält. Die *allgemein-walrasianische* Welt umspannt ihre klassischen oder keynesianischen Versionen. Es macht also keinen Unterschied, ob man Evidenzen für die eine oder für die andere der beiden Versionen liefert. Mitbewiesen wird damit zugleich immer auch die allgemeine Welt. Lebe ich in einer Marktwelt, erscheint mir das Tafelsilber vielleicht als veräußerliches Gut, im Rahmen einer häuslichen Welt jedoch möglicherweise eher als unverkäufliches Erbstück. Zwei Personen aber, die sich in dieser Hinsicht über das Wesen des Familiensilbers streiten, setzen doch beide eine Welt voraus, in der es Silber gibt, man mit Messer und Gabel isst usw.

> »So long as contrasting right versions not all reducible to one are countenanced, unity is to be sought not in an ambivalent or neutral *something* beneath these versions but in an overall organization embracing them« (Goodman, 1978, S. 5).

Die übergeordnete Struktur, welche klassische und keynesianische Versionen ermöglicht, besteht hier in der *allgemein-walrasianischen* Welt. Wenn man hier eine systemtheoretische Redeweise gestattet, (vgl. Luhmann, 1994, 302-323), so könnte man von einem eher lose gekoppelten Medium sprechen, welches die spezifischen Formen der beiden Versionen nur potenziell beinhaltet.

Das Verhältnis der beiden Versionen wiederum gestaltet sich derart, dass man nicht die eine beweisen kann, ohne zugleich die andere zu kritisieren. Es gilt nun also zu klären, inwiefern klassische Versionen der walrasianischen Welt diese formgebend spezifizieren. Dazu wählen Ökonomen von all den möglichen Arten und Weisen, auf die man Subjekte und Dinge der walrasianischen Welt verbinden kann, eine aus und fixieren sie. In Bezug auf die klassische Version bedeutet dies vor allem, dass die Akteure immer gemäß ihren Plänen handeln.

> »It follows that the individuals of a given economy cannot all be acting voluntarily at one and the same time unless the economy is in a position of general equilibrium. For, by definition, only in such a position can all the demand and supply functions of the economy be satisfied. Conversely, in such a position no one will be acting involuntarily. Indeed, for classical and neoclassical economists, this was precisely the beauty of equilibrating process of a free market economy. This was the harmony of interests and compatibility of desires achieved by the ›invisible hand‹ which guided such an economy« (Patinkin, 1965, S. 314).

Haushalte arbeiten also genau so lange, wie sie arbeiten müssen, um sich genau so viele Güter kaufen zu können, wie sie möchten. Firmen fragen genau so viel Beschäftigung nach, dass sie die gewünschte Menge an Gütern produzieren und verkaufen. Zwischen Absicht und Handlung besteht keine Kluft.

> »[P]lans being reconciled in advance of any commitments became, not a detail, but the architectual design of the central modern edifice« (Leijonhufvud, 1998, S. 172).

Alle Subjekte und alle Dinge fahren entlang der oben skizzierten Äquivalenzen wie auf Schienen von einem Gleichgewicht zum anderen, bis schließlich das höchste, allgemeine Gleichgewicht herrscht.

Den Schlüssel zu dieser allharmonischen Bewegung liefern flexible Löhne und Preise. Wenn Subjekte auf einem Markt zu viel nachfragen, steigen die Preise, fragen sie zu wenig nach, sinken sie.

> »We have broadly the dynamic picture of the classical ›law of supply and demand‹; [...] That is, the price of a commodity rises if demand exceeds supply, falls if supply exceeds demand. Equilibrium is therefore incompatible with excess demand on any market, since price would simply rise« (Arrow und Debreu, 1954, S. 271).

In der klassischen Welt passen sich die Preise den Absichten an, ohne dass die Subjekte miteinander kommunizieren. Diesen Vorgang nennt man seit (Walras, 2014) gerne *Tâtonnement*. Es gab verschiedene Anstrengungen, den preislichen Ausgleichsprozess irgendwie in den Modellwelten unterzubringen. Walras' ursprünglicher Versuch bestand darin, einen allwissenden Auktionator im Verzeichnis der Subjekte anzulegen (vgl. Kreps, 1990, S. 195). Im Bereich der experimentellen Ökonomik modelliert man den Anpassungsprozess oftmals im Rahmen einer Doppelauktion (vgl. Plott, 2008, S. 16-21). Auf diese Weise verzichtet man auf einen Eintrag im Subjektverzeichnis, um stattdessen die natürlichen Beziehungen zwischen den Subjekten und den Dingen spezifischer zu formen. Insgesamt bleibt der Ablauf aber eher ein unerklärliches Naturgesetz innerhalb klassisch-walrasianischer Welten, gerade auch in jener von Arrow und Debreu (vgl. Leijonhufvud, 1998, S. 172).

Wenn Subjekte in der klassischen Welt nicht arbeiten, dann deshalb, weil ihnen die herrschenden Löhne zu niedrig sind. Wären sie bereit, zu niedrigeren Löhnen zu arbeiten, fänden sie Arbeit.

> »Thus writers in the classical tradition, overlooking the special assumption underlying their theory, have been driven inevitably to the conclusion, perfectly logical on their assumption, that apparent unemployment (apart from the admitted exceptions) must be due at bottom to a refusal by the unemployed factors to accept a reward which corresponds to their marginal productivity« (Keynes, 1997, S. 16).

Daher gibt es in klassischen Modellen in diesem Sinne nur freiwillige Arbeitslosigkeit.

Die charakteristischen Aussagen der *klassisch-walrasianischen* Modellwelt sind in Appendix A.1 unter den Schlüsseln KL1-5 aufgelistet.

2.2.3 Die keynesianische Version der walrasianischen Modellwelt

Wenn also flexible Preise und Löhne herrschen, verspricht die klassische Version eine Welt, in der sich alles von selbst zum Wohle aller regelt.

> »For the Classical Theory has been accostumed to rest the supposedly self-adjusting character of the economic system on an assumed fluidity of money-wages; and, when there is rigidity, to lay on this rigidity the blame for maladjustment« (a. a. O., S. 257).

Die Aufgabe der keynesianischen Weltkonstrukteure besteht darin, eine Version zu erschaffen, in der Leute Arbeit suchen, aber selbst sinkende Löhne nicht für mehr Beschäftigung sorgen. In dieser Konstellation wären sowohl Haushalte bereit, mehr Freizeit zugunsten von Beschäftigung zu opfern, als auch Unternehmen, mehr Beschäftigung nachzufragen.

> »[T]hat is a situation where everyone perceives accurately that the marginal product of labor exceeds the marginal value that potential workers place on their time« (Barro, 1979, S. 54).

Die Güter, die man sich durch ein wenig mehr Arbeit leisten kann, nützten also mehr als die dafür aufzugebende Freizeit. Gleichzeitig könnten Unternehmen mit etwas mehr Beschäftigung noch über ihren Kosten produzieren. In derartigen Situationen gelten jene Postulate, welche Keynes als für die klassische Theorie charakteristisch identifiziert, nicht mehr (vgl. Keynes, 1997, S. 5). Es herrscht *unfreiwillige* Arbeitslosigkeit.

In dieser Situation treten Wunsch und Wirklichkeit auseinander. Dies hat eine Modifikation im Subjektverzeichnis zur Folge. Zwischen dem, was Subjekte beabsichtigen, und dem, was sie tatsächlich tun, entsteht eine Kluft. Sie müssen mehr oder weniger verkaufen oder kaufen, als sie anbieten oder nachfragen. Die Märkte verfehlen also ihr Gleichgewicht.

»The failure of a market to clear implies that, for at least some individuals, actual quantities transacted diverge from the quantities which they supply or demand. Thus, the natural focus of Keynesian analysis is on the implications for behavior in one market of the existence of such a divergence in another market. Indeed, some recent writers, such as Robert Clower and Axel Leijonhufvud, have argued very convincingly that this focus is the crucial distinguishing feature of Keynesian economics« (Barro und Grossman, 1971, S. 82).

Wenn Akteure in diesem Sinne eingeschränkt sind, so bestimmt nicht mehr der Preis die tatsächlich gehandelten Mengen, sondern das Einkommen. Preise beeinflussen vor allem die *gewünschten* Mengen. Wenn man aber ohnehin mehr Güter kaufen möchte, als man sich leisten kann, dann hängen die *tatsächlich* gehandelten Mengen vom Einkommen ab. Dieses ist wiederum abhängig von der Möglichkeit, genügend Arbeit gegen Lohn zu verkaufen.

»Current household receipts (›income‹) are determined not by the quantity of services a household would *want to* supply at the price at which such services are currently bought, but by how much it will actually succeed in selling. Its *effective demand* in other markets will be *constrained* by the income actually achieved. This is the crucial point. *Realized transaction quantities* enter as arguments of the excess demand functions in addition to prices« (Leijonhufvud, 1968, S. 55-56).

Stärker als in der klassischen Version tritt in der keynesianischen die Interdependenz der Märkte in den Vordergrund. Die Subjekte können auf einem Markt nur dann genügend kaufen, wenn sie auf einem anderen genügend verkaufen.

»[N]o transactor consciously plans to purchase units of any commodity without at the same time planning to finance the purchase either from profit receipts or from the sale of units of some other commodity« (Clower, 1965, S. 116).

Wenn beispielsweise Haushalte mehr arbeiten wollen, um sich so mehr Güter leisten zu können, dann bestimmt vor allem ihre Arbeitszeit, welche Gütermenge sie effektiv nachfragen. Situationen, in denen sich die gehandelten Mengen nur nach Löhnen und Preisen richten, werden so zum Sonderfall.

»[O]rthodox price theory may be regarded as a special case of Keynesian economics, valid only in conditions of full employment« (a. a. O., S. 123).

Denn nur, wenn die *tatsächlich gehandelten* Mengen den *gewünschten* Mengen entsprechen, bestimmen *allein* Löhne und Preise, wie viel man tauscht. Indem man aber Mengenänderungen direkt mit Mengenänderungen verknüpft, nimmt man den natürlichen Beziehungen der klassischen Version in der keynesianischen nicht nur ihre Alternativlosigkeit, man erklärt sie zu einer eher unnatürlichen Rarität.

Sieht man von dieser Sondersituation ab, kann es zu verschiedenen Konstellationen von Überschussangebot oder -nachfrage auf dem Güter- oder Arbeitsmarkt kommen (vgl. Malinvaud, 1978, S. 31). Diese Kombinationen ermöglichen auch neue Verhältnisse zwischen Preis, Lohn und Mengenänderungen. Wird beispielsweise auf beiden Märkten mehr angeboten als effektiv gekauft, dann kann die Beschäftigung zunehmen, wenn die Löhne gleich bleiben oder gar steigen (vgl. a. a. O., S. 60). Ein derartiger Zusammenhang wäre in der klassischen Welt schon allein deshalb nicht möglich, weil es ein Überschussangebot an Arbeit, also unfreiwillige Arbeitslosigkeit, nicht geben kann. In der keynesianischen Welt aber können höhere Löhne die effektive Nachfrage steigern, weil Haushalte dann über mehr Einkommen verfügen. Um diese gesteigerte Güternachfrage zu befriedigen, fragen Unternehmen dann ihrerseits mehr Beschäftigung nach, solange das Grenzprodukt über dem Reallohn liegt.

Allerdings existieren Modelle (vgl. a. a. O.), (Patinkin, 1965, S. 313-334), die zwar Abweichungen von den Gleichgewichten der klassischen Welt zulassen, aber dennoch Kräfte vorsehen, welche die Welt nach einiger Zeit wieder ins Gleichgewicht bringen. Da diese Modellwelten dann, wenn auch verzögert, *automatische* Selbstanpassungsprozesse beinhalten, rücken sie in die Nähe der klassischen Version. Eine keynesianisch-walrasianische Modellwelt, die sich auch in dieser Hinsicht von der Klassik entfernt, hat (Clower, 1965) geschaffen. Der Autor nimmt dabei eine Situation an, in der Firmen so viel absetzen, wie sie wollen, aber Haushalte gerne mehr arbeiten würden, um zusätzliche Güter zu kaufen (vgl. a. a. O., S. 122-125). In einer solchen Situation würden die Haushalte den Firmen gerne zurufen: »Ihr könnt gerne die Preise für eure Produkte erhöhen, um mehr davon anzubieten! Wir helfen euch gegen Lohn dabei, zu produzieren, um danach eure zusätzlichen Produkte von unserem höheren Einkommen zu kaufen!«. Doch auf Märkten kommuniziert man nur über realisierte Preis-Mengen-Kombinationen. Deshalb haben Haushalte in diesem Fall keine Möglichkeit, ihre Wünsche mitzuteilen.

> »[W]e thereby affirm that the demand functions of orthodox theory do not provide relevant market signals. For if realized current receipts are considered to impose any kind of constraint on current consumption plans, planned consumption as expressed in effective market offers to buy will necessarily be less than desired consumption as given by the demand functions of orthodox analysis« (a. a. O., S. 118).

So bleibt in einer solchen Situation völlig unklar, ob und wie Märkte je wieder ins Gleichgewicht zurückfinden.

> »Bei höheren Preisen würden beide Sektoren zu diesem Punkt zurückkehren, Beschäftigung und Güterabsatz wären höher, ebenso wie die Profite der Unternehmen und der Nutzen der Haushalte. Aber die Ungleichgewichtssituation [...] erzeugt keinen notwendigen Druck in diese Richtung« (Rothschild, 1981, S. 56).

Sogar noch weiter geht (Leijonhufvud, 1968), wenn er nicht nur von verfestigten Ungleichgewichten ausgeht, sondern auch Situationen aufzeigt, in denen »deviationamplifying feedbacks« (a. a. O., S. 57) die tatsächliche Situation noch weiter von der gleichgewichtigen Position entfernen.

Wie oben (S. 87) schon erwähnt, besteht der keynesianisch-walrasianische Grundgedanke darin, die klassische Welt als Sonderfall in einen allgemeineren Zusammenhang zu stellen. In diesem Kontext scheint sie für Clower dann aber derart partikular, dass sie kaum praktische Relevanz besitzt.

> »I am impressed by the worth of Keynesian economics as a guide to practical action, which is in such a sharp contrast to the situation of general price theory. As physicists should and would have rejected Einstein's theory of relativity, had it not included Newtonian mechanics as a special case, so we would do well to think twice before accepting as ›useful‹ or ›general‹, doctrines which are incapable of accommodating Keynesian economics« (Clower, 1965, S. 124-125).

Die klassische Welt wird auf diese Weise in eine äußerst unsichere Umgebung gesetzt. Preise können zu hoch oder zu niedrig ausfallen, Wünsche unerfüllt bleiben und Selbstanpassungsprozesse versagen. An den Rändern der klassischen Welt herrscht nun Chaos. Sie wird bedroht von neuen Dingen, modifizierten Subjekten und entsprechend ungewöhnlichen Kompositionsmöglichkeiten. Man provoziert den Verfall einer Welt durch Inklusion.[17]

2.3 Such- und Matchingmodellwelten

In walrasianischen Modellwelten, ob klassisch oder keynesianisch, kann es keine Situation geben, in der Haushalte mehr Arbeit anbieten und Unternehmen zugleich mehr Arbeit nachfragen möchten, denn alle Subjekte wissen über alle Subjekte Bescheid. Sie verfügen über vollständige Information. Solange Haushalte Arbeit anbieten, kaufen nachfragende Unternehmen diese sofort. Wenn die angebotene Menge an Arbeit also der nachgefragten entspricht, gibt es keine Arbeitslosigkeit.

---

17 Die charakteristischen Aussagen der *keynesianisch-walrasianischen* Modellwelt sind in Appendix A.1 unter den Schlüsseln KY1-5 aufgelistet.

Genau in diesem Punkt unterscheiden sich walrasianische Modellwelten von jenen, auf die ich nun eingehen möchte. In den sogenannten Such- oder Matchingmodellen müssen sich Arbeiterinnen und Unternehmen nämlich mit der Zeit erst suchen und finden.

»Unlike Walrasian theory, trade in this approach to unemployment is an economic activity that requires the input of time and other resources« (Pissarides, 2000, S. xv).

Daher können Firmen, die gerne mehr Beschäftigte einstellen würden, und Individuen, die gerne mehr oder überhaupt arbeiten würden, koexistieren, ja, sie müssen es sogar, damit der suchtheoretische Ansatz überhaupt Sinn ergibt.

Deshalb – weil Firmen gerne mehr Leute beschäftigen würden und gleichzeitig einige Leute einen Job suchen – könnte man meinen, dass Such- und Matchingmodelle, obwohl sie nicht in eine walrasianische Welt passen, doch deren keynesianischen Versionen näherstehen als den klassischen. Tatsächlich aber scheint das Gegenteil der Fall zu sein, denn im Gegensatz zu *keynesianisch*-walrasianischen, aber durchaus im Einklang mit *klassisch*-walrasianischen Modellen gibt es in Matchingmodellwelten keine unfreiwillige Arbeitslosigkeit. Wenn Personen arbeitslos werden, dann weil sie es so wollen.

»The approach taken in this book leads to the view that the decomposition of unemployment into frictional, cyclical, voluntary, involuntary, and so on is unhelpful in the theoretical and empirical analysis of unemployment. In this book unemployment consists of workers who lose their jobs because it is not to their advantage (and to their employers advantage) to continue employed« (a. a. O., S. xv-xvi).

Arbeitslosigkeit entsteht demnach dann, wenn sich die äußeren Umstände so verändern, dass die betreffenden Beschäftigungsverhältnisse fortzusetzen weder im Interesse der Unternehmen noch in jenem der Arbeiterinnen liegt. Ebenso suchen Personen nach Arbeit, weil sie dies möchten. Der Status des Arbeitssuchenden gilt in der Matchingmodellwelt nicht als etwas, das den betreffenden Personen gegen ihren Willen aufgezwungen wird: Sie entscheiden sich dafür.

Aus diesem Grund stehen Such- und Matchingmodelle der Klassik näher. Man verwirft den Gedanken nicht, dass Arbeiter stets so viel arbeiten, wie sie entsprechend ihrer rationalen Erwägung wollen. Die Suchtheorie versteht sich gar als Ergänzung zur klassischen Arbeitsangebotstheorie.

»The theory of job search has developed as a complement to the older theoretical framework. Many writers found that the classic labor supply model with its emphasis on unilateral and fully informed choice could not explain important features of the typical individual's experience in the labor market. The experience of unemployment is an important example. Within the income-leisure choice frame-

> work, unemployment simply has no interpretation as a consequence of the assumptions that jobs are instantaneously available at market clearing wage rates known to the worker« (Mortensen, 1986, S. 850).

Wie oben ausgeführt, kann es in der klassisch-walrasianischen Welt keine Arbeitslosigkeit geben. Die Konstrukteure der Search- und Matchingmodelle erschaffen eine Welt, in der Arbeitslosigkeit vorkommt, ohne dass Personen deshalb gegen ihren Willen handeln müssten.

> »The theory of job search is not in conflict with the theory of labor supply. By giving a prominent role to imperfect information, this theory adds the category ›unemployed‹ to those of ›employed‹ and ›nonparticipant‹. In this way it sheds supplementary light on the decision to participate in the labor market, which no longer takes the form of a choice between work and nonparticipation; rather, it now lies in knowing whether it is *worthwhile* to look for work. In other words, to hold a paid job you must first have decided to look for one« (Cahuc und Zylberberg, 2004, S. 108).

Damit lässt man die klassische Welt intakt. Allerdings kann man nun auf die Darstellung keynesianischer Welten verzichten, um Arbeitslosigkeit zu erklären. Search- und Matchingmodelle machen keynesianische Modelle in dieser Hinsicht überflüssig. Es gibt Personen, die nicht arbeiten, aber arbeiten wollen. Sie sind also arbeitslos – aber *nicht unfreiwillig*. Denn sie handeln nicht gegen ihre Absichten. Arbeitslose gelten in dieser Welt nicht mehr als gezwungenermaßen eingeschränkt. Sie halten die Suche nach Arbeit für wertvoll, weil sie nur suchend Arbeit finden können.

Das übergeordnete Gemeinprinzip (*principe supérieur commun*) der Matchingwelt bleibt jenes der walrasianischen Welten. Was sich gleicht oder unterscheidet, entscheiden Zahlen. Die Äquivalenzoperatoren bleiben jene der Mathematik: logische Identitäten und Verhaltensgleichungen.

$$q(\theta) \equiv m(uv, 1) \tag{2.4}$$

So bedeutet Gleichung 2.4 beispielweise, dass $q(\theta)$ und $m(uv, 1)$ dasselbe mit lediglich verschiedenen Namen bezeichnen, in diesem Fall die Wahrscheinlichkeit, dass eine offene Stelle in einem Zeitabschnitt besetzt wird[18] (vgl. Pissarides, 2000, S. 7).

$$\lambda(1 - u) = \theta q(\theta) u \tag{2.5}$$

Demgegenüber besagt Gleichung 2.5, dass die Zahl auf der linken Seite jener auf der rechten Seite entspricht (vgl. a. a. O., S. 9). Beide Seiten bezeichnen aber die Zahl

18 Weiter unten (S. 121 ff.) werde ich detaillierter auf diese Symbole eingehen. Hier dienen sie nur als Beispiele für die jeweiligen Äquivalenztypen.

jeweils verschiedener Dinge. In diesem Fall steht linker Hand der durchschnittliche Anteil der Erwerbspersonen, die arbeitslos werden, rechter Hand der Anteil derer, die eine Beschäftigung finden. Das höchste Prinzip, nach welchem man Äquivalenzen und Unterschiede feststellt, bleibt also das gleiche wie jenes der walrasianischen Welten, lediglich setzt man andere Dinge gleich. Diese Unterschiede thematisiere ich, wenn ich weiter unten (S. 121 ff.) die harmonische Figur der Matchingwelt rekonstruiere.

An dieser Stelle möchte ich die Reihenfolge ändern und nun nicht erläutern, was es heißt, in der Matchingmodellwelt groß zu sein (*état de grand*). Man kann die Beschaffenheit der Größe nicht schildern, ohne zuvor das Subjektregister (*répertoire des sujets*) zu beleuchten, denn im Vergleich zur walrasianischen Welt treten die Subjekte nun deutlich in den Vordergrund. Man möchte fast sagen, dass es in Matchingmodellwelten ausschließlich um Subjekte und deren verschiedene Zustände geht. Da Gütermärkte höchstens als Randbemerkung in Form perfekter Kapitalmärkte auftauchen, lässt sich Arbeit kaum mit anderen käuflichen Dingen gleichsetzen. Sehr viel stärker als die Verhältnisse der Dinge untereinander oder der Dinge zu den Subjekten betont man die Beziehungen der Subjekte untereinander. Im Grunde dreht sich alles in dieser Welt um die Bedingungen, unter denen Subjekte zueinanderfinden, also ein »*Match*« bilden, was dieser Modellfamilie ihren Namen gibt.

Grundsätzlich gibt es in der Matchingwelt zwei Arten von Subjekten. Die einen können untereinander Verbindungen eingehen, also Matches bilden, die anderen können dies nicht. Allerdings können derartige Subjekte das ändern, indem sie ihren Zustand wechseln. Sie können also zu einer Art werden, die es vermag, sich mit anderen zu verbinden. Bei Arbeitsmarktmodellen[19] umfasst die Art der matchbildenden Subjekte sowohl Arbeitssuchende als auch Firmen. Zu jener Art von Subjekten, die sich nicht oder nicht mehr binden können, gehören sowohl Firmen, die alle ihre Stellen bereits besetzt haben, als auch Beschäftigte. Der Status des Arbeitssuchenden stellt das Durchgangstor zur Beschäftigung dar. Es gibt nur Beschäftigte, die unmittelbar zuvor Arbeit gesucht haben, ohne währenddessen zu arbeiten.[20]

19 Matchingmodelle folgen einem Paradigma, das über die Arbeitsmarktökonomik hinausreicht.

»The term ›matching‹ refers to any process by which persons and/or objects are combined to form distinguishable entities with some common purpose that none can accomplish alone. The allocation of apartments to tenants, the assignment of jobs to workers or factories to sites, the pairing of men and women in marriage, and the formation of collections of agents known as firms are all examples« (Mortensen und Pissarides, 2016, S. 17).

20 In manchen Modellvarianten mit sogenannter »On-the-Job-Search« können Beschäftigte direkt in ein anderes Beschäftigungsverhältnis wechseln. Man lässt dann ontologische Mischwesen zu, bei denen unklar bleibt, ob es sich um *Beschäftigte* handelt, die Arbeit suchen, oder

In den einschlägigen Modellen[21] spielen Nichterwerbspersonen häufig keine Rolle (vgl. Mortensen und Pissarides, 1994), (vgl. Pissarides, 2000, S. 37-65). Man nimmt dann an, dass die Zahl der Erwerbspersonen konstant bleibt. Falls sie sich ändern könnte, so wirkte sich dies auf die Zahl der Arbeitslosen aus, unabhängig davon, ob man Leute einstellt oder Stellen kürzt.

Im Fokus der Matchingwelt stehen daher Arbeitssuchende, Beschäftigte und Firmen. Das Problem der Arbeitssuchenden, welches man später in den größeren Rahmen der Matchingtheorie integriert, geht auf informationsökonomische Überlegungen zurück. In einem der Pioniermodelle zeichnet (Stigler, 1961) eine Welt, in der sich die Akteure auf kostspielige Art und Weise zunächst über mögliche Transaktionsgelegenheiten informieren müssen.

> »A buyer (or seller) who wishes to ascertain the most favorable price must canvass various sellers (or buyers) – a phenomenon I shall term ›search‹« (a. a. O., S. 213).

Konkret sieht der Suchprozess bei Stigler so aus, dass potenzielle Käufer oder Verkäufer sich eine Stichprobe an Preisvorschlägen einholen. Käufer rechnen mit einer bestimmten Wahrscheinlichkeit damit, einen noch tieferen Preis zu finden. Wenn sie diese Wahrscheinlichkeit allerdings so gering einschätzen, dass es sich aus ihrer Sicht nicht mehr lohnt, weiterzusuchen, brechen sie die Suche ab und kaufen zum niedrigsten Preis, den sie gefunden haben.

> »If the cost of search is equated to its expected marginal return, the optimum amount of search will be found« (a. a. O., S. 216).

Die Grundzüge des Suchprozesses auf einem Gütermarkt lassen sich *mutatis mutandis* auf verschiedene Kontexte übertragen.

> »The identification of sellers and the discovery of their prices are only one sample of the vast role of the search for information in economic life. Similar problems exist in the detection of profitable fields for investment and in the *worker's choice of industry, location, and job*« (a. a. O., S. 224) [Hervorhebung, C. D.].

Wenn eine arbeitslose Person einen Job sucht, dann bringt sie keine Preise von Händlern in Erfahrung, sondern Lohnangebote von potenziellen Arbeitgebern. Folglich lohnt sich die Suche nicht deshalb, weil man Geld sparen kann, wenn man niedrigere Preise findet, sondern weil man vielleicht mehr verdient.

---

um *unbeschäftigt* Arbeitssuchende. Um derartige Komplikationen auszublenden, beschränke ich mich darauf, die Matchingmodellwelt ohne *On-the-Job-Search* zu rekonstruieren.

21 In diesem Kapitel möchte ich mich vor allem auf das einflussreiche Modell der Nobel-Gedächtnispreisträger Dale T. Mortensen und Christopher A. Pissarides (vgl. Mortensen und Pissarides, 1994) beschränken, das (Pissarides, 2000, S. 37-65) reformuliert hat.

Allerdings lässt sich der Suchprozess auch auf andere Weise modellieren. Bei (Stigler, 1961) entscheiden die Jobsuchenden darüber, wie umfangreich eine Stichprobe an Lohnangeboten ausfallen kann, damit sich die Suche noch lohnt.

> »He [Stigler, C. D.] views the worker as selecting a random wage sample of size n at a cost of c per wage sampled. The worker accepts employment at the firm offering the highest wage in the sample. The worker's problem is to choose the size of the sample« (Mortensen, 1986, S. 860).

Von dieser Darstellung weichen nachfolgende Modelle, die Suchprozesse auf dem Arbeitsmarkt thematisieren, jedoch ab. So entwirft beispielsweise (McCall, 1970) eine Modellwelt, in welcher Lohnangebote bei den Subjekten mit der Zeit eintreffen.

> »Job offers arrive periodically and the searcher accepts or rejects them as they occur« (a. a. O., S. 114).

Die Suche besteht nun nicht mehr nur in der Anzahl der eingeholten Angebote, sie erhält eine eigene Dauer. Die Akteure sehen sich also innerhalb einer objektiv-zeitlichen[22] Abfolge mit zufällig eintreffenden Offerten konfrontiert. Jedes Mal, wenn man ihnen einen Lohn anbietet, müssen sie sich entscheiden, ob sie den Vorschlag verwerfen oder annehmen. Ähnlich wie schon bei (Stigler, 1961) benötigen die Subjekte dann eine Verhaltensregel, anhand derer sie entscheiden können, wann die Suche ein Ende hat. Diese »Stopping-Rule« bestimmt einen kritischen Wert für Löhne, ab welchem Jobsuchende das Angebot annehmen. Sie wechseln dann ihren Zustand und verwandeln sich von Arbeitssuchenden in Arbeitende.

Die kritische Lohnschwelle, der sogenannte *Reservationslohn*, stand im Mittelpunkt früherer Suchmodelle. In den später folgenden Matchingmodellen wurde die Bedeutung des Reservationslohns durch andere Einflussgrößen relativiert. Dennoch spielt das Konzept weiterhin eine Schlüsselrolle, wenn es darum geht, das Verhalten der Jobsuchenden und der Arbeitenden zu modellieren. Einfach gesagt entspricht ein Lohnangebot genau dann dem Reservationslohn, wenn es der jeweiligen Arbeitssuchenden egal ist, ob sie das Angebot annimmt und zu diesem Lohn arbeitet oder weitersucht. Sie erwartet in diesem Fall einen identischen Ertrag, gleichviel, ob sie arbeitet oder eine Stelle sucht. Der Reservationslohn setzt die Ertragsströme der beiden Subjektarten also gleich. Diese Schwelle ermöglicht es, dass Subjekte von einem Zustand in den anderen übergehen. Wenn man ihnen diesen oder einen höheren Lohn anbietet, verwandeln sie sich in Beschäftigte.

Betrachten wir zunächst den erwarteten Ertragsstrom einer arbeitssuchenden Person. Dieser besteht grob aus zwei Komponenten: Zum einen gibt es Erträge, die nur anfallen, wenn man nicht arbeitet, seien es Freizeit, Arbeitslosenhilfe oder

22 Mit »*objektiv*-zeitlich« meine ich hier bloß, dass die Zeit selbst nicht von den Lohnangeboten abhängt.

Verdienste außerhalb der Lohnarbeit. Davon hat man die Suchkosten abzuziehen (vgl. Mortensen, 1986). Zum anderen gehen Arbeitssuchende mit einer gewissen Wahrscheinlichkeit davon aus, dass man ihnen einen Lohn anbietet, der mindestens dem Reservationslohn entspricht. Sie kennen die Wahrscheinlichkeitsverteilung der Löhne, also wissen sie genau, wie wahrscheinlich es ist, Lohnangebote in einem bestimmten Bereich zu erhalten. Bloß können sie nicht voraussehen, welche Angebote man ihnen unterbreiten wird. Sie bleiben diesbezüglich unsicher, bilden aber rationale Erwartungen über den Wert aus, welcher auf sie zukommt, wenn sie weitersuchen. Deshalb nehmen sie keine Angebote an, die genau ihrem Arbeitsloseneinkommen entsprechen; die Suche hat für sie einen Optionswert.

> »[T]he state of unemployment has some option value to the worker; otherwise, all jobs that paid at least as much as the level of unemployment income would be accepted« (Pissarides, 2000, S. 145).

Wer arbeitet, bekommt den vereinbarten Lohn mit Sicherheit – aber ebenso sicher keinen höheren. Wer sucht, hat hingegen die – gegebenenfalls sehr kleine – Chance, irgendwann einen noch höheren Lohn zu erhalten. Der Ertragsstrom besteht also aus den Arbeitslosenerträgen sowie dem Wert der weiteren Suche. Da Letzterer in der Zukunft liegt, diskontiert man ihn entsprechend einer Zeitpräferenzrate. Das bedeutet, dass man Erträge umso höher schätzt, je früher sie anstehen. Ein Euro heute ist besser als ein Euro morgen.

Wenn Arbeitssuchende eine Stelle gefunden haben, behalten sie diese so lange, bis ein exogener Schock sie aus dem Beschäftigungsverhältnis fegt. Zu jedem Zeitpunkt erhalten sie ihre Lohnzahlung. Von dort aus gesehen rechnen sie vorausblickend damit, dass man sie entweder weiterhin bezahlen oder aber ein Produktivitätsschock eintreten wird, der sie möglicherweise so unproduktiv machen wird, dass man sie wird entlassen müssen. In letzterem Fall wechseln sie ihren Zustand von »beschäftigt« zu »arbeitssuchend«. In das Einkommen der Beschäftigten ist also die Erwartung eingebaut, sich vielleicht eine neue Stelle suchen zu müssen. So, wie Arbeitssuchende erwarten, eine Beschäftigung zu finden, erwarten Beschäftigte, sich in Arbeitssuchende zu verwandeln. Diese beiden Seinsweisen der Subjekte verweisen also vermittels zeitlicher Strukturen aufeinander. Die Arbeitssuchende von heute ist immer auch die mögliche Beschäftigte von morgen, während der Beschäftigte von heute sich vielleicht morgen schon nach einer anderen Stelle umsehen muss.

Wie schon in den walrasianischen Modellwelten stehen auch im Subjektregister den Arbeitslosen und Beschäftigten die Firmen gegenüber. Doch anders als in den walrasianischen Welten betrachten sie Beschäftigung nicht mehr als ein Gut, das man nachfragt. Firmen kaufen keine Arbeitszeit, sie locken potenzielle Beschäftigte in ihre offenen Stellen. Diese betrachten sie als kostspielige Anlage, die – wenn man sie zukünftig besetzt – einen Ertrag verspricht.

»Firms in this model treat vacancies as an asset: it is the price that has to be paid now in order to attract employees in the future. The expected arrival of employees is the rate of return on the asset held by the firm and as with other assets there is an instability inherent in the supply of vacancies« (a. a. O., S. 29).

Unternehmen öffnen und schließen Stellen. Sie tun dies sofort und kostenfrei, bis es nicht mehr profitabel erscheint.

»In equilibrium all profit opportunities from new jobs are exploited driving rents from vacant jobs to zero« (a. a. O., S. 11).

Diese Überlegungen beziehen sich jedoch nicht auf einzelne Firmen, die darüber entscheiden, wie viele Stellen sie öffnen möchten. Denn in den meisten Modellen setzt sich die Gesamtzahl an offenen Stellen aus einzelnen Firmen zusammen, die jeweils eine davon anbieten.

»[E]ach firm may be modeled as having only one job« (Mortensen und Pissarides, 2016, S. 49).

Jobs gelten als Produktionsmöglichkeiten, materiell veranschaulicht durch Kapitalgüter.

»Intuitively, a job may be thought of as a machine that could be operated by one worker« (ebd.).

Die Verbindung zwischen einer Maschine und einem Beschäftigten generiert dann Umsatz.

Wie Arbeitssuchenden oder Beschäftigten fließt Firmen jeweils einer von zwei möglichen Ertragsströmen zu, entweder jener einer leeren Stelle oder jener einer besetzten. Der Ertragsstrom einer leeren Stelle setzt sich zusammen aus ihren Instandhaltungskosten sowie dem Wert, der aus der Chance erwächst, sie zu besetzen (vgl. Pissarides, 2000, S. 40). Demgegenüber besteht der Ertragsstrom einer besetzten Stelle allgemein aus drei Komponenten: Erstens produziert der Job einen gewissen Umsatz. Davon gehen für die jeweilige Firma zweitens die Lohnkosten ab. Der dritte Teil ergibt sich daraus, dass ein Unternehmen jederzeit mit einem Produktionsschock rechnen muss. Ein solcher Schock tritt mit einer bestimmten Wahrscheinlichkeit ein. Wenn er eintritt, setzt er – bildlich gesprochen – eine Lostrommel in Gang, aus der ein neues Produktivitätsniveau gezogen wird. Liegt dieses über einer kritischen Schwelle, der Reservationsproduktivität, oder entspricht dieser exakt, dann besteht der Job unter den neuen Produktionsbedingungen fort. Wird sie hingegen unterschritten, dann schließt das produktivitätsgeschockte Unternehmen die Stelle und verkauft seine Produktionsmittel auf einem perfekten[23] Kapitalmarkt, der außerhalb der Erklärungsreichweite des Modells liegt.

Was macht nun die gemeinsame Eigenschaft der Personen (*dignité des personnes*) aus? Genau wie die Subjekte der walrasianischen Welten können sie vor allem kalkulieren. Auch sie versuchen, sich unter gegebenen Restriktionen optimal zu entscheiden. Arbeitssuchende wählen zu jeder Zeit aus den beiden Möglichkeiten, weiterzusuchen oder ein Angebot anzunehmen, jene Option, welche im Vergleich zur anderen den maximalen Ertrag erwarten lässt. Firmen müssen abwägen, ob es sich angesichts der anfallenden Kosten und Besetzungschancen lohnt, eine Stelle auszuschreiben. Wenn sie eine Person beschäftigen, kommt es, falls ein Produktionsschock eintritt, darauf an, zu beurteilen, ob der Job noch genügend Umsatz produziert.

Allerdings fällen die Subjekte der Matchingwelt ihre Entscheidungen auf fundamental andere Weise als ihre walrasianischen Pendants. Letztere überblicken eine Gesamtheit verschiedener Märkte, um sich dann in einem Augenblick – »one-shot« – zu entscheiden, wie viel sie auf jedem dieser Märkte handeln. Im Grunde besitzt die walrasianische Welt keine Eigenzeit. Veränderungen treten nur dann ein, wenn die außenstehende Ökonomin ihrem Modell einen exogenen Schock verabreicht, sodass die Subjekte neu kalkulieren müssen. Dann gibt es ein Vor- und ein Nachher, die Welt vor und nach dem Schock. Gänzlich anderes gilt für die Personen einer Matchingwelt. Hier tickt eine Uhr, deren Mechanik von äußeren Erschütterungen unbeeinflusst bleibt. Die Akteure müssen ständig damit rechnen, sich für eine von zwei Optionen entscheiden zu müssen: arbeiten oder weitersuchen, Stelle öffnen oder nicht, Job behalten oder nicht. Sie müssen also nicht – wie walrasianische Subjekte – zu nur einem Zeitpunkt eine aus einer riesigen Anzahl an möglichen Handlungen wählen, sondern zu unendlich vielen Zeitpunkten zwischen einer sehr beschränkten Zahl an Alternativen abwägen. Dabei berücksichtigen sie aber stets alle zukünftigen Entscheidungssituationen erwartungsgemäß mit. Sie schauen nach vorne auf einen infiniten Zeithorizont. Zwar besitzen sie keine hellseherischen Fähigkeiten, denn sie wissen nicht genau, was geschehen wird, doch schätzen sie die Chancen richtig ein.

Bevor wir die Matchingmodellwelt unter jenen Gesichtspunkten des Analyserasters von (Boltanski und Thévenot, 2008, S. 177-181) betrachten, welche die Größenordnung (*rapport de grandeur*) und die natürlichen Beziehungen (*relations naturelles entre les êtres*) betreffen, werfen wir einen Blick in das Objektverzeichnis (*répertoire des objets et des dispositifs*). Hier scheint es zunächst, als hätten sich die Proportionen der walrasianischen Welten verkehrt: Während Objekte in Form von Gütern diese Welt nahezu vollständig bevölkern, sodass Subjekte nur bezogen auf

23 Diese Annahme bedeutet, dass man jede beliebige Menge an Kapitalgütern sofort und ohne Transaktionskosten absetzen kann.

diese Dinge existieren, stellt sich die Lage in den Matchingwelten ganz anders dar, bestehen diese Welten doch in großem Umfang aus subjektiven Erwartungen, die sich wechselseitig aufeinander beziehen. Selbst die oben angesprochenen Kapitalgüter scheinen auf den ersten Blick nur am Rande zu existieren. Sie fungieren lediglich, so könnte man meinen, als illustrative Platzhalter, welche die Intuition dafür schärfen, was man unter einer leeren Stelle verstehen kann.

Doch sieht man genauer hin, so zeigt sich, dass man in Matchingwelten die Grenzen zwischen Subjektivem und Objektivem nur sehr schwer ziehen kann. Die einfache Formel: »Es gibt Unternehmen als Subjekte, die objektives Kapital besitzen« geht kaum auf. Firmen manifestieren sich in der Matchingwelt wesentlich als Jobs.

> »For simplicity, I shall use the terms firm and job interchangeably« (Mortensen und Pissarides, 2016, S. 49).

Wie aber schon erwähnt, stellen ausgeschriebene Jobs Produktionsmöglichkeiten dar, die in Form von Kapitalgütern sichtbar werden.

Schauen wir in das Verzeichnis der Objekte, so bestätigt sich der Eindruck, dass die Grenzen zwischen Subjekt und Objekt verschwimmen. Denn Arbeitssuchende objektivieren sich in Bezug auf die eigenen Verwertungsmöglichkeiten.

> »The amount of search or the period of unemployment depends on the wage rate that the individual thinks his services can command in the labor market and on the opportunity cost of the searching activity. If an individual believes that his skills or services are highly valued, he will reject job offers that fall short of his expectations and remain unemployed« (McCall, 1970, S. 114).

Dass Individuen sich teilweise auf Märkten veräußern, trifft auch auf walrasianische Welten zu. Dort aber müssen potenzielle Arbeiterinnen entscheiden, in welchem Verhältnis sie ihre Freizeit gegen andere Güter eintauschen. Dass sie sich vermittels der Preise mit anderen Gütern identifizieren, macht in jenen Welten die Selbstobjektivierung aus. In Matchingmodellwelten hingegen fehlen vergleichende Bezüge zum Gütermarkt. Subjekte sehen ihre verwertbaren Bestandteile hier nicht als eintauschbare Güter, sondern als Anleihen (*assets*).

> »The asset that is valued is the unemployed worker's human capital« (Pissarides, 2000, S. 13).

Arbeitssuchende erhalten demnach Profite aus ihrem Humankapital. Je mehr sie davon besitzen, desto höhere Löhne erwarten sie. Sie betrachten also zumindest einen Teil von sich als Anlageobjekt, das andere Marktteilnehmer bewerten und welches im Zeitverlauf Gewinne abwirft. So gewendet, lässt sich der Reservationslohn auch als Gewinnerwartung auf das eigene Humankapital verstehen (vgl. a. a. O., S. 14).

Wir haben bereits gesehen, dass Firmen fast ausschließlich in Form von profitablen Kapitalgütern existieren. Stellen, Firmen und Kapital gelten in diesem Sinne als das Gleiche. Dennoch steht hinter den Objekten, die eine Stelle ausmachen, ein kalkulierendes Agens, welches diese Anlagegüter möglichst einbringlich verwaltet. In dieser Hinsicht ähneln sich Firmen und Arbeitssuchende. Beide Subjektarten stellen unsichtbare Kalkulationszentren hinter beobachtbaren Anlageobjekten dar. Auch blicken beide Seiten im Grunde gleichartig auf die Anlagen der jeweils anderen Seite. Denn das Kapital der je anderen Seite verleiht dem eigenen dessen Wert. Arbeitssuchende erachten ihr Humankapital deswegen als wertvoll, weil sie annehmen, dass Unternehmen ihre Produktionsmittel aus dem Grund für wertvoll halten, dass sie diese mit Arbeitskraft verbinden können. Genauso erachten Unternehmen ihr Kapital deswegen für wertvoll, weil sie annehmen, dass Arbeitssuchende ihre »Skills« darauf produktiv anwenden möchten. Denn würden sie nicht glauben, dass Leute Arbeit suchen, würden sie keine Maschinen beschaffen. Genauso würden Leute keine Stellen suchen, wenn sie nicht glaubten, dass solche vorhanden sind. Die antizipierte Wertschätzung der anderen trägt wesentlich zur Profitabilität der Kapitalobjekte bei.

Doch gründet die subjektive Wertschätzung nicht auf subjektiver Wertschätzung. Man antizipiert nicht nur die Einschätzung der je anderen Seite, sondern auch deren gemeinsamen Grund: die Produktion. Sowohl Firmen als auch Arbeitssuchende wissen, dass sie einen Umsatz generieren können, wenn sie ihre Kapitalien zusammenführen. Auf der Aussicht, einen Teil der Produktion abzubekommen, beruht schließlich der Wert des eigenen Kapitals. Zugleich bemisst sich auch der Wert eines Matches im Ganzen an dessen Produktivität. Diese wiederum hängt nicht von der Kapitalausstattung der beteiligten Subjekte allein ab, sondern auch von exogenen Schocks, welche die Bewertung im Zeitverlauf ändern können.

Wie schon erwähnt (S. 93 ff.), spielt die Zeit ohnehin eine ganz andere Rolle als in den walrasianischen Welten, weil sie selbst als Objekt auftaucht.[24] Die Zeit besteht nicht mehr in Veränderungen des Wirtschaftssystems, sondern misst dessen Zustände entlang einer selbstständigen Dimension des *Vorher* und *Nachher* bzw. t_n und t_{n+1}. Vielleicht mag es seltsam anmuten, die Zeit selbst als Objekt aufzufassen, aber innerhalb des Analyserasters von (Boltanski und Thévenot, 2008) scheint mir die Zeit am besten im Objektverzeichnis aufgehoben, weil alle Subjekte sie beobachten und sich an ihr messen können.

Die objektive Zeit ermöglicht im Vergleich zu walrasianischen Welten neuartige Unterscheidungen. Das gleiche Objekt, beispielsweise ein nominell fixer Einkommensbetrag, kann zu einem anderen werden, nur weil es später in Erscheinung

24 An dieser Stelle weist das Analyseraster von (Boltanski und Thévenot, 2008) aus meiner Sicht Engpässe auf, weil Temporalität hier nicht als allgemeines Merkmal von Welten auftaucht. Verhältnisse von Zeit und ökonomischen Konventionen diskutiert (Tellmann, 2007).

tritt. Auf diese Weise ermöglicht die objektive Zeit solche Dinge wie Zinsen oder Zeitpräferenzraten. Grundsätzlich verliert ein jeder Gegenstand an Wert, je später er zur Verfügung steht.

Die objektive Zeit stellt sich auf zwei verschiedene Arten dar, welche im wahrsten Sinne fließend ineinander übergehen: *diskret* oder *kontinuierlich* (Rogerson et al., 2005, S. 961-963). Im ersten Fall handelt es sich um klar abgegrenzte Perioden, die aufeinanderfolgen. Zur Veranschaulichung kann man an einen Uhrzeiger denken, der von einer Markierung zur nächsten springt. Wenn der Abstand zwischen den Markierungen hingegen unendlich schrumpft, dann bewegt sich der Zeiger gleichmäßig; die Zeit fließt. Das bedeutet, sie zerfällt in infinitesimal kleine Augenblicke. Dementsprechend ordnet sie auch die Gegenstände sowie die Rechenoperationen der Subjekte. Man rechnet nun kaum mehr in Bestands-, sondern vorwiegend in Flussgrößen: das Einkommen, der Zins, der Profit usw. während einer infinitesimalen Zeitdifferenz. Auch die Arbeitslosenquote gilt nur als das temporäre Resultat von Personenströmen in die Arbeitslosigkeit und aus ihr heraus. Diese fließen mit einer gewissen Geschwindigkeit, die selbst schwankt, sodass die Arbeitslosenquote sich mit jeder marginalen Zeiteinheit ändern kann. Nicht zuletzt aus diesen Gründen können (Blanchard und Diamond, 1992) Such- und Matchingmodelle paradigmatisch unter dem Titel »The Flow Approach to Labor Markets« zusammenfassen.

Die natürlichen Beziehungen zwischen den Wesen (*relations naturelles entre les êtres*) bewegen sich also im Takt der objektiven Modellweltzeit. Ob ein Gleichgewicht herrscht, hat weniger damit zu tun, ob Individuen ihre Pläne realisieren können, denn, wie bereits erläutert, gibt es in den Matchingwelten kein unfreiwilliges Handeln. Allerdings stellt sich die Frage, ob die Akteure stabile Verhältnisse herbeiführen, also solche, in denen die Schlüsselgrößen des Modells über die Zeit hinweg unverändert bleiben. Ist dies der Fall, befindet sich die Welt im *Steady State*. Es handelt sich um ein intertemporales Gleichgewicht in dem Sinne, dass die Dinge sich nur noch hinsichtlich ihrer Zeitindizes unterscheiden. Man kann den Fuß nicht zweimal in denselben Fluss stellen. Die Arbeitslosenquote im einen Augenblick ist nicht dieselbe wie im anderen – aber sie kann gleich bleiben.

Das intertemporale Gleichgewicht stellt einen aggregierten Zustand dar, der sich aus den Entscheidungen der einzelnen Akteure ergibt. Die Einzelentscheidungen beziehen sich nun aber nicht auf Güter, sondern auf die jeweils anderen Subjekte. Bei den natürlichen Beziehungen in dieser Welt handelt es sich also in erster Linie um Beziehungen zwischen Subjekten. Die Verhältnisse zwischen den Subjekten stehen derart im Zentrum, dass sie selbst den Gegenstand einer Beziehung bilden, welche im Herzen dieser Modellwelten arbeitet: die Matchingfunktion. Sie ähnelt der Produktionsfunktion, gemäß welcher Firmen in walrasianischen Modellwelten produzieren.

> »The matching function is analogous in nature to other aggregate functions utilized by macroeconomists, like the aggregate production function« (Cahuc und Zylberberg, 2004, S. 518).

Nur produziert sie keine Güter, sondern Beziehungen. Auch dienen als »Inputs« keine Investitionsgüter, sondern Arbeitssuchende und offene Stellen.

> »The matching function summarizes a trading technology between agents who place advertisements, read newspapers and magazines, go to employment agencies, and mobilize local networks that eventually bring them together into productive matches. The key idea is that this complicated exchange process is summarized by a well-behaved function that gives the number of jobs formed at any moment in time in terms of the number of workers looking for jobs, the number of firms looking for workers, and a small number of other variables« (Petrongolo und Pissarides, 2001, S. 390).

In basalen Matchingmodellen stellt die Matchingfunktion eine Blackbox dar, weil der genaue Ablauf des Matchingprozesses unbeleuchtet bleibt. Für ihren Beitrag zur Modellwelt scheint es auch unerheblich, *wie* sie Individuen zusammenbringt. Entscheidend ist nur, dass sie genau dies tut, denn auf diese Weise verbindet sie nicht nur Subjekte untereinander, sondern auch die Mikro- mit der Makroebene.

> »The *matching function* goes straight to an *aggregate* level (for example, a country, region, or industry) and does not take into account the diversity of individual actions« (Cahuc und Zylberberg, 2004, S. 518).

Obwohl diese Funktion nur aggregierte Größen als Argumente aufnimmt, wirkt sie auf das Entscheidungsverhalten der Akteure zurück: Je mehr offene Stellen auf jede arbeitssuchende Person entfallen, desto eher finden Arbeitssuchende eine Stelle. Gleichsam sinkt die Chance für jede Firma, eine Stelle zu besetzen. Auf diese Weise bezieht die Matchingfunktion aggregierte Größen wie Arbeitslosigkeit und die Zahl offener Stellen auf Erfolgschancen bei der Suche. Sie verwandelt so Makrogrößen in Wahrscheinlichkeiten, welche die Prozesse auf der Mikroebene beeinflussen.

Aufgrund der Matchingmechanik entstehen für jeden Einzelnen Kosten allein schon deshalb, weil es andere Subjekte der eigenen Gattung gibt. Im Schnitt müssen Arbeitslose umso länger nach einer Stelle suchen, je mehr von ihnen dies insgesamt tun. Firmen fällt es schwerer, eine Stelle zu besetzen, je mehr Firmen eine Stelle zu besetzen haben.

> »There is stochastic rationing, which cannot be eliminated by price adjustments. But it can be made better or worse for the representative trader by adjustments in the relative number of traders in the market. If the ratio of hiring firms to searching workers increases, the probability of rationing is higher for the average firm and lower for the average worker, and conversely« (Pissarides, 2000, S. 7).

Das Verhältnis von offenen Stellen zu Arbeitssuchenden, die sogenannte *Arbeitsmarktdichte*, bestimmt also die Suchkosten der Marktteilnehmer. Der Transmissionsmechanismus besteht in der Matchingfunktion. Sie knüpft ein Band zwischen allen Akteuren, um sie gleichsam zu sondern: Jedes suchende Subjekt zählt zur Arbeitsmarktdichte, trägt die Suchkosten jedoch allein.

Nicht unabhängig von dem stillschweigenden Zusammenhang, welchen die Matchingfunktion herstellt, treten sich Firmen und Arbeitssuchende allerdings auch ganz unmittelbar gegenüber. Nach dem bisher Gesagten könnte man den Eindruck gewinnen, dass Unternehmen den Arbeitssuchenden Löhne bloß anbieten, ohne Forderungen der anderen Seite zu berücksichtigen. Tatsächlich aber bringen Firmen und Arbeitssuchende Löhne gemeinsam zustande, indem sie miteinander verhandeln. Diese Verhandlungen haben den produzierten Umsatz zum Gegenstand. Es geht darum, den Wert des gemeinsamen Produkts zwischen Unternehmen und Beschäftigten aufzuteilen. Letztere erhalten ihren Anteil als Lohn ausbezahlt (vgl. Pissarides, 2000, S. 15-18).

In welchem Verhältnis man den Ertrag verteilt, hängt von der Verhandlungsmacht beider Parteien ab. Hier unterscheidet man zwei Arten. Zunächst verhandelt eine Partei umso stärker, je weniger sie zu verlieren hat. Demgegenüber umfasst die zweite Art von Verhandlungsmacht all jene Faktoren, welche das jeweilige Durchsetzungsvermögen auf andere Weise beeinflussen.

> »[T]he parameter β may be interpreted as a coefficient measuring bargaining strength independently of the relative position of the two sides' threat points« (Mortensen und Pissarides, 2016, S. 52).

Die »threat points« geben an, wie viel den jeweiligen Verhandlungspartnern bleibt, falls man keine Einigung erzielt. Scheitern die Verhandlungen, erhalten Arbeitssuchende weiterhin die ihrem Subjektstatus entsprechenden Auszahlungen und Firmen die Erträge aus offenen Stellen. Wie oben (S. 92 ff.) dargelegt, bedingen die Chancen, Vertreter der je anderen Seite zu finden, die Auszahlungen der Arbeitssuchenden sowie die Erträge aus offenen Stellen. Diese Chancen wiederum steigen oder fallen je nachdem, wie der Quotient aus der Zahl offener Stellen und Arbeitssuchenden ausfällt.

In Lohnverhandlungen bezieht man also die relativen Anzahlen der Subjektarten auf die Lohnhöhe.

> »[F]ormalizations differ in many ways. But, in all of them, unemployment affects bargaining through two channels, *fear* and *threat*« (Blanchard, 1991, S. 282).

Mit den beiden Kanälen markiert Blanchard eine Perspektivenunterscheidung: Erhöht sich die Arbeitslosigkeit im Verhältnis zur Zahl offener Stellen, müssen *Arbeitssuchende* ihren Zustand in verstärktem Maße fürchten (*fear*), wohingegen *Unternehmen* über ein größeres Drohpotenzial (*threat*) verfügen.

»If wages are set in bargaining rather than unilaterally, worse prospects in case of unemployment clearly weaken the hand of workers, decreasing the wage. Call this the fear effect« (ebd.).

Befürchten Arbeiterinnen also höhere Suchkosten, dann sind sie bereit, niedrigere Löhne zu akzeptieren. Gleichsam können Firmen dann niedrigere Löhne durchsetzen.

»[U]nemployment affects how easy it would be for firms to find alternative workers, were they to replace existing workers. Firms can threaten to turn to the unemployed. How strong and credible a threat this is depends on how expensive this alternative would be [...] It will [...] vary with labor market conditions, being cheaper in times of high unemployment, when the unemployed are waiting at the gate. Call it the *threat* effect« (ebd.).

Entfallen also mehr Arbeitssuchende auf eine offene Stelle, so sinken die Löhne und umgekehrt. Sobald Firmen einen Lohn akzeptieren, der mindestens dem Reservationslohn entspricht, entsteht ein neues Beschäftigungsverhältnis.

Allerdings gelten die Verhandlungsresultate nur temporär; man verhandelt sie stets aufs Neue, sobald aktuelle Informationen eintreffen, beispielsweise, wenn sich die Produktivität ändert.

»The wage rate is renegotiated every time a productivity shock arrives« (Pissarides, 2000, S. 41).

Derartige Produktivitätsschocks sind das Ergebnis eines zweistufigen Zufallsexperiments. Zunächst entscheidet sich zufällig, ob überhaupt ein Schock eintritt. Wenn ja, wird im nächsten Schritt die Höhe des Produktivitätsniveaus ausgelost.

»[L]et y be current productivity in a match, and assume that at rate λ we get a new draw« (Rogerson et al., 2005, S. 972).

Wenn das neu ausgeloste Produktivitätsniveau einen bestimmten Schwellenwert unterschreitet, löst sich das Beschäftigungsverhältnis auf. Dieser kritische Wert stellt die Reservationsproduktivität dar. Ein Beschäftigungsverhältnis, das auf diesem Niveau produziert, bedeutet für die jeweilige Firma, dass sie keinen Ertragsüberschuss für sich erzielt. Zieht man in diesem Fall vom Umsatz die Lohnkosten ab und addiert den Erwartungswert künftiger Produktionslotterien hinzu, bleibt der Firma nichts übrig (vgl. Pissarides, 2000, S. 39). So, wie es für Arbeitssuchende bezüglich des Reservationslohns keinen Unterschied macht, zu arbeiten oder nicht, so ist es Firmen gleichgültig, ob sie ein Beschäftigungsverhältnis auf Reservationsniveau fortsetzen oder nicht.

In der hier zu rekonstruierenden Matchingmodellwelt erhalten Beschäftigte den Reservationslohn, wenn sie in einem Unternehmen arbeiten, das genau auf Reservationsniveau produziert. Wenn also ein Unternehmen von einem Produktionsschock getroffen wird, welcher die Produktivität unter das Reservationsniveau drückt, dann stimmen beide Seiten gleichermaßen darin überein, das Beschäftigungsverhältnis zu beenden.

> »[T]he firm and worker agree about the jobs that should be destroyed […] Thus there are no voluntary job separations for one side and involuntary for the other; all job separations are privately efficient« (a. a. O., S. 42).

Also markiert die Reservationsproduktivität gleichsam jene Schwelle, unterhalb welcher die betroffenen Firmen nicht genügend produzieren könnten, um ihren Beschäftigten zumindest den Reservationslohn zu zahlen. Auf diese Weise bleibt die Allgegenwart des freiwilligen Handelns gewahrt. Unternehmen entlassen nur Beschäftigte, die unter den gewandelten Produktionsbedingungen ohnehin kündigen wollen. Alles in dieser Welt geschieht gewollt und zum eigenen Vorteil.

Für die natürlichen Verhältnisse der Matchingwelt bildet die Reservationsproduktivität ein entscheidendes Bindeglied: denn gemäß dieser Größe entscheiden Unternehmen, wie viele Stellen sie eröffnen oder zerstören. Dabei orientiert sich die Eröffnungsentscheidung an der sogenannten *Job-Creation-Condition*, die Zerstörungsentscheidung hingegen an der *Job-Destruction-Condition* (vgl. a. a. O., S. 40-46), (vgl. Mortensen und Pissarides, 1994, S. 400-404). Erstere Bedingung folgt aus der Überlegung, dass Firmen so lange Stellen öffnen, bis sie dadurch keine Gewinne mehr erzielen. An diesem Punkt gleichen sich Kosten und Ertrag einer offenen Stelle aus.

> »[T]he expected gain from a new job to the firm must be equal to the expected hiring cost that the firm has to pay« (Pissarides, 2000, S. 43).

Anhand dieser Bedingung lassen sich Arbeitsmarktdichte, also der Quotient aus offenen Stellen und Stellensuchenden, sowie Reservationsproduktivität in ein Verhältnis setzen. Bei höherer Reservationsproduktivität löst man ein Beschäftigungsverhältnis mit größerer Wahrscheinlichkeit auf; ein Job hält im Schnitt also für eine kürzere Zeit. Diese verkürzte Dauer setzt die Profitabilität einer offenen Stelle herab. Deshalb schreiben Firmen dann weniger Stellen aus. Gemäß dieser Relation hängen Reservationsproduktivität und Arbeitsmarktdichte also *negativ* zusammen.

> »[A]t higher R [Reservationsproduktivität, C. D.] the expected life of a job is shorter […] Firms create fewer jobs as a result, leading to a fall in market tightness« (ebd.).

Ein positives Verhältnis zwischen den beiden Größen folgt hingegen aus der Job-Destruction-Condition. Diese besagt, dass Firmen dann ihre Jobs zerstören, wenn deren Produktivität das Reservationsniveau unterschreitet. Diese Schwelle markiert die Grenzen zwischen unprofitablen und einbringlichen Jobs. Höhere Löhne verschieben diese Demarkationslinie nach oben, denn bei höheren Löhnen muss jenes Produktionsniveau, welches Verluste gerade noch abwendet, höher liegen. Das Lohnniveau liefert nun auch das nötige Bindeglied zwischen Reservationsproduktivität und Arbeitsmarktdichte. Mit steigender Arbeitsmarktdichte nämlich verbessert sich die Verhandlungsposition der Beschäftigten oder Stellensuchenden, was wiederum zu höheren Löhnen führt.

> »[A]t higher θ [Arbeitsmarktdichte, C. D.] the worker's outside opportunities are better (and wages are higher) and so more marginal jobs are destroyed« (a. a. O., S. 44).

Im Gegensatz zu jener Relation, welche aus der Job-Creation-Condition folgt, beschreibt diese einen *positiven* Zusammenhang zwischen Reservationsproduktivität und Arbeitsmarktdichte.

Die beiden Relationen, welche aus der Job-Creation- und Job-Destruction-Condition folgen, ähneln in methodologischer Hinsicht den Angebots- und Nachfragekurven der walrasianischen Welten. Wie in Abbildung 2.2 dargestellt, beinhalten sie sowohl ein positives als auch ein negatives Verhältnis zweier Größen, sodass es nur eine Ausprägungskombination gibt, die sich mit beiden Relationen vereinbaren lässt. Wir werden auf diese Ähnlichkeit beider Modellfamilien genauer eingehen, wenn es um die harmonische Figur der Matchingmodellwelten geht (S. 119 ff.). An dieser Stelle interessiert zunächst nur, dass sich auf diese Weise lediglich der gleichgewichtige Wert der Arbeitsmarktdichte herausstellt, nicht aber die gleichgewichtige Arbeitslosenquote. Hinter einer Arbeitsmarktdichte von beispielsweise 0,3 können sich 3 offene Stellen und 10 Arbeitssuchende verbergen oder auch 3000 offene Stellen und 10000 Arbeitssuchende. Die Arbeitsmarktdichte allein determiniert also noch keine Arbeitslosenquote.

Um auch diese festzulegen, benötigt man eine dritte Bedingung: Im Steady State ändert sich die Arbeitslosenquote nicht mehr. In jedem Zeitabschnitt werden dann genauso viele Beschäftigungsverhältnisse aufgelöst wie neue geschaffen. Die in diesem Modell als fallend angenommene Beveridge-Kurve beinhaltet alle Kombinationen aus der Zahl offener Stellen und der Zahl an Arbeitssuchenden, welche diesen Stillstand der Arbeitslosenquote herbeiführen. Metaphorisch kann man hier an zwei verschieden große Wassertanks denken, zwischen denen Wasser hin und her fließt. In jedem Zeitabschnitt fließt ein bestimmter Anteil des einen Tanks in den anderen und umgekehrt. Sagen wir beispielsweise, dass pro Stunde 5 % des Wassers im großen Tank in den kleinen fließen und 10 % des Wassers im kleinen Tank in den großen. Ein Flussgleichgewicht zwischen beiden Tanks stellt sich dann ein, wenn beide Tanks während jedes Zeitabschnitts in absoluten Zahlen genauso viel Wasser verlieren, wie sie dazu gewinnen. Auf ähnliche Weise gibt es innerhalb der Matchingwelt einen „Tank“ von Arbeitssuchenden und einen von Beschäftigten, zwischen denen Subjekte hin und her fließen, um dabei ihren Status zu wechseln. Im Gleichgewicht ändert sich die Arbeitslosenquote dann nicht mehr.

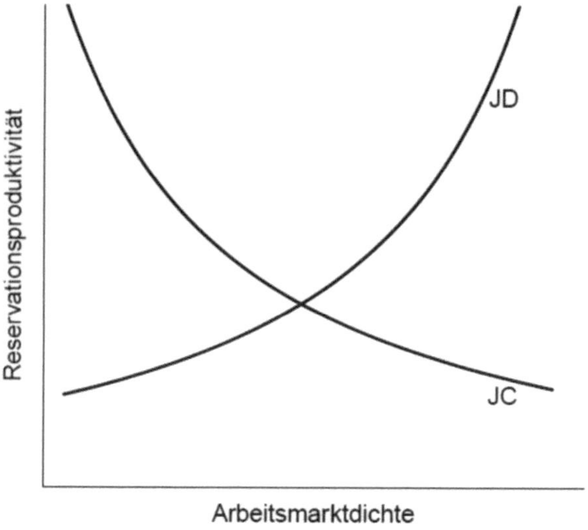

Abbildung 2.2: Die Job-Creation- und Job-Destruction-Kurve. »JC« bezeichnet die Job-Creation-Kurve, »JD« die Job-Destruction-Kurve.

Anders als im metaphorischen Wassertankbeispiel schwanken allerdings die Proportionen, gemäß derer die Individuen von einem Zustand in den anderen wechseln. Denn es fließen einerseits umso mehr Akteure von der Arbeitslosigkeit in die Beschäftigung, je höher die Arbeitsmarktdichte ausfällt, und andererseits geraten bei höherer Reservationsproduktivität umso mehr Beschäftigte in die Arbeitslosigkeit. Die Job-Creation- und die Job-Destruction-Rate ändern sich also. Allerdings hängt nur die Job-Creation-Rate von der Arbeitslosenquote ab; die Job-Destruction-Rate ändert sich nur in Abhängigkeit von der Reservationsproduktivität. Steht diese einmal fest, bleibt damit auch die Zerstörungsrate konstant. Wenn Zerstörungs- und Entstehungsrate sich nicht gleichen, muss sich die Arbeitslosenquote zum Flussgleichgewicht hin verändern, also dahingehend, dass in jedem Zeitabschnitt genauso viele Jobs geschaffen wie zerstört werden.

»Unemployment starts moving [...] only if the new job creation and job destruction rates implied by the change in R and θ [Reservationsproduktivität und Arbeitsmarktdichte, C. D.] are not equal. But the job destruction rate [...] is independent of unemployment, so it does not change further in response to any change in unemployment. The job creation rate depends on unemployment; therefore its response is different on impact, for given unemployment, and in steady state, when by definition it is equal to the job destruction rate« (a. a. O., S. 48).

Wie schon bei den walrasianischen Modellen machen sich die natürlichen Relationen nur bemerkbar, wenn äußere Einflüsse die Modellwelt erschüttern. Die exogenen Stellschrauben, an denen Ökonominnen zu diesem Zweck drehen, sind im Falle der Matchingmodelle aber das allgemeine Produktivitätsniveau, das Arbeitslosen-einkommen, die Zeitpräferenzrate, die Eintrittsrate von Produktivitätsschocks, die Matchingtechnologie sowie die Lohnverhandlungsmacht beider Parteien, welche nicht von der Arbeitsmarktdichte abhängt.

Das allgemeine Produktivitätsniveau steigt oder fällt, nachdem ein aggregierter Schock alle Firmen gleichermaßen trifft. Erhöht der Schock die Produktivität, erzielen Unternehmen unter sonst gleichen Bedingungen höhere Profite. Sie können künftig also größere Produktivitätsrückschläge als zuvor verkraften, ohne Verlust zu machen. Jeder Arbeitsmarktdichte entspricht also eine geringere Reservationsproduktivität. Jener Wert der Arbeitsmarktdichte, welcher sich sowohl mit der Job-Creation- als auch mit der Job-Destruction-Condition vereinbaren lässt, fällt höher aus. Weniger Beschäftigungsverhältnisse werden aufgelöst, mehr Jobs entstehen. Genau dieser Umstand genügt aber nicht den Anforderungen des *Steady State*; im Gleichgewicht müssen ja jederzeit genauso viele Jobs entstehen wie verschwinden. Die Arbeitslosigkeit fällt aus diesem Grund, sodass sich die höhere Jobentstehungsrate auf eine immer geringere Anzahl an Arbeitssuchenden bezieht.

»Higher general productivities [...] shift the job destruction curve [...] down and to the right. This increases market tightness and reduces the reservation productivity. At given unemployment the job destruction rate decreases, and the job creation rate increases. Unemployment has to decrease until the job creation rate falls down to the level of the lower job destruction rate. So the Steady State effect of higher general productivity is to reduce the job creation and job destruction rates and unemployment« (ebd.).

Wie sich eine Änderung des allgemeinen Produktivitätsniveaus auswirkt, lässt sich graphisch als Verschiebung der Job-Creation- und Job-Destruction-Relation aus Abbildung 2.2 darstellen. Eine Verschiebung bedeutet, dass die Relationen zwischen Reservationsproduktivität und Arbeitsmarktdichte *ihrer Richtung nach* unangetastet bleiben, also dass gemäß der Job-*Destruction*-Relation die Reservationsproduktivität mit der Arbeitsmarktdichte *steigt* und gemäß der Job-*Creation*-Relation die Reservationsproduktivität mit *steigender* Arbeitsmarktdichte *abnimmt*. Allerdings entsprechen nach einer Verschiebung den jeweiligen Werten der einen Größe nun höhere oder niedrigere Werte der anderen. Die oben beschriebenen Auswirkungen eines höheren allgemeinen Produktivitätsniveaus verschieben die Job-Destruction-Relation so, dass jedem Wert der Arbeitsmarktdichte ein geringerer Wert der Reservationsproduktivität als zuvor entspricht (vgl. Abbildung 2.3).

Die Auswirkungen eines höheren Arbeitsloseneinkommens verhalten sich im Wesentlichen entgegengesetzt zu jenen eines gesteigerten allgemeinen Produktivitätsniveaus.

> »[H]igher nonmarket income increases wages, reduces job creation at given unemployment, and increases job destruction, leading to higher unemployment in the steady state« (a. a. O., S. 49).

Dieser Zusammenhang beruht auf einem Mechanismus, den man schon aus den walrasianischen Modellwelten kennt. Beschäftigte oder arbeitssuchende Subjekte wägen ständig ab, wie viel Freizeit ihnen das Einkommen aus einer Beschäftigung wert ist. Ein höheres Arbeitsloseneinkommen wertet den Status des arbeitssuchenden Subjekts auf, weil Freizeit an Wert gewinnt.

> »The opportunity cost of employment to the worker is the value of leisure [...] plus the expected gain from search« (Mortensen und Pissarides, 1994, S. 401).

Es bedarf höherer Löhne, um Arbeitssuchende dazu zu bringen, ein Beschäftigungsverhältnis einzugehen oder bereits Beschäftigte zu halten. Der Reservationslohn nimmt zu und damit auch die Reservationsproduktivität für jeden Wert der Arbeitsmarktdichte. Mehr Beschäftigungsverhältnisse werden aufgelöst, weniger entstehen. Die Arbeitslosigkeit muss daher zunehmen, um die absolute Zahl an Jobs zu erhöhen, die neu entstehen.

Das allgemeine Produktivitätsniveau und das Arbeitsloseneinkommen stehen daher in einem rivalisierenden Verhältnis: Steigt eine der beiden Größen, so wirkt dies jenen Effekten entgegen, welche eintreten, wenn die jeweils andere zunimmt.

> »[C]hanges in z [Arbeitsloseneinkommen, C. D.] have the same effect on equilibrium as changes in p [allgemeines Produktivitätsniveau, C. D.] but with opposite sign« (Pissarides, 2000, S. 49).

Demnach können Änderungen des Arbeitsloseneinkommens die Wirkungen einer Produktivitätsveränderung absorbieren. Das liegt daran, dass beide Größen das Lohnniveau beeinflussen. Nimmt die allgemeine Produktivität oder das Arbeitsloseneinkommen zu, dann wachsen die Löhne. Solange nur die Produktivität zunimmt, erhöht sich das Lohnniveau in einem Ausmaß, das mehr Beschäftigung für alle Subjekte optimal erscheinen lässt. Denn der Produktivitätszuwachs überkompensiert den negativen Einfluss steigender Löhne auf die Profitabilität.

> »[P]roductivity effects are due to the fact that higher productivity increases the returns from work but has no influence on the return from nonmarket activities [...] It becomes jointly optimal for the firm and the worker to devote more time to

work. In decentralized equilibrium this is signaled to firms by a smaller increase in wages than in productivity« (a. a. O., S. 48).

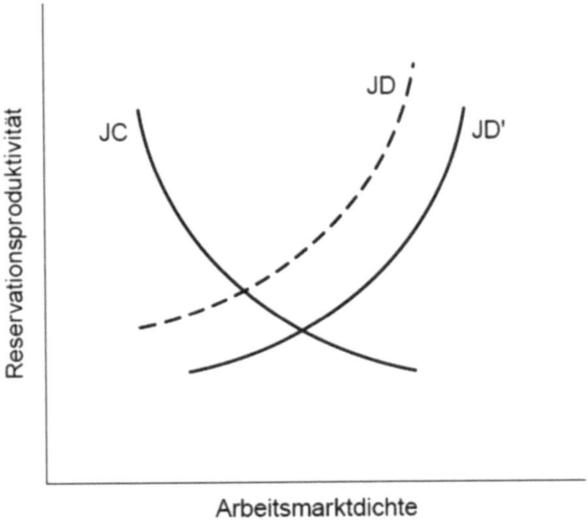

Abbildung 2.3: Job-Creation- und Job-Destruction-Kurven. »JC« bezeichnet die ursprüngliche Job-Creation-Kurve, »JD« die ursprüngliche Job-Destruction-Kurve und »JD'« die nach unten verschobene Job-Destruction-Kurve.

Bewegt sich hingegen auch das Arbeitsloseneinkommen nach oben, fallen diese Effekte schwächer aus. Steigen Löhne und Arbeitsloseneinkommen in einem proportionalen Verhältnis, bleibt der Produktivitätszuwachs gänzlich wirkungslos.

> »[I]f z was proportional to wages, these effects would not materialize« (a. a. O., S. 49).

Eine weitere exogene Größe stellt die Zeitpräferenzrate dar. Im Speziellen kann es sich hier um den Zinssatz handeln. Ganz allgemein meint man damit allerdings eine Maßzahl, die angibt, wie stark Subjekte künftige Auszahlungen abwerten, weil sie diese erst in der Zukunft erhalten werden.[25] Je stärker Individuen beispielsweise einen Euro heute einem Euro morgen vorziehen, desto größer die Zeitpräferenzrate. Wenn diese zunimmt, dann schätzen Akteure all jene Auszahlungen geringer, die sie nicht schon besitzen, sondern nur zukünftig erwarten können.

25 Die Begriffe Zinssatz und Zeitpräferenzrate scheinen in diesem Zusammenhang austauschbar. So spricht (Pissarides, 2000, S. 53) hier von »rate of interest«, (Mortensen und Pissarides, 1994, S. 53) bezeichnen diese Größe als »discount rate«.

Unternehmen mit Beschäftigten betrifft eine Veränderung der Zeitpräferenzrate vor allem, weil besetzte Stellen für sie einen Optionswert haben. Dieser entspringt aus der Chance, dass sich die Produktivität des jeweiligen Beschäftigungsverhältnisses wandeln kann. Aus diesem Grund erhalten Firmen manchmal auch Jobs, die Verluste bringen. Sie erwarten dann, dass deren Produktivität sich kompensierend aufwärtsbewegt.

> »Occupied jobs have a positive option value, which implies that there is some labor hoarding. [...] Because of the possibility that a job productivity might change, the firm keeps some currently unprofitable jobs occupied« (Pissarides, 2000, S. 44-45).

Falls die Zeitpräferenzrate abnimmt, steigt der Optionswert einer besetzten Stelle und umgekehrt.

> »[T]he option value is also higher if the discount rate is lower, because the returns from a productivity change accrue in the future« (a. a. O., S. 45).

Fällt der Optionswert im Zuge einer höheren Zeitpräferenzrate, lösen Firmen Beschäftigungsverhältnisse eher auf, weil sie die erwarteten Erträge bei veränderter Produktivität stärker abwerten. Für jeden Wert der Arbeitsmarktdichte fällt die Reservationsproduktivität daher höher aus.

> »[F]or given market tightness, the higher interest rate reduces the option value of the job, and so the reservation productivity is higher« (a. a. O., S. 54).

Aufgrund ihrer höheren Produktivitätsansprüche lösen Firmen dann mehr Beschäftigungsverhältnisse auf. Gleichzeitig schreiben sie für jeden Wert der Reservationsproduktivität weniger Stellen aus, weil auch die erwarteten Einnahmen aus unbesetzten Posten stärkere Abwertung erfahren.

> »For given reservation productivity, there is less job creation because future profits from new jobs are discounted more heavily« (a. a. O., S. 53-54).

Wie schon im Falle einer Änderung des allgemeinen Produktivitätsniveaus oder des Arbeitsloseneinkommens bestehen die Auswirkungen auch bei einer Änderung der Zeitpräferenzrate in Verschiebungen der Job-Creation- und Job-Destruction-Relation. Die Auswirkungen einer höheren Zeitpräferenzrate verschieben die Job-Destruction-Relation so, dass jedem Wert der Arbeitsmarktdichte ein höherer Wert der Reservationsproduktivität als zuvor entspricht. Die Job-Creation-Relation verlagert sich derart, dass jedem Wert der Arbeitsmarktdichte ein geringerer Wert der Reservationsproduktivität als vor der Änderung zukommt.

> »Higher real rate of interest shifts the job creation curve [...] to the left and the job destruction curve up« (a. a. O., S. 53).

Diese Bewegungen veranschaulicht Abbildung 2.4. Nach den Verschiebungen gibt es eine neue zweistellige Kombination aus Werten der Arbeitsmarktdichte und der Reservationsproduktivität, die sich mit beiden Relationen vertragen – also ein neues Gleichgewicht. Dieses Gleichgewicht besitzt zweifelsfrei eine niedrigere Arbeitsmarktdichte. Ob sich aber eine höhere oder niedrigere Reservationsproduktivität einstellt, bleibt a priori offen. Deshalb lässt sich auch nicht eindeutig ausmachen, wie die Arbeitslosenquote reagiert.

Wir haben oben (S. 104 ff.) dargelegt, wie die Lotterie der firmenspezifischen Produktivitätsschocks funktioniert. Ein neues Produktivitätsniveau stellt sich nur dann ein, wenn die jeweilige Unternehmung von einem Schock getroffen wird. Die Rate, mit der diese wie auch immer ausfallenden Produktivitätsschwankungen eintreten, stellt eine weitere exogene Größe der Modellwelt dar. Wenn häufiger neue Produktivitätsniveaus für einzelne Firmen ausgewürfelt werden, dann erwarten diese, dass Beschäftigungsverhältnisse früher enden. Erneut betrifft die exogene Veränderung Unternehmen ohne besetzte Stelle auf andere Weise als jene, die bereits eine Person beschäftigen. Erstere, also Unternehmen ohne Beschäftigte, sehen eher davon ab, eine Stelle auszuschreiben, wenn Schocks häufiger geschehen, denn sie erwarten dann weniger Erträge aus einer besetzten Stelle. Jedem Wert der Reservationsproduktivität entspricht in diesem Fall eine geringere Arbeitsmarktdichte, weil weniger Stellen entstehen. Die Job-Creation-Relation verschiebt sich entsprechend nach links. Für Unternehmen, die ihre Stelle schon besetzt haben, stellt sich die Situation hingegen anders dar. Aus ihrer Sicht bietet sich nach der Änderung häufiger die Gelegenheit, ein besseres Produktivitätsniveau zu erreichen. Der Optionswert eines Jobs nimmt zu. Deshalb halten Firmen eher an Jobs fest, was bedeutet, dass jedem Wert der Arbeitsmarktdichte ein geringerer Wert der Reservationsproduktivität entspricht.

Die Relationen verschieben sich derart, dass der neue Wert der Reservationsproduktivität, welcher sich mit beiden von ihnen vereinbaren lässt, eindeutig unterhalb des ursprünglichen Wertes liegt. Doch wie sich die Arbeitsmarktdichte bewegt, lässt sich allein aus der Verschiebungsrichtung der beiden Relationen nicht ableiten.

> »The two effects unambiguously imply a lower reservation productivity but as yet undetermined effects on market tightness« (a. a. O., S. 54).

Doch aus den mathematischen Gleichungen, welche hinter den Graphen stehen, lässt sich aber ableiten, dass die Arbeitsmarktdichte sinkt (vgl. a. a. O., S. 55). Es handelt sich also um eine andere Art von Unbestimmtheit als im vorhergehenden Fall, d. h. bei einer Änderung der Zeitpräferenzrate – denn dort schreiben die mathematischen Strukturen, aus denen die Modellwelt besteht, *keine* Richtung vor.

Da sich im nun vorliegenden Fall aber eindeutig ausmachen lässt, ob Arbeitsmarktdichte und Reservationsproduktivität steigen oder fallen, kann man auch Aussagen darüber treffen, wie die Arbeitslosenquote reagiert. Die niedrigere Arbeitsmarktdichte sorgt dafür, dass Beschäftigungsverhältnisse mit einer geringeren Rate entstehen, also dass in jeder Periode ein kleinerer Anteil an Arbeitssuchenden den Subjektstatus von Beschäftigten erlangt. Die gesunkene Reservationsproduktivität hat, für sich betrachtet, zur Folge, dass Firmen weniger Jobs auflösen. Allerdings wirken die häufiger eintretenden Produktivitätsschocks dieser Tendenz entgegen, was zu einer erneuten Unbestimmtheit führt.

> »The job destruction rate [...] is subject to two opposing influences. On the one hand, it increases because there are now more shocks on average, but on the other hand, it decreases because the firm holds on to jobs longer« (ebd.).

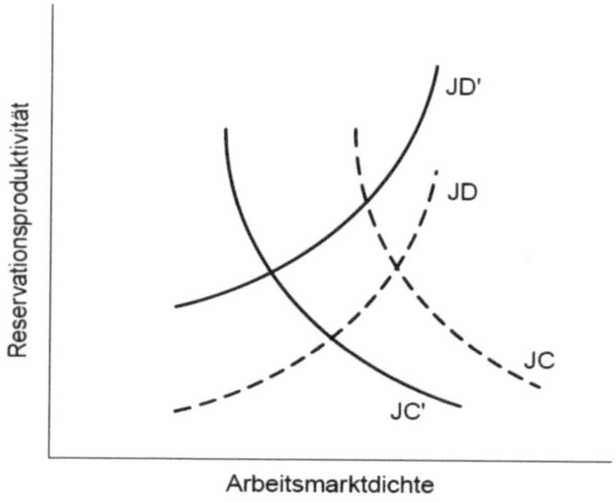

Abbildung 2.4: Job-Creation- und Job-Destruction-Kurven. »JC« bezeichnet die ursprüngliche Job-Creation-Kurve, »JD« die ursprüngliche Job-Destruction-Kurve, »JD'« die nach oben verschobene Job-Destruction-Kurve und »JC'« die nach links verschobene Job-Creation-Kurve.

Einerseits hebt man bestehende Matches seltener auf, wenn ein Produktivitätsschock eintritt, andererseits passieren diese aber auch öfter. Zerfallen unter diesen Umständen mehr Beschäftigungsverhältnisse als zuvor?

> »If the direct effect dominates, which is the assumption normally (and frequently implicitly) adopted in the literature, the impact effect of faster arrival of idiosyncratic shocks is to increase job destruction and reduce job creation. Unemployment therefore unambiguously increases« (ebd.).

Da das mathematische Gerüst der Modellwelt keine zwingenden Antworten liefert, bedarf es einer äußeren Normierung seitens der schöpferischen Ökonomen. Man geht davon aus, dass mehr Jobs zerstört werden, wenn Produktivitätsschocks häufiger vorkommen. Da zugleich weniger Arbeitssuchende eine Stelle finden, muss die Arbeitslosigkeit wachsen – denn wenn prozentual weniger Arbeitssuchende zu Beschäftigten und mehr Beschäftigte zu Arbeitssuchenden werden, muss die absolute Zahl der Arbeitssuchenden so lange steigen, bis sich die Zu- und Abgänge ausgleichen.

Eine weitere exogene Größe bezieht sich auf die Matchingfunktion. Wir haben oben (S. 101 f.) gesehen, dass diese sich analog zu einer Produktionsfunktion verhält. Sie produziert allerdings keine Güter, sondern Matches, also Paare von Firmen und Arbeiterinnen. Ihre Inputs bestehen nicht in Produktionsfaktoren wie Arbeit und Kapital, sondern in der Zahl der Arbeitssuchenden und der offenen Stellen. Stehen diese Zahlen fest, bestimmt die Matchingfunktion eindeutig, wie viele Jobs während jedes Zeitabschnitts zustande kommen, so, wie eine Produktionsfunktion den Output bestimmt, sobald die Menge an Produktionsfaktoren feststeht. Ändert sich die Produktionstechnologie, produziert die gleiche Zahl an Produktionsfaktoren eine andere Menge. Auf ähnliche Weise vereint die Matchingfunktion mehr oder weniger Subjekte bei gegebener Arbeitsmarktdichte, wenn sich die Matchingtechnologie wandelt. Diese macht ebenfalls einen exogenen Parameter der Modellwelt aus.

Wenn die Matchingfunktion einem negativen Technologieschock zum Opfer fällt, dann sinkt für Unternehmen mit einer offenen Stelle bei gegebener Arbeitsmarktdichte die Chance, einen passenden Beschäftigten zu finden. Unbesetzte Stellen scheinen daher weniger profitabel, was dazu führt, dass Firmen weniger davon ausschreiben. Für jeden Wert der Reservationsproduktivität sinkt deshalb jener der Arbeitsmarktdichte. Die Job-Creation-Relation verschiebt sich nach links; die Arbeitsmarktdichte fällt und verschlechtert so die Position der Arbeitnehmer in Lohnverhandlungen. Daher sinken die Löhne und damit auch die Reservationsproduktivität. Insgesamt entstehen also weniger neue Beschäftigungsverhältnisse, gleichzeitig kündigt man bestehende seltener auf. Beide Effekte wirken sich gegenläufig auf die Arbeitslosenquote aus, sodass deren Veränderungsrichtung unbestimmt bleibt.

> »The Beveridge curve is subject to two influences. The fall in the arrival rate of workers shifts it out, but the fall in the job destruction rate shifts it in. In general, it is not possible to say which effect dominates, but empirically the direct effect of the fall in the matching rate at given tightness is always assumed to be the dominant one. Under this assumption the Beveridge curve shifts out, implying higher equilibrium unemployment« (a. a. O., S. 56).

Auch in diesem Szenario reicht die mathematische Baukunst allein nicht aus, um eine Relation, nämlich die zwischen dem Stand der Matchingtechnologie und der Arbeitslosenquote, festzulegen. Anders als im vorhergehenden Fall einer erhöhten Eintrittsrate von Produktivitätsschocks behilft man sich nun aber nicht mit stillschweigender Übereinkunft, sondern indem man auf empirische Befunde und damit zugleich auf eine äußere Welt verweist.

Als letzte exogene Größe diskutiert (Pissarides, 2000) die Lohnverhandlungsmacht, welche nicht von der Arbeitsmarktdichte abhängt. Da diese Verhandlungsmacht, wenn alle anderen Werte gegeben sind, bestimmt, welcher Anteil des Umsatzes an die Beschäftigten geht, nennt (Pissarides, 2000) diese exogene Größe »labor share in the wage bargain« (a. a. O., S. 56). Allerdings könnte man alternativ auch von jenem Anteil sprechen, welcher den Unternehmen zufällt, weil die exogene Verhandlungsmacht diesen gleichermaßen beeinflusst.

Eine Erhöhung des *Labor Share* bedeutet, dass die Löhne bei gegebener Arbeitsmarktdichte steigen. Deshalb müssen Firmen mit einer besetzten Stelle nun mehr produzieren als zuvor, um keine Verluste zu machen. Also steigt die Reservationsproduktivität für jeden Wert der Arbeitsmarktdichte. Die Job-Destruction-Relation verschiebt sich nach oben. Unternehmen, die noch nicht produzieren, erwarten nach der Lohnerhöhung weniger Erträge von einer offenen Stelle. Also schreiben sie für jeden Wert der Reservationsproduktivität weniger davon aus. Die Job-Creation-Relation verschiebt sich daher nach links.

In Folge dieser Verschiebungen sinkt die gleichgewichtige Arbeitsmarktdichte eindeutig. Ob aber der neue Wert der Reservationsproduktivität über oder unter dem vorhergehenden liegt, lässt sich nur bedingt feststellen. Steigt die exogene Verhandlungsmacht ausgehend von einem eher geringen Wert, dann steigt mit ihr auch die gleichgewichtige Reservationsproduktivität. Wächst die Verhandlungsmacht hingegen ausgehend von einem eher hohen Wert, dann fällt die gleichgewichtige Reservationsproduktivität mit dieser Zunahme.

> »Job destruction increases with labor share at low β [exogene Verhandlungsmacht der Lohnempfänger, C. D.] and falls at high β because of the nonlinear response of market tightness and the reservation wage to β« (a. a. O., S. 56).

Dabei steht die Bezeichnung »job destruction« synonym für den Wert der Reservationsproduktivität.

Die Grenze zwischen eher niedrigen und eher hohen Werten der exogenen Verhandlungsmacht von Arbeitnehmern markiert die Elastizität der Matchingfunktion, also ein Maß, welches angibt, wie stark sie auf Veränderungen der Arbeitsmarktdichte reagiert. Wächst beispielsweise die Zahl der Matches in einer Zeitperiode um 0,5 %, falls die Arbeitsmarktdichte um 1% zunimmt, dann beträgt die Elastizität der Matchingfunktion $\frac{0,5\%}{1\%}$, also 0,5. Sollte der Wert der Verhandlungsmacht von Arbeitnehmern genau jenem der Elastizität der Matchingfunktion entsprechen, dann gilt ersterer Wert in diesem Zusammenhang als weder hoch noch niedrig. Falls beispielsweise Beschäftigte unabhängig von der Arbeitsmarktdichte genauso stark verhandeln wie Unternehmen, die Verhandlungsmacht beider also $0,5$ beträgt und sich die Zahl entstehender Jobs während einer Periode um $0,5\%$ ändert, wenn sich die Arbeitsmarktdichte um 1% ändert, dann liegt besagter Sonderfall vor. Unter diesen Umständen bleibt die Reservationsproduktivität von Veränderungen der exogenen Verhandlungsmacht unbeeinflusst.

> »We will argue later [...] that although there is no reason why the two parameters [Verhandlungsmacht und Elastizität, C. D.] should be equal even when $\eta(\theta)$ [Elastizität, C. D.] is a constant, the restriction of a constant η equal to β [Verhandlungsmacht, C. D.] is a natural benchmark to adopt. Under this restriction the reservation productivity is independent of labor's share« (ebd.).

Im neuen Gleichgewichtszustand zerfallen also prozentual in jeder Periode genauso viele Beschäftigungsverhältnisse wie zuvor, während prozentual zugleich weniger Jobs entstehen. Damit sich die absoluten Zahlen an entstehenden und vergehenden Jobs ausgleichen, muss sich der niedrigere Prozentsatz entstehender Jobs auf eine absolut größere Menge an Arbeitssuchenden beziehen. Deshalb nimmt die Zahl der Arbeitslosen zu.

> »In the Beveridge diagram higher labor share rotates the job creation line down and does not shift the Beveridge curve, implying higher equilibrium unemployment and lower vacancies« (ebd.).

Wieder also hängt das Verhältnis zweier Größen von einer dritten ab, deren Verhalten sich durch Mathematik allein nicht bändigen lässt. Es bedarf deshalb einer natürlichen Setzung seitens des Schöpfers. Man fixiert die Elastizität der Matchingfunktion auf einer »natural benchmark« (ebd.). Auf diese Weise gelingt es dem modellbildenden Ökonomen, eine gleichläufige Relation zwischen der Verhandlungsmacht von Arbeiterinnen und Arbeitslosigkeit zu schmieden: Je stärker diese verhandeln, desto höher die Arbeitslosenquote.

Damit haben wir die *relations naturelles entre les êtres* im Hinblick auf die Auswirkungen äußerer Veränderungen beschrieben. Wie schon bei den walrasianischen Modellen konnten sich die natürlichen Verhältnisse erst dann deutlicher zeigen, wenn exogene Schwankungen Subjekte und Dinge dazu nötigen, sich auf den ihnen vorgezeichneten Bahnen zu bewegen. Um die Analyse der natürlichen Relationen abzuschließen, möchte ich diese nun noch auf ein Ding beziehen, das in den walrasianischen Welten so nicht vorkam: die objektive Zeit.[26] Sie liefert das Medium,

26 Natürlich lässt sich die komparative Statik walrasianischer Welten um dynamische Gesichtspunkte ergänzen, indem man Verhältnisse einführt, die den Übergang von einem Gleichgewichtszustand in den anderen regeln. Matchingwelten hingegen lassen sich schon auf statischer Ebene nicht ohne objektive Zeit denken. Bereits die gleichgewichtigen Größen ergeben sich aus intertemporalen Überlegungen der Subjekte. Die Beveridge-Kurve beinhaltet eine zeitinvariante Arbeitslosenquote. Kurzum: Walrasianische Modellwelten ohne objektive Eigenzeit sind möglich, Matchingmodellwelten hingegen nicht.

innerhalb dessen Gleichgewichtszustände ineinander übergehen. Dabei verhalten sich die verschiedenen Größen unterschiedlich zum Takt des Vorher und Nachher. Manche von ihnen springen sofort auf das neue Gleichgewichtsniveau, andere passen sich erst *mit der Zeit* an. Jene Größen, die sich unverzüglich angleichen, umfassen Arbeitsmarktdichte, Löhne und Reservationsproduktivität.

> »[B]oth w [Löhne, C. D.] and θ [Arbeitsmarktdichte, C. D.] were always at their steady state values, jumping from any arbitrary initial values to the steady state following unanticipated parametric changes« (a. a. O., S. 59).

Der sprunghafte Charakter hinsichtlich der Löhne rührt daher, dass man sie permanent neu verhandeln kann. Die Arbeitsmarktdichte springt unverzüglich auf ihren gleichgewichtigen Wert, weil Unternehmen jederzeit beliebig viele Stellen kürzen oder ausschreiben können. Sie streichen Stellen, wenn sie anderenfalls Verluste machten, und eröffnen Stellen so lange, bis es sich nicht mehr lohnt, die Profite also verschwinden. Aus diesen Normierungen folgt, dass auch der Wert der Reservationsproduktivität sofort sein gleichgewichtiges Niveau erreicht.

> »A natural assumption to make is that firms can shut down unprofitable jobs without delay, and so the zero-profit condition satisfied [...] holds both in and out of steady state. Under this assumption, R [Reservationsproduktivität, C. D.] becomes a jump variable« (ebd.).

Ein anderes Verhältnis zur objektiven Zeit unterhält hingegen die Arbeitslosenquote. Ihr Wert kann sprunghaft nur steigen, fallen hingegen kann er lediglich allmählich.

> »The jump in unemployment is asymmetric, in the sense that it does not take place if the reservation productivity falls« (a. a. O., S. 60).

Wenn der Wert der Reservationsproduktivität steigt, entlassen jene Unternehmen, die dann verlustbringend produzieren müssten, augenblicklich ihre Angestellten. Falls die Reservationsschwelle aber abnimmt, gibt es mehr Unternehmen, die lohnenswert produzieren könnten. Allerdings können sie Arbeitssuchende nicht so augenblicklich einstellen, wie sie Beschäftigte entlassen können.

> »In contrast to increases in unemployment, there are no impact changes when the reservation productivity falls. It is not possible for unmatched firms and workers to come together and form jobs which they had rejected earlier, other than through the search process« (Mortensen und Pissarides, 2016, S. 57).

Das Wesensmerkmal der hier behandelten Modellwelt besteht ja gerade darin, dass die Vertreter verschiedener Subjekttypen Zeit benötigen, um nach Maßgabe der Matchingfunktion zueinanderzufinden.

Erst dieses doppelte Verhältnis der Arbeitslosenquote zur objektiven Zeit ermöglicht eine nichttriviale Dynamik. Denn befänden sich die Werte aller Größen immer auf ihrem gleichgewichtigen Niveau, ergäbe es keinen Sinn, zu analysieren, ob und wie sie sich daran anpassen. Die Frage nach dem *Ob* thematisiert die Stabilität eines Gleichgewichts: Wenn mindestens eine Größe nicht ihrem gleichgewichtigen Wert entspricht, findet die Welt dann überhaupt jemals wieder in ein Gleichgewicht zurück? In der Matchingmodellwelt von (Pissarides, 2000) gelangten die Werte der Reservationsproduktivität sowie der Arbeitsmarktdichte nicht von selbst zu ihrem Gleichgewichtsniveau zurück; sie besitzen eine instabile Dynamik. Allein die Arbeitslosenquote erreicht immer wieder einen gleichgewichtigen Wert, wenn sie von einem solchen einmal abkommt.

> »The equilibrium of the triple u [Arbeitslosenquote, C. D.], R [Reservationsproduktivität, C. D.] θ [Arbeitsmarktdichte, C. D.] is a saddle, with one stable root (for unemployment) and two unstable ones (one each for R and θ)« (a. a. O.: 60).

Die besondere mathematische Figur, die sich hinter einem Sattelpfadgleichgewicht verbirgt, werden wir unten (S. 128 f.) genauer betrachten. An dieser Stelle bleibt zunächst festzuhalten, dass die Welt nur deshalb nicht dauerhaft aus dem Gleichgewicht gerät, weil die potenziell explosiven Größen, also Arbeitsmarktdichte und Reservationsproduktivität, von ihren Gleichgewichtswerten überhaupt nicht abweichen können. Solange Unternehmen also jederzeit beliebig viele Stellen ausschreiben oder Leute entlassen können, droht der Welt nicht die ewige Divergenz vom Gleichgewicht.

Die natürlichen Beziehungen zwischen den Subjekten und Dingen scheinen mir damit in ausreichendem Maße behandelt. Wir haben einen groben Eindruck davon erhalten, welche Bande die Elemente der Matchingwelt zusammenhalten. Allerdings geschah dies bisher ohne jeglichen Bezug auf deren Größe. Was heißt es, in dieser Modellwelt groß zu sein (*état de grand*)? Vor allem heißt es, potenziell produktiv zu sein.

> »Not all job-worker pairs are equally productive. I assume that when a worker and a vacancy come together they immediately establish their net output from a potential match. Let this be y units and suppose that y is a random drawing from a cumulative density function $F(y)$. The density function is identical for all jobs and workers, so the reason for different productivities is the difference in the efficiency of the job match, not in general skills or technologies« (Mortensen und Pissarides, 2016, S. 48).

Wesentlich kommt der Größe hier zu, dass kein Subjekt allein sie besitzt. Produktiv sind ausschließlich »job-worker pairs«, nicht aber Arbeitssuchende oder unbesetzte Stellen für sich betrachtet. Isoliert fällt ihnen lediglich potenzielle Größe zu, weil sie bloß erwarten können, irgendwann eine Verbindung einzugehen, die Umsatz generiert. So, wie es im Begriff des Moleküls liegt, dass dieser nur auf Atomverbindungen zutrifft, so besitzen Größe in dieser Welt nur dyadische Verhältnisse aus Firmen und Angestellten.

Vielleicht mag man an diesem Punkt einwenden, dass Ähnliches doch auch für die Subjekte in den walrasianischen Modellwelten gilt. Schließlich produziert auch dort eine Firma nicht ohne Beschäftigte. Doch tragen die walrasianischen Subjekte wertvolle Güter schon mit sich, die sie auf dem Markt eintauschen können. Zwar beziehen sie sich in diesem Sinne auch auf andere, aber die Güter gelten nicht deshalb als wertvoll, weil man sie eintauschen kann, sondern umgekehrt: Man kann sie nur deshalb eintauschen, weil sie einen Wert haben. Arbeitskraft gilt dabei als ein Gut unter vielen, welches aber dadurch hervorsticht, dass es nicht direkt, sondern bloß mittelbar als Argument einer Produktionsfunktion Nutzen spendet. Demgegenüber gibt es in Matchingmodellwelten keine Werte außerhalb produzierender Paarungen. Subjekte haben nichts an sich, was eigenständig als wertvoll gälte. Lediglich haben sie das Potenzial, sich künftig in einer Produktionsdyade einzubringen, deren Wert sie auf die Gegenwart zurückrechnen können, indem sie ihn zeitlich bedingt diskontieren.

Die konkreten Größenverhältnisse (*rapport de grandeur*) ordnet eine Verteilungsfunktion, die angibt, mit welcher Wahrscheinlichkeit die Produktivität eines Matches unterhalb eines bestimmten Wertes liegt. Hier können gewisse Annahmen das Weltgeschehen vereinfachen. So setzen etwa (Mortensen und Pissarides, 1994), (Pissarides, 2000) voraus, dass alle neu gebildeten Matches die höchstmögliche Produktivität besitzen. Sie sind also zugleich größtmöglich und gleich groß. Doch unabhängig von ihrer Ausgangsproduktivität sind alle Matches gleichermaßen von randomisierten Produktivitätsschocks betroffen, welche die Größenverhältnisse ständig neu auswürfeln. Wie oben (S. 104 ff.) schon angesprochen, folgen diese Schwankungen ebenfalls einer bestimmten Wahrscheinlichkeitsverteilung. Da die Subjekte rationale Erwartungen ausbilden, kennen sie diese Verteilungsfunktion. Man weiß zwar nicht mit Sicherheit, wann und in welcher Höhe sich die Produktivitätsniveaus ändern, kann aber sagen, mit welcher Wahrscheinlichkeit es geschehen wird. Welche Matches größer ausfallen als andere, bestimmt also der wohlbekannte Zufall. Dieser wirkt über die Zeit, ohne dabei gewisse Matches zu bevorzugen. Eine Auf- oder Abwertung kann also immer alle gleich wahrscheinlich treffen.

Angesichts einer derart zufallsbedingten Größenverteilung darf man sich fragen, was Individuen überhaupt tun können, um innerhalb der Hierarchie aufzusteigen. Die Investitionsformel (*formule d'investissement*) verlangt von den Arbeitssuchenden, dass sie ihre Freizeit opfern, um sich um eine Stelle zu bemühen. Anders als in den walrasianischen Welten fällt also schon dann ein Opfer an, wenn man noch überhaupt nicht arbeitet. Die Suche nach Beschäftigung bewegt sich in einer Grauzone zwischen Freizeit und produktiver Tätigkeit.

> »[T]he interested worker must devote time and money to the search activity which could otherwise be allocated elsewhere and the investment has an uncertain and variable future payoff [...] The cost of search should be interpreted as a flow per unit search time, a net deduction from the value of the time which could otherwise be spent in some other activity, plus out-of-pocket financial costs« (Mortensen, 1986, S. 854).

Wer nach Arbeit sucht, opfert zum einen alles andere, was während dieser Zeit hätte getan werden können. Zum anderen können aber auch direkte monetäre Kosten anfallen. In jener grundlegenden Matchingmodellwelt, die ich hier ins Zentrum der Betrachtung stelle, können Arbeitssuchende ihr Geschick nicht weiter beeinflussen. Allerdings gibt es Versionen des Basismodells, welche die Suchintensität berücksichtigen.

> »Although most of the models that we discuss assume fixed search intensity, it can be endogenized. Suppose a worker can affect the arrival rate of offers α, at cost $g(\alpha)$« (Rogerson et al., 2005, S. 963).

Arbeitssuchende können in diesen Welten ihre individuellen Chancen auf eine Stelle verbessern, indem sie erhöhte Suchkosten in Kauf nehmen. Subjekte, die hingegen schon arbeiten, können auf ihre Produktivität keinen Einfluss mehr nehmen. Sie bleibt dem Zufall überlassen.

Firmen können ebenfalls nicht kostenlos an der Produktivitätslotterie teilnehmen.

> »The costs of a vacant job per unit of time are denoted by h. These costs represent the expenses incurred in holding the position open and looking for an employee with the right skills to fill it (advertising, agency fees, the services of a consultant, etc.)« (Cahuc und Zylberberg, 2004, S. 524).

Eine Stelle findet ihre Besetzung nicht von selbst. Sie muss sich für Arbeitssuchende sichtbar machen, Kontakte abwickeln und instand gehalten werden. Spiegelbildlich zur Situation der Arbeitssuchenden haben Firmen ihre Chancen, eine Stelle auszufüllen, nicht selbst in der Hand. In erweiterten Modellwelten können sie immerhin noch bessere Besetzungschancen gegen höhere Kosten zu tauschen.

> »[T]he cost depends on the level of advertising that the firm chooses for the job« (Pissarides, 2000, S. 129).

Damit haben wir die Beschaffenheit der Matchingmodellwelt in ihren wesentlichen Zügen beschrieben. Wir kennen ihre Objekte sowie ihre subjektiven Bewohner und haben einen Eindruck davon, auf welche Weise sie miteinander zu tun haben. Außerdem hat sich gezeigt, dass die Produktivität als ein Maßstab für Größe dient, welcher den Beziehungen entlang einer zufallsgeplagten Werthierarchie normatives Leben einhaucht. Allerdings bleibt noch die Frage, was dieser Ordnung ihren Wirklichkeitscharakter verleiht. Worin besteht die harmonische Figur (*figure harmonieuse*) der Matchingwelt? Wie schon im walrasianischen Falle verwirklicht sich die Matchingwelt durch mathematische Strukturen. Diese geben den natürlichen Relationen ein unverrückbares Rückgrat, indem sie nach den Regeln des übergeordneten Äquivalenzprinzips die Verhältnisse in feste Formen gießen. Im Wesentlichen gleicht das mathematische Gerüst hier jenem der walrasianischen Welten: Es handelt sich um ein System von Gleichungen. Wenn man sie auflöst, lassen sich die Werte der endogenen, d. h. der zu erklärenden, Variablen in Abhängigkeit von den exogenen bestimmen.

Allerdings unterscheiden sich die einzelnen Gleichungen von jenen der walrasianischen Welten. Die Konstrukteure einer Matchingwelt greifen in andere Fächer des mathematischen Formenkastens, um ein harmonisches Gleichungsgebilde zu bauen. Das liegt vor allem an der objektiven Zeit: Sie nötigt Subjekte dazu, ihre Handlungen *intertemporal* zu optimieren. Mathematisch lässt sich diese Entscheidungssituation durch Methoden der dynamischen Programmierung darstellen. Deren Formulierungen fallen derart abstrakt aus, dass ökonomische Fragestellungen nur einen Teilbereich der möglichen Anwendungskontexte ausmachen.

> »A surprising aspect of dynamic programming is that its applicability depends very little on the nature of the state, control, and random parameter spaces« (Bertsekas, 2005, S. 13).

Dynamisch programmieren lassen sich beispielsweise auch Wegstrecken, Warteschlangen oder Lagerhaltungskosten.

Das Grundproblem besteht darin, eine Zielgröße zu optimieren, die entsteht, indem man Werte mit der Zeit aufsummiert. Häufig geht es darum, periodisch anfallende Kosten oder Auszahlungen zu minimieren bzw. zu maximieren. In jeder Periode realisieren sich Zustände, welche von dem Zustand der vorhergehenden Periode sowie von einer Kontrollvariable abhängen, die man während dieser vorhergehenden Periode gewählt hat. Wo man sich beispielsweise bei einem Wegstreckenproblem befindet, hängt davon ab, an welchem Punkt man sich zuvor befand und welchen Weg man dort einschlug. Zu jedem Zeitpunkt entspricht allen möglichen Zuständen ein bestimmter Wert, welcher sich als Kosten oder Auszahlung interpretieren lässt. Es gibt nun eine Funktion, welche diese Werte mit der Zeit zusammenzählt.

> »The cost function is additive in the sense that the cost incurred at time k [...] accumulates over time« (a. a. O., S. 3).

Diese Funktion gilt es im Rahmen eines dynamischen Programmierungsalgorithmus zu optimieren. Verbleiben wir im Wegstreckenbeispiel, so entsprechen jedem möglichen Standort eine Streckenlänge vom vorhergehenden Punkt aus sowie die

Länge einer insgesamt zurückgelegten Strecke. Die Streckenlänge vom vorhergehenden Punkt aus kann man als die Kosten des aktuellen Zustands betrachten, die insgesamt zurückgelegte Strecke als die Summe der Kosten bis zu diesem Zustand.

Im Mittelpunkt der dynamischen Programmierung stehen die Kontrollvariablen. Sie verleihen einem Optimierungsproblem überhaupt erst Sinn, weil sie die einzigen Größen darstellen, die man wählen kann.

> »The optimization is over the controls $u_0, u_1, ..., u_{N-1}$ but some qualification is needed here; each control u_k is selected with some knowledge of the current state x_k either its exact value or some other related information« (ebd.).

Da die Kontrollvariablen also vom jeweiligen Zustand abhängen, lassen sie sich als Funktionen der Zustände formulieren. Diese Funktionen stellen Handlungspläne dar, die sich ungefähr so lesen: »Wenn der Zustand x_k vorliegt, wähle den Wert $\mu_k(x_k)$«. Dabei entspricht $\mu_k(x_k)$ einer Kontrollvariable, für die man sich im Zustand x_k entscheiden kann. Hat man z. B. auf dem Weg zu einem Zielpunkt schon drei Kreuzung passiert und gelangt zu einer dritten Kreuzung x_3, so kann $\mu_3(x_3)$ bedeuten: »Gehe an genau dieser dritten Kreuzung nach links«.

Fasst man nun derartige Funktionen in einer Menge zusammen, sodass es für jeden Zeitpunkt k genau eine Funktion $\mu_k(x_k)$ gibt, deren Wert in Form einer Kontrollvariable angibt, was zu tun ist, dann bezeichnet man diese Menge als *Policy*.

> »We consider the class of policies (also called control laws) that consist of a sequence of functions $\pi = \mu_0, ..., \mu_{N-1}$ where μ_k maps states x_k into controls $u_k = \mu_k(x_k)$« (ebd.).

Wenn man im Wegfindungsbeispiel ausgehend von einer Startkreuzung festlegt, in welche Richtung man an dieser und jeder weiteren Kreuzung geht, so bedeutet diese Festlegung eine Policy π. Hat man auf dem Weg zum Ziel vier Kreuzungen zu bewältigen, dann kann sie beispielsweise so aussehen: $\pi = \{geradeaus, rechts, links, rechts\}$. Denkbar wäre allerdings auch $\pi = \{rechts, rechts, links, geradeaus\}$ usw.

Im Gegensatz zu walrasianischen Modellen besteht die Lösung dynamischer Optimierungsprobleme nicht in dem Wert einer einzelnen Größe wie beispielsweise der optimalen Menge an Beschäftigung, sondern einer Policy, also einer Menge von Funktionen. Die optimale Policy beinhaltet für jeden Zeitpunkt eine Handlungsvorschrift, sodass die Summe der einzelnen Werte über den gesamten Zeithorizont maximiert oder minimiert wird. Um diese Lösungsfunktion zu ermitteln, kann man aber nicht direkt über die gesamte Summe optimieren. Man bedient sich stattdessen eines »Tricks«, welchem (Bellman, 1957) mathematisch Gestalt verlieh. Man nimmt an, dass man die optimale Policy ab einem bestimmten Zeitpunkt kennt. Dann kommt es lediglich noch darauf an, die Summe aus dem gegenwärtigen Wert und jenem der künftig optimalen Policy zu optimieren. Praktisch bedeutet dies, dass man das Problem ausgehend vom vorletzten Zustand rückwärts lösen kann.

Wenn wir uns im Wegfindungsbeispiel an einer der letzten Kreuzungen vor dem Ziel befinden, also im vorletzten Zustand, können wir für jede von ihnen bestimmen, welche Richtung auf kürzestem Weg zum Ziel führt. An der letzten Kreuzung A könnte beispielsweise der linke Pfad zum Ziel fünf Kilometer lang sein, der mittige drei und der rechte sieben. Die optimale Policy von dieser Kreuzung aus lautet also $\{geradeaus\}$. So können wir für jede letzte Kreuzung bzw. jeden vorletzten Zustand eine optimale Policy mit ihrer zugehörigen Gesamtstrecke zum Ziel ermitteln. Anschließend können wir noch einen Schritt weiter zurückgehen. Man betrachtet dann alle Kreuzungen vor den letzten Kreuzungen. Sagen wir, die Kreuzung D liegt vor der Kreuzung A und, der Einfachheit wegen, alle Wege führen von D nach A. Geht man an der Kreuzung D nach links, so gelangt man nach vier Kilometern zu A, geht man geradeaus, dann nach sechs Kilometern, biegt man hingegen rechts ab, so kommt man nach zwei Kilometern bei A an. Der Bellman Algorithmus schreibt nun vor, die Summe aus der Strecke von D nach A und der kürzesten Strecke von A zum Ziel zu minimieren. Da die kürzeste Strecke von A zum Ziel drei Kilometer beträgt, ergeben sich bei D die möglichen Summen $4 + 3$ für $links$, $6 + 3$ für geradeaus und $2 + 3$ für $rechts$. Die optimale Policy von der Kreuzung D aus lautet also $\{rechts, geradeaus\}$ mit dem zugehörigen Gesamtwert von fünf Kilometern. Indem man immer weiter zurückschreitet, um die optimale Policy jeder Kreuzung zu bestimmen, lässt sich der kürzeste Weg vom Ausgangspunkt mit den entsprechenden Handlungsanweisungen herausfinden.

Jene Gleichung, die besagt, dass die optimale Summe eines dynamischen Problems zu einem bestimmten Zeitpunkt der optimalen Summe aus dem gegenwärtigen Wert und der optimalen Summe der zukünftigen Werte entspricht, nennt man *Bellman-Gleichung*. Sie ist in dem Sinne rekursiv formuliert, dass eine optimale Summe immer auf eine bereits optimierte Summe Bezug nimmt. Man rechnet auf diese Weise von den letzen Optima zu den ersten.

> »The principle of optimality suggests that an optimal policy can be constructed in piecemeal fashion, first constructing an optimal policy for the ›tail subproblem‹ involving the last stage, then extending the optimal policy to the ›tail subproblem‹ involving the last two stages, and continuing in this manner until an optimal policy for the entire problem is constructed. The DP [dynamic programming, C. D.] algorithm is based on this idea: it proceeds sequentially, by solving all the tail subproblems of a given time length, using the solution of the tail subproblems of shorter time length« (Bertsekas, 2005, S. 13).

Der Bezug zu Matchingmodellwelten liegt nun darin, dass arbeitssuchende Subjekte sich gemäß solchen Bellman-Gleichungen verhalten. Sie versuchen, gegenüber Lohnangeboten so zu handeln, dass sie ihr Einkommen maximieren. Da sich ihr

Optimierungsproblem aber über einen unendlichen Zeithorizont erstreckt, können sie nicht einfach von einem letzten Zustand zurückrechnen. Durch einige Voraussetzungen können sie aber dennoch zu einer Lösung kommen.

> »The system is stationary, i.e., the system equation, the cost per stage, and the random disturbance statistics do not change from one stage to the next« (a. a. O., S. 402).

Kurz gesagt bedeutet Stationarität, dass die Entscheidungssituation zu jeder Zeit die gleiche bleibt: Jeder Zustand geht aus dem vorhergehenden nach demselben Entwicklungsgesetz hervor; das Einkommen hängt auf die gleiche Weise von den Lohnangeboten ab, welche man wiederum aus einer unveränderlichen Zufallsverteilung mit einer Obergrenze zieht. Des Weiteren gibt es einen Faktor, der zukünftig erwartete Einkommen diskontiert. Daher gelten gewisse Konvergenzbedingungen, die eine optimale Policy ermöglichen (vgl. Ljungqvist und Sargent, 2000, S. 926-936).

Im Speziellen stellt das Problem, vor dem arbeitssuchende Entscheider stehen, ein Optimal-Stopping-Problem dar.

> »[A]t each stage the decision maker observes the current state of the system and decides whether to continue the process (perhaps at a certain cost) or stop the process and incur a certain loss« (Bertsekas, 2005, S. 176).

Im Arbeitsmarktkontext entsprechen die Zustände dann Lohnangeboten, die eine Funktion in Abhängigkeit von den Kontrollvariablen in Einkommenswerte übersetzt. Die möglichen Kontrollvariablen lauten »Angebot annehmen und Suche stoppen« oder »Angebot ablehnen und weitersuchen«. Lehnt man ein Angebot ab, erhält man das periodische Einkommen eines Arbeitssuchenden sowie den diskontierten Erwartungswert der Suche für die nächste Periode. Nimmt man ein Angebot an, erhält man hingegen den diskontierten Erwartungswert des Einkommens einer Beschäftigten. Dieser Erwartungswert berücksichtigt, dass man mit einer gewissen Wahrscheinlichkeit auch wieder auf Arbeitssuche gehen kann (vgl. Pissarides, 2000, S. 40).

Die optimale Policy liefert eine Entscheidungsregel, welche für jedes mögliche Lohnangebot vorschreibt, ob man es annehmen soll oder nicht. Es handelt sich also um eine Funktion, die Lohnwerte auf die beiden Möglichkeiten »annehmen« oder »ablehnen« abbildet. Der kritische Wert ist der Reservationslohn. Lohnangebote, die ihm mindestens entsprechen, bildet die Policyfunction auf die Handlung »annehmen« ab, jene, die ihn unterschreiten, auf die Handlung »ablehnen«. So zeigt sich der Reservationslohn als Teil einer mathematisch codierten Handlungsmaxime.

Den beiden Gleichungen für Arbeitssuchende und Beschäftigte stehen aufseiten der Firmen die beiden Gleichungen für Firmen mit einer offenen Stelle und Firmen mit einer besetzten Stelle gegenüber. Die Gleichung für den Gegenwartswert einer offenen Stelle V setzt sich zusammen aus deren Kosten sowie dem Erwartungswert ihres künftigen Ertrags. Firmen schreiben so lange Stellen aus, bis sie damit deren Wert annullieren. Für eine besetzte Stelle hingegen setzt sich die Gleichung für den Gegenwartswert J zusammen aus der Differenz zwischen Umsatz und Lohnzahlungen sowie dem Erwartungswert einer künftigen Produktivitätsänderung. Alle Gleichungen, sowohl jene der Firmen als auch jene der Arbeitssuchenden und Beschäftigten, beinhalten sich selbst zu einem späteren Zeitpunkt in einem Erwartungswertterm. Dies macht sie rekursiv.

Die Gleichungen jener Subjekte, die noch zu keinem Paar gehören, enthalten in ihren Erwartungswerttermen jeweils die Wahrscheinlichkeit, einen Partner der anderen Seite zu kontaktieren. Das Einkommen einer Arbeitssuchenden hängt von der Chance ab, ein Unternehmen mit einer offenen Stelle zu treffen, so wie der Wert einer offenen Stelle für die Unternehmen davon abhängt, mit Stellensuchenden in Kontakt zu treten. Bei diesen Kontaktchancen kommt die Matchingfunktion ins Spiel. Wie oben (S. 101 f.) schon angedeutet, handelt es sich um eine Funktion mit zwei Argumenten, welche in ihren wesentlichen Eigenschaften der Figur der Produktionsfunktion aus den walrasianischen Welten ähnelt.

> »It is assumed increasing in both its arguments, concave, and homogeneous of degree 1. Homogeneity, or constant returns to scale, is an important property, and our reasons for assuming it are similar to the reasons that aggregate production functions are assumed to be of constant returns: It is empirically supported and plausible, since in a growing economy constant returns ensures a constant unemployment rate along the balanced-growth path« (Pissarides, 2000, S. 6).

Der Wert der Matchingfunktion gibt an, wie viele neue Paarungen aus Firmen und Beschäftigten in jedem Zeitabschnitt zustande kommen. Dieser Wert steigt sowohl mit der Zahl Arbeitssuchender als auch mit der Zahl der offenen Stellen. Die Eigenschaft der Homogenität erster Ordnung sorgt dafür, dass man die Matchingfunktion so umschreiben kann, dass sie nur noch von der Arbeitsmarktdichte abhängt (vgl. a. a. O., S. 7).

$$\frac{m(uL, vL)}{vL} = m(\frac{uL}{vL}, 1) \tag{2.6}$$

In Gleichung 2.6 steht u für die Arbeitslosenquote und v für den Anteil offener Stellen an der Erwerbsbevölkerung, also, wenn man analog zur Arbeitslosenquote so sagen darf, eine Stellenquote. L steht für die absolute Zahl der Erwerbsbevölkerung, uL daher für die absolute Zahl der Arbeitslosen und vL für die absolute Zahl offener Stellen. Wir haben in Gleichung 2.6 die Matchingfunktion $m(uL, vL)$ durch die Zahl offener Stellen vL geteilt. Der so entstehende Ausdruck bedeutet die Zahl der Matches pro offener Stelle in einem Zeitabschnitt und lässt sich als die Wahrscheinlichkeit interpretieren, mit der eine Stelle besetzt wird. Auf ähnliche Art erhält man die Wahrscheinlichkeit, mit der Arbeitssuchende fündig werden, indem man durch die Zahl der Arbeitssuchenden teilt. Die Matchingfunktion als homogen ersten Grades zu modellieren, garantiert, dass diese Wahrscheinlichkeiten nur noch von der Arbeitsmarktdichte $\frac{uL}{vL}$ abhängen. Deshalb spielt dieser Quotient als eine der zu erklärenden Variablen eine Schlüsselrolle in der Matchingwelt.

Die beiden Seiten des Marktes, also Unternehmen einerseits sowie Arbeitssuchende und Beschäftigte andererseits, setzt eine Lohnverhandlungsgleichung ins Verhältnis. Es handelt sich um die sogenannte Nash-Verhandlungslösung (vgl. Nash, 1950), welche anhand einiger Axiome[27] von allen möglichen Verhandlungsergebnissen genau eines herausstellt. Sie besteht hier in jenem Lohn, der das Nashprodukt, siehe Gleichung 2.7, maximiert.

$$(W - U)^{\beta} \cdot (J - V)^{1-\beta} \tag{2.7}$$

Alle vier Auszahlungsgleichungen der Subjekte tauchen hier auf: das Einkommen eines Beschäftigten W, das Einkommen eines Arbeitssuchenden U, der Wert einer besetzten Stelle J und der Wert einer offenen Stelle V. Kommt ein Beschäftigungsverhältnis zustande, erhält die jeweilige Mitarbeiterin die Auszahlung W und die jeweilige Firma J. Scheitern die Verhandlungen aber, bekommt die Arbeitssuchende das entsprechende Einkommen U und das Unternehmen den Wert V. Diese letzten beiden Werte erhalten im Rahmen des Nashprodukts die Interpretation von Konfliktauszahlungen. Je höher sie ausfallen, desto weniger hat man zu verlieren, desto stärker verhandelt man und desto besser fällt das eigene Ergebnis aus. Sie hängen von der Arbeitsmarktdichte ab und beeinflussen daher die arbeitsmarktabhängige Verhandlungsmacht der Parteien, von der oben (S. 103 f.) die Rede ist. Der Parameter β besitzt einen Wert zwischen 0 und 1. Er misst die exogene Verhandlungsmacht der Arbeitnehmer, also jene Verhandlungsmacht, die nicht von der Arbeitsmarktdichte abhängt.

Die Stelle der Reservationsproduktivität R innerhalb der harmonischen Figur habe ich bisher noch nicht angesprochen. Sie taucht in der Auszahlungsgleichung J eines produzierenden Unternehmens auf, in welcher sie die untere Grenze der Verteilungsfunktion für zufällige Produktivitätsschocks bildet. Ein Unternehmen, das auf Reservationsniveau produziert, deckt durch den produzierten Umsatz und den Optionswert künftiger Schocks geradeso die Lohnkosten. Der Wert $J(R)$ einer solchen Stelle beträgt null, man macht keinen Verlust, aber auch keinen Gewinn.

27 »Die Lösung f eines *axiomatischen Verhandlungsspiels* ist dadurch gekennzeichnet, daß sie jedem Verhandlungsspiel [...] einen Auszahlungsvektor u zuordnet und bestimmte, vorgegebene ›wünschenswerte‹ Eigenschaften erfüllt, die als Axiome formuliert sind. Die Vielfalt der Axiome spiegelt zum einen die Tatsache wider, daß solche Eigenschaften, die sich aus Alltagsvorstellungen (z.B. über Fairneß, Gerechtigkeit und Effizienz) ableiten, im Allgemeinen unterschiedliche Definitionen zulassen. Zum andern ist sie auch eine Konsequenz daraus, daß unterschiedliche Vorstellungen über die Relevanz bestimmter Eigenschaften für Verhandlungsergebnisse bestehen« (Holler und Illing, 2006, S. 194-195)

Es gilt also $J(R) = 0$. Zusammen mit der Bedingung, dass Unternehmen so lange eine Stelle ausschreiben, bis es sich nicht mehr lohnt, also im Gleichgewicht $V = 0$ gilt, lässt sich herleiten, dass der Reservationslohn genau jenem Lohn entspricht, den ein Unternehmen zahlt, das auf Reservationsniveau produziert. Das natürliche Verhältnis der allgemeinen Vorteilhaftigkeit, demgemäß selbst Stellenauflösungen ausschließlich im gegenseitigen Einverständnis geschehen, erhält so seine mathematische Schale.

Die Bedingung $J(R) = 0$ stellt die Job-*Destruction*-Condition dar, weil sie die Grenze absteckt, unterhalb derer Unternehmen ihre Stelle streichen. $V = 0$ formuliert die Job-*Creation*-Condition, weil Firmen solange Stellen ausschreiben, bis sie diese Bedingung erfüllen. Setzt man die Gleichung für den Lohn, der sich aus der Nash-Lösung ergibt, die *Wage-Equation*, in diese beiden Bedingungen ein, folgen die Job-Destruction- und die Job-Creation-Relation (vgl. Pissarides, 2000, S. 40-44). Sie erlauben es dann, eine einzelne Kombination aus Arbeitsmarktdichte und Reservationsproduktivität auszuzeichnen, die allein alle Gleichungen erfüllt, wenn die Werte der exogenen Variablen gegeben sind. Die Löhne lassen sich dann bestimmen, indem man die gleichgewichtige Arbeitsmarktdichte in die Wage-Equation einsetzt.

Wie oben beschrieben, gilt für die Arbeitslosenquote im Steady State, dass der Zufluss an Arbeitslosen und die Abgänge aus der Arbeitslosigkeit sich ausgleichen.

$$\dot{u} = \lambda G(R)(1 - u) - \theta q(\theta)u \tag{2.8}$$

Bei Gleichung 2.8 handelt es sich um eine Differentialgleichung, die zeigt, wie die Arbeitslosenquote u sich mit der Zeit ändert. Die Änderung entspricht der Differenz zwischen Zuflüssen in die Arbeitslosigkeit $\lambda G(R)(1 - u)$ und den Abgängen $\theta q(\theta)u$ aus ihr heraus. Per definitionem beträgt die Änderungsrate der Arbeitslosenquote $\dot{u}$ im Steady State null. Setzt man die Gleichgewichtsbedingung $\dot{u} = 0$ in Gleichung 2.8 ein und stellt nach der Arbeitslosenquote u um, erhält man deren Wert, indem man die zuvor ermittelten Werte der Arbeitsmarktdichte θ und der Reservationsproduktivität R einsetzt.

Das Gleichgewicht ist damit hergestellt. Wie im Falle der walrasianischen Welten dienen mathematische Gleichungen als Äquivalenzoperatoren, welche durch Variablen, die in mehreren Gleichungen auftauchen, Identitätsbeziehungen zwischen verschiedenen Bereichen knüpfen. Die Matchingfunktion verknüpft die subjektiven Auszahlungsfunktionen anhand der Arbeitsmarktdichte. Die Lohnverhandlungslösung bezieht diese wiederum auf die Produktionsbedingungen. Stehen Arbeitsmarktdichte und Reservationsproduktivität fest, ergeben sich Verbindungen zur Entwicklung der Arbeitslosigkeit.

Zu dieser Entwicklung sei noch ein Wort gesagt, denn indem sie das Verhältnis zur objektiven Zeit thematisiert, gehört auch sie zur harmonischen Figur. Die dynamische Analyse der Matchingwelt behandelt ein System von Differentialgleichungen, welches mögliche Anpassungspfade zum Gleichgewicht beschreibt. Jeder möglichen Kombination von Werten der einzelnen Variablen wohnt eine eigene Dynamik inne. So hätte vielleicht an einem beliebigen Punkt die Arbeitsmarktdichte die Tendenz, zu fallen, während die Reservationsproduktivität sowie die Arbeitslosigkeit tendenziell hingegen steigen. Im Fokus dieser Betrachtungsweise steht die Frage, ob diese Änderungsrichtungen insgesamt zu einem Punkt führen, an dem sich keine Variable mehr verändert. In Bezug auf diese Frage lassen sich mehrere Arten von dynamischen Figuren unterscheiden. In Falle der hier behandelten Matchingmodellwelt handelt es sich um ein sogenanntes Sattelpfadgleichgewicht.

> »A *saddle point* is an equilibrium with a double personality – it is stable in some directions, but unstable in others« (Chiang und Wainwright, 2005, S. 618).

Die Metapher des Sattels bringt diese Doppelgesichtigkeit zum Ausdruck. Wer auf einem Sattel nach vorn oder hinten rutscht, gleitet früher oder später wieder zur Mitte hin. Wer allerdings seitwärts abrutscht, fällt vom Pferd.

Hinsichtlich der Matchingwelt liegen die Werte der Arbeitslosenquote immer »vor« oder »hinter« dem Gleichgewicht, wenn nicht sogar schon genau darin. Sie strebt von sich aus Werten zu, bei denen angekommen, sie sich nicht mehr ändert. Demgegenüber würde das System seitwärts vom Sattel fallen, wenn die Werte der Arbeitsmarktdichte und der Reservationsproduktivität nicht auf ihren gleichgewichtigen Niveaus lägen, sie also noch die Neigung hätten, sich zu ändern, folglich ihre Änderungsraten nicht null betrügen. Da man aber annimmt, dass man Löhne jederzeit neu verhandeln und Stellen beliebig kürzen kann, bleibt die Welt »im Sattel«.

Nicht weniger als die *walrasianischen* stellen auch die *Matching*modellwelten ideale Beweissituationen (*épreuve modèle*) dar, in denen sich entlang eines harmonischen Ensembles quantitativer Äquivalenzen stets zeigen lässt, dass die natürlichen Verhältnisse gelten. Die Ausdrucksweise von Urteilen (*mode d'expression du jugement*) besteht auch hier darin, exogene Größen innerhalb des Modells zu verändern oder neue Variablen zu endogenisieren. Letzteres Vorgehen führt beispielsweise (Pissarides, 2000) selbst vor, indem er das Grundmodell in verschiedenen weiterführenden Kapiteln um gewisse Variablen erweitert. Weiterhin lassen sich die Verhältnisse auch überprüfen, indem man sie durch ökonometrische Untersuchungen mit einer anderen Welt vergleicht. Um nur ein Beispiel zu nennen, prüft (Garibaldi, 1998), wie sich verschiedene Einschränkungen der ständigen Kündbarkeit länderübergreifend auswirken. Für alle Urteile gilt, dass man sie als evident (*forme de l'évidence*) nur *anerkennen* kann, wenn man sie in mathematischer Sprache formuliert.

Macht man sich Gedanken um mögliche Auflösungserscheinungen (*déchéance*) einer Matchingwelt, so hätten diese womöglich damit zu tun, dass die Stabilität des intertemporalen Gleichgewichts gefährdet wird. Wie bereits erläutert, bewegt sich ein Sattelpfadgleichgewicht auf einem schmalen Grat, an dessen Rändern die ewige Abweichung vom Gleichgewicht lauert. Die stabilisierenden Annahmen, die garantieren, dass Arbeitsmarktdichte und Reservationsproduktivität sich ständig im Gleichgewicht befinden, wirken hier wie Geländer. Brechen diese weg, besteht die Gefahr, vom »rechten Weg« abzukommen und nie wieder das zeitübergreifende Gleichgewicht zu erreichen. Hieran zeigt sich, dass einem Sattelpfadgleichgewicht eine gewisse Normativität innewohnt.

> »If the equilibrium were a stable node or a stable focus – the ›all roads lead to Rome‹ situation – there would be no specific rule imposed, which is hardly characteristic of an optimization problem. On the other hand, if the equilibrium were an unstable node or focus, there would be no way to arrive at any target level of the state variable at all. This, again, would hardly be a likely case in a meaningful optimization context. In contrast, the saddle-point equilibrium, with a target that is attainable, but attainable only under a specific rule, fits comfortably into the general framework of an optimization problem« (Chiang, 1992, S. 125).

Ein Sattelpfad eröffnet den Subjekten die Möglichkeit, Größen zu optimieren, weil die Welt weder in völligem Chaos versinken muss noch mit Gewissheit stabil bleibt. In der hier vorgestellten Matchingwelt hält der modellbildende Ökonom schützend seine Hand über die Welt. Es schwingt allerdings der Hinweis mit, dass sie zerfallen kann, wenn man nicht garantiert, dass sich die Arbeitsmarktdichte und die Reservationsproduktivität stets unverzüglich anpassen können.[28]

28 Die charakteristischen Aussagen der *Such- und Matching*-Modellwelt sind in Appendix A.1 unter den Schlüsseln MG1-5 aufgelistet.

3. Das Forschungsdesign: Die Befragungssituation als Sprachspiel

Das zweite Kapitel hat den Weg zu einem empirischen Forschungsdesign für die ökonomischen Modellweltaussagen bereitet. Aus einer systematischen Pluralität wissenschafltich relevanter Modellweltfamilien gingen insgesamt 20 charakteristische Aussagen hervor. Doch wie lassen sich diese nun so tätigen, dass für verschiedene Personengruppen heuristisch auswertbare Daten zurückbleiben? Aus welchen Gründen die Q-Methode eine geeignete Schablone zur Lösung dieses Problems abgibt, wird in einem ersten Beantwortungsschritt dargelegt (3.1). Wegen ihrer subjektivistischen Ausrichtung stößt diese Schablone jedoch an Grenzen. Ein für die vorliegenden Zwecke adäquates Forchungsdesign hat sich der Frage zu stellen, wie man über Sprechen spricht. Eine so grundsätzliche wie konsequente Exposition dieser Reflexionsproblematik findet sich im Frühwerk Ludwig Wittgensteins (3.2). Wir heben die metaphorische Leiter, von der gegen Ende des *Tractatus* die Rede ist, auf, um damit in das Spätwerk zu steigen (3.3). Dort behandelt Wittgenstein Probleme sprachlicher Selbstreferenz durch die Beschreibung von Sprachspielen (3.4). Diese Idee weist der Ausgestaltung des empirischen Forschungsdesigns den Weg (3.5).

3.1 Empirische Sozialforschung zwischen Subsumtion und Sinnverstehen: Die Q-Methode

Ergebnisse quantitativer Sozialforschung angemessen zu gewinnen und zu interpretieren, erfordert es, gerade vor dem Hintergrund performativistischer Überlegungen, sich einem praxeologischen Rechtfertigungsdruck zu stellen. Methodisch-rigoros erzeugte Tabellen und Graphiken verdanken sich oft einer Formatierungspraxis, die sich, als »blinder Fleck«, reflexiv nicht einzuholen vermag. So nötigen statistische Verfahren bis zu einem gewissen Grad zu einer Selektivität, die sich schon bei der Datenerhebung zeigt. Man greift schließlich nicht einfach Rohdaten aus einer als vorgängig angenommenen Wirklichkeit heraus, um diese dann – sozusagen als unabhängigen Input – einer enthobenen Bearbeitung durch statistische

Verfahren zuzuführen. Vielmehr geben solche Modelle bis zu einem gewissen Grad selbst schon jene Formatierungsregeln vor, nach denen Informationen als Daten zu persistieren sind. Die statistische Heuristik imprägniert ihr Material demnach so, dass man sich vonseiten sinnverstehender Verfahren nicht ohne jede Berechtigung dem Verdacht ausgesetzt sieht, nur »Selbstgeworfenes« zu fangen, indem man Strukturen als wirklich auszeichnet, die bei genauerem Hinsehen vor allem durch die eigenen Annahmen wahrscheinlich werden.

Vermittelnde Positionen scheinen hier schwieriger zu finden als einseitige. Einen Versuch in Richtung Annäherung unternimmt Joachim Renn, indem er mit Blick auf die empirische Milieuforschung die Schieflagen der jeweiligen Ansätze nebeneinanderstellt:

> »Entweder liefert die Sinn rekonstruierende Mikroanalyse subtile Beschreibungen von partikularen Deutungshorizonten, verliert dabei jedoch den Bezug zur Makroebene; oder aber eine quantifizierende Auffassung von Sozialstruktur verleitet zur Identifizierung der Gesellschaft mit Verteilungsmustern und zur Beschränkung der Arbeit der Sinndeutung auf das Auszählen der Treffer beim subsumierenden Einsatz von Einstellungsindikatoren. Im ersten Falle ›konstituieren‹ milieueigene Sinnhorizonte ›die‹ Gesellschaft; im anderen Falle steht hinter den zusammengefassten Einstellungsmustern eine ›objektive‹ Struktur, die durch konstituierte Deutungsschemata reproduziert wird. In beiden Fällen wird ein zu einfaches Bild des Zusammenhangs zwischen Milieu und Gesellschaft gezeichnet« (Renn, 2014, S. 270).

In dieser antinomischen Gemengelage können quantitative Ansätze geltend machen, sich durch ihre subsumtorische Abstraktion immerhin eine makroskopische Allgemeinheit zu erkaufen, welche sinnhaft erschlossenen Brennpunkten abhandenkommt.

Ein zusammenführender Ausweg müsste demnach sowohl einerseits quantitative Ansätze kontextuell so sensibilisieren, dass deren Generalisierungskraft dabei nicht verlorengeht, als auch andererseits erschließende Verfahren so generalisieren, dass deren Kontextsensibilität dabei nicht abstumpft. Renn tritt dabei einen Schritt zurück, indem er auf ein Problem aufmerksam macht, das, wenn es als solches aus dem Blick gerät, beide Lager gleichermaßen heimsuchen kann. Es besteht darin, dass man schon dann auf einen vergleichenden Übersetzungsvorgang angewiesen ist, wenn man versucht, *implizite* Sinngehalte zu *explizieren*. Beide Wissensformen stehen nach Renn nämlich nicht in einem substitutiven Konstitutionsverhältnis.

> »Mit der Explikation performativer Kulturen treten rationale und institutionell geprüfte, verwaltete und pädagogisch vermittelte Kulturen nicht an die Stelle von performativen Kulturen, sondern neben sie« (a. a. O., S. 70).

Selbstverständliche Interaktion und explizite Kodifikation bilden somit selbst vergleichbare Relata.

> »Erst vor diesem Hintergrund lässt sich das Problem des sozialwissenschaftlichen Kulturvergleichs schließlich angemessen analysieren. Denn dann wird deutlich, dass der Vergleich zwischen den Kulturen nicht nur die Übersetzung zwischen zwei impliziten Horizonten oder pragmatisch integrierten Lebensformen erfordert, sondern zudem, wenn nicht vor allem, die Übersetzung zwischen Handlungsgewissheiten und explizitem Wissen bzw. rationalisiertem, argumentativem Diskurs« (ebd.).

Im Bereich der politischen Einstellungsforschung hat schon (Brown, 1980) den zu sorglosen Umgang mit Daten kritisiert, die durch unreflektiert-vorangeschickte Definitionen vielmehr Artefakt-Charakter besitzen.

> »Operational definitions place constraints on behavior by replacing the subject's meaning with the investigator's, and the investigator ends up studying the constraints rather than the behavior« (a. a. O., S. 4-5).

So verstandene »operational definitions« äußern sich für Brown bereits in zu eng gefassten Antwortmöglichkeiten und – vor allem – Antwort*bedeutungen*.

> »By defining ahead of time what a response is to mean, the observer is imposing his will on reality, exacting hostages of innocent responses scheduled for future occurrence. By specifying that a positive response to scale A reflects anomy, the observer elicits his concept on the spot, and the subject's response breathes life into it in a way that lends the concept a spurious realization. By constructing meanings, the observer uses the subject's responses to assist him in bringing his concept into being, a transaction that is more akin to creativity than to measurement« (a. a. O., S. 3).

Da empirische Sozialforschung stets explizieren muss, kann sie von den geschilderten Übersetzungsproblemen nie wirklich verschont bleiben. Mitigierend scheint nur zu helfen, Explikationsbarrieren wie beispielsweise strukturelle Zugangsbeschränkungen, codifizierende Vereinfachungen, selbsterzeugte Artefakte, übertragungsbedingte Informationsverluste usw. wiederum selbst als solche explizit zu machen. Nur so lässt sich wohl ermessen, wo die selbstschöpferische Kraft des Forschungsdesigns endet und wo der Untersuchungsgegenstand selbst zu Wort kommen kann.

> »What is needed are more methods that can take up [...] at that point where the subject, in his natural state, is permitted to speak for himself« (a. a. O., S. 2).

So gewendet, handelt es sich bei subsumtorischen Forschungsstrategien strenggenommen gar nicht so sehr um völlige Vergleichsverweigerung. Besser beschreibt man sie wohl als sklerotische Sprachspiele, die zwar einen paritätischen Vergleich suggerieren, dabei eine Seite aber so unbeweglich lassen, dass die andere sich immer schon selektiven Deutungen angeähnelt haben muss, – selbst dann, wenn sie, z. B. als negativ *verstandene* Antwort, als unähnlich gilt.

Brown gab schon zu seiner Zeit nicht so sehr forschenden Individualeinstellungen die Schuld, sondern vielmehr einer Ausbildungspraxis, die nahelegt, statistische Artefakte als solche nur dann zu befragen, wenn sich Anomalien im Kuhnschen Sinne zeigen (vgl. Kuhn, 2015, S. 52-65), nicht aber im alltäglichen Forschungsbetrieb.

> »[R]esearch methods have been integrated into the training of most social scientists to a greater or lesser extent, so the compelling need to give special emphasis to them has been arrested« (Brown, 1980, S. 1).

Einen heilsamen, aber gleichwohl quantitativ ansetzenden Gegenentwurf zu subsumtorischen Forschungsgewohnheiten erblickt Brown in der von (Stephenson, 1935) entwickelten *Q-Methode*. Deren Proprium, vor allem im Vergleich zu anderen faktoranalytischen Verfahren, liegt in ihrer Offenheit gegenüber den jeweiligen Untersuchungsteilnehmern. Man trägt nicht vorgefertigte Testkonstrukte an die zu befragenden Personen heran, um jene von diesen lediglich bestätigen oder verwerfen zu lassen. Vielmehr befragt man die Personen möglichst frei von strukturellen Vorannahmen, um dann zunächst deren Antwortverhalten zu korrelieren und latente Strukturmuster erst ausgehend von den Ergebnissen freizulegen.

> »One of the features of Q factor analysis, then, is that it is more gestaltist and wholistic, rather than analytic and atomistic, and reflects functional relatedness: One already synthesized, interrelated, and functional whole (e.g., one human body) is related to another functional whole« (Brown, 1980, S. 1).

Denken wir beispielsweise an einen klassischen, d. h. nicht-Q, Intelligenztest, so steht für den Forscherblick immer schon fest, welche Antwortmöglichkeiten wie auf bestimmte Intelligenzkonstrukte laden. Geht man demgegenüber Q-methodisch vor, unterscheidet man die Antwortmöglichkeiten *ex ante* bloß nach Ähnlichkeit und Unterschied, um mögliche interpersonale Korrelationen erst *ex post* interpretativ zu einer Typologie zu verdichten.

Den Bezugsgegenstand der Q-Methode belegt Brown mit dem Namen »operant subjectivity« (Brown, 1980, S. 1), um so gleichsam an den wittgensteinschen Begriff der Lebensform anzuschließen.

> »Situational expectations and interests are therefore influential in the persistence of cultures and life forms. Discussing political issues is one aspect of daily social life. [...] Behavior of this kind is both subjective and operant. It is subjective since each person's viewpoint, on political or any other matters, is simply that – his viewpoint« (a. a. O., S. 4).

Von einem philosophischen Standpunkt aus lässt sich eine derart subjektivistische Wendung dem wittgensteinschen Spätwerk wohl nur schwer abringen.

> »Es ist [...] irreführend, vom Denken als einer ›geistigen Tätigkeit‹ zu sprechen. Wir können sagen, daß Denken im wesentlichen eine Tätigkeit des *Operierens* (Hervorhebung, C. D.) mit Zeichen ist. Diese Tätigkeit wird mit der Hand ausgeführt, wenn wir schreibend denken; mit dem Mund und Kehlkopf, wenn wir sprechend denken; und wenn wir denken, indem wir uns Zeichen oder Bilder vorstellen, kann ich dir kein *Agens*, das denkt, angeben. Wenn du dann sagst, daß in solchen Fällen der Geist denkt, dann würde ich deine Aufmerksamkeit lediglich auf die Tatsache lenken, daß du eine Metapher gebrauchst, daß der Geist hier in einem andern Sinn ein Agens ist als dem, in dem man von der Hand sagen kann, daß sie das Agens beim Schreiben ist« (Wittgenstein, 2021a, S. 23).

Die brownsche Ausdrucksweise läuft hier nun aber Gefahr, etwas in der folgenden Art zu sagen: Während einer Q-Befragung, so ließe sich Brown wohl paraphrasieren, denkt – oder besser: operiert denkend – der Geist, wir nennen ihn hier eben bloß nicht Geist, sondern »subjectivity« oder »viewpoint«.

Wenn wir von Wittgensteins Spätphilosophie aus und schließlich über die Q-Methode einen Zugang zur empirischen Sozialforschung legen möchten, können wir aber, so scheint es, hinter dem festgestellten Datenniederschlag kaum eine generalisierte Form von Subjektivität vermuten, sondern eher implizite Regeln intersubjektiver Verständigungsprozesse. Probanden agieren nämlich auch in sozialwissenschaftlichen Befragungssituationen nicht im sozialen Vakuum. Instruktionen und Antworten haben sich zur Verständlichkeit an grammatischen Regeln zu orientieren, welche sich nicht wesentlich von jenen wissenschaftsexterner Praktiken unterscheiden. Derartige Regelstrukturen hat der späte Wittgenstein aufzuzeigen versucht, indem er Verständigungssituationen beschreibt und vergleicht, die er *Sprachspiele* nennt.

Damit rückt die Q-Methode näher an die wissenschaftsphilosophischen Überlegungen von (Winch, 1990), welcher aus der Unentrinnbarkeit sprachlicher Grammatikalität ernste Konsequenzen für die Sozialwissenschaften zieht.

> »[I]n discussing language philosophically we are in fact discussing *what counts as belonging to the world*. Our idea of what belongs to the realm of reality is given for us in the language that we use. The concepts we have settle for us the form of the experience we have of the world. It may be worth reminding ourselves of the truism that when we speak of the world we are speaking of what we in fact mean by the expression ›the world‹: there is no way of getting outside the concepts in terms of which we think of the world [...] The world is for us what is presented through those concepts« (a. a. O., S. 15).

Ähnlich wie (Renn, 2014) lässt auch (Winch, 1990) keinen sprachexternen Standpunkt für die sozialwissenschaftliche Praxis zu. Wir sprechen in der Welt und sprechend erzeugen wir sie.

> »[W]*hat the sociologist is studying*, as well as his study of it, is a human activity and is therefore carried on according to rules. And it is these rules, rather than those which govern the sociologist's investigation, which specify what is to count as ›doing the same kind of thing‹ in relation to that kind of activity« (a. a. O., S. 87).

Um Winchs propädeutische Abgrenzungen forschungspragmatisch ins Positive zu wenden, hat man sich folglich dem Problem der Reflexivität von Sprache zu stellen. Die Spur dieses Problembezugs reicht, wie ich nun zeigen möchte, bis in die *Logisch-philosophische Abhandlung* Wittgensteins zurück.

3.2 Das Problem interner Selbstbeschreibung

Schon im Vorwort des *Tractatus* macht Wittgenstein keinen Hehl daraus, dass die *Selbstbezüglichkeit der Sprache* ein treibendes Motiv des Werkes ausmacht.

> »Das Buch will also dem Denken eine Grenze ziehen, oder vielmehr – nicht dem Denken, sondern dem Ausdruck der Gedanken: Denn um dem Denken eine Grenze zu ziehen, müssten wir beide Seiten dieser Grenze denken können (wir müssten also denken können, was sich nicht denken lässt).
> Die Grenze wird also nur *in* [Hervorhebung, C. D.] der Sprache gezogen werden können und was jenseits der Grenze liegt, wird einfach Unsinn sein« (Wittgenstein, 2003b, S. 7).

Eine Interpretationshypothese, welche vor allem diesem Motiv auf die Spur zu kommen versucht, hat (Decauwert, 2013) vorgelegt. Ausgangspunkt der Diskussion bildet die Unterscheidung zwischen »zeigen« und »sagen«. Diese kommt an mehreren Stellen des *Tractatus* und in Bezug auf vielfältige Gegenstandsbereiche zur Anwendung, was für Decauwert Anlass zur Frage gibt, »how a single distinction between saying and showing can operate in each one of these cases. If the Tractatus is not deeply mistaken on this point, we must be able to discern a unique idea involved in all the mentioned matters« (a. a. O., S. 43). Diese *eine* Idee erblickt Decauwert im Problem der Reflexivität:

> »According to the preceding considerations, we can now formulate a general hypothesis to elucidate the form of the distinction between saying and showing:
> (1) *›Saying‹ essentially means referring to an external reality* (not necessarily an extra-linguistic fact but something distinct from the symbol which expresses it).

(2) ›*Showing*‹ *consists only of an ability to reflect itself, to manifest its own identity*« (Decauwert, 2013, S. 51).

Das Problem kommt in der Frage zum Ausdruck, wie Zeichen in ihrer Repräsentationsfunktion auf sich selbst sollen Bezug nehmen können.

»A picture can ›depict‹ (*bilden*), ›represent‹ (*darstellen*), in as much as it can refer to *an external reality* (i.e. a reality which differs from itself); what it *cannot* represent and what it must necessarily ›show‹, ›display‹ (aufweisen), is its own pictorial form, i.e. its own identity as a picture« (Decauwert, 2013, S. 51).

Am besten macht man sich diesen Unterschied vielleicht klar, indem man an verschiedenen Sätzen erprobt, ob reflexive Schwierigkeiten auftreten:

1. »An meiner rechten Hand ist ein Daumen«.
2. »King's College brennt«.
3. »This sentence contains five words« (Decauwert, 2013, S. 48).

Der erste Satz scheint unproblematisch, weil er sich auf Externes, also auf etwas, was nicht dieser Satz selbst ist, bezieht. Wenn ich meinen rechten Daumen bewege oder Ähnliches, dann kann ich kaum bezweifeln, dass dieser Satz »wahr« ist. Auch der zweite Satz wirft keine Probleme auf. Zwar kann ich gerade nicht sagen, ob es der Fall ist, dass King's College brennt, aber dass, wenn dem so ist, der Satz *wahr* ist, wenn nicht, dann *falsch*. Der Satz referiert auf etwas, das er nicht selbst ist, sondern nur darstellt, nämlich die Tatsache, dass King's College brennt. Wie aber steht es um den letzten Satz?

»[W]e can doubt if the object of this sentence is exactly the sentence itself, or if it lies only in accidental features of a particular complex sign (the logical – symbolical – nature of the proposition as a living whole cannot be considered equivalent to a set of written words)« (Decauwert, 2013, S. 48).

Beziehen wir diesen Satz also auf den Sachverhalt einer geschriebenen Zeichenkette mit fünf Worten, treten keine Probleme auf. Verstehen wir das »this« aber als das *Bild* einer Zeichenkette mit fünf Worten, also eher gleichbedeutend mit »this sentence *represents* five words«, geraten wir in Schwierigkeiten. Wie soll ein Bild mit fünf Worten von sich selbst sagen, dass es ein Bild mit fünf Worten ist?

Die Wurzel des Problems scheint darin zu liegen, dass Wittgenstein Sätze als Funktionen konzipiert, die ihre Elementarsätze auswerten.

»5. Der Satz ist eine Wahrheitsfunktion seiner Elementarsätze. (Der Elementarsatz ist eine Wahrheitsfunktion seiner selbst)« (Wittgenstein, 2003b, S.56).

Der dritte Satz, als Bild aufgefasst, müsste sich also ein Bild von sich selbst übergeben, um zu bewerten, ob das Bild von sich selbst mit dem Bild von sich selbst übereinstimmt. Man versucht in diesem Fall also, zwei Maßstäbe miteinander zu vergleichen, was nicht gelingen kann, weil für eben diesen Vergleich dann ein übergeordneter Maßstab fehlt. Die Wahrheitsfunktion verhält sich hier wie ein Programm, das den Dienst verweigert, etwa mit einer Fehlermeldung, die lauten könnte: »Vergleich nicht möglich, weil zu Vergleichendes = Vergleichskriterium!«.

Doch Wittgensteins Pointe liegt aus meiner Sicht, damit verlasse ich (Decauwert, 2013) nun, darin, dass es so weit überhaupt nicht kommen kann, weil dies voraussetzen würde, dass dieselbe Funktion, die Wahrheitsfunktion des Satzes, sich selbst als Argument übergeben wird. Diese Möglichkeit schließt der Autor des *Tractatus* aber aus, denn um dieselbe Funktion sich selbst zu übergeben, müsste man sie unterscheiden: in ein und dieselbe Funktion, die das Argument empfängt einerseits sowie ein und dieselbe Funktion, die als Argument übergeben wird, andererseits. Die Kombination der Ausdrücke »ein und dieselbe« sowie »einerseits« und »andererseits« bringt das Paradoxe in diesem Vorhaben hoffentlich schon ein wenig zum Knistern. Man hat es hier, wenn diese Interpretation zutrifft, nicht mit einer Paradoxie im Sinne einer infiniten Rekursion, eines »Spiegels im Spiegel«, zu tun, sondern mit einer *unmöglichen Bezeichnungsweise*.

> »3.332 Kein Satz kann etwas über sich selbst aussagen, weil das Satzzeichen nicht in sich selbst enthalten sein kann, (das ist die ganze ›Theory of types‹)« (Wittgenstein, 2003b, S. 25).

> »3.333 Eine Funktion kann darum nicht ihr eigenes Argument sein, weil das Funktionszeichen bereits das Urbild seines Arguments enthält und es sich nicht selbst enthalten kann« (Wittgenstein, 2003b, S. 25).[1]

1 Nicht in philosophisch hermeneutischer Absicht dem *Tractatus* gegenüber, sondern in seinem Review der *Laws of Form* von George Spencer-Brown bezieht sich Heinz von Foerster auf exakt diese Textstelle:

> »Das alte und erste Mysterium, das noch Ludwig Wittgenstein (Tractatus logico-philosophicus, Punkt 3.333) verblüffte, nämlich daß die Welt, die wir kennen, auf eine Art und Weise konstruiert ist, die sie befähigt, sich selbst zu sehen, löst G. Spencer Brown durch eine überraschende Wendung der Wahrnehmung. Er zeigt ein für allemal, daß das Auftauchen dieses Mysteriums unvermeidbar ist. Aber was unvermeidbar ist, ist in diesem Sinn kein Mysterium. Es ist das Schicksal aller Beschreibungen, daß ›das, was aufgedeckt, verborgen wird; aber das, was verborgen ist, wird wieder aufgedeckt‹« (von Foerster, 1993, S. 9).

Wir werden darauf zurückkommen, was sich hinter dieser angedeuteten Problemverwandtschaft zwischen Wittgenstein und Spencer-Brown verbergen könnte.

Ein Satz kann also deshalb nicht in sich selbst enthalten sein, weil wir dies zeichenhaft nicht kenntlich machen können. Denn wenn ein Zeichen sich selbst enthält, dann nur durch die Unterscheidung zwischen dem Zeichen für »Zeichen« und dem Zeichen für »sich selbst«. Bezogen auf den Funktionsausdruck $F(F(f(x)))$ in Proposition 3.333 wäre das Zeichen für »Zeichen« die äußere Funktion und das Zeichen für »sich selbst« die innere Funktion. Aber gerade, weil man sich hier genötigt sieht, eine Unterscheidung zwischen innerer und äußerer Funktion anzuzeigen, auf welche Bezeichnungsweise auch immer, kann die Funktion nicht mehr als identisch bezeichnet werden. Nicht die Paradoxie sich selbst messender Maßstäbe, sondern eine *pragmatische* Ausweglosigkeit der Bezeichnungsweise macht hier das Problem aus.

> »3.333 [...] Nehmen wir nämlich an, die Funktion $F(f(x))$ könnte ihr eigenes Argument sein; dann gäbe es also einen Satz: ›$F(F(f(x)))$‹ und in diesem müssen die äußere Funktion F und die innere Funktion F verschiedene Bedeutung haben, denn die innere hat die Form $\phi(f(x))$, die äußere, die Form $\psi(\phi(f(x)))$. Gemeinsam ist den beiden Funktionen nur der Buchstabe ›F‹, der aber allein nichts bezeichnet.
> Dies wird sofort klar, wenn wir statt ›$F(F(u))$‹ schreiben
> ›$(\exists\phi) : F(\phi u).\phi u = Fu$‹« (Wittgenstein, 2003b, S. 26).

Eine Funktion in der Umklammerung einer anderen lässt sich nicht zugleich als die umklammernde Funktion selbst darstellen; die Funktionen unterscheiden sich. Deshalb kann die Identität ihrer Namenszeichen, im Beispiel in *beiden* Fällen »F«, nicht darauf zurückgeführt werden, dass sie sich nicht unterscheiden. Sie hängen also nicht zusammen und *heißen* für Wittgenstein in diesem Sinne nur zufällig gleich. Ohne vorgängige Vereinbarung, Zeichen so zu verwenden, dass gleiche Funktionszeichen Identität ausdrücken, müsste man gar nicht auf die Idee kommen, dass »F« und »F« sich je auf dasselbe beziehen.

> »5.5303 Beiläufig gesprochen: Von zwei Dingen zu sagen, sie seien identisch, ist ein Unsinn, und von Einem zu sagen, es sei identisch mit sich selbst, sagt gar nichts« (Wittgenstein, 2003b, S. 80).

Die *funktionale* Beschreibung von Selbstbezüglichkeit stößt also auf formale Designationsgrenzen. Diesen versucht der Autor des *Tractatus* zu entgehen, indem er Sätze als *operationale* Resultate aus anderen Sätzen ansieht.

> »5.3 Alle Sätze sind Resultate von Wahrheitsoperationen mit den Elementarsätzen« (Wittgenstein, 2003b, S. 64).

Sätze ausnahmslos als Resultate von Operationen zu verstehen, hat mindestens drei Konsequenzen:

1. Auch die Sätze des *Tractatus* sind Resultate von Operationen, und zwar genau jener Operationen, welche den Inhalt dieser Sätze ausmachen, weil es in ihnen ja um die Operationalität der Sprache geht. Der letzte Satz von 5.3, »[j]eder Satz ist das Resultat von Wahrheitsoperationen« (Wittgenstein, 2003b, S. 64-65), unterstreicht diese Ausnahmslosigkeit, indem er den Sinn des Anfangssatzes von 5.3, »Alle Sätze sind das Resultat von Wahrheitsoperationen« (Wittgenstein, 2003b, S. 64), mit anderen Worten wiederholt: eine Emphase durch Repetitio.
2. Die Operation kann selbst kein Satz sein, denn sonst wäre sie Resultat und nicht Operation.
3. Das Problem aus 3.333 scheint *vorerst* gelöst, indem man nun nicht mehr davon sprechen muss, Funktionen sich selbst als Argument zu übergeben.

> »5.251 Eine Funktion kann nicht ihr eigenes Argument sein, wohl aber kann das Resultat einer Operation ihre eigene Basis werden« (Wittgenstein, 2003b, S. 65).

Selbst im reflexiven Fall verarbeiten Sätze dann nicht mehr sich selbst, sondern lediglich ihr eigenes operatives Ergebnis. Durch die Unterscheidung zwischen Funktion und Operation scheint der Selbstbezug von Sätzen nun also darstellbar.

Doch geht Wittgenstein so weit, einer Operation als solcher nicht nur ihre *Satz*förmigkeit abzusprechen, sondern gleich jegliche Form.

> »5.241 Die Operation kennzeichnet keine Form, sondern nur den Unterschied der Formen« (Wittgenstein, 2003b, S. 64).

Ein alternativer konzeptioneller Spielzug hätte auf den ersten Blick vielleicht darin gelegen, Operationen ihre, wenn man so sprechen darf, *Satzhaftigkeit* zu nehmen, um sie aber gleichsam als *Formen* zu belassen. Dann aber käme die Frage auf, wie sich Satzformen von operationalen Formen unterscheiden. Es müsste sich um nicht-logische Formen handeln, weil Sätze gemäß 2.17 mit der Wirklichkeit die logische Form gemein haben. Nicht-logische Formen sind aber ausgeschlossen, weil nach 2.0121 gilt:

> »Die Logik handelt von jeder Möglichkeit und alle Möglichkeiten sind ihre Tatsachen« (Wittgenstein, 2003b, S. 10).

Formen stellen nach Wittgenstein aber nichts anderes dar als Möglichkeiten (siehe 2.0141, 2.033, 2.151). Ersetzen wir entsprechend den Möglichkeitsbegriff in 2.0121 durch den Formbegriff, so folgt, dass die Logik auch von jeder Form handelt und alle Formen ihre Tatsachen sind. Also kann es so etwas wie nicht-logische Formen nach dieser Konzeptualisierung wohl nicht geben. Folglich bleibt dem Autor des *Tractatus* wohl nur der Ausweg eines Operationsbegriffs, der bloß noch formlose Unterschiede zulässt.

Daran schließt sich allerdings nahtlos die Frage an: Können Sätze formlose Unterschiede überhaupt darstellen?

> »2.17 Was das Bild mit der Wirklichkeit gemein haben muß, um sie auf seine Art und Weise – richtig oder falsch – abbilden zu können, ist seine Form der Abbildung« (Wittgenstein, 2003b, S. 15).

Was Sätze also überhaupt an Wirklichkeit abbilden können, muss sowohl Satz als auch Wirklichkeit gleichermaßen zukommen, nämlich die Form. Kein Satz kann also etwas abbilden, das es nicht als Form gibt.

> »2.174 Das Bild kann sich aber nicht außerhalb seiner Form der Darstellung stellen« (Wittgenstein, 2003b, S. 16).

Nach 5.241 gibt es operationale Unterschiede aber nicht als Form. Also können Sätze, jene des *Tractatus* eingeschlossen, nichts über Operationen aussagen. Denn sie würden auf die ein oder andere Weise immer beinhalten: »Es gibt Nicht-Formen namens ›Operationen‹«.

Damit steht der Inhalt des Satzes mit dessen Form im Widerstreit. *Inhaltlich* kann der Satz nur dann wahr sein, wenn es sich nicht um einen Satz handelt, weil Sätze, gemäß 2.17, eine Form haben und nur durch diese überhaupt etwas darstellen können. Der Inhalt verlangt aber, eine formlose Unterscheidung darzustellen, was die Form »Satz« nicht zu leisten vermag. Wenn es sich aber um keinen Satz handelt, könnte es keinen Inhalt geben, der uns dazu veranlasst, an der Satzform zu zweifeln. Also muss es sich um einen Satz handeln, dessen Inhalt nur dann wahr sein kann, wenn es sich um keinen Satz handelt usw.

Man gerät hier also in eine widersprüchliche Oszillation, die den Anschein erweckt, als käme Russells Paradox, das Wittgenstein in 3.333 noch für erledigt erklärt hatte, in 5.241 durch die Hintertür wieder hereingelaufen: Der Satz, der etwas *über* Unformen aussagt, muss selbst eine Unform sein. Dann ist es aber kein Satz mehr und kann *überhaupt nichts* aussagen. Also kann dieser Satz keine Unform sein. Um seinem Inhalt, der Rede über Unformen, gerecht zu werden, muss der Satz seine allgemeine Form missachten. Um aber seiner allgemeinen Form zu genügen, muss er seinen Inhalt verneinen.

Folgt man der dreifaltigen Einteilung des *Tractatus* von Satzarten in sinn*volle*, sinn*lose* und unsinnige Sätze, so lassen sich Sätze wie 5.241 wohl nur als unsinnig klassifizieren. Bevor wir den Unsinn solcher Sätze genauer spezifizieren, fassen wir die bisherige Argumentation nochmals kurz zusammen:

1. Der *Tractatus* stellt einen Versuch dar, über Sprache zu sprechen.
2. Dabei prüft der Verfasser zwei Möglichkeiten:
   (a) Sätze als Funktionen, die sich selbst als Argument enthalten

   (b) Sätze als Resultate von Operationen, die sich als Resultat ihrer eigenen Operation verarbeiten
3. Ansatz (a) scheitert, weil sich eine Funktion zeichenhaft nicht zugleich als identisch und unterschieden darstellen lässt.
4. Ansatz (b) scheitert, weil Sätze allein durch Form abbilden und deshalb keine Unterschiede außerhalb einer Form kennzeichnen können.

Die Paradoxie des formlosen Unterschieds in einer Form lässt sich wohl auch kaum mit der Unterscheidung zwischen »ausdrücken« und »zeigen« entfalten, wie der Autor in 4.121 suggeriert:

> »4.121 Was *sich* in der Sprache ausdrückt, können *wir* nicht durch sie ausdrücken.
> Der Satz *zeigt* die logische Form der Wirklichkeit.
> Er weist sie auf« (Wittgenstein, 2003b, S. 40).

Denn selbst wenn es zuträfe, dass Sätze die *logische* Form wenn auch nicht ausdrücken, so doch immerhin zeigen können, wäre damit noch nicht gesagt, dass Sätze auch Unterschiede zeigen können, die *keiner* Form entsprechen. Zu versuchen, Nicht-Formen satzförmig zu zeigen, gliche wohl in etwa dem Versuch, keine Sandmalereien in Sand zu malen, wenn man in Sand malt.[2]

Bisher haben wir die Aporien, in welche der Verfasser des *Tractatus* gerät, wenn er versucht, über Sprache zu sprechen, weitestgehend werkimmanent rekonstruiert. Um das Problem aber schärfer in den Blick zu bekommen und gleichsam den Bogen zum Spätwerk Wittgensteins zu spannen, scheint mir ein Hinweis von George Spencer-Brown instruktiv, der in den Anmerkungen zu seinen *Laws of Form* ausdrücklich auf Proposition 5.241 des *Tractatus* Bezug nimmt.

> »The question of whether or not functions of themselves are allowable has been discussed at wearisome length by many authorities [...] since *Principia mathematica* was published. The Whitehead-Russell argument for disallowing them is well

2 Dieser und alle anderen hier angewandten Sätze, die von »Nicht-Formen« reden, unternehmen übrigens den gleichen, aussichtslosen Versuch – allerdings in der Absicht, genau diese Aussichtslosigkeit vorzuführen. Wir könnten uns vorstellen, dass wir mit einer Person im Sandkasten sitzen, die davon überzeugt ist, dass man durch Sandmalerei auch Nicht-Sandmalereien darstellen könne. Nun versuchen wir, diese Person vom Gegenteil zu überzeugen, indem wir sie auffordern, nacheinander Bilder in den Sand zu malen, die, ohne weitere Erklärung, Nicht-Sandmalereien zeigen sollen. Immer wenn die andere Person die Ansicht zum Ausdruck bringt, dass sie nun etwas Passendes gemalt hat, verweisen wir darauf, dass wir das Gemalte aber als Sandmalerei auffassen, weil es eben in Sand gemalt ist. Wir spielen dieses Spiel solange, bis die andere Person ihre Überzeugung aufgibt. Wenn wir obige »Nicht-Form«-Sätze in diesem, schon *vorgreifend sprachspielerischen* Sinne als lehrreich missglückte Verständigungsversuche verstehen, scheinen sie unproblematisch. Die Schwierigkeiten würden erst dort anfangen, wo wir einen geglückten Versuch behaupteten.

known. It is the subject of a number of comments by Wittgenstein [4, propositions 5.241 sq]. [...] An operation, says Wittgenstein, is not the mark of a form, but of a relation between forms. Wittgenstein here sees what I call the mark of distinction between states, which he calls forms, and also sees its connexion with the idea of operation« (Spencer-Brown, 1979, S. 97).

Spencer-Brown bewertet 5.241, soweit ich sehe, an keiner Stelle. Vielmehr stellt er stillschweigend sein Formenkalkül neben diese Aussage und deutet Entsprechungen an. Warum kann man dieses Verhalten als bemerkenswert empfinden?

»Call the space cloven by any distinction, together with the entire content of the space, the form of the distinction. Call the form of the first distinction the form« (Spencer-Brown, 1979, S. 97).

Für Spencer-Brown fallen Form und Distinction *am Ende* zusammen. Eine Unterscheidung teilt stets einen Raum, der als solcher aber wiederum von anderen Räumen getrennt liegt. Man kann diese beiden Figuren denkbar unendlich iterieren: Eine Unterscheidung liegt in einem Raum, der wiederum als Unterscheidung in einem weiteren Raum liegt usw. Doch setzt Spencer Brown der Iteration ein Ende: Die erste und damit grundlegendste Unterscheidung ist selbst eine Form, *die* Form.

Der Operator des Spencer-Brown-Kalküls, das sogenannte »mark«, stellt solche Unterscheidungen dar, indem es auf der jeweiligen Projektionsfläche tut, was es darstellt: unterscheiden. Jedes mark teilt also einen Raum, der selbst wieder durch ein mark getrennt ist. Doch wie kann man dann ein mark als das erste, als »first distinction«, auszeichnen?

»An observer, since he distinguishes the space he occupies, is also a mark« (Spencer-Brown, 1979, S. 76).

Die erste Unterscheidung liegt immer im Auge einer nicht weiter hintergangenen Beobachtung. Wenn Spencer-Brown nun Wittgensteins scheinbar formlose Unterscheidung zwischen Operationen, jene aus 5.241, mit seinem eigenen Operator identifiziert, so zeigt er damit auf einen Beobachter.[3]

Wo Wittgenstein also einen außerhalb jeder Form schwebenden Unterschied einführt, setzt Spencer-Brown, ohne großes Aufsehen, den Beobachter als Operator von Operationen ein. Im Unterschied zwischen Operationen einen Operator zu erblicken, wirft zusätzliches Licht auf das angesprochene Grundproblem. Wie oben

3 Da für Spencer-Brown Form also stets Unterscheidung bedeutet, könnte man davon ausgehen, dass er Wittgenstein an dieser Stelle (5.241) scharf widerspricht. Dass er es hingegen bei einer Andeutung belässt, darf man daher durchaus als Absicht verstehen: Der Beobachter hat sich schon selbst mit Wittgensteins Unterscheidung zwischen Operationen zu identifizieren. Mit diesem Spielzug bindet Spencer-Brown den Beobachter performativ in die Überlegung ein, anstatt satzförmig zu konstatieren.

(S. 142) schon angesprochen, mutet der Verfasser des *Tractatus* dem Satz selbst zu, seine Form zu zeigen.

> »4.121 [...]
> Der Satz *zeigt* die logische Form der Wirklichkeit.
> Er weist sie auf« (Wittgenstein, 2003b, S. 40).

Der Satz hat seine Form also von sich aus zu zeigen. Er muss, so lässt sich 4.121 entnehmen, selbst als Operator des Zeigens fungieren. Dass diese Anforderung, genauer gesagt, nicht an den Satz, sondern an das Zeichen gestellt wird, geht sehr klar aus 4.126 hervor.

> »4.126 [...]
> Dass etwas unter einen formalen Begriff als dessen Gegenstand fällt, kann nicht durch einen Satz ausgedrückt werden. Sondern es zeigt sich *an dem Zeichen* [Hervorhebung, C. D.] dieses Gegenstandes selbst. (Der Name zeigt, dass er einen Gegenstand bezeichnet, das Zahlenzeichen, dass es eine Zahl bezeichnet etc.)« (Wittgenstein, 2003b, S. 43).

Es geht an dieser Stelle nicht darum, die Bedeutung formaler Begriffe zu diskutieren. Vielmehr kommt es auf die problematisch-optimistische Annahme an, dass ein Zeichen »an sich selbst«, also ohne Beobachterbeteiligung, etwas über sich selbst zu zeigen vermag, zumal diese Setzung möglicherweise zu Widersprüchen mit vorangegangenen Propositionen führt.

> »3.262 Was in den Zeichen nicht zum Ausdruck kommt, das zeigt ihre Anwendung. Was die Zeichen verschlucken, das spricht ihre Anwendung aus« (Wittgenstein, 2003b, S. 21).

Hält man die Propositionen 3.262 und 4.126 nebeneinander, scheint die Frage erlaubt: Was zeigt denn nun das, was am Zeichen nicht zum Ausdruck kommt, – das Zeichen selbst oder dessen Anwendung?

Die zweite Option hält eher die Möglichkeit offen, einen Beobachter zum Operator des Zeigens zu machen. Im Folgenden möchte ich die These plausibilisieren, dass Wittgenstein im Übergang zum Spätwerk dieser zweiten Position zuneigt: Der Leser von Sprachspielbeschreibungen wird als beobachtender Teilnehmer in das Sprachgeschehen zu integrieren versucht. Denn einige Paradoxien, denen man beim Versuch, über Sprache zu sprechen, begegnet, lassen sich auf diese Weise geräumig entfalten, wohingegen die logisch-abgeriegelte Satzformanalyse des *Tractatus* sinntragende Unterschiede eher einebnet.

3.3 These 1: Sätze, die weiterführen, können nicht völlig unsinnig sein

»Es ist interessant, die Mannigfaltigkeit der Werkzeuge der Sprache und ihrer Verwendungsweisen, die Mannigfaltigkeit der Wort- und Satzarten, mit dem zu vergleichen, was Logiker über den Bau der Sprache gesagt haben. (Und auch der Verfasser der Logisch-Philosophischen Abhandlung.)« (Wittgenstein, 2003a, S. 27).

In der Tat hat Wittgenstein *Post-Tractatus*-Unterschiede in sprachlichen Gebrauchsweisen häufig durch den Vergleich mit eher alltäglichen Werkzeugen kenntlich zu machen versucht. So liest man beispielsweise schon im *Blauen Buch*:

»Denke an Wörter, als seien sie Instrumente, die durch ihren Gebrauch charakterisiert werden, und dann denke an den Gebrauch eines Hammers, den Gebrauch eines Meisels, den Gebrauch eines Winkeleisens, den Gebrauch eines Leimtopfes und des Leimes. (Auch kann all das, was wir hier sagen, nur verstanden werden, wenn man versteht, daß eine große Mannigfaltigkeit von Spielen mit den Sätzen in unserer Sprache gespielt wird [...])« (Wittgenstein, 2021a, S. 107-108).

Freilich betonen derartige Analogien vor allem die *Gebrauchs*bedeutung von sprachlichen Ausdrücken. Aus der leisen Andeutung im *Tractatus*, »3.262 Was in den Zeichen nicht zum Ausdruck kommt, das zeigt ihre Anwendung« (Wittgenstein, 2003b, S. 21), werden nun, so scheint es, Konsequenzen gezogen: An den Zeichen kommt nichts zum Ausdruck, was nicht durch deren Anwendung geregelt wäre. Wie Werkzeuge, so werden auch Wörter »durch ihren Gebrauch *charakterisiert*«.

Mit der thematischen Ausrichtung auf den Sprachgebrauch verbindet sich auch eine heuristische Wende. Die logischen Formalisierungen des *Tractatus* folgten einer semiotisch *vereinheitlichenden* Richtung, die ihren Gipfel im allgemeinen Satzformzeichen aus Proposition 6 erreichte. Es ging darum, sprachliche Vielfalt in einer Handvoll Symbolen darzustellen, die man als alle möglichen Resultate logischer Wahrheitsoperationen interpretieren konnte. Im Übergang zu den *Philosophischen Untersuchungen* steht hingegen die bewusste Entwicklung sprachlicher Mannigfaltigkeit im Vordergrund. Unter Gesichtspunkten der Ähnlichkeit werden Gebrauchsweisen nur sekundär betrachtet, – und dann auch »nur« als übergreifende *Familien*ähnlichkeiten. Vor allem und zunächst soll man Gebräuche analogisch unterscheiden lernen. Nicht darauf kommt es an, könnte man bildlich sagen, ob Werkzeuge in *einem* Werkzeugkasten liegen, sondern darauf, dass man sie als verschiedene Werkzeuge in Abgrenzung zueinander *charakterisieren* kann.

Doch nicht nur untereinander lassen sich Werkzeuge funktional abgrenzen: Je nach Verwendungskontext kann man ein und dasselbe Werkzeug verschiedentlich einsetzen. Die Verwendungsweise haftet einem bestimmten Werkzeug genauso wenig an wie eine Bedeutung einem bestimmten Wort.

> »117. Man sagt mir: ›Du verstehst doch diesen Ausdruck? Nun also, – in der Bedeutung, die du kennst, gebrauche auch ich ihn.‹ - als wäre die Bedeutung ein Dunstkreis, den das Wort mitbringt und in jederlei Verwendung hinübernimmt« (Wittgenstein, 2003a, S. 82).

Sieht man sich vor der Aufgabe, einen Nagel in ein Brett zu schlagen, obwohl man keinen Hammer zur Hand hat, so kann dafür auch der Griff eines Schraubenziehers herhalten – vorausgesetzt, der Griff ist dick genug. Gleichwohl antwortete man auf die Frage, wozu man einen Schraubenzieher einsetzt, wohl als Erstes, dass ein solcher etwa dazu dient, Schrauben zu drehen, sodass – wie auch bei sprachlichen Ausdrücken – der Schein einer kontextunabhängigen Eigenbedeutung entstehen kann, der sich dann wiederum brechen lässt, indem man über verschiedene Gebrauchsbedeutungen reflektiert.

Weiterhin haben Werkzeugnamen, wenn es sich nicht gerade um »Hightech« für Eingeweihte handelt, den Vorteil, dass die allermeisten Leute wissen, was man damit meint. Bemüht man sich nämlich um eine Sprache, die Funktionsweisen von Sprache klären soll, dann scheint es in dieser Absicht hinderlich, wenn Ausdrücke dieser Sprache selbst schon der Klärung bedürfen.

Um die besondere Tauglichkeit von Werkzeugnamen in Sprachspielen zu veranschaulichen, lohnt es vielleicht, zunächst ein Exemplar aus dem sogenannten *Braunen Buch* zu betrachten, in dem Wittgenstein von Gerätebeschreibungen regen Gebrauch macht:

> »Sehen wir nach, welche Rolle das Wort ›Können‹, oder das Wort ›Fähigkeit‹, in unserer Sprache spielt. Betrachte die folgenden Beispiele:
>
> (48) Für irgendeinen Zweck brauchen Menschen ein Gerät dieser Art: Es ist ein Brett mit einem geraden oder krummen Schlitz, in welchem ein Zapfen geführt wird. Der das Gerät gebraucht, läßt den Zapfen dem Schlitz entlanggleiten. Es gibt solche Bretter mit geraden, kreisbogenförmigen, ovalen, S-förmigen und anderen Schlitzen. Die Sprache des Stammes hat Ausdrücke zur Beschreibung der Tätigkeiten des Arbeitens mit diesem Gerät. Sie sprechen vom Bewegen des Zapfens in gerader Linie, im Kreisbogen, etc. Sie haben auch eine Weise, die entsprechenden Bretter zu beschreiben: sie sagen, ›Das ist ein Brett, in welchem der Zapfen gerade bewegt werden *kann*‹. Man könnte in diesem Fall das Wort ›kann‹ einen Operator nennen, durch welchen die Beschreibung der Handlung in eine Beschreibung des Instruments verwandelt wird.
> (49) Denken wir uns eine Sprache, in der es keine solche Satzform wie, ›Das Buch ist in der Lade‹, oder ›Wasser ist im Glas‹, sondern statt dessen [sic!] heißt es: ›Das Buch kann aus der Lade genommen werden‹, etc.
> (50) Denken wir uns eine Sprache, in der statt Sätzen von der Form ›x ist hart‹, ›x ist weich‹ (›spröde‹, ›zähe‹), immer Sätze gebraucht werden von der Form: ›x kann

> gebogen werden‹, ›x kann schwer geritzt werden‹, ›x kann leicht zerschlagen werden‹, u.s.f., und zwar auch dann, wenn *jetzt*, wie wir sagen würden, das Ding nicht gebogen oder geritzt werden kann, etc. So sagt man zum Beispiel: ›Die Hütte ist aus Stäben gebaut, die leicht gebogen werden *können*, wenn die Stäbe in unserem Sinn einzeln leicht gebogen werden *konnten*.‹
>
> In diesen Beispielen, könnten wir sagen, beschreiben die Sätze von der Form ›das und das kann geschehen‹ *Zustände* von Dingen. Aber die Fälle sind unter einander [sic!] sehr verschieden. In (48) hatten wir den Zustand vor den Augen: Wir sehen, daß das Brett einen geraden, oder andern, Schlitz hat. – In (49) entspricht der beschriebene Zustand manchmal einem ›visuellen Zustand‹, wie wir es nennen könnten, manchmal nicht. – Auch in (50), können wir sagen, beschreibt der Satz ›der Stab kann gebogen werden‹ einen Zustand, weil das Verbum ›gebogen werden können‹ in der Gegenwart steht, also darauf hindeutet, daß etwas jetzt der Fall ist, während ich spreche. Aber ich hätte das Beispiel noch klarer machen können, wenn ich angenommen hätte, in dieser Sprache werde statt ›das Ding ist weich‹ immer gesagt: ›das Ding hat es in sich, daß es gebogen werden kann‹, oder dergleichen« (Wittgenstein, 2021b, S. 145-147).

Inhaltlich möchte ich auf dieses Beispiel kaum eingehen. Was man aus obigem Sprachspiel über die Bedeutung der Wörter »Können« und »Fähigkeit« lernen kann, steht hier also nicht im Vordergrund. Allein die methodologische Form verdient in unserem Zusammenhang einige Bemerkungen.

Es finden sich hier drei Sprachspiele unmittelbar hintereinander geschaltet. In allen dreien tauchen alltägliche Gebrauchsgegenstände auf, die einem Zweck dienen: ein zusammengesetztes Arbeitsgerät in verschiedenen Ausführungen (48), Hilfsmittel zur Aufbewahrung von Büchern oder Wasser (49) sowie Baumaterialien (»Stäbe«) (50). Man versteht die Namen dieser Alltagsutensilien ohne weitere Erklärung. Das Arbeitsgerät aus 48 erhält zwar als Ganzes keinen Eigennamen. Was unter einem Zapfen und einem Brett mit verschiedenförmigen Schlitzen zu verstehen ist, scheint aber, zumindest gehe ich davon aus, keiner weiteren Erläuterung zu bedürfen.[4] Auf

4 Namen alltäglicher Gebrauchsgegenstände ähneln in ihrer Verwendung daher den Urzeichen, wie sie Wittgenstein im *Tractatus* beschreibt:

> »3.263 Die Bedeutungen von Urzeichen können durch Erläuterungen erklärt werden. Erläuterungen sind Sätze, welche die Urzeichen enthalten. Sie können also nur verstanden werden, wenn die Bedeutungen dieser Zeichen bereits bekannt sind« (Wittgenstein, 2003b, 21-22).

Mit anderen Worten: Urzeichen kann man nur erläutern, wenn man es gar nicht muss, weil ihre Bedeutung bereits bekannt ist.

diese Objekte werden jeweils Verwendungsweisen des Wortes »können« bezogen, allerdings nicht so, dass die sprachlichen Verwendungsweisen den Gegenständen fixfertig gegenüberstehen. Vielmehr macht der Gebrauch der Gegenstände jenen der Worte erst sichtbar. Vielleicht darf man sagen, dass der »Sprachspieldesigner« Wittgenstein Werkzeugnamen selbst als Werkzeuge verwendet. Mit ihrer Selbstverständlichkeit liefern sie in gewissem Sinne den Baugrund:

> »109. [...] Alle Erklärung muß fort, und nur Beschreibung an ihre Stelle treten. Und diese Beschreibung empfängt ihr Licht, d.i. ihren Zweck, von den philosophischen Problemen. Diese sind freilich keine empirischen, sondern sie werden durch eine Einsicht in das Arbeiten unserer Sprache gelöst, und zwar so, daß dieses erkannt wird: entgegen einem Trieb, es mißzuverstehen. Diese Probleme werden gelöst, nicht durch Beibringen neuer Erfahrung, sondern durch Zusammenstellung des längst Bekannten« (Wittgenstein, 2003a, S. 81).

Der Vorsatz, jegliche Erklärung zu vermeiden, bedeutet auch, dass keine Erklärung erforderlich sein darf. Sprachspiele hat man demnach so zu bauen, dass Rückfragen nach der Bedeutung maximal ungerechtfertigt erscheinen, sodass man plausibler nach einer Erklärung für die Erklärung *rück*-rückfragen könnte.

> »87. [...] Man könnte sagen: Eine Erklärung dient dazu, ein Mißverständnis zu beseitigen, oder zu verhüten – also eines, das ohne die Erklärung eintreten würde; aber nicht: jedes, welches ich mir vorstellen kann. Es kann leicht so scheinen, als zeigte jeder Zweifel nur eine vorhandene Lücke im Fundament; so daß ein sicheres Verständnis nur dann möglich ist, wenn wir zuerst an allem zweifeln, woran gezweifelt werden kann, und dann alle diese Zweifel beheben. Der Wegweiser ist in Ordnung, – wenn er, unter normalen Verhältnissen, seinen Zweck erfüllt« (Wittgenstein, 2003a, S. 70-71).

Das Sprachwerkzeug »Erklärung« kommt also bevorzugt dort zum Einsatz, wo ein Missverständnis auftreten kann. Missverständlich sollte man Sprachspiele folglich nicht formulieren. Man kann *in* ihnen bewusst missverständliche Wortgebräuche thematisieren, aber *das* muss dann möglichst unmissverständlich rüberkommen.

Fassen wir die Diskussion über die Rolle von Werkzeugnamen in Sprachspielen kurz zusammen:

1. Werkzeugnamen haben mit ihren bezeichneten Gegenständen gemeinsam, dass sie sich – in *sprachspielarchitektonischer* Hinsicht – selbst als Werkzeuge beschreiben lassen.
2. Wittgenstein gebraucht Werkzeugnamen in Sprachspielen als »urzeichenartige Baumaterialien«, um in ihnen und im Vergleich mit anderen Sprachspielen Verwendungsweisen von Ausdrücken zu unterscheiden.

3. Werkzeugnamen eignen sich in Sprachspielen vor allem ihrer Selbstverständlichkeit wegen.

Damit befinden wir uns nun in einer Position, in der wir zwei Dinge zugleich tun können: Zum einen können wir mit den Augen des *späten* Wittgenstein versuchen, jene Leiter aufzuheben, welche der *frühe* am Ende des *Tractatus* den verständigen Leser aufforderte, wegzuwerfen.

> »6.54 Meine Sätze erläutern dadurch, dass sie der, welcher mich versteht, am Ende als unsinnig erkennt, wenn er durch sie – auf ihnen – über sie hinausgestiegen ist. (Er muss sozusagen die Leiter wegwerfen, nachdem er auf ihr hinaufgestiegen ist.)« (Wittgenstein, 2003b, S. 111).

Sollte dieser Versuch gelingen, spräche das für eine Kontinuität zwischen Früh- und Spätwerk entlang des Reflexivitätsproblems beim Sprechen über Sprache.

Zum anderen können wir in diesem Zuge auch einige methodologische Vorzüge von Sprachspielvergleichen gegenüber der logischen Satzformanalyse vorführen: Die Leiter vom Früh- ins Spätwerk kann, so die These, über die Leiter aus 6.54 des *Tractatus* führen, wenn man sich traut, diese Proposition bereits als eine Einladung zu Sprachspielen zu verstehen.[5] Als nicht völlig abwegig darf diese Idee deshalb gelten, weil in 6.54 ganz offensichtlich der Name eines Werkzeugs verwendet wird, um damit die Gebrauchsweise von Sätzen zu erhellen: »Verwende die Sätze des *Tractatus* wie eine Leiter, die man nach dem Aufstieg hinter sich wegstößt!«. Damit unterscheidet sich dieses Vorgehen wohl nicht *wesentlich* von den oben angeführten *Post-Tractatus*-Beispielen.

Vergleichen wir die Gebrauchsempfehlung aus 6.54 mit den folgenden drei – provisorisch von mir selbst gebauten – Sprachspielen. Der vermutlich größeren Immersionskraft wegen erlaube ich mir hier, zum »Du« überzugehen.

3.1 Stell dir vor, man gibt dir eine Leiter, um irgendwo hinaufzusteigen – allerdings mit dem Befehl, dass du die Leiter mit dem hörbaren Ausruf »Unsinn!« von dir wegstößt, nachdem du sie erfolgreich benutzt hast, um hinaufzusteigen. Du steigst die Leiter hinauf, stößt sie dann, gemäß der Vereinbarung, weg und sagst laut »Unsinn!«.

3.2 Stell dir vor, man gibt dir eine Leiter unter den gleichen Bedingungen, nur als du den Versuch machst, hinaufzusteigen, brechen einige Sprossen, sodass der Aufstieg nicht gelingt. Du sagst dem Befehlenden daraufhin, dass die Leiter nicht zu gebrauchen ist. Man wiederholt daraufhin den Befehl. Du erklärst den Befehl für unsinnig.

---

5 Natürlich ohne damit zu behaupten, dass der Autor des *Tractatus* diese Möglichkeit schon vorgesehen hat.

3.3 Stell dir vor, man gibt dir eine Leiter, um irgendwo hinaufzusteigen – allerdings nur unter der Bedingung, dass du die Leiter von dir wegstößt, nachdem du sie erfolgreich benutzt hast, um hinaufzusteigen. Du steigst die Leiter hinauf, stößt sie weg – aber nicht der Vereinbarung wegen, sondern weil du von der erreichten Position aus erkennst, dass die Leiter dich nirgendwo hingeführt hat. Du stößt die Leiter wütend weg und rufst etwas wie »So ein unsinniges Ding!«.

In Sprachspiel 3.1 folgt man einem Befehl. Wird man, oben angekommen, gefragt, warum man die Leiter weggestoßen hat, so würde die Antwort in etwa lauten: »Weil ich auf Befehl gehandelt habe«. Darin unterscheidet sich der Gebrauch in Sprachspiel 3.1 sowohl von jenem in Proposition 6.54 des *Tractatus* als auch von jenem in Spachspiel 3.3., denn in diesem Spiel stößt man die Leiter aus eigener Überzeugung von sich. Man hat die Unsinnigkeit, im Sinne von Unbrauchbarkeit, der Leiter eingesehen. Vielleicht wirft man die Leiter mit einem gewissen Gefühl von Enttäuschung weg. Möglicherweise könnte man sich auch *ge*täuscht fühlen oder sich über sich selbst ärgern, weil man – anders als in Sprachspiel 3.2 – nicht im Vorhinein gemerkt hat, dass die Leiter ihren Zweck nicht erfüllen kann.

Auch 3.3 kommt an die Situation in 6.54 nicht ganz heran, denn in 6.54 ist ja die Rede davon, dass man »hinaufgestiegen« ist, wohingegen man in 3.3 bemerkt, dass gerade dies nicht gelungen ist.

Keines der aufgeführten Beispiele scheint den Leitergebrauch aus 6.54 also vollständig einzufangen. Gleichwohl mag es schwerfallen, sich ein *völlig* anderes Sprachspiel vorzustellen, das man bisher nur übersehen hat. Denn alle »Zutaten« aus 6.54 scheinen in ihren verschiedenen Varianten untergebracht: Eine Leiter in brauchbarem (3.1), unbrauchbarem (3.2) oder nur vermeintlich brauchbarem (3.3) Zustand; ein gelungener (3.1), misslungener (3.2) oder nur zunächst gelungen geglaubter (3.3) Aufstieg; das Wegstoßen der Leiter auf Befehl (3.1) oder das Wegstoßen der Leiter aus Überzeugung (3.3).

Fragen wir uns doch, inwiefern man in 3.1 bis 3.3 jeweils von Unsinn spricht. In 3.1 verwendest du das Wort »Unsinn« lediglich, um einem Befehl zu folgen. Hier geht es gar nicht um das Wort »Unsinn«, sondern um das Wort, dass die Befehlende vorgibt. Sie hätte auch jedes andere Wort vorgeben können. Die Bedeutung bliebe *in dieser Situation* nahezu die gleiche.

Wärst du in 3.2 geneigt, die Leiter »unsinnig« zu nennen? Nennen wir eine *offensichtlich* unbrauchbare Leiter »unsinnig«? Du könntest, nachdem du die Leiter zerbrochen hast, in leicht ironischem Ton sagen: »Oh! Das war mal eine Leiter...«. Für unsinnig hältst du daraufhin aber jeden weiteren Versuch, mit derselben »Leiter« hinaufzusteigen.

In 3.3 siehst du erst, nachdem du die Leiter benutzt hast, einen Anlass, sie als unsinnig zu bezeichnen. Dabei zeigst du auf die Leiter. Du selbst machst dir keinen Vorwurf. Schließlich hast du sowohl, bevor du die Leiter benutzt hast, als auch während du – vermeintlich – hinaufgestiegen bist, keinen Zweifel daran gehabt, dass sie dich hinaufführen wird. Aber was geschah dann? Obwohl du geglaubt hattest, dass die Leiter dich nach oben bringen würde, hast du ab einem gewissen Punkt den sehr klaren Eindruck gewonnen, dass die Leiter dich nirgendwo hinbringen kann. Doch wie ließe sich dieser Vorgang beschreiben?

Stell dir vor, du solltest die Funktionsweise eines Geräts beschreiben, das Farben aufhellt, ohne sie dem Weißen anzunähern, oder die einer Stimmgabel, welche die Lautstärke der Farbe Gelb erhöht. Vergleiche diese Fälle mit dem Gebrauch einer solarbetriebenen Taschenlampe. Man könnte so ein Gerät leicht bauen und sich vorstellen, wie es funktioniert: eine Taschenlampe, die im Sonnenlicht leuchtet. Die Funktionsweise einer solarbetriebenen Taschenlampe ließe sich also situational beschreiben. Fragte man aber, wozu dieses Gerät überhaupt zu gebrauchen sei, scheint Schulterzucken eine angemessene Reaktion.

Die Leiter selbst würden wir also wohl am ehesten in 3.3 *unsinnig* nennen. In 3.1 folgen wir lediglich einem Befehl, der auch jedes andere Wort beinhalten könnte. In 3.2 verwenden wir das Wort »Unsinn« nicht in Bezug auf die Leiter selbst, sondern in Bezug auf jeden weiteren Versuch, sie *noch* als Leiter zu verwenden. Nur in 3.3 hat man wohl schon große Schwierigkeiten, sich überhaupt vorzustellen, wie der Gebrauch einer solchen Leiter aussieht. Was auch immer man tut, während man diese Leiter verwendet: Hier scheint sie vielleicht, bezogen auf die anderen beiden Beispiele, am passendsten als »unsinnig« charakterisiert, gerade, weil man nicht sagen kann, wie man sie verwendet. Über den Gebrauch dieser Leiter muss man wohl tatsächlich schweigen, – ob man will oder nicht.

Damit kommt die Redeweise aus 3.3 jener in Proposition 6.54 des *Tractatus* wohl am nächsten. Aber wie nahe? Was trennt hier noch? Erinnern wir uns, dass 6.54 eine Situation schildert, in welcher der Aufstieg – im Gegensatz zu 3.3 – tatsächlich gelungen ist. Obwohl man die Leiter also erfolgreich erklomm, hat man sie danach für unsinnig zu halten. Unter welchen Umständen scheint so ein Gebrauch denkbar?

3.4 Stell dir einen Stamm vor, welcher unsere Sprache spricht und in einer völlig ebenerdigen Gegend sesshaft ist. Nur an einer einzigen Stelle gibt es eine Höhe, sagen wir: einen kleineren Felshügel, der allerdings gerade so groß ausfällt, dass man ihn nur durch eine Leiter besteigen kann. Ein einmaliges Initiationsritual im Leben eines jeden Stammesmitglieds bestehe nun darin, eine Leiter aus Stöcken zu bauen und damit den Felshügel zu besteigen. Du siehst nun einem solchen Initiationsritual zu. Ein Stammesmitglied steigt auf der selbstgebauten Leiter den Felshügel empor und stößt sie danach jubelnd von sich. Du möchtest die Leiter als Andenken mitnehmen und fragst um Erlaubnis. Man erteilt dir ohne Weiteres die Erlaubnis, indem man dir erklärt, dass es »Unsinn« wäre, die Leiter behalten zu wollen, da man sie ja ganz gewiss nicht mehr benötigen wird.

Verwendet man »Unsinn« in Sprachspiel 3.4 nicht auf sehr ähnliche Weise wie in 6.54? Immerhin scheint hier das Rätsel einer brauchbaren, aber dennoch unsinnigen Leiter sinnvoll gelöst. Allein die Annahme der Gleichzeitigkeit hat man aufzugeben: Die Leiter ist dann *nicht schon während* des Gebrauchs unsinnig, sondern *wird* erst unsinnig, *nachdem* man sie erfolgreich benutzt hat. Wählt man diesen Weg, kommt man also nicht umhin, eine zeitliche Dimension einzuführen, durch welche sich die Paradoxie der brauchbar-unsinnigen Leiter entfalten lässt. So gelangt man vielleicht zu einer ähnlichen Diagnose wie (Diamond, 1988), welche das Wort »Unsinn« aus 6.54 zu einem »›transitional‹ vocabulary« (a. a. O., S. 11) zählt, »the before-you-throw-away-the-ladder mode of speaking« (ebd.). Wie auch immer man 6.54 entschlüsselt, ein grundlegendes Problem scheint immer wiederzukehren: Man stößt auf mehrere Arten von Unsinn, wo man doch nur eine zulässt. Ein solches »Logik-Sprachspiel« lässt sich vielleicht mit folgender Situation vergleichen.

3.5 Stell dir vor, man gäbe dir einen Kasten mit drei Löchern, über denen Farbnamen stehen: »rot«, »gelb«, »blau«. Weiterhin legt man dir vier farbige Murmeln in die Hand: eine blaue, eine gelbe sowie eine hell- und eine dunkelrote. Man befiehlt dir nun, *je eine* Murmel »den Farben entsprechend« in die jeweiligen Löcher zu werfen.

Für welche rote Murmel soll man sich nun entscheiden? Weist dieses Problem nicht eine gewisse Ähnlichkeit mit der Frage auf, welche Bedeutung von »Unsinn« nun die richtige ist? Fühlt sich der Unsinn aus 3.3 im Vergleich zu jenem aus 3.4 nicht etwas dunkelrot an? Denn in 3.3 fällt es schwer, sich überhaupt eine Situation vorzustellen, die zur Beschreibung passt; in 3.4 hingegen mussten wir uns »nur« ein vielleicht etwas absurdes, aber dennoch darstellbares Szenario denken. Möglicherweise könnte man hier deshalb dazu neigen, diesen Gebrauch mit einem helleren Rot in Verbindung zu bringen.

Tatsächlich trifft 3.5 hier keine weiteren Abmachungen, sodass man sich vielerlei Zuordnungen vorstellen kann. Es könnte einem beispielsweise auch gar nicht einfallen, an eine richtige oder falsche Zuordnung zu denken. Dies äußerte sich vielleicht darin, dass man die Murmeln alle gleichermaßen unvermittelt verteilt – also etwa in gleichem Tempo, mit der gleichen Bewegung, ohne Stirnrunzeln usw.

In diesem oder ähnlichem Sinne scheint die Methode der logischen Satzformanalyse, statt über Sprache zu sprechen, in unbestimmtem Schweigen zu enden. Mit Sprachspielbeschreibungen sinnt man demgegenüber nicht darauf, Sprache statisch in einem Zeichen zu verdichten, sondern sie systematisch in der Zeit zu entfalten.

3.4 These 2: Sprachspiele antworten auf die Frage, wie Sprechen über Sprache gelingen kann

Die Beredsamkeit des wittgensteinschen Spätwerks scheint also geeignet, die durch den *Tractatus* verordnete Schweigepflicht systematisch zu brechen. Dabei kehrt sich die Gewichtung von Ideal- und Alltagssprache um. Im *Tractatus* galt die Umgangssprache noch eher als Verwirrung stiftendes Durcheinander, das der logischen Klärung bedarf:

> »3.323 In der Umgangssprache kommt es ungemein häufig vor, dass dasselbe Wort auf verschiedene Art und Weise bezeichnet – also verschiedenen Symbolen angehört –, oder, dass zwei Wörter, die auf verschiedene Art und Weise bezeichnen, äußerlich in der gleichen Weise im Satz angewandt werden [...]
> 3.324 So entstehen leicht die fundamentalsten Verwechslungen (deren die ganze Philosophie voll ist).
> 3.325 Um diesen Irrtümern zu entgehen, müssen wir eine Zeichensprache verwenden, welche sie ausschließt, indem sie nicht das gleiche Zeichen in verschiedenen Symbolen, und Zeichen, welche auf verschiedene Art bezeichnen, nicht äußerlich auf die gleiche Art verwendet. Eine Zeichensprache also, die der *logischen* Grammatik – der logischen Syntax – gehorcht« (Wittgenstein, 2003b, S. 24-25).

> »Es ist falsch zu sagen, daß wir in der Philosophie eine Idealsprache im Gegensatz zu unserer gewöhnlichen Sprache betrachten. Denn das erweckt den Anschein, daß wir denken, wir könnten die gewöhnliche Sprache verbessern. Aber die gewöhnliche Sprache ist völlig in Ordnung. Wenn wir ›Idealsprachen‹ konstruieren, dann nicht, um die gewöhnliche Sprache durch sie zu ersetzen; unser Zweck ist vielmehr, jemandes Verlegenheit zu beseitigen, die dadurch entstand, daß er dachte, er habe den genauen Gebrauch eines gewöhnlichen Wortes begriffen. Auch aus diesem Grunde zählen wir mit unserer Methode nicht nur bestehende Wortgebräuche auf, sondern erfinden bewusst neue, – davon einige, *gerade weil sie absurd erscheinen* [Hervorhebung, C. D.]« (Wittgenstein, 2021a, S. 52).

> »Systeme der Verständigung wie meine Beispiele [...] will ich ›Sprachspiele‹ nennen. Sie sind dem, was wir im gewöhnlichen Leben Spiele nennen mehr oder weniger verwandt; Kinder lernen ihre Muttersprache mittels solcher Sprachspiele, und hier haben sie vielfach den unterhaltenden Charakter des Spiels. – Wir betrachten aber die Sprachspiele nicht als Fragmente eines Ganzen ›*der* Sprache‹, sondern als in sich geschlossene Systeme der Verständigung, als einfache, primitive Sprachen« (Wittgenstein, 2021a, S. 121).

Von »Systemen der Verständigung« zu reden, kann mehreres anzeigen: zum einen Systeme, die Situationen darstellen, »in« denen Verständigung stattfindet, zum anderen aber auch Systeme, »mit« denen man sich verständigt. Gelingt es, diese beiden Schienen zusammenzuführen, scheint es möglich, sich über sprachliche Verständigung zu verständigen. Situationen zu beschreiben, in denen fiktive Teilnehmer Sprache benutzen, um damit alles Mögliche, mitunter auch Absurdes, anzustellen, ermöglicht es dann, *ganzheitlich-geschlossene* Sprachsysteme sprachlich zu thematisieren.

Doch hätte man damit wohl noch keinen wesentlichen Unterschied zur logischen Satzformanalyse markiert, da diese ja auch den Anspruch erhebt, Sprache ganzheitlich durch sprachliche Mittel zu systematisieren. Allerdings geht dieser Anspruch so weit, ganzheitlich über »die« Sprache als solche zu sprechen. Dies führt – wie oben (S. 136 ff.) ausführlich diskutiert – zu der Verlegenheit, jene Sprache, welche über »die« Sprache schlechthin spricht, man möchte sagen »möglichst ungesehen«, hinter sich fallenzulassen, weil man deren beider Verhältnis nicht so recht zu beschreiben weiß.

Vermittels Sprachspielen versucht man demgegenüber, wenigstens *eine* Sprache als ganze Sprache in *der* Sprache, nämlich der Alltagssprache, zu thematisieren. Für die Ganzheitlichkeit der einzelnen Sprachsysteme bezahlt man mit deren Verallgemeinerbarkeit: Die *eine* ganze Sprache zerfällt in *viele* ganze Sprachen, aus denen sich durch Variation und Vergleich begründete Vermutungen über einige Gebrauchsregeln der Alltagssprache extrapolieren lassen, nicht aber das »Wesen der Sprache« (Wittgenstein, 2003a, S. 74).

Doch lassen wir in solchen Formulierungen, »Sprache... als Sprache... in der Sprache«, die »Wellen der Sprache« (Wittgenstein, 2003a, S. 130) selbst noch unnötig hochschlagen. Versuchen wir folgende Veranschaulichung:

3.6 Stell dir vor, man gibt dir die Aufgabe, ein Theaterstück zu schreiben *und* zu inszenieren. Man sagt dir, du sollest das Stück so schreiben und inszenieren, dass es einem möglichst breiten Publikum ohne weitere Erklärung *zeigt*, was Theaterspielen bedeutet.

Wäre man hier nicht geneigt, die Aufgabe sofort mit der Bemerkung zurückzuweisen, dass Theaterspielen doch von Stück zu Stück sehr Verschiedenes bedeuten kann? Doch haben die Auftraggeberinnen im Sprachspiel denn verboten, mehrere Stücke in einem Stück unterzubringen, die nach Bedarf auch weitere Stücke, die weitere Stücke beinhalten können, beinhalten können? In der Komödie *Gretchen 89ff.* reiht Lutz Hübner beispielsweise verschiedene Inszenierungen eines Szenarios aneinander: eine Situation, in der Personen für eine Theateraufführung jene Faust-Szene proben, in der Gretchen das Schmuckkästchen von Faust findet. Strukturell hat man hier ein Stück vor sich, *Gretchen 89ff.*, das aus einer Reihe von Stücken, den Probeszenen, besteht, von denen wiederum jede ein Stück beinhaltet, nämlich *Faust*.

Wenn Wittgenstein nun verschiedene Wortgebräuche durch Varianten ähnlicher Redesituationen illustriert[6] – ähnelt diese Vorgehensweise dann nicht jener eines Regisseurs und Drehbuchautors, der versucht, vermittels Theaterszenen über Theater zu sprechen?

Die Theater-Analogie scheint mir zumindest zwei Gesichtspunkte ans Licht zu bringen, welche die Beschreibung von Sprachpspielen gegenüber logischer Analyse auszeichnet:

(a) die konstitutive Einbindung eines Beobachters, ähnlich einem Publikum

sowie

(b) gewissermaßen als das, was dieser Beobachter beobachtet: die beteiligende Beobachtung sprachlicher Interaktion im zeitlichen Ablauf.

Ad (a): Konstitutive Beobachtereinbindung beginnt natürlich nicht einfach schon damit, dass man für Leserinnen schreibt. Wittgensteins Sprachspiele rechnen nicht nur mit Lesern, sie sprechen diese direkt an. Am deutlichsten merkt man den Unterschied vielleicht, wenn man sich vorstellt, dass man Sprachspiel-Passagen, sagen wir, aus den *Philosophischen Untersuchungen* und Propositionen aus dem *Tractatus*, laut vorgelesen bekommt. Während man in letzterem Fall vielleicht bloß den Eindruck hätte, einem Vortrag zuzuhören, wird man in ersterem aufgefordert, sich Situationen vorzustellen, Linien zu zeichnen, sich Fragen zu stellen usw.

Diese besondere Darstellungs- bzw. ja gerade nicht bloß *Darstellungs*weise von Sprachspielen möchte ich im Anschluss an mathematikphilosophische Bemerkungen von (Spencer-Brown, 1979, S. 77) gerne »injunktiv« nennen:

> »It may be helpful at this stage to realize that the primary form of mathematical communication is not description, but injunction. In this respect it is comparable with practical art forms like cookery, in which the taste of a cake, although literally

6 Dass Wittgensteins Sprachspiele eine »Einheit aus einer expliziten Semantik und Struktur, einer Praxis in zuhandener Umgebung und leiblicher (auch nonverbale Zeichen einschließender) Intentionalität« (Renn, 2006, S. 202) thematisieren, bietet nach Renn explikative Vorzüge, wenn es darum geht, über Sprache zu sprechen. Wenn ich recht sehe, lässt der Autor das Sprachspiel der eigenen Äußerungen aber weitestgehend im Dunkeln. Falls ich mich nicht überhebe, darf ich für die hier verfolgte Gangart den Vorteil behaupten, dass die eingesetzten Sprachspiele einen Grund legen, auf dem ich gemeinsam mit der jeweiligen Leserin stehe. Meine Bemerkungen außerhalb der Sprachspiele nehmen also den Charakter von *verständigungsorientierten* Kommentaren an, zu denen sich die Leserin dann vor dem gemeinsamen Hintergrund verhalten kann.

> indescribable, can be conveyed to a reader in the form of a set of injunctions called a recipe. Music is a similar art form, the composer does not even attempt to describe the set of sounds he has in mind, much less the set of feelings occasioned through them, but writes down a set of commands which, if they are obeyed by the reader, can result in a reproduction, to the reader, of the composer's original experience« (ebd.).

Auf den ersten Blick mag man vielleicht nicht ersehen, was Sprachspielbeschreibungen mit mathematischer Kommunikation zu tun haben sollen. Jene, wie wir oben (S. 145 ff.) konstatiert haben, bedienen sich doch gerade deshalb alltäglicher Ausdrücke, um möglichst ohne jede Erklärung auszukommen. Mathematik aber abstrahiert doch in ihrer Symbolik eben von solchen Selbstverständlichkeiten. Haben Sprachspiel-Injunktionen nicht mehr mit Kochrezepten gemein als mit mathematischer Heuristik?

> »We are accustomed, in ordinary life, to having indications of what to do confirmed in several different ways, and when presented with an injunction, however clear and unambiguous, which, stripped to its bare minimum, indicates what to do once and in one way only, we might refuse it. (We may consider how far, in ordinary life, we must observe the spirit rather than the letter of an injunction, and must develop the habitual capacity to interpret any injunction we receive by screening it against other indications of what we ought to do. In mathematics we have to unlearn this habit in favour of accepting an injunction literally and at once. This is why an author of mathematics must take such great pains to make his injunctions mutually permissive. Otherwise these pains, which rightly rest with the author, will fall with sickening import upon the reader, who, by virtue of his relationship with respect to the author, may be in no position to accept them.)« (a. a. O., S. 82).

Den entscheidenden Unterschied zwischen mathematischen und alltäglichen Injunktionen erblickt Spencer-Brown in der alltäglichen Vielfalt der Ausführungsweisen einer Anweisung. Wenn man putzt, macht man sauber, ohne darauf zu achten, den Lappen gemäß bestimmter Kreisfunktionen zu bewegen. Im mathematischen Kontext hingegen hat man höchst minutiösen Befehlen zu folgen, ohne zunächst den Grund für diese Kleinlichkeit einzusehen. Man möchte dann vielleicht etwas fragen wie »Warum *ausgerechnet* so und nicht anders?« und die Ausführung verweigern, bis man eine befriedigende Antwort erhalten hat.

Aber möchte man genau diese Frage nicht auch bei vielen Sprachspielbeschreibungen stellen? Fallen nicht auch Sprachspielanleitungen gegenüber den meisten alltäglichen Aufgaben oft ziemlich ungewöhnlich genau aus? Gewiss, man weiß, was zu tun ist, weil sich die meisten Ausdrücke, beispielsweise Werkzeugnamen, von selbst verstehen. Doch wenn man ohne Weiteres gebeten würde, mit einer Leiter *irgendwo* hinaufzusteigen, um diese dann – bitte keine Fragen! – hinter sich wegzustoßen, – würde man dann nicht vielleicht zumindest etwas verdutzt reagieren?

> »175. Mach einen beliebigen Fahrer auf dem Papier. – Und nun zeichne ihn daneben nach, laß dich von ihm führen« (Wittgenstein, 2003a, S. 118).

Möchte man hier nicht im ersten Moment etwas wie »Wozu denn das alles?« fragen, so als säße man vor noch undurchsichtigen Mathematikaufgaben?

Oben haben wir ja schon erfahren, dass einige Sprachspielbeschreibungen bewusst verfremdet ausfallen, weil gewisse Züge auf diese Weise umso kenntlicher hervortreten können.

> »Wittgenstein is still [*post Tractatus*, C. D.] as concerned as ever to exorcize nonsense from philosophy; he wants to cure us of the puzzlement, the deep disquietude, it engenders in our soul. But now he also *uses* it like a vaccine that cures us of *itself*. He may, for instance, describe some state of affairs that, according to a certain harmless-looking view or picture which he is criticizing, ought to be perfectly unexceptionable: but in fact the alleged state of affairs is radically odd, inherently absurd. The hidden nonsense is thus uncovered« (Pitcher, 1965, S. 592).

Injunktionen scheinen geradezu notwendig, um sich absurde Redesituationen zu denken, auf die man sonst nicht kommen könnte und die sich überdies noch aus keinem narrativen Zusammenhang ergeben.

Darin ähneln bestimmte Sprachspielanleitungen allerdings auch ausgefallenen Kochrezepten. Jene dienen aber natürlich nicht zur Zubereitung von Speisen, sondern stellen eine Beobachterin so ein, dass diese gewisse Sprachgebräuche sehen kann. Dieses reflexive Potenzial injunktiven Sprechens hat wohl auch Spencer-Brown im Blick:

> »Where Wittgenstein says [4, proposition 7]
>
> whereof one cannot speak,
> thereof one must be silent
>
> he seems to be considering descriptive speech only. He notes elsewhere that the mathematician, descriptively speaking, says nothing. The same may be said of the composer, who, if he were to attempt a description (i.e. a limitation) of the set of ecstasies apparent through (i.e. unlimited by) his composition, would fail miserably and necessarily. But neither the composer nor the mathematician must, for this reason, be silent.
> In his introduction to the Tractatus, Russell expresses what thus seems to be a justifiable doubt in respect of the Tightness of Wittgenstein's last proposition when he says [p 22]

> what causes hesitation is the fact that, after all, Mr Wittgenstein manages to say a good deal about what cannot be said, thus suggesting to the sceptical reader that possibly there may be some loophole through a hierarchy of languages, or by some other exit.
>
> The exit, as we have seen it here, is evident in the injunctive faculty of language« (Spencer-Brown, 1979, S. 77).

Man kann nun darüber streiten, ob Spencer-Brown damit sagen möchte, dass »Die Welt ist alles, was der Fall ist« (Wittgenstein, 2003b, S. 9) eigentlich heißen müsste: »Die Welt *sei* alles, was der Fall ist«, sodass also schon im *Tractatus* injunktiv gesprochen wird. Was aus der Bemerkung aber recht offensichtlich hervorgeht: Spencer-Brown sieht hier im injunktiven Modus des Sprechens einen »exit« aus der Verlegenheit, nicht über Sprache sprechen zu können, durch den er im Übrigen auch selbst zu gehen scheint.[7] Injunktionen zeigen unweigerlich auf einen Beobachter. Man *vergleiche* etwa den Satz »Zwei Personen spielen Schach« mit der Weisung »Stell dir vor, dass zwei Personen Schach spielen«. Man kann diese Aufforderung nur befolgen oder »aktiv« versuchen, sie loszuwerden, etwa mit den Worten: »Nein, mache ich nicht!«. Ob es dann tatsächlich gelingt, sich *keine* zwei schachspielenden Personen vorzustellen, berührt diese Unterscheidung nicht.

Ad (b): Um aber Sprachspiel-Injunktionen von bloßen Kochrezepten abzugrenzen, bietet es sich an, zur zuvor dargelegten Theater-Analogie zurückzukehren. Verweist uns der Sprachspielarchitekt Wittgenstein injunktiv auf die Zuschauerränge eines Sprachtheaters? Im *Blauen Buch* taucht noch ein Sprachspiel auf, das etwas mehr über Sprachspiele selbst zu sprechen scheint und die bloße, wenn auch injunktiv bekräftigte, Zuschauerrolle der Leserin nahelegt.

> »Stell dir vor, es wollte Dir jemand einen Begriff geben von den besonderen Gesichtszügen der Mitglieder einer gewissen Familie. Er tut dies, indem er Dir Familienportraits zeigt und auf die charakteristischen Züge in ihnen hinweist. Seine Aufgabe wird darin liegen, Dir diese Bilder in der richtigen Folge und in den richtigen Zusammenstellungen zu zeigen; so daß Du zum Beispiel sehen kannst, wie gewisse Einflüsse die Züge der Familie nach und nach geändert haben; oder, in

7 Dabei kommt die hier nicht weiter zu diskutierende Frage auf, inwiefern die *Laws of Form* selbst Sprachspielcharakter aufweisen. (Luhmann, 1993a, S. 202) dämpft dahingehende Erwartungen ein wenig:

> »[W]er ist Spencer Brown? Wer ist es, der all dies so Boole-gerecht arrangiert? Wer erzählt die Erzählung, und kommt der Erzähler in der Erzählung vor? Der Beobachter ist Spencer Brown selbst, der uns durch die strenge Form des Kalküls zwingen will, denselben Kalkül mitzuvollziehen, also zwischen verschiedenen Beobachtern nicht zu unterscheiden« (Luhmann, 1993a, S. 202).

welcher besondern Weise diese Gesichter altern, welche Gesichtszüge dabei besonders hervortreten, u.s.f.« (Wittgenstein, 2021b, S. 179).

Dass Wittgenstein im Vorwort zu den *Philosophischen Untersuchungen* dieses Buch selbst als »Album« (Wittgenstein, 2003a, S. 8) charakterisiert, unterstreicht diesen Eindruck.

Die perspektivische Vielfalt der wittgensteinschen Sprachtheater aber auf die Zuschauerrolle zu reduzieren, scheint kaum möglich. So bemerkt etwa Joachim Schulte in seinem Nachwort zu den *Philosophischen Untersuchungen*:

> »In den *Untersuchungen* kommt die offen dialogische Form vieler Abschnitte hinzu und macht klar, daß hier zwei – ja, *mindestens* zwei – Stimmen zu Gehör gebracht werden. Da ist es natürlich naheliegend, eine dieser Stimmen als Organ des Autors aufzufassen und die andere(n) [sic!] einer oder mehreren gegnerischen Positionen zuzuordnen. [...] Die fortbestehenden Gegensätze zwischen den fruchtbarsten Interpretationen sollten allerdings, ebenso wie bestimmte Überlegungen zur Gestaltung und Entstehungsgeschichte des Texts, daran erinnern, daß es vielleicht weder möglich noch im Sinne des Autors ist, alle erkennbaren Widersprüche auszuräumen« (Wittgenstein, 2003a, S. 285).

Um das Stimmengewirr der wittgensteinschen Sprachspiele etwas besser zu katalogisieren, scheinen mir Architekturvorschläge aus der, falls diese Bezeichung etwas aufruft, »Theater-Kybernetik« aufschlussreich. Mit seiner Blaupause für ein »Cybernetic Theatre« hat (Pask, 1964, S. 1) eine Beschreibung vorgelegt, welche sich, wie mir scheint, durchaus als Bauplan für sprachspielerische Interaktionsverhältnisse lesen lässt. Man begegnet dort performanzbezogenen Konstruktionsempfehlungen, die durch ihren injunktiven Charakter womöglich eine grammatische Verwandtschaft zu Wittgensteins Sprachspielen herstellen und daher geeignete Vergleichsobjekte abgeben.[8]

> »The crux of a Cybernetic Theatre is that its audience should genuinely participate in a play. This possibility of participation is a prerogative of the theatre since any

---

8 Pask hat sich den Beinamen »Philosopher Mechanic« (vgl. Glanville, 2007), verdient, weil das Wirken dieses Kybernetikers nicht nur literarisch, sondern wesentlich auch in technischen Installationen und Bauanleitungen seinen Niederschlag gefunden hat. Es handelt sich dabei meist auch um »Proof of Concepts« für Argumente, deren »Wahrheits«-Bedingungen mehr im Performativen liegen. In diesem Zusammenhang spricht (Pickering, 2007) von »ontologischem Theater«:

> »I see Pask's work as ontological theatre, both foregrounding this performative (rather than epistemic) aspect of being in the world and, from another angle, exemplifying the sorts of projects one might engage in if one subscribed to such an ontology« (Pickering, 2007, S. 3).

> realistic feedback from an audience is prohibited by inherent restrictions in the comparable entertainment media of the Cinema and of Dramatic Television. Surprisingly enough, little advantage has been taken of this one aspect of the theatre in which the medium stands alone« (Pask, 1964, S. 1).

Durch die *interne* Kopräsenz von Darstellern und Publikum nimmt sich das Theater für Pask gegenüber anderen Medien aus. Auf diese Weise eröffnen sich theatralischen Darstellungen vielfältige Möglichkeiten, komplexe Beteiligungsgeflechte zwischen Schauspielerin und Publikum hervorzubringen und zu steuern, die Pask mit einer »Theater-Maschine« vollständiger auszuschöpfen versucht:

> »A performance machine, a space to allow communication, interaction and learning between a theatre audience and actors of a play; a space celebrating the control of control regulated through algorithmic calculation and an active actor inter-actor network. [...] The idea was to integrate members of an audience into a performance to steer plots of a given play and to allow adaption of a pre-set script« (Werner, 2018, S. 44).

Mit der gebotenen Vorsicht möchte ich nun gerne die These vertreten, dass Wittgenstein das methodologische Licht von Sprachspielen etwas unter den Scheffel stellt, wenn er den Gang der *Philosophischen Untersuchungen* mit einem Album vergleicht, das sich vor den Augen einer passiven Zuschauerin abrollt. Passender scheint mir das Bild einer *Bühne ohne vierte Wand*[9], die spielerisch-schwebende Reflexionsverhältnisse, »plays« im paskschen Sinne, zwischen Darstellung und Beobachtung etabliert.

Freilich hat man hier unmittelbar der Frage zu begegnen, wie denn die ausgezeichnete Kopräsenz des Mediums Theater in der Schrift zustande kommen soll. Die von Pask hervorgehobene Gleichzeitigkeit von Darstellung und Rezeption, welche überhaupt erst den Anlass für eine Kybernetisierung des Theaters liefert, scheint im Medium Schrift auf den ersten Blick abwesend. Autor und Leser kommunizieren in aller Regel, also wenn die Leserin beim Schreiben nicht gerade mitliest oder dergleichen, asynchron: Wie lassen sich hier Feedback-Schleifen einbauen? Der Text steht für eine Leserin doch immer schon geschrieben. Welcher Einfluss lässt sich hier noch ausüben?[10] Mir scheint, dass wir die Antwort auf diese Frage im Grunde schon

9 Eine verwandte Verschiebung im theaterwissenschaftlichen Diskurs stellt (Fischer-Lichte, 1997) heraus.

10 Die sozialtheoretisch kaum entwirrbare Gemengelage, in die man gerät, wenn man fragt, wie das Medium »Text« als solches in der Welt steht, entwirrt mit einschüchternder Meisterschaft (Renn, 2021, S. 113-160). Renns Text fragt: »[W]as sagt, was zeigt, was ›enthält‹ ein Text? Und wie macht er das?« (a. a. O., S. 113). Wenn man sich auf Wittgenstein einlässt, so scheint vielleicht schon die Fragestellung zu kritisieren. Verwenden wir Menschen denn das Wort »er«, um auf uns selbst Bezug zu nehmen? Können wir uns darauf einigen, dass wir

gegeben haben: Injunktionen bauen eine Verbindung zwischen Leser und textueller Situationsbeschreibung auf. Schon die harmlos anmutende Wendung »Stell dir folgende Situation vor...« bedeutet ja mit anderen Worten so etwas wie: »Mach dir eine Vorstellung von einer Situation! Wie du sie dir machst, ob beispielsweise als Gedankenbild, Zeichnung oder etwas anderes, bleibt dir überlassen. Es ist schließlich *deine* Vorstellung!«. Man darf sich nur nicht darin täuschen, dass das Wort »deine« hier einen persönlichen Besitz anzeigt, denn die Vorstellung »gehört«, wenn man so sprechen möchte, immer auch den Vorgaben der beschriebenen Situation. Die Weisung laute beispielsweise: »Stell dir ein pinkes Einhorn vor!« und man stellt sich ein pinkes Einhorn vor – zu welchen »Anteilen« gehört die Vorstellung dann der Weisung und zu welchen der vorstellenden Person? Derartige Fragen scheinen hier kaum zielführend anwendbar.

3.7 Stell dir vor, du hast eine Eintrittskarte für eine Theatervorstellung, aber Ort- und Zeitangaben der Aufführung stehen auf der Karte in einer Sprache, die du nicht verstehst. Du zeigst die Karte einer Person, welche die unbekannte Sprache lesen und für dich übersetzen kann. Sie könnte dir etwas sagen wie: »Das ist leicht! *deine* Vorstellung findet morgen um x Uhr in Saal y statt«.

In ähnlichem Sinne wie in 3.7 scheint mir das »deine« in »deine Vorstellung« oben angewandt. Vielleicht könnte man ganz einfach sagen, dass man bei Vorstellungen, die man sich selbst macht, immer dabei ist. Die Aufforderung »Stell dir vor!« betont dies so, dass man sich möglichst selbst als Produzentin der jeweiligen Vorstellung durchschaut. Angenommen, man stellt sich beim Autofahren vor, wie die Straße nach einer unübersichtlichen Kurve weitergeht, dann aber von der Erfahrung belehrt wird, dass es sich dabei nur um die eigene Vorstellung gehandelt hat – wäre ein

---

»er« in aller Regel nicht gebrauchen, um auf uns selbst Bezug zu nehmen?

»To distinguishing [sic!] ›the ›I‹ of language‹ is to reify it, and hence treat it as an IT« (Pedretti, 1981, S. 218).

Wenn das stimmt, müsste dann ein Text, welcher über das eigene Auskunftgeben Auskunft geben möchte, nicht viel eher die Frage stellen: »Wie mache *ich* das?«? – Wie mache ich es denn? Du liest mich gerade und mein Autor hat mich geschrieben. Deswegen bin ich wohl weder als *Du* noch als *mein Autor*. Du fragst mich, wie Texte sich auf sich selbst beziehen? Nun, machen sie es nicht so ähnlich wie ich gerade? Man mag solche Reden mehr als Sprach*spielchen* empfinden. Vielleicht helfen sie aber auch weiter. Möglicherweise liegt ein Lösungsweg darin, die »*eigene Stimme*« (Rosa, 2021, S. 286) von Texten *anzuerkennen*. Denn wer präskribiert »die *präskriptiven* Elemente von Texten, die impliziten Instruktionen, die auf Lesarten und Handlungsweisen ›hindeuten‹, welche den ›Wirklichkeitsbezug‹ des Textes bestimmen, ermöglichen und leiten« (Renn, 2021, 125)? Hier weiß ich noch nicht so recht weiter...

solcher Irrtum nicht nahezu ausgeschlossen, wenn man stattdessen zu sich selbst gesagt hätte: »Ich stelle mir gerade *bloß* vor, dass die Straße so und so weitergeht«?

Durch Injunktionen, so scheint es, lassen sich *schriftlich* auch aus der Ferne situationale Beteiligungen erzeugen, welche die Kopräsenz einer Theateraufffführung gewissermaßen emulieren. Wie sehr haben Wittgensteins Sprachspielaufführungen nun aber »Album-Charakter«? Mit anderen Worten: Sollte man bei solchen Vorstellungen eher an »klassisches« Theater denken, dem man bloß passiv zuschaut, oder mehr an experimentelles Improvisationstheater, bei welchem man Zuschauer auch auf die Bühne bittet, die Unterscheidung zwischen Darstellung und Publikum also bewusst verschwimmen lässt?

Bereits die oben erwähnte Anweisung aus den *Philosophischen Untersuchungen*, einen beliebigen »Fahrer« auf einem Stück Papier zu machen, spricht eher für ein experimentelles Improvisationstheater. Eine Stelle, an der dieser Zug aber wie wohl an kaum einer anderen zum Vorschein kommt, findet sich in § 166, in dem es um den Vorgang des Lesens geht:

> »166. Ich sagte, die gesprochenen Worte beim Lesen kämen ›in besonderer Weise‹; aber in welcher Weise? Ist dies nicht eine Fiktion? Sehen wir uns einzelne Buchstaben an und geben acht, in welcher Weise der Laut des Buchstabens kommt. Lies den Buchstaben A. – Nun, wie kam der Laut? – Wir wissen gar nichts darüber zu sagen. – Nun schreib ein kleines lateinisches a! – Wie kam die Handbewegung beim Schreiben? Anders als der Laut im vorigen Versuch? – Ich habe auf den Druckbuchstaben gesehen und schrieb den Kursivbuchstaben; mehr weiß ich nicht. – Nun schau auf das Zeichen  und laß dir dabei einen Laut einfallen; sprich ihn aus. Mir fiel der Laut ›U‹ ein; aber ich könnte nicht sagen, es war ein wesentlicher Unterschied in der Art und Weise, wie dieser Laut kam. Der Unterschied lag in der etwas andern Situation: Ich hatte mir vorher gesagt, ich solle mir einen Laut einfallen lassen; es war eine gewisse Spannung da, ehe der Laut kam. Und ich sprach nicht automatisch den Laut ›U‹, wie beim Anblick des Buchstaben U. Auch war mir jenes Zeichen nicht vertraut, wie die Buchstaben. Ich sah es gleichsam gespannt, mit einem gewissen Interesse für seine Form an; ich dachte dabei an ein umgekehrtes Sigma. – Stell dir vor, du müßtest nun dieses Zeichen regelmäßig als Buchstaben benützen; du gewöhnst dich also daran, bei seinem Anblick einen bestimmten Laut auszusprechen, etwa den Laut ›sch‹. Können wir mehr sagen, als daß nach einiger Zeit dieser Laut automatisch kommt, wenn wir das Zeichen ansehen? d. h.: ich frage mich bei seinem Anblick nicht mehr ›Was ist das für ein Buchstabe?‹ – auch sage ich mir natürlich nicht ›Ich will bei diesem Zeichen den Laut ›sch‹ aussprechen‹ – noch auch ›Dieses Zeichen erinnert mich irgendwie an den Laut ›sch‹.‹ (Vergleiche damit die Idee: das Gedächtnisbild unterscheide sich von andern Vorstellungsbildern durch ein besonderes Merkmal.)« (Wittgenstein, 2003a, S. 111-112).

Bereits der Ausdruck »[l]ies den Buchstaben A. – Nun, wie kam der Laut?« lässt sich nur ohne »vierte Wand« verstehen. Es wirkt, als pausierte der Text nach »lies den Buchstaben A« kurz, bis die Leserin einen lautlichen Rückgabewert liefert, sodass ein »knowledge of result« (Scott, 2021, S. 6) entsteht, mit dem das Spiel dann weiter operieren kann. Denn ohne ein solches Ergebnis hätte die anschließende Frage »nun, wie kam der Laut?« keinen Bezugspunkt und, in *diesem* Sinne, keinen Sinn.[11] Die gleiche Figur wiederholt sich dann schriftlich: »Nun schreib ein kleines lateinisches a!«. An diesen beiden Stellen geht die Handlung nur weiter, nachdem der Leser etwas getan hat – so, als säße man in einer Theateraufführung, deren Ablauf einfriert, bis das Publikum »A« gesagt hat. Ganz ähnlich stellt sich Pask eine kybernetische Theatermaschine vor, wie er es in einem der »Axiome« des Systems formuliert:

> »(9) A theatrical audience is asked to participate in a dramatic presentation and the presentation is only successful if a measure of participation is achieved. One prerequisite of participation is that a member of the audience should identify himself with a character (or occasionally with a group of characters) who acts as his agent in the dramatic situations of the plot« (Pask, 1964, S. 4-5).

Wenn die Leserin in § 166 nicht mitmacht, dann tritt sie semantisch auf der Stelle. Natürlich kann sie die Augen über den Text gleiten lassen; auf eine Antwort wird sie dann aber wohl vergeblich warten, denn diese könnte ja nur von ihr selbst kommen, da sie die Adressatin der Injunktion »Lies den Buchstaben A« darstellt.

Beinhaltet diese Anweisung bei genauerem Hinsehen nicht mehrere Befehle in einem? Nehmen wir die Injunktion »Sprich laut den Buchstaben A aus!« und fragen uns, inwiefern diese sich von der folgenden unterscheidet:

3.8 Stell dir eine Person vor. Stell dir vor, du bist diese Person. Lass diese Person *laut* den Buchstaben A aussprechen.

Ob die *entfaltete* Injunktion aus 3.8 mit der verschachtelten »Sprich laut den Buchstaben A aus!« noch völlig übereinstimmt, möchte ich hier nicht diskutieren.[12] Interessanter scheint die Frage, unter welchen Umständen sich beide Formen unterscheiden lassen.

3.9 Stell dir vor, du beobachtest eine Schauspielerin, von der du weißt, dass sie eine Ohrmuschel trägt und über diese Ohrmuschel zu einem zufälligen Zeitpunkt

---

11 Ohne eine Antwort auf die Frage geht es also nicht weiter im Skript. Wäre man deshalb aber bereit, zu behaupten, die Antwort habe den weiteren Ablauf *kausal verursacht*?

12 Die leitende Intuition scheint mir aber, dass sie *völlig* nicht übereinstimmen können, wenn die Unterscheidung zwischen »entfaltet« und »verschachtelt« einen Sinn haben soll.

entweder die *verschachtelte* Weisung »Sprich laut den Buchstaben A aus!« oder die *entfaltete* aus 3.8 erhält. Du stehst so weit weg, dass du keinerlei Geräusch aus der Ohrmuschel hören kannst. Weiterhin besitzt die Schauspielerin so viel Übung, dass du ihr auf keine Weise anmerken kannst, wann die Übertragung beginnt. Nachdem sie die übermittelte Anweisung befolgt hat, fragt man dich, welche der beiden sie erhalten hat.

Wenn Sprachspiel 3.9 keine Baumängel aufweist und die Schauspielerin den Buchstaben A tatsächlich laut ausspricht, sollte man diese Frage nur ratend beantworten können. Könnte die Schauspielerin der Weisung aus 3.8 nicht aber auch folgen, indem sie einfach gar nichts sagt?[13] Sie könnte einfach mit den Schultern zucken und nicken, als wollte sie sagen: »Nun, ich habe mir eine Person vorgestellt, die ich bin, und habe sie laut ›A‹ sagen lassen«. Wenn die Schauspielerin in beiden Fällen laut »A« sagt, scheinen beide Anweisungen in *diesem* Sinne dasselbe zu bedeuten. Nur verrät die Formulierung in 3.8 viel offensichtlicher, dass die Schauspielerin sich mit einer *Person identifiziert*, die laut den Buchstaben A ausspricht. Der Befehl »Sprich laut den Buchstaben A aus!« scheint gegenüber jenem aus 3.8 nur deutlicher zu fordern, dass diese Person auch so spricht, dass *andere* sie hören können, indem sie die Luft in Schwingung versetzt.

Das Wort »Person« verwende ich hier in einem sehr ursprünglichen Sinne, den Norbert Elias so expliziert:

> »Der lateinische Begriff *persona* könnte als Äquivalent für das neuzeitliche ›Individuum‹ erscheinen. Aber dieser lateinische Begriff hat ganz und gar nicht das gleiche hohe Allgemeinheitsniveau, die gleiche Synthesehöhe wie die gegenwärtigen Begriffe ›Person‹ und ›Individuum‹. Der lateinische Begriff *persona* bezog sich noch auf etwas ganz Spezifisches, ganz Greifbares. Er bezog sich zunächst auf die Maske von Schauspielern, durch die hindurch sie ihre Worte sprachen. Einige Gelehrte neigen zu der Annahme, das Wort *persona* leite sich von dem Verb *personare*, also etwa ›durchtönen‹, ab. Das ist möglich, aber nicht mehr als eine Vermutung. Von dem greifbaren Ausgangspunkt der Maske her entwickelten sich dann Bedeutungsnuancen des Wortes *persona* wie etwa die der Rolle eines Schauspielers oder die des Charakters der Person, die er darstellte. Aber in der Antike blieb der Begriff *persona* auf dieser relativ hohen Stufe der Besonderheit, er blieb, verglichen

13 Vielleicht können wir Einigkeit darüber erzielen, dass wir hier keine *empirische* Frage stellen. Uns interessiert beispielsweise nicht, wie oft diese Frage in einer tatsächlich durchgeführten Versuchsreihe schweigend oder verlautend beantwortet würde. Vielmehr werfen wir hier eine im wittgensteinschen Sinne *grammatische* Frage auf. Ihr weiter nachzugehen, könnte anerkennungstheoretische Positionen wie beispielsweise jene von (Honneth, 1994) argumentativ sicherlich stärken. Doch führte ein solcher Exkurs an dieser Stelle wohl zu weit vom Thema ab.

mit dem heutigen Begriff der Person, auf einer relativ niedrigen Stufe der Allgemeinheit stehen« (Elias, 2003, S. 212-213).

Nach Elias hieß »persona« in der Antike noch nicht so etwas wie »sozialisiertes Individuum«, sondern bezog sich auf sehr konkret umschriebene Sprecherpositionen, die mögliche Sprecherinnen eben durch diese situationale Begrenzung von sonstigen Zugehörigkeiten abschneiden können. Im Spätwerk scheint Wittgenstein solch klar umschrieben lokalisierte »Masken« genau zu diesem Zweck anzubieten: Wir trennen uns »mal eben« von unserer Sozialisierung, um auf diese Weise auf andere Weise sehen zu können:

> »Unsere gewöhnliche Sprache, die von allen möglichen Bezeichnungssystemen dasjenige ist, das unser ganzes Leben durchdringt, hält gleichsam unseren Geist starr in einer Position, und in dieser Position fühlt er sich manchmal eingeengt und hat das Bedürfnis nach anderen Positionen. So wünschen wir uns manchmal ein Bezeichnungssystem, das einen Unterschied stärker hervorhebt oder ihn offensichtlicher macht, als es die gewöhnliche Sprache tut, oder wir wünschen uns eines, das in einem bestimmten Fall Ausdrucksformen gebraucht, die mehr Ähnlichkeit miteinander haben als die, die unsere gewöhnliche Sprache gebraucht. Unser geistiger Krampf wird gelöst, wenn uns Bezeichnungssysteme gezeigt werden, die diese Bedürfnisse erfüllen. Diese Bedürfnisse können von größter Mannigfaltigkeit sein« (Wittgenstein, 2021a, S. 95).

Dass man die Form dieser Positionen beschreibend zu begrenzen hat, lässt aber noch immer Spielraum für überschaubar verwickelte Interaktionsverhältnisse. So bekommt die eigene Person in § 166 der *Philosophischen Untersuchungen* sogar noch Gesellschaft. Das versuchsleitende Ego erscheint *mit* auf der Bühne, um uns mitzuteilen, was in ihm vorging, als *es* die Weisung befolgte. Auf diese Weise kommt hier eine zusätzliche Identifikation zustande. Schließlich weiß man dann, dass das versuchsleitende Ego der gleichen Injunktion gefolgt ist wie die eigene Person.

Mit § 166 habe ich natürlich bewusst ein Beispiel gewählt, welches der »theaterkybernetischen« Deutung sehr entgegenkommt. Womöglich überfordert die Konstellation aus § 166 die paskssche Theatermaschine sogar, weil hier mitunter die Darsteller, zu denen ja auch das versuchsleitende Ego gehört, festlegen, mit welcher Person sich das Publikum identifiziert und nicht umgekehrt, wie es bei Pask der Fall ist. Die gedanklichen Begleiterscheinungen[14] der Person, die man selbst

14 Am ehesten »Metainformation« nach Axiom (3) von Pask:

> »(3) An important, but crudely realised, component of most dramatic presentations is auxialliary information, distinguished from the flux of discourse by such gambits as the ›soliloquy‹ and the calculated ›aside‹, which indicates the supposed thinking of some of the characters, (in anticipation of the actions they will later supposedly choose). Since this

ist, unterstehen aber, im Gegensatz zu Pasks Theaterkonzept, nicht der fremden Kontrolle. Überhaupt: Was heißt hier noch »fremd«, wenn man doch selbst in der eigenen Person steckt?

Gleichwohl scheint mir kaum von der Hand zu weisen, dass Pasks Axiome eines kybernetischen Theaters geeignete Vergleichsmaßstäbe an die Hand geben, um in *architektonischen* Hinsichten Licht auf Wittgensteins Sprachspielbeschreibungen zu werfen. Gleichsam gewinnt man so, meines Erachtens, eine tragfähige Antwort auf die Frage, wie Sprechen über Sprache gelingt: Man schaut einer Person beim Sprechen zu, die man selbst ist.

Aber wie kann man sich selbst beim Sprechen zuschauen? Die Frage nach der Fähigkeit zur Selbstbeobachtung scheint mir zu einer Familie von Fragen zu gehören, die Wittgenstein im *Blauen Buch* behandelt.

> »›Wie kann man denken, was nicht der Fall ist?‹ Das ist ein schönes Beispiel für eine philosophische Frage. Es wird gefragt ›Wie kann man...?‹ und während uns diese Frage verwirrt, müssen wir zugeben, daß nichts leichter ist als etwas zu denken, was nicht der Fall ist. Ich meine, hier zeigt es sich wieder, daß unsere Schwierigkeit nicht aus unserer Unfähigkeit, uns vorzustellen, ›wie‹ man etwas denkt, entsteht; ebensowenig, wie die philosophische Schwierigkeit der Zeitmessung aus unserer Unfähigkeit, uns vorzustellen, wie man in Wirklichkeit Zeit mißt, entstand. Ich sage das, weil es manchmal fast so scheint, als ob unsere Schwierigkeit darin bestände, sich genau dessen zu erinnern, was geschah, als wir es dachten, – eine Schwierigkeit der Introspektion oder so etwas; während sie in Wirklichkeit entsteht, wenn wir die Tatsachen durch das Medium einer irreführenden Ausdrucksform betrachten« (Wittgenstein, 2021a, S. 56).

Man fragt, wie man etwas kann, das man selbstverständlich kann, als gäbe es eine Art »Naturgesetz«, welches dafür sorgt, dass man mit einem Können dieses Können auch gleichsam zu explizieren vermag – als enthielte eine Fähigkeit automatisch auch schon etwas wie eine Gebrauchsanleitung, von der man innerlich nur abzulesen bräuchte.

Doch gerade im Falle recht selbstverständlicher Fähigkeiten, wie z. B. Lesen, scheinen wir über eine solche Gebrauchsanleitung kaum zu verfügen.

> »173. [...] Es ist, als ob zuerst all diese mehr oder weniger unwesentlichen Vorgänge in eine bestimmte Atmosphäre gekleidet wären, die sich nun verflüchtigt, wenn ich genau hinschaue« (Wittgenstein, 2003a, S. 117-118).

Genaues Hinsehen scheint also Gift für das, was man zu sehen versucht. Wenn es da ist, sieht man nicht genau hin; wenn man genau hinsieht, ist es nicht mehr da. Das

---

auxilliary information always describes a state of the actor, we shall call it metainformation« (Pask, 1964, S. 3).

Problem ähnelt ein wenig dem, was die Stoiker über Tod und Wahrnehmung sagen: Entweder ist diese da und jener noch nicht oder es ist jener da und diese nicht mehr, aber nie fallen beide zusammen, so, wie auch Handlung und Beobachtung der Handlung nie zusammenfallen.

Unterscheiden sich Handeln und Beobachten aber auch derart »existenziell«? Könnten wir beispielsweise analog »Wie kann ich meinen eigenen Tod wahrnehmen?« fragen, wenn wir damit nicht den Sterbeprozess zum Tod hin meinen? Die stoische Antwort würde wohl in etwa lauten: »Überhaupt nicht! Wenn du noch wahrnehmen könntest, wärst du nämlich nicht tot«. Stellt man sich *auf diese Weise* die Frage »Wie kann ich mir selbst beim Sprechen zuschauen?«, redet man so, als stürbe man beim Sprechen einen kleinen Tod.

Sagen wir Dinge wie: »Sie hat zwar hingesehen, aber nicht zugeschaut« oder »Beobachte den Wald um uns herum!«, dann erscheinen diese Sätze ohne Weiteres durchaus sinnvoll. Dadurch verraten sie aber einen bestimmten Gebrauch der Worte »Zuschauen« und »Beobachten«, der auch in § 173 zum Ausdruck kommt. Man fordert damit eine besondere Aufmerksamkeit, von der man glaubt, sie fördere in dem, was man beobachtet, etwas zutage, das »von selbst«, also ohne diese Aufmerksamkeit, verborgen bleibt. Durch diese Verwendungsweise schließt man also *schon grammatisch* aus, dass der beobachtete Gegenstand mit dem unbeobachteten irgendwie identisch bleiben könne.

3.10 Stell dir vor, du berührst mit der Nasenspitze ein einfarbiges Blatt Papier, das deinen gesamten Gesichtskreis einnimmt, während deine Augen geöffnet sind. Eine Person neben dir fordert dich auf, das Blatt zu beobachten oder, denk dir auch diesen Fall, dem Blatt zuzuschauen.

Würde man hier nicht, womöglich gar in einem leicht sarkastischen Ton, etwas antworten wollen wie: »Na, was tue ich denn gerade schon!?«, weil man die Aufforderung für überflüssig hält? Mir scheint, in verwandtem Sinne schauen wir uns beim Sprechen zu, wenn wir sprechen. Situationen, in denen derlei Bedeutungen zum Tragen kommen, zeichnen sich dadurch aus, dass man sinnvoll von »Beobachten« oder »Zuschauen« sprechen kann, eine Aufforderung dazu aber als unsinnig empfände.

> »129. Die für uns wichtigsten Aspekte der Dinge sind durch ihre Einfachheit und Alltäglichkeit verborgen. (Man kann es nicht bemerken, – weil man es immer vor Augen hat.)« (Wittgenstein, 2003a, S. 86).

3.5 These 3: Die Regeln von Sprachspielen lassen sich durch Ceteris-Paribus-Vergleich entdecken

Nachdem wir das Motiv der unentrinnbaren Selbstbezüglichkeit von Sprache aus dem *Tractatus* entwickelt haben, sind wir damit über die Leiter aus Proposition 6.54 ins Spätwerk gestiegen. Dort haben wir uns dann sprachspielerisch vorzuführen versucht, wie sich die Reflexivität von Sprache durch die methodologische Neuausrichtung bändigen lässt: Man schaut sich selbst in verschiedenen Redesituationen beim Sprechen zu. In Form von Sprachspielen bietet Wittgenstein verschiedene Beobachterpositionen, *personae*, an, die zu vergleichen die Entdeckung sprachlicher Gebrauchsregeln erlaubt.

Wie man derartige Beobachterpositionen aber erkenntnisbringend vergleichen kann, blieb bisher offen. Im Spätwerk betont Wittgenstein die Vielfalt gegenüber den früheren logischen Kondensationsversuchen. Bedeckt hält er sich aber bezüglich Verfahren, diese Vielfalt optisch zu strukturieren, ohne in alte, vereinheitlichende Gewohnheiten zu verfallen. Gewiss mahnt Wittgenstein, dass Sprachspielvergleiche im Ergebnis nie mehr als unscharf überlappende Familienähnlichkeiten zutage fördern können. Doch folgt daraus nicht zugleich, dass Sprachspiel-Synopsen sich nicht *per se* verbieten? Denn wie ließen sich Familienähnlichkeiten sonst überhaupt auch nur erahnen?

> »130. Unsere klaren und einfachen Sprachspiele sind nicht Vorstudien zu einer künftigen Reglementierung der Sprache, – gleichsam erste Annäherungen, ohne Berücksichtigung der Reibung und des Luftwiderstands. Vielmehr stehen die Sprachspiele da als Vergleichsobjekte, die durch Ähnlichkeit und Unähnlichkeit ein Licht in die Verhältnisse unsrer Sprache werfen sollen« (Wittgenstein, 2003a, S. 86).

Dieses Licht geht für Wittgenstein aber nur auf, wenn man sich als Ergebnis nicht verspricht, das *Wesen* der Sprache zu identifizieren; »so würden wir nicht versuchen, ein Gemeinsames aller Fälle anzugeben, – das, was sie alle eigentlich sind, – also ein Ideal, das in ihnen allen *enthalten* ist; sondern statt dessen Beispiele, gleichsam *Zentren der Variation* [Hervorhebung, C. D.]« (Wittgenstein, 2021b, S. 190).

Solche »Variationszentren« zu vergleichen, konfrontiert einen zunächst mit der Aufgabe, zugleich invariante Zentren sowie in Richtung Peripherie offene Variationsspielräume anzulegen. Die in Sprachspielen angebotenen Beobachterperspektiven unterscheiden sich eben nicht nur untereinander, sondern auch von Beobachter zu Beobachter. Eine vergleichende Form der Darstellung, wenn es eine solche geben kann, scheint daher der Anforderung Genüge tun zu müssen, diese doppelte Kontingenz in ihrer Schwebe festzuhalten.

Weiter oben (S. 158) haben wir Luhmanns Kritik an Spencer-Brown, »der uns durch die strenge Form des Kalküls zwingen will, denselben Kalkül mitzuvollziehen, also zwischen verschiedenen Beobachtern nicht zu unterscheiden« (Luhmann, 1993a, S. 202), in einer Fußnote schon zu Wort kommen lassen. Doch bezieht Luhmanns Kritik sich zunächst auf Spencer-Browns Darstellungsweise des Kalküls, nicht so sehr auf dessen Anwendung. Auch (Luhmann, 1993a, S. 203) entgeht nicht, dass Spencer-Brown auch eine Beobachterin als mark beobachtet, was bedeutet, dass sich durch marks Beobachterperspektiven beobachten lassen.

> »Da man den Gebrauch von Unterscheidungen zur Bezeichnung der einen (und nicht der anderen) Seite einer Form wiederum beobachten kann, wenn man darauf (und nicht auf anderes) achtet, kann man auch Beobachter beobachten. Wenn das geschehen soll, muß man Beobachter (Unterscheidungen) unterscheiden können, eingeschlossen die Möglichkeit, sich selbst als Beobachter in verschiedenen Zeitpunkten zu unterscheiden. [...] Verschiedene Beobachter legen verschiedene Schnitte in die Welt, unterscheiden verschieden, benutzen verschiedene Formen, konstruieren also die Welt nicht als Universum, sondern als Multiversum. Das läßt für den traditionellen Subjektivismus der Erkenntnistheorie zwar die Frage offen, wie dann Kommunikation möglich sei. Aber die Antwort kann jetzt lauten: durch Kommunikation, das heißt: durch Bildung eines Beobachtersystems sui generis, durch Bildung sozialer Systeme« (Luhmann, 1993a, S. 203-204).

Wenn wir, in der Absicht, dass man uns versteht, »$1 + 1 = 2$« schreiben, setzen wir bereits eine ganze »Technik dieser Anwendung« (Wittgenstein, 2003a, S. 152) voraus. Diese Technik beruht auf Unterscheidungen, die wir in der Anwendung nicht mehr berücksichtigen, sodass es im alltäglichen Vollzug so scheint, als hätten wir es hier mit einer substanziellen Gegebenheit zu tun. Spencer-Browns Indikationskalkül »subvertiert« (vgl. Spencer-Brown, 1979, S. 62) solche Konstruktionen, indem sie auf die Operation des bloßen Unterscheidens zurückgeführt werden. Keine besonderen, bereits situierten Entscheidungen wie beispielsweise zwischen »Menge« und »Element«, »wahr« oder »falsch«, liegen hier zugrunde, sondern lediglich das Unterscheiden selbst.

> »In order to handle the simplicity of the issues involved in thinking about distinction, Spencer-Brown's introduction of a language that has only one sign is an instrument of great delicacy. The Spencer-Brown mark ⏋ is a sign that can represent any sign, and so begins semiotics in both universal and particular modes. The mark is seen to make a distinction in the space in which it is written, and so can be seen, through this distinction, to refer to itself. In the language of Charles Sanders Peirce, the mark is its own representamen and it is also its own interpretant. The sign that the mark produces for somebody is, in its form, the mark itself. By starting with the idea of distinction we find, in the mark, the first sign and the beginning of all possible signs« (Kauffman, 2022, S. 13).

Die semiotische Freizügigkeit des Spencer-Brown-Operators erlaubt es zwar, beliebige Formen zu modellieren, wir behaupten hier: sogar Sprachspieldesigns, doch erfordert gerade deshalb auch eine umso kontextspezifischere Interpretation – ein Hinweis, den auch (Kauffman, 2022, S. 1) seiner »Exploration« voranschickt:

> »[W]e use the Spencer-Brown mark in many different contexts with shifts of meaning, and shifts of use as these contexts change. This means that the reader is invited to pay close attention to the uses assigned to notations in any given section.
> They vary from place to place. In all cases, the mark stands for a distinction, but just how that distinction is distinct in its particular context is a matter for local articulation« (Kauffman, 2022, S. 1).

Kurzum: Der Indikationskalkül erlaubt Modellbildung ohne vierte Wand, nicht weil wir uns über den Sinn der jeweiligen Unterscheidung verständigen *können*, sondern weil wir überhaupt nicht umhinkommen, wenn wir uns zu verstehen beabsichtigen.

> »A major aspect of the language of mathematics is the degree of its formality. Although it is true that we are concerned, in mathematics, to provide a shorthand for what is actually said, this is only half the story. What we aim to do, in addition, is to provide a more general form in which the ordinary language of experience is seen to rest. As long as we confine ourselves to the subject at hand, without extending our consideration to what it has in common with other subjects, we are not availing ourselves of a truly mathematical mode of presentation« (Spencer-Brown, 1979, S. xvii).

Aufgrund seiner kontextuellen »Ungesättigtheit« bedarf dieser Modus der Darstellung auf Schritt und Tritt einer dialogischen Abstimmung zwischen Text und Leserin, ein, so könnte man sagen, »normative contract with the experimenter« im Sinne von (Pask, 1984, S. 6), den wir permanent »updaten«.

3.5.1 Sprachspiele in Form

Stell dir einen Werkzeugkasten vor – vielleicht so einen wie in Abbildung 3.1. In Spencer-Brown-Notation *können* wir den *von uns beobachteten* Werkzeugkasten so darstellen wie in Abbildung 3.2.

Bei dem Zeichen » ⏋« handelt es sich um das mark[15], von dem oben schon die Rede war. Dieser Operator stellt dar, was er tut: unterscheiden, – repräsentiert durch die Unterscheidung der Innen- und Außenseite eines Schriftzeichens, » ⏋«.

15 Mit der Kleinschreibung folge ich der Konvention von (Luhmann, 1993a, S. 200), um damit speziell den Operator des Spencer-Brown-Kalküls zu kennzeichnen.

Die Innen-Außen-Unterscheidung des Operatorzeichens lässt sich nun iterieren und analog auf beliebige andere Unterscheidungen, also Formen, übertragen.

Abbildung 3.1: Ein geschlossener Werkzeugkasten, den wir beobachten

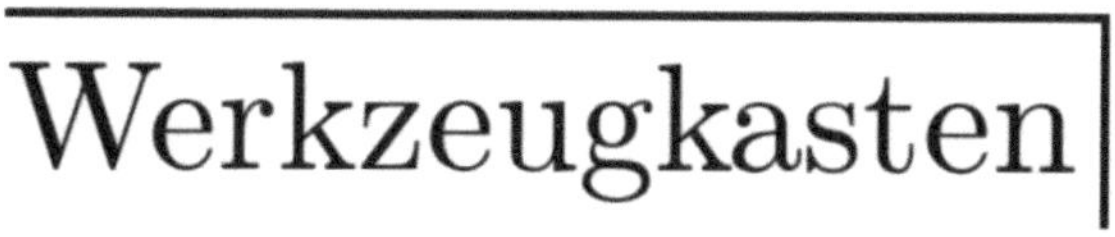

Abbildung 3.2: Die Beobachtung des Werkzeugkastens aus Abbildung 3.1 in Spencer-Brown Notation

Durch die »Spencer-Brown-Brille« sehen wir in Abbildung 3.1 ein Ding, das nicht das ist, was es nicht ist, und dem *wir* den Namen »Werkzeugkasten« beilegen. In dieser, vielleicht umständlich anmutenden, Formulierung steckt eines der beiden Axiome des Spencer-Brown-Kalküls: das sogenannte *Law of Crossing*, das ich lieber erst veranschaulichen möchte, bevor ich dessen Formulierung zitiere.

Zeige mit dem Zeigefinger auf den Werkzeugkasten in Abbildung 3.1. Dort ist das, was der Werkzeugkasten nicht ist, als weiße Umgebung dargestellt. Lass deinen Zeigfinger nun auf diese Umgebung zeigen. Damit hast du das erste »crossing« vollzogen, weil du nun nicht mehr auf den Werkzeugkasten, sondern auf das zeigst, was der Werkzeugkasten nicht ist. Bewege deinen Finger nun so, dass er auf das zeigt, was nicht die Umgebung des Werkzeugkastens ist. Damit hast du das zweite »crossing« vollzogen, weil du nun nicht mehr auf das zeigst, was der Werkzeugkasten nicht ist. Wenn dein Finger nun nicht wieder auf den Werkzeugkasten zeigt, haben wir uns missverstanden. Anderenfalls hast du das *Law of Crossing* nun schon »am eigenen Leib« erfahren: Indem du mit dem Zeigefinger erst »verneinst«, was der

Werkzeugkasten ist, um dies dann wiederum zeigend zu verneinen, zeigst du auf den Werkzeugkasten.

Mir persönlich ist es anfangs schwergefallen, den »Sinn« dieses Axioms einzusehen, weil ich ihn wohl *zu sehr gesucht* habe. Die Sache lag mir vielleicht zu offensichtlich: Zeig auf das, was ein Etwas nicht ist, und du zeigst nicht auf dieses Etwas:

> »The value of a crossing made again is not the value of the crossing« (Spencer-Brown, 1979, S. 2).

Nach dem *ersten* crossing zeigen wir nicht mehr auf den Werkzeugkasten, sondern auf dessen Umgebung, nach dem *zweiten* nicht auf dessen Umgebung, sondern auf den Werkzeugkasten.

Was hat es nun mit der Zeichenkette »Werkzeugkasten« auf der Innenseite von ⌉ auf sich? Es handelt sich um einen bloßen Namen, der in der dargestellten Form keinen Unterschied macht.

> »Es wird sich oft nützlich erweisen, wenn wir uns beim Philosophieren sagen: Etwas benennen, das ist etwas Ähnliches, wie einem Ding ein Namentäfelchen anheften« (Wittgenstein, 2003a, S. 20).

Daraus folgt aber gleichsam: Das »Namentäfelchen« macht für das Ding selbst keinen Unterschied. Wenn wir also der Innenseite eines marks einen Namen geben, dann führen wir damit kein weiteres mark ein, sondern etikettieren lediglich den abgetrennten Raum.

3.11 Stell dir eine Schreibtischlampe vor, die ein weißes Blatt Papier anstrahlt, auf dem ein mark steht, also ⌉. Du bringst nun unterhalb der Lampe den Letternzug »Innen« so an, dass dieser einen lesbaren Schatten auf die konkave Innenseite des marks wirft.

Was aussehen mag wie eine Spencer-Brown-Version des platonischen Höhlengleichnisses, hat hier vor allem den Sinn, die Unterscheidung zwischen Form und Indication im Rahmen des Kalküls zu veranschaulichen, ohne dabei die »wissenschaftsspezifische Konstruktion« (Luhmann, 1998, S. 81) einer Ebenenunterscheidung zu gebrauchen. Ebenen zu unterscheiden, wirft stets die Frage auf, wie sich die Ebenen im jeweiligen Fall überhaupt verwechseln lassen. Denn wenn sie sich nicht verwechseln lassen, wozu beschwören wir dann ihre Unterscheidung? Die Schattenanalogie bringt diese Frage zur Ruhe. Ein mark besteht nur in einem konkaven Zeichen, das, eben, weil es konkav ausfällt, die Bezeichnung einer Innenseite als »Innen« nahelegt. Die Namen werfen wir, gleich Schatten, hinein. Damit haben wir die Unterscheidung *und zugleich* die mitgebrachte Verwechslungsmöglichkeit plausibilisiert. Bloße Ebenenverweise sparen sich meist den zweiten Teil.

> »Let each token of the mark be seen to cleave the space into which it is copied. That is to say, let each token be a distinction in its own form. Call the concave side of a token its inside. « (Spencer-Brown, 1979, S. 5).

Indem wir Werkzeugkasten schreiben, benennen wir nicht die Innenseite, so als gäbe es sie unabhängig vom Namen, und wir legen ihr diesen als »Namentäfelchen« bei. Die Innenseite ist vielmehr schon ein Namentäfelchen. Sie bezeichnet den ganzen Unterschied, den das mark macht, nämlich den eines Werkzeugkastens. Wir schreiben sie gemäß unserem lebensweltlichen Anwendungskontext um. Dieser besteht darin, dass wir mithilfe eines Werkzeugkasten-Bildes einen modellierenden Gebrauch des Indikationskalküls vorführen. Aus dieser Pragmatik heraus unterscheiden wir die Zeichenkette »Werkzeugkasten« von anderen möglichen und werfen sie auf die Innenseite einer Innen-Außen-Unterscheidung, also auf die Innenseite eines marks.

Dafür gibt es auch ebenso pragmatische Gründe. Wenn wir den Werkzeugkasten benennen möchten, haben wir im Grunde nur zwei Möglichkeiten, das Täfelchen zu platzieren: innen oder außen. Platzierten wir es außen – wo hätte dann noch der Name für die Außenseite des Werkzeugkastens Platz? Im Inneren? Als *Außen*seite!? Dies würde ohne zusätzliche Absprachen wohl Verwirrung stiften. Also bleibt nur die Innenseite. Dann dürfen wir die Wahl aber natürlich nicht so verstehen, dass wir mit der Innenseite der Unterscheidung die Innenseite des Werkzeugkastens bezeichnen. Mit der Bezeichnung auf der Innenseite der Unterscheidung meinen wir *nicht* die Innenseite des Werkzeugkastens, sondern die gesamte Unterscheidung, also den Werkzeugkasten.

Was aber, wenn wir nun den Werkzeugkasten öffnen und, wenig überraschend, Werkzeuge darin finden? Wie können wir diese Situation modellieren? Stellen wir uns vor, wir finden im Werkzeugkasten eine Zange, einen Hammer und einen Leimtopf, wie in Abbildung 3.3 dargestellt.

Grundsätzlich haben wir hier zwei Entscheidungen zu fällen: 1. Platzieren wir die Werkzeuge auf der Innen- oder Außenseite der bestehenden Unterscheidung? 2. Schreiben wir die Werkzeuge unter ein mark? Falls wir uns entscheiden, die Werkzeuge zu markieren, stellt sich zusätzlich die Frage: Markieren wir sie je einzeln oder als Gesamtheit?

Vermutlich können wir schnell Einigkeit darüber erzielen, dass die Werkzeuge *in* den Kasten gehören. Schreiben wir sie nun aber unter ein mark? Abbildung 3.4 zeigt die unmarkierte Variante. Entspricht diese Darstellung unserer *intendierten* Auslegung von Werkzeugen, die *tatsächlich* im Kasten liegen? Unmarkiert lassen sich die Werkzeuge kaum vom Namen des Werkzeugkastens unterscheiden. Denn, so geschrieben, werfen die Werkzeuge lediglich ihre Schatten in den Kasten, sodass man diese mit der Bezeichnung des Werkzeugkastens verwechseln könnte.

Abbildung 3.3: Ein geöffneter Werkzeugkasten mit einer Zange, einem Hammer und einem Leimtopf

Zange Hammer Leimtopf Werkzeugkasten

Abbildung 3.4: Ein geöffneter Werkzeugkasten ohne Werkzeuge.

Zange | Hammer | Leimtopf | Werkzeugkasten

Abbildung 3.5: Ein geöffneter Werkzeugkasten mit einer Zange, einem Hammer und einem Leimtopf

Vielleicht können wir uns also darauf einigen, die Werkzeuge zu markieren. Bleibt noch: Markieren wir sie je einzeln oder als Gruppe? Markierten wir sie als Gruppe, stellten wir damit so etwas wie einen Kasten dar, in dem ein Gegenstand liegt, welchen wir »Zange Hammer Leimtopf«, als *ein* Name, nennen. Dies widerspricht offensichtlich unserer Absicht. Also scheint die sachgerechteste Darstellung wohl Abbildung 3.5 zu entnehmen. Denn nur auf diese Weise liegen die Werkzeuge, als einzelne erkennbar, tatsächlich im Werkzeugkasten.

Nun nehmen wir aber den Leimtopf genauer in den Blick. Bei genauerem Hinsehen erscheint er uns nicht mehr als Einheit, wenn man so sagen möchte, sondern als zusammengesetzt aus einem Leimtopf als bloßem Gefäß, dem enthaltenen Leim und einem Pinsel. Wie bringen wir diese Detaillierung nun in unserem Modell unter?

Als »natürlichste« Lösung könnte vielleicht in den Sinn kommen, den Leimtopf *formal* wie einen Werkzeugkasten im Werkzeugkasten zu behandeln: eine Innen-Außen-Unterscheidung (Leimtopf) in einer anderen Innen-Außen-Unterscheidung (Werkzeugkasten). Wie der Werkzeugkasten einzeln markierte Werkzeuge, so umfasst der Leimtopf, analog, Leim und Pinsel. Abbildung 3.6 zeigt den Modellierungsvorschlag.

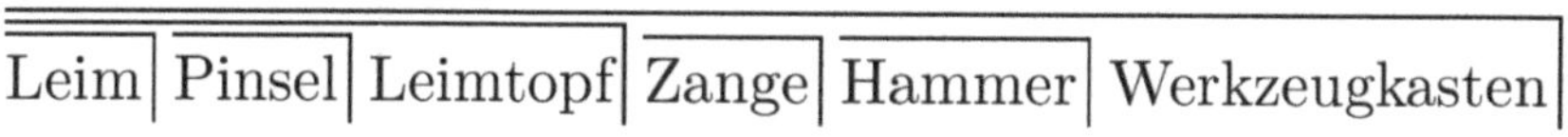

Abbildung 3.6: Ein geöffneter Werkzeugkasten mit einer Zange, einem Hammer und einem Leimtopf, der Leim und einen Pinsel beinhaltet

Damit haben wir »werkzeugkastenähnliche« Inklusionsverhältnisse mit geeigneten Benennungskonventionen *in sich selbst* wiederholbar gemacht, sodass wir auf diese Weise nun nahezu beliebige Komplexe dieser Art abbilden können, solange der Platz reicht.[16]

Abbildung 3.7: Ein geöffneter Werkzeugkasten mit einer Zange, einem Hammer, einem Leimtopf, der Leim und einen Pinsel beinhaltet, sowie einem fehlenden Schraubenzieher

Angenommen, wir vermuteten nun, aus welchen Gründen auch immer, einen Schraubenzieher im Werkzeugkasten. Vielleicht benötigen wir einen Schraubenzieher für eine bestimmte Tätigkeit. Vielleicht haben wir einfach nur den Eindruck, dass ein Schraubenzieher schön zum Leimtopf passt. Auf die eine oder andere Weise fällt uns jedenfalls auf, dass auch ein Schraubenzieher im Kasten liegen *könnte,*

16 Durch geeignete Substitutionen lässt sich aber ebenso dieses Problem lösen, wenn vermutlich auch etwas auf Kosten der Übersichtlichkeit.

aber *tatsächlich* nicht im Kasten liegt, wie in Abbildung 3.7 durch Schraffierung angedeutet.

Was wir hier also darzustellen gedenken, lässt sich als Kontingenzbewusstsein nach Luhmann beschreiben: »Obwohl es *so* ist und nicht anders, könnte es auch anders sein«. Statt eines »schraubenzieherlosen« Werkzeugkastens könnten wir auch etwas anderes vor uns haben, und gerade dieser Umstand kommt uns zu Bewusstsein.

> »Kontingent ist etwas, was weder notwendig noch unmöglich ist; was also so, wie es ist (war, sein wird), sein kann, aber auch anderes möglich ist. Der Begriff bezeichnet mithin Gegebenes (Erfahrenes, Erwartetes, Gedachtes, Phantasiertes) im Hinblick auf mögliches Anderssein; er bezeichnet Gegenstände im Horizont möglicher Abwandlungen. Er setzt die gegebene Welt voraus, bezeichnet also nicht das Mögliche überhaupt, sondern das, was von der Realität aus gesehen anders möglich ist« (Luhmann, 1987, S. 152).

Damit scheint Luhmanns pragmatische, weil »von der Realität aus« gefasste, Ausführung des Kontingenzbegriffs geeignet, jenen Modus des Schraubenziehers, in welchem wir ihn darzustellen suchen, treffend zu charakterisieren. Aber auf welche Repräsentationsweise könnten wir uns hier einigen? Mein Vorschlag beruht auf der von (Spencer-Brown, 1979, S. 28-31) bewiesenen *Consequence*[17] der Reflexion:

$$\overline{\overline{a\,|}\,|} = a \qquad (3.1)$$

17 Spencer-Brown unterscheidet innerhalb seines Kalküls zwei Folgerungsweisen: »the proof of a theorem and the demonstration of a consequence« (Spencer-Brown, 1979, S. xxii). Durch den Beweis (*proof*) von Theoremen sichert Spencer-Brown die Gültigkeit bestimmter Identitäten, ausgedrückt durch »=«. Glieder dieser Identitäten lassen sich dann in Thermen wiedererkennen, sodass man sie durch die je andere Seite der Gleichungen ersetzen kann. So werden schrittweise Umformungen möglich, die sich nach ihrer *demonstration* überspringen lassen. Hat man beispielsweise gezeigt, dass $a = b = c = d$ gilt, hat man sich damit die Erlaubnis verschafft, künftig die Abkürzung $a = d$ zu nehmen.
Der *proof* der initialen Gleichungen erfolgt arithmetisch, d. h. durch erschöpfende Kombinatorik, ähnlich der Wahrheitstafel-Methode Wittgensteins – nur eben nicht mit den Zuständen »W« und »F«, sondern »$\overline{\,|}$« und » « (unmarked state). Beide Schlussweisen, *proof* und *demonstration*, führen notwendig zum gleichen Ergebnis:

> »Since the initial steps in the algebra were taken to represent theorems about the arithmetic, it depends on our point of view whether we regard an equation with variables as expressing a consequence in the algebra or a theorem about the arithmetic. Any demonstrable consequence is alternatively provable as a theorem, and this fact may be of use where the sequence of steps is difficult to find« (Spencer-Brown, 1979, S. 8).

Für einen arithmetischen Beweis der Reflexionsgleichung (vgl. Kauffman, 2022, S. 8).

In Worten ausgedrückt, besagt Gleichung 3.1 etwa: »Welchen Wert ›a‹ auch immer besitzen mag, es macht keinen Unterschied, ob wir ihn unter zwei aufeinanderfolgende marks schreiben«, mit anderen Worten: Wir dürfen $\overline{\overline{a\,|}\,|}$ mit a vertauschen.

Am Ende der *Laws of Form* in Kapitel 12 lädt Spencer-Brown die Leser zum Experimentieren ein und öffnet damit die vierte Wand in einem ähnlichen Sinne, wie wir es gerade versuchen. In diesem Modus hat das Gleichheitszeichen nicht die Bedeutung einer mathematischen Identität. Vielmehr gleicht es hier einer Erlaubnis zum Verwechseln, wenn man so sagen darf:

> »We may note that in these experiments the sign
>
> $$=$$
>
> may stand for the words
>
> is confused with.«
>
> (Spencer-Brown, 1979, S. 69).

Nun würde ich gerne vorschlagen, diese Entsprechung als Äquivalenz zu sehen, sodass wir sie auch rückwärts lesen können als: »›is confused with‹ may stand for the sign ›=‹«, also »was man verwechselt, ist gleich«.

3.12 Betrachte die beiden folgenden Ausdrücke:

$$a\ b\ c$$

$$\overline{\overline{a\,|}\,|}\ \overline{\overline{b\,|}\,|}\ \overline{\overline{c\,|}\,|}$$

Nun betrachte folgenden Ausdruck:

$$\overline{a\,|}\,\overline{b\,|}\,\overline{c\,|}$$

Frage dich, mit welchem der ersten beiden Ausdrücke du den letzten *am ehesten* verwechseln würdest? Falls du dich für den ersten entscheidest, tritt vielleicht noch ein paar Schritte zurück und betrachte die Ausdrücke aus der Ferne.

Tatsächlich bin ich gerade ein paar Schritte vom Bildschirm zurückgetreten und habe mir vorgestellt, mir würde diese Frage bei einem Sehtest gestellt – Ergebnis: Falls es eine Entfernung gibt, die mich dazu bringen könnte, den *ersten* mit dem letzten Ausdruck zu verwechseln, muss es zuvor bereits eine viel kürzere Distanz geben, aus der ich schon längst den *zweiten* mit dem letzten verwechselt habe. Eine wesentlich andere Antwort könnte ich ehrlicherweise nicht geben. Geht es dir ähnlich, dann lass uns doch – nur zu Modellierungszwecken – die Verabredung treffen, dass wir uns Gleichung 3.1 für einen Moment als außer Kraft gesetzt denken. Denn was in Gleichung 3.1 und auch in der Kalküldarstellung von Spencer-Brown wie ein zeitloses Gesetz aussieht, lässt sich, wie (Pedretti, 1981, S. 59)[18] bemerkt, nicht als völlig zeitlos denken:

> »With a view to time, there are other implicitly temporal notions in his [gemeint ist Spencer-Brown, C. D.] a-temporal calculus. Most clearly perhaps the cancellation of the double cross [›cross‹ ist ein anderes Wort für ›mark‹, C. D.] involves time: we need time to cross a distinction and then crossed [sic!] again; we need time to cross and ›un-‹cross a distinction« (ebd.).

Wir betrachten das »double cross«, $\overline{\overline{\;\;}|}|$, also im Snapshot. Wir wissen, dass sich in einem nächsten Schritt beide marks aufheben würden. Wir kämen hier also nie auf die Idee, nach falschen Regeln weiterzurechnen, wenn wir weiterrechneten. Aber wir halten kurz die Zeit an, um in dem Moment zu bleiben, in dem $\overline{\overline{a}|}|$ noch nicht zu a geworden ist. Denke an das Bild eines zwischen Daumen und Zeigefinger gespannten Gummibandes, das mit der anderen Hand zurückgezogen wird. In einem verwandten Sinne betrachten wir die Regel aus Gleichung 3.1 als »noch nicht in Kraft getreten«.

Aber wozu diese, wie es vielleicht den Anschein haben könnte, »Trickserei«? Unser Ausgangsproblem bestand darin, wie wir einen fehlenden Schraubenzieher als solchen in der Darstellung kennzeichnen. Wir könnten ihn einfach unmarkiert in den Werkzeugkasten legen. Damit handelten wir uns aber wieder die Probleme ein, die schon im Fall der unmarkierten Werkzeuge auftraten: Wir könnten den Schraubenzieher nicht vom Namen des Werkzeugkastens unterscheiden. Legten wir den Schraubenzieher mit nur einem cross markiert neben die anderen, tatsächlichen Werkzeuge, sähe es so aus, als läge der kontingent-fehlende Schraubenzieher in der Werkzeugkiste wie jeder andere tatsächlich vorhandene Inhalt.

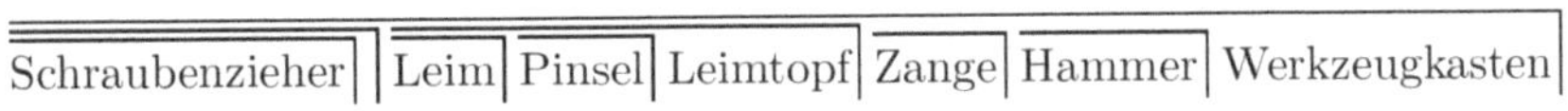

Abbildung 3.8: Ein geöffneter Werkzeugkasten mit einer Zange, einem Hammer, einem Leimtopf, der Leim und einen Pinsel beinhaltet, und einem fehlenden Schraubenzieher

Die Kennzeichnung mit einem double cross (siehe Abbildung 3.8) markiert hier eine Abgrenzung von beiden konkurrierenden Fällen, ohne den Regeln des Kalküls dabei Gewalt anzutun. Denn rechneten wir weiter, würde der Schraubenzieher, unmarkiert wie ein bloßer Name, in Schall und Rauch aufgehen. Nie kann es so dazu kommen, dass der Schraubenzieher einzeln unter nur einem mark auftaucht und

18 Einen lebendigen Einblick in Pedrettis Gedanken über Zeit und Welt gibt (Perera, 2022).

so für faktisch gehalten werden könnte. Wir lesen die Consequence der Reflexion nach unserer Konvention lediglich mit angehaltener Stoppuhr.

Ein weiterer Vorteil liegt dann darin, dass wir das unaufgelöste double cross für kontingent-fehlende Objekte ansonsten wie ein gewöhnliches mark lesen können. Wenn wir den kontingent-fehlenden Schraubenzieher analog zum tatsächlichen Leimtopf, als, sagen wir, in einen Griff und eine Klinge zerlegt beobachten möchten, steht uns auch diese Möglichkeit offen (siehe Abbildung 3.9).[19]

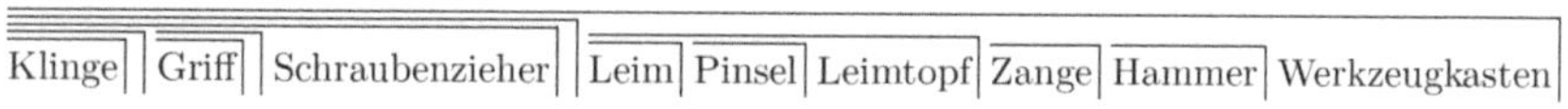

Abbildung 3.9: Ein geöffneter Werkzeugkasten mit einer Zange, einem Hammer, einem Leimtopf, der Leim und einen Pinsel beinhaltet, und einem fehlenden Schraubenzieher mit Klinge und Griff

Der Formausdruck hat nun aber schon einen gewissen Umfang angenommen. Was aber, wenn wir hier an Grenzen stoßen, sodass uns der Platz für weitere Unterscheidungen ausgeht? Als naheliegender Schritt könnte uns zunächst einfallen, die Namen durch kürzere Zeichenketten zu ersetzen, um diese dann unterhalb der Form in einer Legende zu definieren, wie in Abbildung 3.10 zu sehen ist.

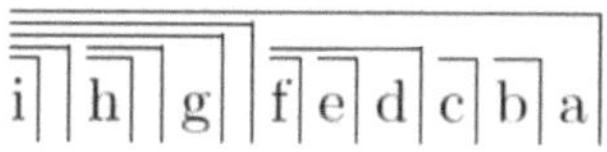

a = Werkzeugkasten	b = Hammer	c = Zange
d = Leimtopf	e = Pinsel	f = Leim
g = Schraubenzieher	h = Griff	i = Klinge

Abbildung 3.10: Der Werkzeugkasten aus Abbildung 3.9 mit Kürzeln und Legende

Doch können wir uns leicht denken, dass auch abgekürzte Ausdrücke die volle Breite irgendwann ausschöpfen. Wir benötigten dann eine Regel, nach der wir Zeilen umbrechen können, ohne die Form zu zerreißen. Als Lösung schlage ich vor, zusammengesetzte Ausdrücke durch »...« als »eingeklappt« anzudeuten, um die »ausgeklappten« Fassungen dann, wie in Abbildung 3.11 vorgeführt, in separaten Zeilen zu beschreiben. Die beiden Verfahren lassen sich je nach Kürzungsbedarf

19 Dass wir Klinge und Griff dabei ebenfalls doppelt »crossen«, statt nur einfach, hat den schlichten Grund, dass sie nicht zu geisterhafter Existenz im Werkzeugkasten gelangen sollten, wenn sich das double cross des Schraubenziehers auflöst. Dies würde nach unserer Interpretation durch die verbleibenden einfachen marks nämlich suggeriert.

und Lesbarkeitserwägungen trennen, kombinieren und – vielleicht am wichtigsten – iterieren. Denn auch ausgeklappte Formen können noch eingeklappte Ausdrücke enthalten, die man dann wiederum anderenorts ausklappen kann, um ihre eingeklappten Formen dann auszuklappen usw.

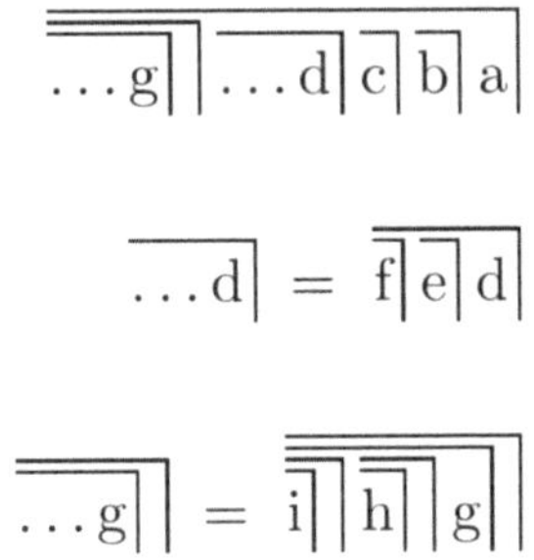

a = Werkzeugkasten	b = Hammer	c = Zange
d = Leimtopf	e = Pinsel	f = Leim
g = Schraubenzieher	h = Griff	i = Klinge

Abbildung 3.11: Der Werkzeugkasten aus Abbildung 3.9 mit ausgelagerten Formen

Da Abkürzungen, um sie aufzuschlüsseln, stets einen Blick in die Legende erfordern, scheint es mir angenehmer, erst mit vollständigen Bezeichnungen und eingeklappten Formen zu arbeiten. Ziehen wir den Werkzeugkasten also in der ersten Zeile zusammen und stellen ihn entfaltet in der nächsten dar, um die dort noch übriggebliebenen Einklappungen dann in den nächsten Zeilen zu entfalten. Das Ergebnis ist in Abbildung 3.12 zu sehen.

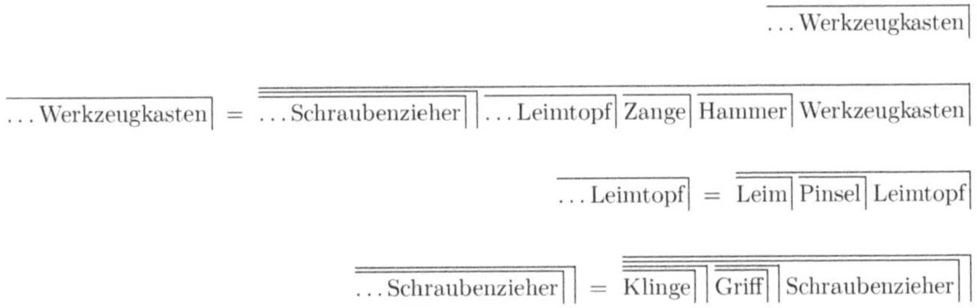

Abbildung 3.12: Der Werkzeugkasten aus Abbildung 3.11 mit ausgelagerten Formen ohne Abkürzungen und Legende

Die erste Zeile bietet nun genügend Raum, um die Situation zu einem Sprachspiel zu erweitern. Stellen wir den Kasten auf einen Bauplatz, auf dem auch ein Baumeister sowie dessen Lehrling anwesend sind (siehe Abbildung 3.13).

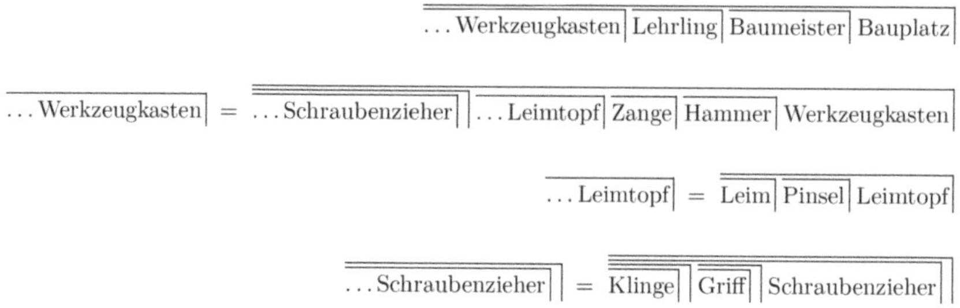

Abbildung 3.13: Der Werkzeugkasten aus Abbildung 3.12 auf einem Bauplatz mit Lehrling und Baumeister

Der Baumeister befiehlt dem Lehrling, den Hammer aus dem Werkzeugkasten zu bringen. Nachdem der Lehrling den Befehl erhalten hat, bringt er den Hammer. Solche Interaktionen zwischen Formen innerhalb einer Form stellen wir mit Spencer-Brown als sogenannten »re-entry« dar. Beispielsweise tritt die Form des Baumeisters in den Raum der Lehrlingsform ein. Man geht wohl nicht völlig fehl, wenn man den Ausdruck »re-entry« als grammatisch verwandt mit »sich ein Bild machen« denkt. In modellpragmatischen Hinsichten scheint (Spencer-Brown, 1979, S. 64-65) aber wohl den Begriff »re-insertion« als Antwort auf die Frage »Wie machen wir re-entries unzweideutig kenntlich?« zu bevorzugen.

> »It now becomes necessary not only to indicate where a re-insertion takes place, but also to designate the part of the expression re-inserted. Since the whole is no longer the part re-inserted, it will be necessary in each case either to name the part re-inserted or to indicate it by direct connexion« (Spencer-Brown, 1979, S. 64-65).

Ein Wiedereintritt – oder »re-entry« – besteht also aus der wieder eintretenden Form sowie einer Ortsangabe, die aufzeigt, wo die wieder eintretende Form wieder eintritt. Welche Form die jeweils wieder eintretende ausmacht, lässt sich am unteren Ende des jeweiligen marks erkennen. Dass beispielsweise in Abbildung 3.15 der Baumeister über seinen Befehl in den Raum der Lehrlingsform eintritt, sieht man am unteren Fortsatz des Baumeister-marks. Den Ort des Eintritts markiert der vertikale Strich am Ende der horizontalen Linie.

In den meisten Fällen werden wir re-entries der Zeit nach auseinanderzuhalten wünschen. Zu diesem Zweck möchte ich gerne die Höhe der horizontalen Interaktionslinien als interpretativen Bezugspunkt vorschlagen. Wenn wir uns darauf einigen, können wir Abbildung 3.15 ohne weitere Erläuterung entnehmen, dass der Baumeister *erst* befiehlt, *bevor* der Lehrling den Hammer bringt.

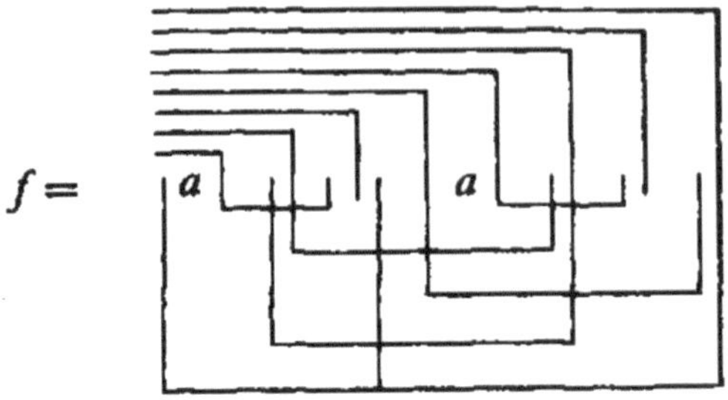

Abbildung 3.14: Eine Originaldarstellung von Re-entry-Verhältnissen aus (Spencer-Brown, 1979, S. 66)

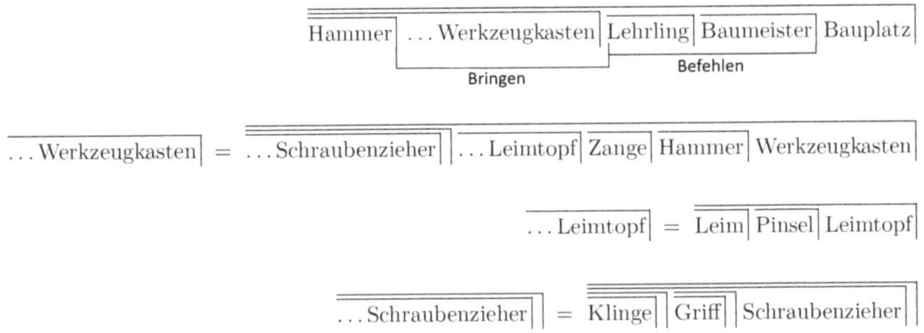

Abbildung 3.15: Der Werkzeugkasten aus Abbildung 3.13 mit Interaktionen

Als Beobachter können wir den Befehlsinhalt nicht direkt einsehen. Nach Abbildung 3.15 können wir darauf nur aufgrund des Verhaltens schließen. Falls der Lehrling den Baumeister nicht missverstanden hat und er diesem den Hammer bringt, wird der Baumeister dies in der ein oder anderen Form wohl befohlen haben. Wie diese Form genau aussah, darüber verhalten wir uns in Abbildung 3.15 agnostisch.

Anders in Abbildung 3.16: Dort erreicht den Lehrling die Aufforderung des Meisters in Schriftform, vermittels eines Zettels, welchen der Baumeister erst beschrieben hat, sodass der Lehrling, nachdem er den Zettel gelesen hat, den Hammer aus dem Werkzeugkasten bringt. Doch bleiben auch hier »weiße Flecken« für unsere Beobachtung: Wir wissen nicht, was der Baumeister auf den Zettel geschrieben hat. Vielleicht einfach nur »Hammer« oder »Wir müssen jetzt einen Nagel einschlagen!« – oder aber etwas ganz anderes, was den Lehrling dazu veranlasst haben könnte, einen Hammer zu bringen.

Diese Möglichkeit, Details kontrolliert offenzuhalten, kommt der Absicht wittgensteinscher Sprachvergleiche aus meiner Sicht sehr entgegen, weil man so vermeiden kann, sich durch – bezogen auf das jeweilige Erkenntnisinteresse – unerhebliche Detailfragen in irrelevante philosophische Diskussionen zu verstricken. Zum Beispiel lassen sich gewisse »Wie ist es möglich, dass…«-Fragen auf diese Weise bewusst und gerechtfertigt umschiffen.

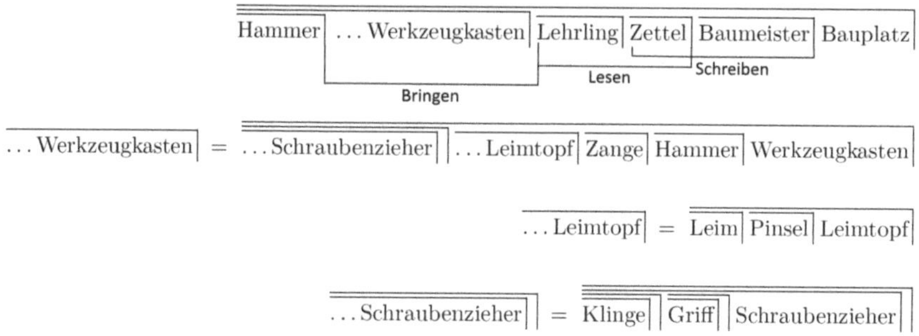

Abbildung 3.16: Der Werkzeugkasten aus Abbildung 3.15 mit Interaktion über Zettel vermittelt

Vielleicht mag in Abbildung 3.16 noch irritieren, dass wir »Bringen« und »Lesen« als re-entries von »Hammer« nach »Lehrling« bzw. »Zettel« nach »Lehrling« modellieren. Wir würden doch etwas sagen wie: »Der Lehrling bringt den Hammer« und »Der Lehrling liest den Zettel«. Aber wer sagt denn, dass sich Formen an *oberflächen*grammatischen (vgl. Wittgenstein, 2003a, S. 271), Erwägungen zu orientieren haben? Woher die Regel, dass ein grammatisches Subjekt stets in Richtung des grammatischen Objekts wieder eintreten muss? Wenn re-entries in der Regel voraussetzen, dass sich die Form, in die wieder eingetreten wird, ein – auf welche Weise auch immer – Bild von der eintretenden Form machen kann, erschiene es eher unplausibel, dass der Lehrling in den Hammer eintritt. Im Falle des Zettels hingegen sieht die Sache etwas anders aus. Falls der Baumeister z. B. ein Kürzel, das für den Lehrling steht, auf den Zettel schreibt, sagen wir, um die Aufgabe gerade ihm zuzuweisen, ließe sich dies wohl sinnvoll als re-entry des Lehrlings in den Zettel modellieren.

Über mindestens einen Punkt oder – im Wortsinn – besser drei schulde ich noch Rechenschaft. Wieso dürfen wir im als eingeklappt dargestellten Werkzeugkasten den Hammer hervorholen? Handelt es sich hierbei nicht um Willkür, die im schlimmsten Fall gar zu dem Missverständnis führt, den Hammer doppelt zu zählen? Wenn nämlich ... Werkzeugkasten|, wie in der Legende scheinbar hinterlegt, für einen Werkzeugkasten *mit* Hammer steht – bedeutet Hammer| ... Werkzeugkasten|

dann nicht konsequenterweise einen Werkzeugkasten, in dem ein Hammer liegt, mit einem zusätzlichen Hammer?

Wir sehen uns für diesen Fall genötigt, den Gebrauch des Ausdrucks »...« näher zu erläutern. Wenn ich recht sehe, entspricht dieser der üblichen Verwendungsweise in mathematischen Beschreibungen: Man charakterisiert dadurch unbestimmt Abzählbares. Vielleicht kann ich am ehesten für die Statistik sprechen. Wenn wir eine Beobachtungsreihe durch den Ausdruck $x_1 \ldots x_n$ darstellen, können wir die x zwar zählen, doch lassen offen, wo wir aufhören. Es steht uns dabei frei, einzelne Glieder in der Darstellung herauszuheben, z. B. $x_1 \ldots x_k \ldots x_n$. Wir fügen dadurch nichts hinzu, was nicht schon in $x_1 \ldots x_n$ enthalten wäre. Mit $x_1 \ldots x_k \ldots x_n$ geben wir lediglich zu verstehen, dass $x_1 \ldots x_n$ als eines seiner Glieder x_k enthält. Es gilt also $x_1 \ldots x_k \ldots x_n = x_1 \ldots x_n$. Auf verwandte Weise gilt in Gleichung 3.2 auch:

$$\overline{\ldots\text{Werkzeugkasten}}| = \overline{\overline{\text{Hammer}}|\ldots\text{Werkzeugkasten}}| \tag{3.2}$$

Man kann »...« also etwa als »alles Übrige in der jeweiligen Division« lesen. Es genügt demnach die einmalige Darstellung des gesamten Inhalts, um dann je nach Darstellungsinteresse einzelne Bestandteile herauszustellen. Alle anderen der jeweiligen Division denkt man dann implizit mit.

3.5.2 Die Befragungssituation als Mitglied einer Sprachspielfamilie

Wenn wir uns, liebes lesendes *Alter*, nicht verloren haben, verfügen wir nun über eine kleine Spencer-Brown-Grammatik, durch welche wir beliebig komplexe Inklusionsverhältnisse mit teilspezifischen Interaktionen darstellen können. Diese können auch kontingent-fehlende Formen enthalten, beispielweise den Schraubenzieher im vorhergehenden Beispiel. Auf diese Weise können wir dann Vergleichsoptionen andeuten: Welchen Unterschied macht es für das Sprachspiel, ob noch ein Schraubenzieher im Werkzeugkasten liegt? Kontingent-fehlende Inhalte anzudeuten, lädt damit zu *Ceteris-Paribus-Vergleichen* ein: Denk dir, *unter sonst gleichen Umständen*, einen Schraubenzieher mal dazu, mal weg, um dich anschließend zu fragen, ob du Bedeutungsunterschiede feststellen kannst.

Lässt sich dann aber nicht jeder beliebige Gegenstand als »kontingent-fehlend« ansehen? – Könnte man auch einen ausgewachsenen Elefantenbullen, eine Primzahl oder den Namen »Werkzeugkasten« in einem Werkzeugkasten als »kontingent-fehlend« betrachten? Käme man also auf die Idee, derlei Objekte in einem Werkzeugkasten *zu vermissen*? Ein ausgewachsener Elefantenbulle passt aus *größengrammatischen*, physikalisch-empirischen oder vielleicht anderen Gründen nicht in einen Werkzeugkasten. Wie Primzahlen und Namen in einen Werkzeugkasten passen, kann man sich auch nur schwer vorstellen. Sicherlich könnte man mit einer Primzahl oder einem Namen beschriftete Täfelchen in den Kasten legen – aber Namen und Primzahlen selbst?

Unserer Fantasie scheinen also Grenzen gesetzt. Wie (Luhmann, 1987, S. 152) bereits betont: Kontingent ist etwas stets nur »von der Realität aus gesehen«. Man könnte sich noch fragen, welche Verwandtschaft ein so verstandener Kontingenzbegriff mit jenem der *externen Relation* aus dem *Tractatus* unterhält, doch wäre dies ein eigenes Thema, das uns hier zu weit abseits führte.

Anstatt uns rückwärts in Richtung Theorie zu wenden, wollen wir das erarbeitete Instrumentarium stattdessen nun lieber zum Zwecke der empirischen Sozialforschung zu operationalisieren versuchen. Sprachspiele dienen dann nicht mehr der reflexiven Klärung zwischen Text und Leser. Eher suchen wir einen Weg, um eine gewisse Anzahl von Leuten ein Sprachspiel so spielen zu lassen, dass wir zum einen die Spielzüge im Nachhinein beobachten und zum anderen das Sprachspiel als kontingentes Mitglied einer Familie begreifen können. Somit gelten nicht nur die Ergebnisdaten als Selektionen, die auch hätten anders ausfallen können. Gleichermaßen betrachten wir das ganze Forschungsdesign als Ergebnis orientierter Entscheidungen eines forschenden Beobachters, der auch diesen Text geschrieben hat. Es ging mir darum, dich an den Gedanken, die mich zur einen statt der anderen Wahl bewogen haben, so offen teilnehmen zu lassen, dass du selbst mit ihnen spielen kannst, um sie besser zu verstehen.

Auf statistisch-technische Details werden wir im Zuge der Auswertung erst im nächsten Kapitel eingehen. An dieser Stelle geht es zunächst darum, die Form des Designs besser kennenzulernen. Dazu genüge der Hinweis, dass mehrere Personen einen Online-Fragebogen auf einem Endgerät ihrer Wahl ausfüllen sollten. Dieser teilte sich grob in drei Abschnitte: Erst wurden persönlich Angaben abgefragt, um sicherzustellen, dass die Teilnehmer der Zielgruppe[20] entsprechen. Daraufhin erhielten die Teilnehmer die Injunktion, sich in die Situation des Sprachspiels »hineinzuversetzen«[21]. Es folgten eine Reihe von Kontrollfragen, um zu gewährleisten, dass nur Teilnehmer, die sich mit dem Szenario auseinandergesetzt haben, zum Hauptteil der Befragung gelangen.

Dort wurden den Probanden die zu bewertenden Aussagen der Reihe nach, also nur eine pro Ansicht, in je zufälliger Anordnung präsentiert. Bei den zu bewerten-

---

20 In diesem Falle Männer im Alter von über 40 Jahren mit Wohnsitz in den neuen Bundesländern. Diese Eingrenzung erfolgte ausschließlich aus Gründen der rekrutierungsbezogenen Verfügbarkeit und der Kontrolle verzerrender Variation.

21 Im Nachhinein halte ich diese Ausdrucksweise für etwas unglücklich gewählt, weil sie eine Metapher nahelegt, die unnötigerweise eine räumliche Dimension einführt. »Versetzen« suggeriert, dass eine Bewegung im Raum vonnöten wäre, um die Situation *wirklich* zu erfahren. »Versetze dich in die und die Situation« scheint schon festzulegen, dass man in der Situation eigentlich gar nicht steckt, sondern sich *nur* hineinversetzt. Gerade die Kommentare der Probanden lassen aber darauf schließen, dass es dennoch zu einem hinreichend immersiven Erleben kam. Führte ich die Umfrage aber erneut durch, schriebe ich vermutlich statt »Versetzen Sie sich« das sprachspieltypische »Stell dir vor«.

den Aussagen handelte es sich um die 20 charakteristischen Modellweltaussagen des vorhergehenden Kapitels. Für jede der 20 Aussagen wurde dann eine Option aus einer 9-wertigen Likert-Skala ausgewählt, welche durch folgende, injunktive, Situationsbeschreibung plausibilisiert wurde:

> »Versetzen Sie sich nun bitte in folgende Situation: Aufgrund einer schweren Wirtschaftskrise beschließt der Bundestag, Vertreter aus verschiedenen Bevölkerungsgruppen öffentlich über mögliche Lösungsvorschläge für die Krise zu Wort kommen zu lassen. Aus diesem Anlass werden Sie in eine Fernsehsendung mit dem Titel «Raus aus der Krise! Vorschläge für eine bessere Arbeitsmarktpolitik» eingeladen. Sie sollen eine Rede über Maßnahmen zur Verbesserung der Situation am Arbeitsmarkt halten. Diese Rede bereiten Sie nun mit einer vertrauten Beratungsperson vor, die Ihnen verschiedene Aussagen vorschlägt, welche Sie in Ihrer Rede verwenden können.
>
> Bitte geben Sie für jede der Aussagen an, wie Sie sich in Ihrer Rede auf sie beziehen werden. Sie können dabei Bewertungen von -4 (›stark ablehnend‹) über 0 (›überhaupt nicht‹) bis 4 (›stark zustimmend‹) vornehmen. Lesen Sie sich die Aussagen aufmerksam durch und nehmen Sie sich ruhig die nötige Zeit. Mit einem Stern gekennzeichnete Fragen müssen beantwortet werden, um den Fragebogen abzuschließen.
>
> Nur um sicherzugehen, dass Sie die Aufgabenstellung verstanden haben, beantworten Sie bitte die folgenden fünf Kontrollfragen. Wenn Sie alle davon richtig beantwortet haben, erscheinen die zu bewertenden Aussagen.«.

Vermittels Spencer-Brown-Notation können wir das Design nun, wie in Abbildung 3.17 dargestellt, skizzieren. Durch den Agnostizismus der Formunterscheidung gewinnt man einen Überblick, welcher sich so präzise auf die *Wesenszüge* der Designbeobachtung beschränken kann, dass die beobachtende Einstellung eine Chance hat, sich verständlich zu machen. Das Design teilt den ersten Raum in drei Blöcke[22]: die Auswahlsituation auf dem Endgerät (AS), das Beratungsgespräch mit der vertrauten Beratungsperson (BS) und letztlich die Redesituation während der Fernsehsendung (RS), auf welche hin die Beratungsperson (VP) Aussagen vorschlägt. Diese über die Redesituation reflektierende Beratungssituation tritt dann zunächst in die injunktive Situationsbeschreibung (IB) auf dem jeweiligen Endgerät (EG) ein. Beantwortet man die Kontrollfragen (KF) korrekt, folgen die zu bewertenden Items (AM), interpretiert als eine Reihe von Aussagen, die aus dem Gespräch mit der vertrauten Beratungsperson hervorgehen, das auf diese Weise wieder und wieder in die Auswahlsituation eintritt.

22 Die Leerzeichen zwischen den Blöcken dienen allein der besseren Lesbarkeit.

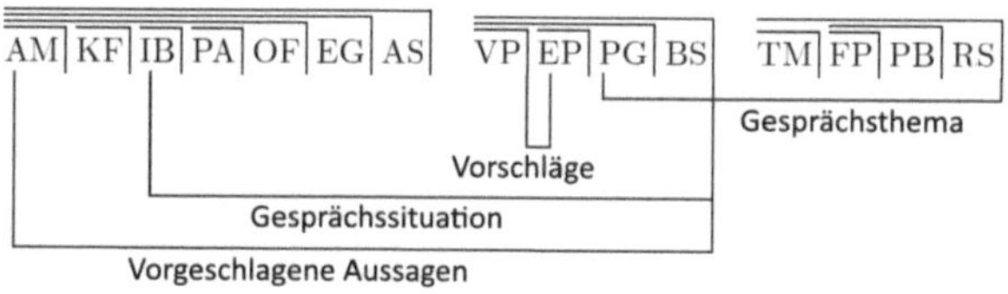

AS = Auswahlsituation
EG = Endgerät
OF = Online-Fragebogen
PA = Persönliche Angaben
IB = Injunktive Situationsbeschreibung
KF = Kontrollfragen
AM = Auswahlmöglichkeiten: 20 × 9

BS = Beratungssituation
PG = Persönliches Gespräch
EP = Eigene Person
VP = Vertraute Person

RS = Redesituation
PB = Publikumsbezug
FP = Fernsehpublikum
TM = Thema

Abbildung 3.17: Das Forschungsdesign in Spencer-Brown-Darstellung mit re-entries für Interaktionen, aber ohne Kontingenzen

Abbildung 3.17 spart kontingent-fehlende Elemente noch aus. Die Abbildungen 3.18 bis 3.20 hingegen klappen das faktisch realisierte Design ein, um mögliche Alternativen oder Ergänzungen hervorzuheben. Auf diese Weise kommt das Forschungsdesign erst eigentlich in Form, da es sich so in seinen Bestandteilen gegen Alternativen reflektieren lässt. Diese scheinen ihrer Zahl nach unbegrenzt, durch ihre Verortung in Form aber nicht unbestimmt. In dieser Reflexionsoffenheit hoffe ich, die lebendige Vielfalt eines Sprachspiels trotz formaler Darstellung zu erhalten. An dieser Stelle muss ich mich darauf beschränken, an einer Handvoll Beispielen für jeden Designblock vorzuführen, wie man die dargestellten Formausdrücke vielleicht zum Sprechen bringen kann.

Wir erinnern uns, dass Reflexionen, double crosses, kontingent-fehlende Elemente indizieren. Abbildung 3.18 zeigt den faktisch eingeklappten Designblock für die Auswahlsituation. Bezogen auf die Auswahlmöglichkeiten (AM) könnte man sich fragen, was sich mit einer geringeren Anzahl von Aussagen, sagen wir 10 (A10), oder einer gedrungeneren Skalierung wie z. B. eine Binärskalierung (S2), ändern würde. Außerdem bietet sich als Alternative zur webbasierten Präsentation auf einem Endgerät auch die Papierform (PR) an, seien es Papierkarten (PK) oder -seiten (PF).

In Abbildung 3.19 sehen wir die kontingenten Spielräume des Beratungsgesprächs. Dass ich mich hier für eine vertraute Beratungsperson entschieden habe, hatte vor allem den Grund, eine Selektionssituation für Aussagen in Form eines Gesprächs zu schaffen, doch zugleich Perzeptionsverzerrungen durch persönliche Merkmale möglichst auszuschließen. Bei genauem Hinsehen entpuppt sich vor *unserem* Blick, also jenem der forschenden Beobachterin, die Vertrauensperson als die »Agentin der ökonomischen Modellwelten«, weil letztlich erst sie diese Aussagen narrativ in die Beratungs- und dann technisch vermittelt in die Auswahlsituation transportiert. Weist die Beratungsperson zu spezifische Merkmale auf, könnten diese die Gehalte der charakteristischen Modellaussagen brechen.

Der Fantasie am freiesten ihren Lauf lässt vielleicht die Redesituation. Hier möchte ich nur kurz rechtfertigen, was mich zur Wahl eines Fernsehpublikums gegenüber einem reinen Live-Publikum bewogen hat.[23] Eine Live-Rede bringt durch ihre räumliche Situierung eine Kopräsenz zwischen Redner und Publikum mit sich, die als bloße Gleichzeitigkeit im Fall von Fernsehzuschauern nicht erreicht wird. Doch gerade die Situierung scheint andererseits zur Annahme eines, mindestens geographisch, partikularen Publikums zu zwingen. Außerdem bedarf eine öffentliche Rede meist eines *besonderen* Anlasses, während eine Fernsehsendung sich schon als Fernsehsendung selbst immer ein Anlass ist. Gesucht habe ich aber vor allem eine *Rechtfertigungs*situation vor einem möglichst großen, aber in seiner Zusammensetzung unbestimmten Publikum. Das Fernsehen bildet, unabhängig vom Thema der kulturindustriellen Überformung, eine technische Schnittstelle zwischen konkreten Situationen und einer großen Zahl anonym-unspezifischer Zuschauerinnen. Eine Fernsehansprache scheint damit wohl nicht diametral entfernt von der schillerschen Idealisierung einer »Kommunikationsstruktur […] ›wo (jeder) in eigener Hütte still mit sich selbst und, sobald er heraustritt, mit dem ganzen Geschlechte spricht‹« (Habermas, 1988, S. 63).

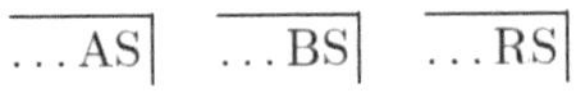

AS = Auswahlsituation BS = Beratungssituation RS = Redesituation

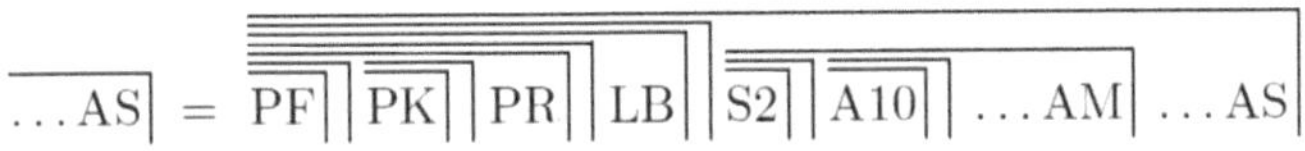

AM = Auswahlmöglichkeiten A10 = Zahl der Aussagen: 10
S2 = Binärskala LB = Live-Befragung
PR = Papierform PK = Papierkarten
PF = Papierfragebogen mit Seiten

Abbildung 3.18: Das Forschungsdesign mit ausgeklappter Auswahlsituation, ohne re-entries für Interaktionen, aber mit Kontingenzen

Die mögliche Vielfalt des Forschungsdesigns ließe sich nahezu unumschränkt weitertreiben. Wahrscheinlich sind mir selbst schon, seitdem ich diesen Text verfasst habe, einige neue Abwandlungsideen eingefallen. Dies impliziert aus meiner

23 Die Situationsbeschreibung des Fragebogens schließt übrigens ein Live-Publikum im Fernsehstudio nicht aus, sodass einige Befragungsteilnehmer durchaus mit einem solchen gerechnet haben könnten.

Sicht keinen Makel, sondern eine gewünschte Eigenschaft, wenn es um die Darstellung von »Variationszentren« mit zunehmend ausgefranstem Horizont geht. Man begreift so immer deutlicher, aus welchen Möglichkeiten die aktualisierte Designform eine Selektion darstellt. Allerdings muss das Design noch einen Variationsspielraum offenhalten, um auf die Frage nach dem politisierenden Gebrauch ökonomischer Modellwelten informiert, d. h. erwählt, zu antworten.

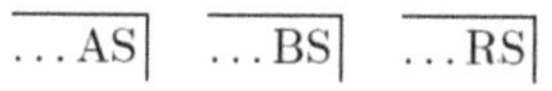

AS = Auswahlsituation BS = Beratungssituation RS = Redesituation

PG = Persönliches Einzelgespräch SG = Selbstgespräch
FG = Gespräch mit fremder Person GG = Gruppengespräch
FE = Gespräch mit Familie beim Essen AK = Gespräch mit Arbeitskollegen
SV = Schriftverkehr

Abbildung 3.19: Das Forschungsdesign mit ausgeklappter Beratungssituation, ohne re-entries für Interaktionen, aber mit Kontingenzen.

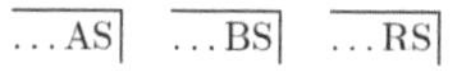

AS = Auswahlsituation BS = Beratungssituation RS = Redesituation

PB = Publikumsbezug TM = Thema
LP = Rede vor ausschließlich Live-Publikum ST = Stammtisch-Rede
IV = Rede vor Interessenvertretung GW = Gewerkschaft
AV = Arbeitgeber-Vertretung BF = Brief statt Rede
LZ = Leserbrief an Zeitung BP = Brief an befreundete Person
WW = "Warum boomt die Wirtschaft?" SP = "Ist Deutschlands Steuerpolitik gerecht?"

Abbildung 3.20: Das Forschungsdesign mit ausgeklappter Redesituation, ohne re-entries für Interaktionen, aber mit Kontingenzen

Man kann es sich so vorstellen, dass für jede teilnehmende Person ein Sprachspiel gespielt wurde, das zu Beginn aus einem unbeschriebenen Set von 20×9 leeren Feldern, den Antwortmöglichkeiten, besteht, welche jeder Spieldurchlauf auf eine Reihe von 20 Bewertungen verdichtet. Die Varianz dieser Sprachspielergebnisse auf Regelmäßigkeiten hin zu erkunden, um diese dann gegebenenfalls als Regel*haftigkeit* im politisierenden Gebrauch wirtschaftswissenschaftlicher Aussagen zu interpretieren, macht das Thema des nächsten Kapitels aus.

4. Auswertung: Q-Methode, Ergebnisse und Interpretation

Mit dem im dritten Kapitel ausgearbeiteten Forschungsdesign konnten Probanden verschiedener Bevölkerungsgruppen Sprachspiele so spielen, dass für einen forschenden Blick Daten zurückgeblieben waren, die sich auf Strukturmuster hin auswerten ließen. Aus welchen Erhebungs- und Formatierungsprozessen diese Daten hervorginen, wird im ersten Abschnitt thematisiert (4.1). Wie man mit der Q-Methode aus derartigen Daten Erkenntnisse gewinnen kann, sei im Anschluss erläutert (4.2). Die Ergebnisse werden in den darauffolgenden Abschnitten ausgestellt, um an ihnen dann einen interpretierenden Vergleich vorzuführen (4.3).

4.1 Die Daten

Sind alle Sprachspiele gespielt, stehen uns die Ergebnisse als ein Haufen von je persönlich ausgefüllten 20×9-Tabellen vor Augen. Für jede der 20 zu bewertenden Modellaussagen haben die Befragten einen Wert aus dem Bereich von -4 bis 4 angegeben,[1] der anzeigen soll, inwiefern man sich auf die jeweilige Aussage in der beschriebenen Situation bezieht. Tabelle 4.1 veranschaulicht, wie man sich einen ausgefüllten Fragebogen vorstellen kann; freilich sahen die Daten nicht tatsächlich so aus. In einem geeigneten Tabellenformat (.csv) wurden sie aus der Server-Datenbank exportiert, um sie anschließend mit der Statistik-Software *R* weiterzuverarbeiten. Außerdem erschienen die Aussagen während der Befragung je einzeln und in zufälliger Reihenfolge, um mögliche Tendenzen auszuschließen. In Tabelle 4.1 finden sich die im Vollzug zufällig präsentierten Fragen bereits gemäß

1 Dass die Wahl hier auf eine neunwertige Likert-Skala fiel, hatte schlicht den Grund, *a priori* möglichst viel Varianz offenzuhalten. Unter anderem deshalb habe ich auch auf einen sogenannten *Q-Sort*, d. h. auf eine Begrenzung der jeweiligen Bewertungsslots, verzichtet, vor allem aber auch, weil sich derartige Begrenzungen hier inhaltlich kaum rechtfertigen ließen. Denn warum sollte man sich, zumindest prinzipiell, nicht auf alle Aussagen mit unterschiedsloser Zustimmung oder Ablehnung beziehen können?

ihren Modellfamilien gruppiert. Der Übersicht wegen stellen wir die Ergebnisse durchgängig in dieser Anordnung dar; die tatsächlichen, randomisierten, Bewertungsreihenfolgen bleiben außen vor.

Tabelle 4.1: Symbolische Darstellung eines ausgefüllten Online-Fragebogens

Bitte geben Sie für jede der Aussagen an,

wie Sie sich in Ihrer Rede auf sie beziehen werden.

KL1	-4 (»stark ablehnend«)	-3	-2	-1	0 (»überhaupt nicht«)	X	2	3	4 (»stark zustimmend«)
KL2	-4 (»stark ablehnend«)	-3	X	-1	0 (»überhaupt nicht«)	1	2	3	4 (»stark zustimmend«)
KL3	-4 (»stark ablehnend«)	-3	-2	X	0 (»überhaupt nicht«)	1	2	3	4 (»stark zustimmend«)
KL4	-4 (»stark ablehnend«)	X	-2	-1	0 (»überhaupt nicht«)	1	2	3	4 (»stark zustimmend«)
KL5	-4 (»stark ablehnend«)	-3	-2	-1	0 (»überhaupt nicht«)	1	X	3	4 (»stark zustimmend«)
KY1	-4 (»stark ablehnend«)	-3	-2	-1	X (»überhaupt nicht«)	1	2	3	4 (»stark zustimmend«)
KY2	-4 (»stark ablehnend«)	-3	-2	-1	0 (»überhaupt nicht«)	1	2	X	4 (»stark zustimmend«)
KY3	-4 (»stark ablehnend«)	-3	-2	-1	0 (»überhaupt nicht«)	X	2	3	4 (»stark zustimmend«)
KY4	-4 (»stark ablehnend«)	-3	X	-1	0 (»überhaupt nicht«)	1	2	3	4 (»stark zustimmend«)
KY5	-4 (»stark ablehnend«)	-3	-2	-1	0 (»überhaupt nicht«)	1	2	X	4 (»stark zustimmend«)
MG1	-4 (»stark ablehnend«)	-3	-2	-1	0 (»überhaupt nicht«)	1	2	X	4 (»stark zustimmend«)
MG2	X	-3	-2	-1	0 (»überhaupt nicht«)	1	2	3	4 (»stark zustimmend«)
MG3	-4 (»stark ablehnend«)	-3	-2	-1	0 (»überhaupt nicht«)	1	X	3	4 (»stark zustimmend«)
MG4	-4 (»stark ablehnend«)	-3	-2	-1	0 (»überhaupt nicht«)	1	2	X	4 (»stark zustimmend«)
MG5	-4 (»stark ablehnend«)	-3	-2	-1	0 (»überhaupt nicht«)	X	2	3	4 (»stark zustimmend«)
AG1	-4 (»stark ablehnend«)	-3	-2	-1	0 (»überhaupt nicht«)	1	2	X	4 (»stark zustimmend«)
AG2	X	-3	-2	-1	0 (»überhaupt nicht«)	1	2	3	4 (»stark zustimmend«)
AG3	-4 (»stark ablehnend«)	X	-2	-1	0 (»überhaupt nicht«)	1	2	3	4 (»stark zustimmend«)
AG4	-4 (»stark ablehnend«)	-3	-2	X	0 (»überhaupt nicht«)	1	2	3	4 (»stark zustimmend«)
AG5	-4 (»stark ablehnend«)	-3	-2	-1	0 (»überhaupt nicht«)	1	2	3	X

Die Subjekttypen der ökonomischen Modellwelten haben die Rekrutierung der Probanden angeleitet. Gesucht wurden je 15 Arbeitnehmer, Arbeitgeber und Arbeitslose, die sich über ihre Auswahl im Bereich der persönlichen Angaben selbstkategorisiert haben. Die Teilnehmer stammten aus Panels eines Dienstleisters, welcher sie an den von mir gehosteten Online-Fragebogen vermittelte. Um Verzerrungen durch sozioökonomische Heterogenität nach Möglichkeit zu minimieren, war die Zielgruppe auf männliche Personen im Alter von über 40 Jahren mit Wohnsitz in den neuen Bundesländern beschränkt.

Insgesamt haben 94 Personen vollständig an der Umfrage teilgenommen: davon 55 Arbeitnehmer, 16 Arbeitgeber und 15 Arbeitslose.[2] Der Befragungszeitraum belief sich auf gut sechs Wochen. Der erste vollständige Ergebnisbogen ging am

2 Acht Personen gaben an, dass sie berufstätig – und damit nicht »arbeitslos« – sind, ordneten sich aber auch weder als »Arbeitnehmer/-in« noch als »Arbeitgeber/-in « ein.

08.10.2021 ein, der letzte am 22.11.2021. Da pro Gruppe nur 15 Datensätze in die Auswertung kamen, war hier eine Selektion nötig. Die Arbeitslosen entsprachen genau der benötigten Anzahl, sodass hier keine Auswahl erforderlich war. Vor allem bei der Gruppe der Arbeitnehmer und in einem Fall auch bei jener der Arbeitgeber war es jedoch nötig, Datensätze auszuschließen. Dabei wurden nach einem möglichst einfachen Exklusionsverfahren jene 15 Datensätze bestimmt, welche die zugrundeliegende Struktur möglichst deutlich aufwiesen. Das Vorgehen ähnelt etwa dem Trimmen eines Gebüschs: Man entfernt die äußeren losen Äste, um die Gestalt des Dickichts um den Stamm besser zu erkennen. Diese Gestalt manipuliert man nicht, indem man sich lediglich schärfere Sicht darauf verschafft. Wir werden das Ausschlussverfahren gleich graphisch verfolgen und weiter unten technisch näher erläutern, wenn es daran geht, die Korrelationsmatrix zu analysieren.

4.2 Die Methode

Man könnte den Ausgangspunkt der Auswertungsmethode nun schlicht bei den 45 Datensätzen mit je 20 bewerteten Aussagen ansetzen. Damit übersähe man jedoch wohl Einsichten, die wir uns im dritten Kapitel erarbeitet haben. Was wir analysieren, sind nicht allein die 45 *realisierten* Datensätze, sondern deren Differenz zu allen anderen *möglichen*, die kontingent fehlen.

Wir können uns zu Anschauungszwecken vorstellen, dass wir die Ergebnisse wie in Tabelle 4.1 auf eine Klarsichtfolie drucken und die Auswahlkreuzchen Zeile für Zeile durch eine Linie verbinden. Die Antwortlinie für den Beispielbogen aus Tabelle 4.1 ist in Abbildung 4.1 dargestellt. Wir haben den Bogen lediglich um 90 Grad gedreht, unnötigen Text entfernt und Achsen angefügt.

Nun könnte man viele weitere solcher Linien in die Abbildung malen, indem wir die Bewertungen für je eine Person[3] über die Aussagen hinweg verbinden. Man könnte die Linienverläufe auch 20 Mal mit einem neunseitigen Würfel auswürfeln. Aus diesem Bild lässt sich ablesen, dass die Zahl der möglichen Linien pro Person 9^{20} beträgt. Die realisierte Beispiellinie lässt sich demnach als kontingente Selektion aus dem Raum aller möglichen solcher Linien begreifen. Dies zeigt sich vielleicht deutlicher, wenn man einen Ergebnisbogen – wie in Abbildung 4.2 zu sehen – gemäß den im vorhergehenden Kapitel vereinbarten Regeln in Spencer-Brown-Notation darstellt. Die Form eines Ergebnisbogens liegt also in der kontingenten Unterscheidung zwischen einer *realisierten* Datenlinie und allen übrigen $9^{20} - 1$ *kontingent-fehlenden*.

3 Darin liegt auch der ausschließliche Sinn einer solchen Linie. Man kann damit Punkte identifizieren, die zu einer Person gehören. Weil eine Linie eben *eine* Linie darstellt, lässt sich diese Einheitsform auf *eine* Person beziehen.

Ex ante spannt sich also ein Raum möglicher Ergebnisse auf, sodass sich die tatsächlich realisierten Werte *ex post* als informative Selektion interpretieren lassen. Vielleicht darf man den im Forschungsdesign angelegten Spielraum unter diesem Gesichtspunkt auch als Luhmannsches Medium bezeichnen.

> »Medium in diesem Sinne ist jeder lose gekoppelte Zusammenhang von Elementen, der für Formung verfügbar ist, und Form ist die rigide Kopplung eben dieser Elemente« (Luhmann, 1992, S. 53).

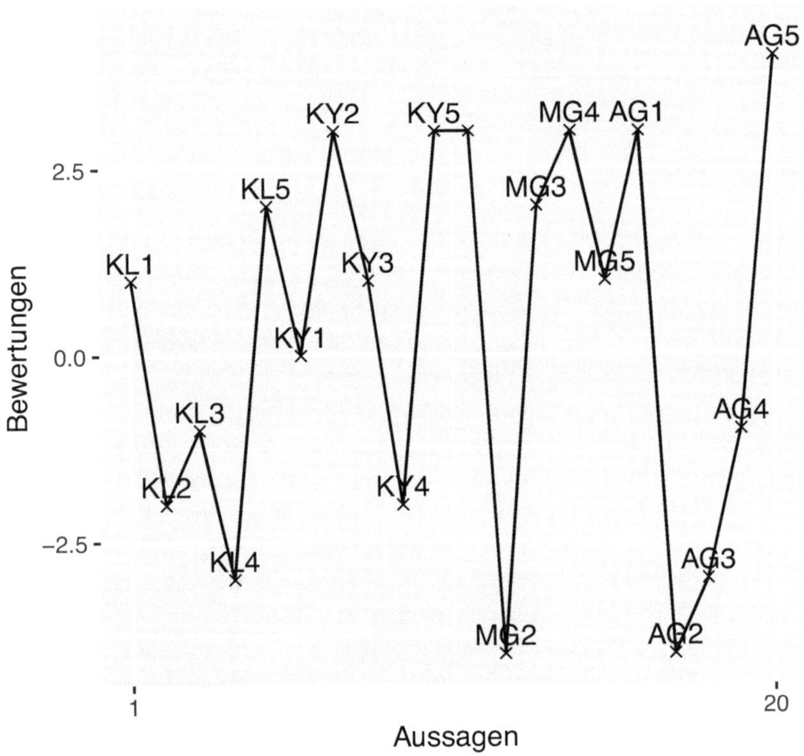

Abbildung 4.1: Die Antwortlinie für den Beispielbogen aus Tabelle 4.1

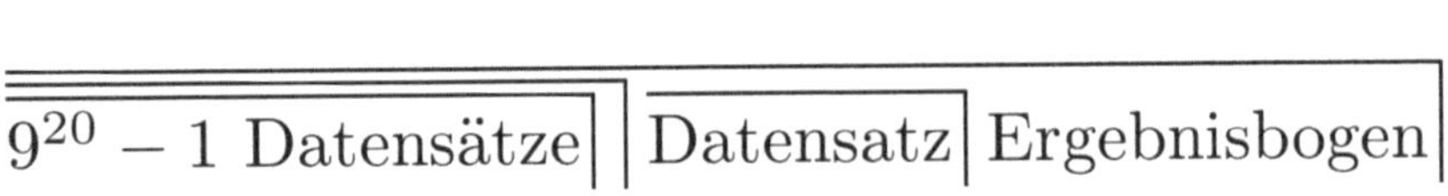

Abbildung 4.2: Ein Ergebnisbogen in Spencer-Brown-Darstellung

Vereinfacht gesagt ähnelt es einer Art »Abformmasse«[4], welcher die Versuchsdurchführung ihren formgebenden Stempel aufdrücken kann. Allein durch das Medium der kombinatorischen Möglichkeiten kommt jene Kontingenz ins Spiel, welche die vorliegenden Ergebnisse überhaupt erst interessant macht: Obwohl es auch hätte anders kommen können, kam es doch zu dieser bestimmten und keiner anderen Form.[5] Für die einsame Linie in Abbildung 4.1 haben die Abschnitte zwischen den Punkten keine Bedeutung. Keinesfalls soll die Darstellung kontinuierliche Wertverläufe suggerieren. Die Aussagen liegen diskret auf einer Kategorialskala. Demnach bilden die Linien auch kein Steigungsverhalten ab. Schließlich könnte man die während der Befragung ohnehin randomisierte Reihenfolge der Aussagen auf der horizontalen Achse ändern und erhielte so ein ganz anderes Bild. Lediglich sieht man einem Punkt auf diese Weise an, ob die auf der Horizontalachse vor- oder nachstehende Aussage relativ höher oder niedriger bewertet wurde. Man könnte in beide Richtungen jeweils ein Lineal anlegen, um den folgenden oder vorhergehen-

---

4 Dieser Vergleich scheint mir deshalb nicht weit hergeholt, weil sich Luhmann hier ausdrücklich auf die Medientheorie von (Heider, 2017) bezieht. Als Mediumeigenschaft schlechthin macht Heider die *Vielheit von unabhängigen Elementen* aus:

> »*Ein genaues Abbilden, Aufzwingen, Aufdrücken einer Gestaltung ist ganz allgemein nur möglich, wenn das Aufgezwungene, oder das, dem etwas aufgezwungen wird, aus vielen voneinander unabhängigen Teilen besteht*« (Heider, 2017, S. 42).

Wenn wir einen Schlüssel in ein Abformkissen drücken, unter dessen Oberfläche sich ein Drahtgitter befindet, dann machen auch Teile des Kissens den Abdruck mit, die gar nicht zum Schlüssel gehören. Das Drahtgitter verhindert in diesem Sinne Mediumeigenschaften, weil es die Vielheit der möglichen Formen im Vorhinein einschränkt. Einige Elemente des Kissens hängen dann nämlich in ihrer Beweglichkeit so voneinander ab, dass ein Abdruck sich nicht allein auf die Form des abgedrückten Schlüssels zurückführen lässt.
Für den vorliegenden Versuchsaufbau, wenn man so sagen kann, besteht das Medium schlicht aus den 9^{20} als unabhängig angenommenen Möglichkeiten des Antwortverlaufs. Durch statistische »Spurensicherung« versuchen wir dann, die aufgezwungenen Effekte ihrer Form nach möglichst unbeirrt zu rekonstruieren.

5 Diese Betrachtungsweise hat, wie mir scheint, wissenschaftstheoretische Implikationen. Hypothesentestende Forschungsstile scheinen stets darauf angewiesen, einen Möglichkeitsraum zu begrenzen, vor dem Hypothesen sich bewähren können *oder nicht*. Daraus folgt aber, dass die Kontingenz des jeweiligen Möglichkeitsraums, also des jeweiligen Forschungsdesigns, nicht selbst in diesem Möglichkeitsraum verhandelt werden kann: Warum lassen wir gerade diese Falsifikationsmöglichkeiten der jeweiligen Hypothesen zu und keine anderen? In dem Maße, so scheint es, in dem bloßes Hypothesentesten in selbst kontingenten, aber dennoch nicht weiter befragten Möglichkeitsräumen schon als Leistung gilt, entlastet man die Selektion *ebendieser* Räume von gesellschaftlichem Rechtfertigungsdruck – mit allen Konsequenzen für die öffentliche Wahrnehmung von wissenschaftlichen Ergebnissen.

den Datenpunkt zu schneiden. Um es zu wiederholen: »*Eine* Linie« heißt bloß »*eine* Person« – und daher noch nicht besonders viel.

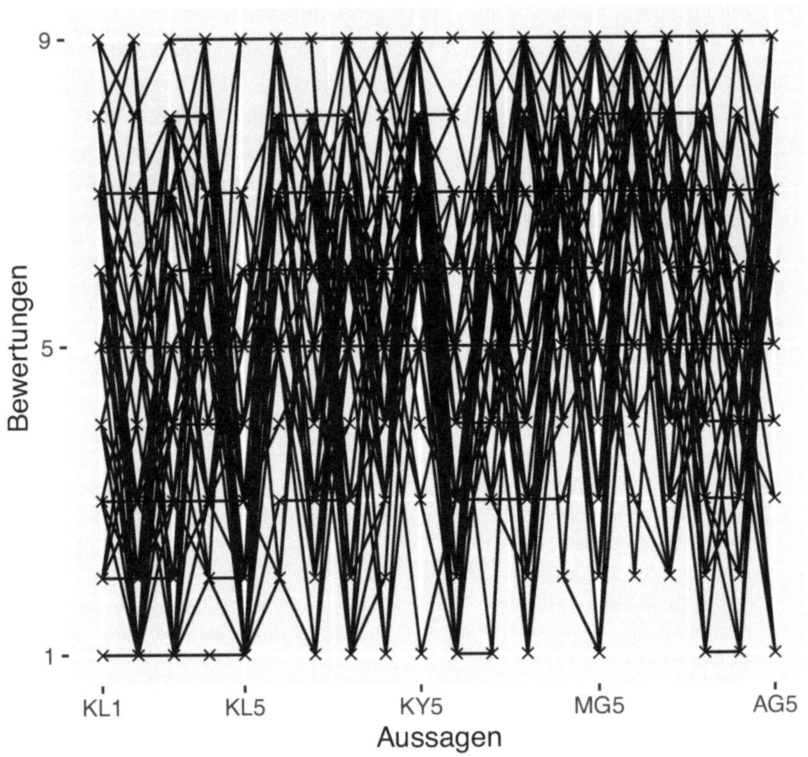

Abbildung 4.3: Die Antwortlinien aller 55 Arbeitnehmer

Erst wenn wir mehrere Linien in ein und dasselbe Koordinatensystem zeichnen, gewinnen deren Ausprägungen im wechselseitigen Vergleich, und nur dadurch, interpretierbaren Sinn. Legen wir die Klarsichtfolien mit den jeweiligen Antwortlinien für alle 55 eingegangenen Arbeitnehmerbogen übereinander, ergibt sich das noch sehr chaotisch anmutende Bild aus Abbildung 4.3. Wir werden dieses *Gestrüpp* nun bändigen. Wie nah die Linien beieinanderliegen, spielt für die Strukturanalyse keine Rolle, weil wir diese Abstände ohnehin »wegnormieren«. Die z-standardisierten Antwortlinien sind in Abbildung 4.4 zu sehen. Die jeweiligen Aussage-Kennziffern sind auf der horizontalen Achse eingetragen. Auf der vertikalen Achse sieht man die standardisierten Antwortwerte. Die horizontale Nulllinie markiert hier den durchschnittlichen Wert für jede Person. Folglich besitzen Aussagen, die oberhalb dieser Marke liegen, überdurchschnittliche, jene unterhalb der Linie dementsprechend unterdurchschnittliche Werte. Die Aussagen zu den jeweiligen Aussage-Codes sind in Appendix A aufgeschlüsselt.

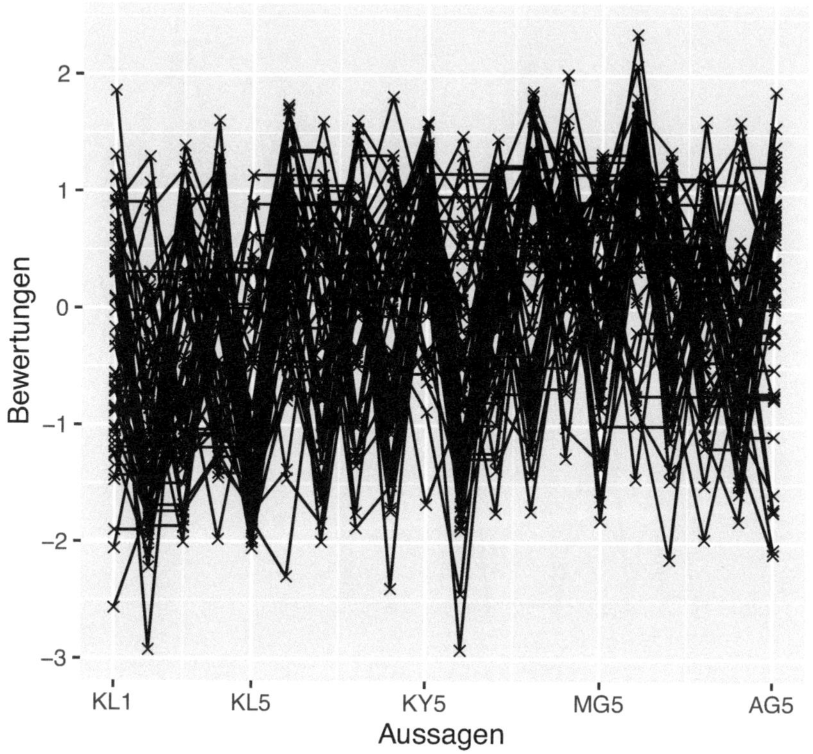

Abbildung 4.4: Die z-standardisierten Antwortlinien aller 55 Arbeitnehmer

Womöglich mag das Ergebnis immer noch aussehen, wie das abstrakte Kunstwerk eines Kleinkinds, das mit einem schwarzen Filzstift willkürliche Zickzacklinien im Koordinatensystem verewigt hat. Gleichwohl scheint es aber an einigen Stellen so, als habe das Kind hier besonders dick aufgetragen. Beispielsweise muten die Aussagen KL5 und AG1 schon fast so an, als habe das Kind hier zu einem dickeren Filzstift gegriffen.

Solch geballte Überlagerungen deuten auf regelhafte Strukturmuster hin. Sie zeigen sich umso deutlicher, je näher die Ausgangs- oder Endpunkte eines Linienabschnitts zusammenliegen, wenn mehrere Linienabschnitte also aus einer ähnlichen Richtung kommen oder in ähnliche Richtung laufen. Deshalb kommt es auch nicht so sehr darauf an, die einzelnen Linienverläufe nachzuvollziehen, denn wir suchen ja gerade nach Topoi, in denen die Individualität verschwimmt wie in einer Gruppe Zebras.[6]

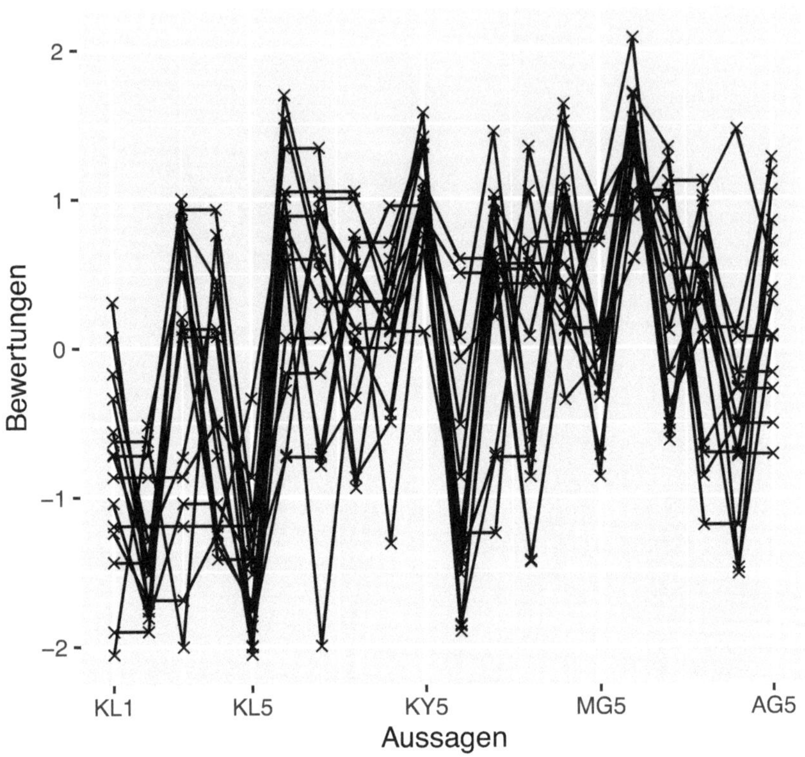

Abbildung 4.5: Die 15 zur Auswertung stehenden z-standardisierten Antwortlinien der Arbeitnehmer

Mit dem Ziel, Linien zu entfernen, welche von den Ballungsstellen mehr ablenken, als diese aufzuweisen, trimmen wir nun das Liniengestrüpp. Auf das angewandte Verfahren, um bei den verbleibenden 15 Linien in Abbildung 4.5 anzugelangen, kommen wir gleich zu sprechen.

Uns interessiert nun, ob deren Ausschläge eine gewisse Regelmäßigkeit verraten: Schmiegen sich die Linien einander passig an, sieht es so aus, als stießen sie sich gegenseitig ab oder weder noch? Letzterer Fall würde sich einstellen, wenn die Probanden ihre Antworten mit einem neunseitigen Spielwürfel auswürfelten. Die

6 Aus diesem Grund habe ich mich auch dazu entschlossen, auf weitere Farbgebung zu verzichten. Nach meinem Eindruck wird das Auge sonst durch »Regenbogeneffekte« von den interessierenden Ballungszentren eher abgelenkt.

beiden anderen Formtypen sprächen für Korrelationen im Antwortverhalten und damit für eine interpretierbare Struktur. Durch »Eyeballing« wirkt es zumindest auf mich so, als schmiegten sich die Linien eher *an*einander.

Das Auswertungsverfahren im Rahmen einer Q-Methodik folgt im Wesentlichen den Arbeitsschritten einer Hauptkomponentenanalyse (vgl. Eckey et al., 2002, S. 5-92), (vgl. Backhaus et al., 2018, S. 365-433):

1. Wir stellen die Korrelationsmatrix auf, um zu überprüfen, ob die Daten überhaupt weiterhin analysierbare Struktur zeigen, d. h. wie breit sich die Antworten wechselseitig vorhersagen.
2. Wir bilden die Faktorladungen, um für jede *Person* den Zusammenhang zur analysierten Struktur herzustellen.
3. Wir errechnen die Faktorwerte, um für jede *Aussage* einen Zusammenhang zur analysierten Struktur herzustellen.

Das Ziel dieser Heuristik lässt sich vielleicht am besten anhand der Antwortlinien in Abbildung 4.5 veranschaulichen. Bei einer Hauptkomponentenanalyse versucht man, die Struktur der Antwortlinien in einer geringeren Zahl von Linien zu verdichten, sodass sich die ursprünglichen Beobachtungen aus diesen reduzierten Linien möglichst originalgetreu, also mit möglichst geringen Abweichungen, reproduzieren lassen. Um die ursprünglichen Linien zu reproduzieren, darf man die Faktorlinien nach gewissen Regeln manipulieren. Man darf sie für jede Person mit einer konstanten Zahl zwischen -1 und 1, also den Faktorladungen, multiplizieren und anschließend addieren.

Für die vorliegenden drei Untersuchungsgruppen hat sich, wenn sich überhaupt eine Faktorlösung als sinnvoll erwiesen hat,[7] eine *Ein*-Faktorlösung als vertretbar abgezeichnet.

4.1 Betrachte die Antwortlinien in Abbildung 4.5. Stell dir vor, jemand erteilt dir die Aufgabe, eine Linie zu zeichnen, die, wenn man sie nach einer allgemeinen Regel für jede Antwortlinie individuell anpassen darf, mit jeder von diesen möglichst genau übereinstimmt. Die allgemeine Regel lautet: Du darfst die Linie vertikal, also entlang der Bewertungsachse, um einen Faktor zwischen 0 und 1 gleichmäßig zusammenschieben oder auseinanderziehen und dann, wenn du möchtest, auch noch spiegeln.

---

7 Die Korrelationsmatrix der Arbeitslosengruppe wird den strukturellen Gütekriterien für eine Faktorenanalyse, die hier zur Anwendung kommen, nicht gerecht. Doch liefert auch gerade dieser Umstand, wie wir sehen werden, im Vergleich ein interpretierbares Ergebnis. Unter Warnhinweisen habe ich die Ergebnisse für eine Ein-Faktorlösung für die Gruppe der Arbeitslosen dennoch berechnet.

So oder so ähnlich lässt sich das mathematische Sprachspiel zur Bestimmung der Faktorwerte bei nur einem Faktor charakterisieren.[8] Für mehrfaktorielle Lösungen müsste man die Spielregeln lediglich so abändern, dass man mehrere Linien zeichnen und addieren darf. Die aus den addierten Linien resultierende Linie hat dann gemäß dem Spielziel mit den ursprünglichen Antwortlinien übereinzustimmen.

Das Ergebnis für unser Ein-Faktor-Spiel ist als rot eingezeichnete Faktorlinie weiter unten in Abbildung 4.6 zu sehen. Es sei nochmals in Erinnerung gerufen, dass die Linienabschnitte zwischen den Punkten nur vergleichsweise Sinn ergeben. Die Linienform dient allein dazu, dem Auge den Vergleich mit dem Streuungsverhalten der ursprünglichen Antwortlinien zu erleichtern. Beispielsweise sehen wir für Aussage KL5 mit einem Blick, dass die Antwortlinien sehr eng um die rote Faktorlinie herumführen. Für die Aussagen MG2 bis MG5 hingegen laufen sie um die Faktorlinie herum eher diffus auseinander.

4.3 Ergebnisse

4.3.1 Arbeitnehmer

Korrelationsmatrix

Wovon man spricht, wenn man im Rahmen einer Q-methodischen Hauptkomponentenanalyse von Struktur spricht, zeigt sich in der Operationalisierung der Strukturmaße. Im Wortsinn *maßgebend* wirkt hier die *Image Theory* nach (Guttman, 1953). Die Ausgangsüberlegung besteht in der Frage, wie gut sich die Variablen des Datensatzes im Rahmen einer multiplen Regressionsanalyse gegenseitig erklären, wie in Gleichung 4.1 beschrieben.

$$\overline{\text{Datensatz Person}_{\,i}}\Big| = \overline{\overline{\text{Datensätze aller anderen Personen}}\Big|\text{Regression}}\Big| \qquad (4.1)$$

Man fragt für jede Person, wie gut die Antworten aller anderen Personen die Antworten der jeweiligen Person vorhersagen, wie stark sie also *insgesamt* miteinander korrelieren. Man könnte dazu auch auf die Idee kommen, schlicht den Durchschnitt über alle Korrelationskoeffizienten zu bilden. Dabei gingen aber brauchbare Spezifika möglicher Strukturmuster verloren, welche der image-theoretische Regressionsansatz demgegenüber bewahrt. Für (Guttman, 1953) verbergen sich hinter den Korrelationskoeffizienten nämlich zwei Anteile.

8 Hinsichtlich der Rotation der Faktorachsen kommen zusätzlich noch Annahmen über die Korreliertheit der Faktorwerte ins Spiel. Auch die Lösung des Kommunalitätenproblems erfordert für die Faktorextraktion gewisse Annahmen. Die Hauptkomponentenanalyse zeichnet sich hierbei dadurch aus, dass man von vollständig unkorrelierten Faktoren ausgeht, welche, alle zusammengenommen, die Varianz der Ausgangsvariablen vollständig erklären.

> »[A]n observed total correlation r_{jk} can be regarded as arising from two sources: (a) the covariance between the common parts of the two variables, and (b) a special pairwise linkage that may remain between the two variables after the remaining $n-2$ variables are partialed out.« (Guttman, 1953, S. 289)

Teil (b) ist nur durch den multiplen Regressionsansatz zu haben, weil sich so Korrelationen zwischen zwei persönlichen Antwortdatensätzen errechnen lassen, die nur exklusiv, d. h. unter Ausschluss aller anderen, zwischen diesen beiden bestehen. Eben diesen Ausschluss erreicht man durch die Regressionen, denn deren Fehlerterme enthalten Informationen über die »special pairwise linkages«, welche die guttmansche »Notion of ›Commonness‹« (Guttman, 1953, S. 277) negativ in Rechnung stellt. Von Struktur kann diesem Begriff nach nämlich nur in dem Maße die Rede sein, wie sich die Korrelationen des gesamten Datensatzes gleichmäßig über alle Variablen verwickeln, ohne dass bloß einzelne Paare partiell korrelieren. Man könnte es auf die anschauliche Formel bringen: »Möglichst jede Variable für alle, aber möglichst keine nur für eine«.

Guttmans Analyse gibt allerdings kein eindeutiges Kriterium zur Beurteilung einer Korrelationsmatrix, sondern bleibt eher prinzipiell anleitend. Erst das *Kaiser-Meyer-Olkin-Kriterium* liefert hier eine verdichtete Kennzahl.

> »For more than fifteen years now I have observed, with real data, the practical truth of Guttman's theoretical assertions. And for at least a dozen years I have tried to explicate Guttman's general finding into a simple formula« (Kaiser, 1970, S. 404-405).

Das Ergebnis dieses Vorhabens besteht im sogenannten *Measure of Sampling Adequacy of Factor-Analytic Data Matrices* (kurz: MSA) (vgl. Kaiser, 1970, S. 404), welches Gleichung 4.2 präsentiert. Es ist so gebaut, dass es die gemeinsamen (r_{jk}) und partiellen Korrelationen (q_{jk}) gemäß (Guttman, 1953) so gewichtet, dass die Größe umso mehr vom Minimalwert 0 weg und hin zum Maximalwert 1 strebt, je mehr die gemeinsamen Korrelationsanteile ihre bloß partiellen Gegenparts überwiegen.

$$MSA = 1 - \frac{\sum_{j \neq k} \sum_{j \neq k} q_{jk}^2}{\sum_{j \neq k} \sum_{j \neq k} r_{jk}^2} \tag{4.2}$$

Wie bereits erwähnt, war für die ursprünglich 55 Arbeitnehmer ein Trimmverfahren notwendig. Schlicht habe ich alle persönlichen Datensätze mit der niedrigsten Durchschnittskorrelation zu allen übrigen nacheinander aus der Untersuchung genommen. Zwar berücksichtigt dieses Verfahren keine partiellen Korrelationen, dafür bleibt es aber sehr nachvollziehbar und plausibel. Die zugrundeliegende Struktur im Dickicht des Datensatzes bleibt erhalten, wie der Übergang von Abbildung 4.4 zu 4.5 vielleicht auch glaubhaft machen kann. Die ballungsstärksten Spitzen und Tiefen kommen lediglich klarer zur Ansicht.

Für die Datensätze der übriggebliebenen 15 Arbeitnehmer, die dann zur Hauptuntersuchung kamen, zeigt Tabelle 4.2 die Korrelationen zwischen den persönlichen Antwortlinien. Das MSA beträgt 0.67. Dies spricht zwar nicht für eine »stahlharte« Kohäsion im Datensatz, zeigt aber gleichwohl einen gewissen Zusammenhalt an, der stark genug ausfällt, um eine Hauptkomponentenanalyse zu rechtfertigen.

Wohl gibt es also Muster im Datensatz, doch gewährt das MSA-Kriterium keinen Aufschluss über deren Zahl sowie deren Verhältnis zu den Einzelpersonen. Die Extraktion der Eigenwerte legt die oben schon angekündigte Ein-Faktorlösung nahe. Je höher die Eigenwerte eines Faktors, desto größer dessen Erklärungskraft für den Datensatz. Wir sehen nach dem Eigenwert für den ersten Faktor schon einen derart rapiden Abfall, dass es sich bei weitem nicht lohnen würde, den Interpretationsaufwand auf sich zu nehmen, der anfiele, wenn man einen weiteren Faktor in die Untersuchung aufnähme.

Tabelle 4.2: Korrelationsmatrix Arbeitnehmer

1.00	0.64	0.58	0.69	0.54	0.64	0.72	0.44	0.56	0.61	0.47	0.41	0.42	0.61	0.46
0.64	1.00	0.67	0.85	0.66	0.54	0.54	0.66	0.49	0.54	0.44	0.50	0.15	0.64	0.53
0.58	0.67	1.00	0.58	0.67	0.63	0.50	0.34	0.47	0.56	0.43	0.43	0.50	0.52	0.44
0.69	0.85	0.58	1.00	0.58	0.46	0.48	0.58	0.39	0.56	0.38	0.47	0.11	0.69	0.36
0.54	0.66	0.67	0.58	1.00	0.46	0.48	0.35	0.26	0.67	0.47	0.66	0.30	0.66	0.30
0.64	0.54	0.63	0.46	0.46	1.00	0.78	0.48	0.55	0.64	0.69	0.29	0.52	0.43	0.67
0.72	0.54	0.50	0.48	0.48	0.78	1.00	0.45	0.44	0.62	0.63	0.46	0.56	0.59	0.51
0.44	0.66	0.34	0.58	0.35	0.48	0.45	1.00	0.43	0.42	0.64	0.30	0.32	0.47	0.74
0.56	0.49	0.47	0.39	0.26	0.55	0.44	0.43	1.00	0.40	0.41	0.29	0.48	0.25	0.45
0.61	0.54	0.56	0.56	0.67	0.64	0.62	0.42	0.40	1.00	0.46	0.30	0.34	0.79	0.33
0.47	0.44	0.43	0.38	0.47	0.69	0.63	0.64	0.41	0.46	1.00	0.29	0.42	0.45	0.69
0.41	0.50	0.43	0.47	0.66	0.29	0.46	0.30	0.29	0.30	0.29	1.00	0.47	0.36	0.39
0.42	0.15	0.50	0.11	0.30	0.52	0.56	0.32	0.48	0.34	0.42	0.47	1.00	0.24	0.50
0.61	0.64	0.52	0.69	0.66	0.43	0.59	0.47	0.25	0.79	0.45	0.36	0.24	1.00	0.31
0.46	0.53	0.44	0.36	0.30	0.67	0.51	0.74	0.45	0.33	0.69	0.39	0.50	0.31	1.00

MSA: 0.67
Eigenwerte: 8.02, 1.61, 1.14, 0.96, 0.82, 0.57, 0.48, 0.40, 0.29, 0.24, 0.18, 0.17, 0.07, 0.05, 0.03

Faktorladungen

Wie verhält sich der angezeigte Faktor zu den einzelnen Personen? Wie müsste man die Faktorlinie aus Abbildung 4.6 für jede Person skalieren, um sie ihrer jeweiligen Antwortlinie möglichst anzunähern? Das Ziel von Sprachspiel 4.1 bestand darin, die Linie der Faktorwerte so zu zeichnen, dass wir die ursprünglichen Bewertungen für jede Person mit möglichst geringer Abweichung reproduzieren können. »Für jede

Person« heißt hier, dass man den Faktorwert jeder Person mit ihrer individuellen Faktorladung multipliziert, um, wie in Gleichung 4.3 zu sehen, den Ausgangswert nachzubilden.[9]

$$Bewertung_{Aussage_i,\, Person_j} =$$

$$Faktorladung_{Person_j} * Faktorwert_{Aussage_i} + Fehler \qquad (4.3)$$

Die Faktorladungen indizieren auf diese Weise, wie sehr ein persönlicher Antwortdatensatz dem Gepräge der Faktorlinie ähnelt, wie sehr jener mit dieser korreliert. Wie Tabelle 4.3 verrät, korrelieren die Antwortdatensätze durchweg positiv mit dem extrahierten Faktor.

Tabelle 4.3: Faktorladungen Arbeitnehmer

Person	Faktorladung
1	0.81
2	0.82
3	0.76
4	0.76
5	0.74
6	0.81
7	0.80
8	0.70
9	0.62
10	0.76
11	0.72
12	0.59
13	0.56
14	0.74
15	0.70

Erklärter Anteil der Gesamtvarianz: 0.53

9 Charakteristischerweise nimmt man für eine Hauptkomponentenanalyse an, dass der Fehler verschwände, wenn man die entsprechenden Produkte für alle 15 extrahier*baren* Faktoren in die Gleichung aufnähme.

Faktorwerte

Nachdem sich die Plausibilität einer vollständig positiv geladenen Ein-Faktorlösung erwiesen hat, gilt es nun, den Inhalt dieses Faktors genauer unter die Lupe zu nehmen: Welche Bewertungen beinhaltet der extrahierte Faktor in Bezug auf die einzelnen Aussagen? Woran orientieren sich Personen, die sich am gemeinsamen Bezugsmuster des Faktors orientieren?

Die Faktorlinie in Abbildung 4.6 lässt sich als Antwort auf folgende Frage lesen: »Wie müsste eine Person antworten, deren Antworten mit den Faktorwerten perfekt korrelieren?«.

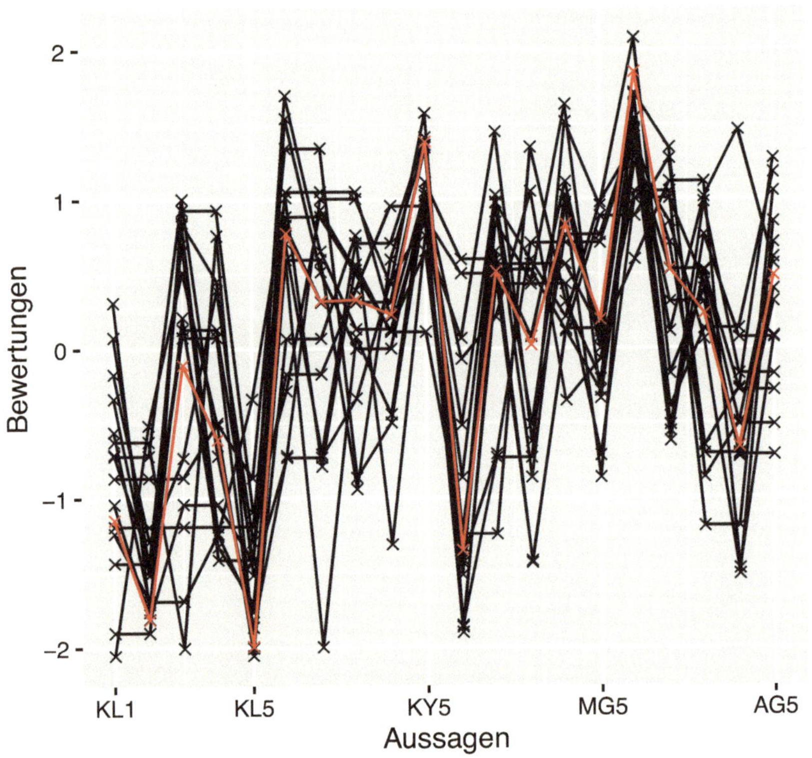

Abbildung 4.6: Die 15 z-standardisierten Antwortlinien der Arbeitnehmer mit eingezeichneter Linie für die Faktorwerte

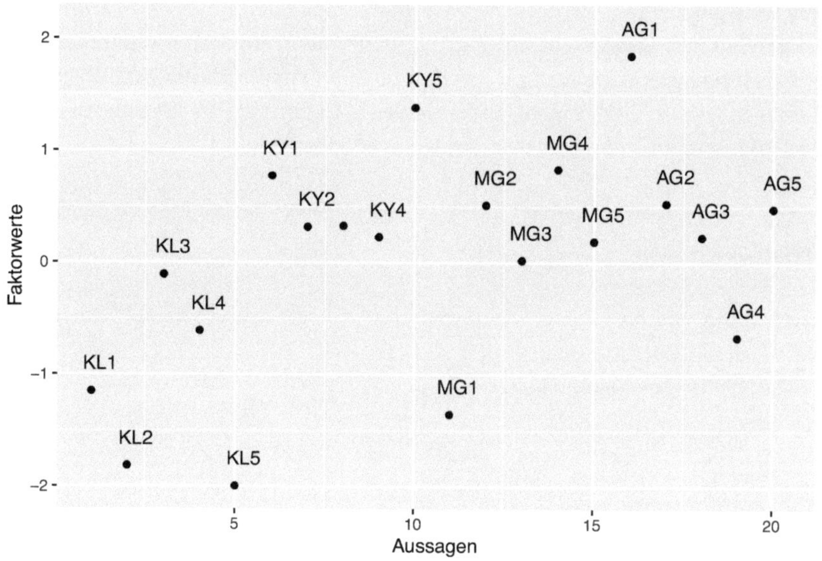

Abbildung 4.7: Die Faktorwerte für die Gruppe der Arbeitnehmer

Kommentare

Um die Ergebnisse informierter interpretieren zu können, wurden die Befragten gebeten, ihre Bewertungen, vor allem die polarisierenden, -4 (»stark ablehnend«) und 4 (»stark zustimmend«), zu kommentieren; dennoch blieben die Kommentare freiwillig. Die Probanden konnten die Befragung, wenn gewünscht, abschließen, ohne auch nur eine Aussage zu kommentieren. Obwohl keinerlei »Kommentierungszwang« bestand, haben die Teilnehmer sich doch zu Wort gemeldet.

In den folgenden Tabellen 4.4 bis 4.9 sind die Kommentare zu den jeweils drei am stärksten positiv und negativ bewerteten Aussagen der Arbeitnehmergruppe zu sehen.[10] Es wurden die Kommentare von *allen* 55 Rückläufern berücksichtigt. Das Gewichtungsprofil der Faktorwerte aus Abbildung 4.7 verstärkt sich noch, wenn man alle 55 Datensätze heranzieht – obgleich die erklärte Varianz von 53 auf 27 % fällt.

Eine vollständige Auflistung aller Arbeitnehmer-Kommentare findet sich in Appendix B.1.1. Die Kommentare interpretieren die Faktorwerte in ihrer unbelassenen Polyphonie vermutlich besser, als ich es allein je könnte. Daher möchte ich mich weitestgehend zurückhalten. Insgesamt scheint mir, dass aus den – wie gesagt optionalen – Kommentaren ein gewisses Mitteilungsbedürfnis spricht. Daran lässt

10 Die Nummerierung bezieht sich bloß fortlaufend auf die Kommentaraussagen und erlaubt daher *keine* Zuordnung zum Kommentator.

sich wohl auch erkennen, dass man die Injunktionen der Situationsbeschreibung verstanden hat. Denn nicht normative Zustimmung, sondern die Anerkennung von als lebensweltlich-alternativlos empfundenen Randbedingungen scheint aus Aussagen wie »so ist das wohl (leider) in der Marktwirtschaft« (Tabelle 4.4, Nr. 2) oder »das stimmt leider« (Tabelle 4.4, Nr. 9) zu sprechen.

Kommentare zu positiv bewerteten Aussagen in absteigender Reihenfolge (stark positiv, weniger positiv usw.)

Tabelle 4.4: Kommentare AG1

Aussage: »Unternehmen wollen immer ihre Profite maximieren«

Nr.	Kommentar
1	nein
2	so ist das wohl (leider) in der Marktwirtschaft
3	Das ist das Prinzip der Marktwirtschaft.
4	Das ist der Zweck von Unternehmen, das ist der Zweck Kapitalistischer Produktionsweise, der Warenproduktion
5	Ja genau dagegen muss man Regulierend eingreifen, und schon sind wir wieder bei einer neuen Gesellschaftsform.
6	stimmt
7	das ist zutreffend
8	weil es das ist was zählt. außer vielleicht bei kleinen Familienbetrieben
9	das stimmt leider
10	Dies ist der Zweck eines Unternehmens
11	guter aspekt
12	leider sehr oft so im Kapitalismus
13	Das ist die Aufgabe eines Unternehmens.
14	Das ist der Grundsatz jedes Unternehmens.
15	Aus unternehmerischer Sicht nachvollziehbar. Aber nicht um jeden Preis. Schonung von vorhandenen Arbeitsplätzen muss aus der Fürsorgepflicht an erster Stelle stehen.
16	unterschiedlich

Tabelle 4.5: Kommentare KY5

Aussage: »Wenn Unternehmen ihre Produkte nicht loswerden, produzieren sie weniger und verringern die Beschäftigung«

Nr.	Kommentar
1	nein
2	das wird wohl letztendlich die Konsequenz sein
3	So ist eben der Markt.
4	In Wahrheit versuchen Unternehmen dann billiger zu produzieren, also mehr in der gleichen Zeit. Das heißt Technologische Rationalisierung
5	Na Gott sei Dank, es wird schon genug für die Tonne produziert. Aber gut bezahlte innovative Mitarbeiter sollten den Markt kennen und rechtzeitig gegensteuern können.Reine Bandarbeiter im Billiglohnsektor fallen halt einfach um wenn das Band steht. Bildung Bildung Bildung.
6	man muss sich neu orientieren
7	ist nur logisch
8	wäre eine möglichkeit, sie könnten aber auch die produkte ändern oder mehr werbung machen
9	Erst mal keinen verunsichern
10	Absatz sollte schon gegeben sein
11	absolut!
12	ist oft so... im Kapitalismus
13	Das ist sinnvoll.
14	richtig, oder stellen ium

Tabelle 4.6: Kommentare KY1

Aussage: »Wenn man Märkte sich selbst überlässt, können sie in Situationen stecken bleiben, die nicht für alle vorteilhaft sind«

Nr.	Kommentar
1	nein
2	zumindest eine gewisse Marktregulierung und -kontrolle ist zwingend notwendig, sonst kennt der etfesselte Kapitalismus keine Grenzen mehr
3	Märkte müssen sich selbst steuern, allerdings darf es ein Kontrollorgan geben.
4	Der Markt ist nie für alle vorteilhaft. Es gibt immer Gewinner und Verlierer.
5	Märkte sind immer Rechtliche Einrichtungen, werden also durch den Staat erst geschaffen. Der Staat sorgt für Eigentumsordnung und Gleiche Rechtliche Bedingungen der Bürgerlichen Subjekte als Warenverkäufer, der Staat sorgt dafür das es Geld als Währung überhaupt gibt, daher heißt des Politische Ökonomie, zwei Sphären die zwar von einander getrennt sind, doch deren Dialekische Vermittlung, den Widerspruch, das Kapital, das Automatische Subjekt, erst möglich machen.
6	Der Markt wird sich nie zugunsten der Menschen oder der Umwelt entwickeln. Nur das Geld zählt, und dafür muss es Regeln, Einschränkungen und Richtungsanweisungen geben. Innovation schafft Arbeitsplätze, nicht das verharren an Verkaufsgebaren.
7	es werden immer welche auf der strecke bleiben
8	natürlich
9	Märkte sollten nicht zu stark politisch geregelt werden
10	diese erfahrung teile ich
11	siehe Elektromobilität, siehe Energiewirtschaft, ohne staatliche Eingriffe ändert sich zu wenig
12	Das kann ich nicht beurteilen.
13	Wenn z. B. durch Spekulationen die Preise exorbitant nach oben steigen müssen die Märkte reguliert werden um unnatürliche Preissteigerungen zu verhindern.
14	der markt regelt sich selbst

Kommentare zu negativ bewerteten Aussagen in absteigender Reihenfolge (stark negativ, weniger negativ usw.)

Tabelle 4.7: Kommentare KL5

Aussage: »Unternehmen können immer so viel verkaufen, wie sie wollen«	
Nr.	Kommentar
1	nein
2	ohne Absatzmarkt verkauft man nichts
3	Das ist Unsinn. Es gibt ein Marktgleichgewicht zwischen Angebot und Nachfrage.
4	Unternehmen können so viel verkaufen, wie Sie es schaffen sich in der Konkurrenz durchzusetzen.
5	Leider ist das so, man müsste dringen mal wieder über eine neue Gesellschaftsform nachdenken. Zu mindestens das was muss viel stärker reguliert werden, was aber nicht unbedingt Arbeitsplätze schafft.
6	in zeiten einer wirtschaftkrise sollte alle das gemeinwohl im auge haben und nicht den eigenen verdienst
7	nachfrage ist entscheidend
8	Sie können soviel verkaufen wie der Markt hergibt
9	ja, kann sein
10	wo keine Nachfrage ist wird auch nix verkauft und wenn die Arbeitnehmer zu wenig verdienen können sie sich auch nicht viel davon kaufen und die Unternehmen bleiben auf ihren Waren sitzen
11	Das funktioniert nicht.
12	In Bezug auf Schonung von Ressourcen und in Bezug auf Umweltschutz würde ich diese Aussage kritisch beleuchten.
13	falsch, Kosten sind entscheidend

Tabelle 4.8: Kommentare KL2

Aussage: »Wenn Leute arbeitslos sind, dann verlangen sie zu hohe Löhne«

Nr.	Kommentar
1	nein
2	das eine hat zum überwiegenden Teil nichts mit dem anderen zu tun
3	Falsch. Sie haben entweder gerade nicht benötigte Qualifikationen bzw. nicht die gerade gesuchten.
4	Jeder Bürger will seine Ware zu einem Hohen Preis verkaufen, da ist der Verkäufer der Ware Arbeitskraft nicht anders. Der Bürger neigt ja immanent dem Anderen das vorzuwerfen was Er selber ist, ein Egoist.
5	Bedarfsgerechte Ausbildung ist der Schlüssel zum Erfolg. Auch über die gesamte Lebenspanne betrachtet. Wer sich nicht mit verändert fällt hinten runter. Es wird in Zukunft keine Jobs mehr geben die man sein ganzes Leben machen kann. Marktorientierte Weiterbildung ist die Lösung für den Arbeitsmarkt und Soziale Probleme. Ein Bildungsministerium sollte lenken und leiten, und das auch nach Schule Lehre oder Studium.
6	Wovon hat Bezugsperson Ahnung?
7	sie sollen alle den job nehmen
8	jeder sollte auch vernüftig bezahlt werden und sich nicht unter wert verkaufen
9	schlimme aussage
10	Dies hört man oft leider
11	auf dieses thema muss eingegangen werden
12	auch wieder sehr polemisch und verallgemeinernd
13	Das könnte gut möglich sein.
14	Das ist eine pauschalisierte Aussage der jegliche Grundlage fehlt.
15	stimmt nicht

Tabelle 4.9: Kommentare MG1

Aussage: »Wenn Leute arbeitslos sind, haben sie den passenden Job nur noch nicht gefunden«

Nr.	Kommentar
1	nein
2	Wenn das ALG zu hoch ist, ist die Motivation für eine Jobsuche niedrig.
3	Da es sich um nichts weiter handelt als die Konkurrenz aller Verkäufer der Ware Arbeitskraft, gibt es in diesem Wettbewerb unvermeidlich Menschen die Pech haben,
4	... oder haben noch nicht die richtige Qualifikation.Jobsuche will auch gelernt sein.
5	kommt auf die umstände an
6	es wird immer welche geben die nicht arbeiten wollen
7	völliger Blödsinn, viele wollen arbeiten und finden nix und viele wollen gar nicht arbeiten
8	Wer arbeiten will findet auch was
9	stimmt nicht
10	Polemik
11	Arbeitslos müsste heute kaum noch einer sein.
12	Wann ist ein Job passend? Eine Verpflichtung zur Arbeit macht die Jobs passend. Außerdem kann man auch neben der Arbeit sich um passendere Arbeitsstellen bewerben.
13	ist auch eine Frage des Willens
14	Es ist nun mal so.

4.3.2 Arbeitgeber

Korrelationsmatrix

Für die Gruppe der Arbeitgeber wurde von den insgesamt 16 Datensätzen jener 16. mit der niedrigeren Durchschnittskorrelation entfernt. Die Korrelationsmatrix der verbliebenen Datensätze zeigt mit einem MSA-Wert von 0.64 eine interpretierbare Struktur an.

Tabelle 4.10: Korrelationsmatrix Arbeitgeber

1.00	0.44	0.62	0.22	0.48	0.23	0.44	0.07	-0.41	0.32	0.17	0.37	0.17	0.59	0.28
0.44	1.00	0.27	0.35	0.71	0.38	0.52	0.37	-0.46	0.70	0.35	0.47	0.46	0.14	0.35
0.62	0.27	1.00	0.43	0.54	0.03	0.11	0.20	-0.18	0.23	0.24	0.47	-0.13	0.40	0.38
0.22	0.35	0.43	1.00	0.54	0.26	0.17	0.16	0.03	0.43	0.47	0.71	0.20	0.06	0.30
0.48	0.71	0.54	0.54	1.00	0.34	0.45	0.52	-0.55	0.66	0.26	0.64	0.15	0.38	0.24
0.23	0.38	0.03	0.26	0.34	1.00	0.66	0.10	-0.38	0.66	0.23	0.40	0.62	0.39	0.44
0.44	0.52	0.11	0.17	0.45	0.66	1.00	0.14	-0.59	0.72	0.29	0.19	0.49	0.52	0.13
0.07	0.37	0.20	0.16	0.52	0.10	0.14	1.00	-0.10	0.37	-0.02	0.25	-0.05	0.21	0.24
-0.41	-0.46	-0.18	0.03	-0.55	-0.38	-0.59	-0.10	1.00	-0.40	0.02	-0.18	-0.13	-0.33	0.15
0.32	0.70	0.23	0.43	0.66	0.66	0.72	0.37	-0.40	1.00	0.44	0.31	0.50	0.28	0.47
0.17	0.35	0.24	0.47	0.26	0.23	0.29	-0.02	0.02	0.44	1.00	0.14	0.06	0.03	0.41
0.37	0.47	0.47	0.71	0.64	0.40	0.19	0.25	-0.18	0.31	0.14	1.00	0.34	0.21	0.29
0.17	0.46	-0.13	0.20	0.15	0.62	0.49	-0.05	-0.13	0.50	0.06	0.34	1.00	0.08	0.19
0.59	0.14	0.40	0.06	0.38	0.39	0.52	0.21	-0.33	0.28	0.03	0.21	0.08	1.00	0.29
0.28	0.35	0.38	0.30	0.24	0.44	0.13	0.24	0.15	0.47	0.41	0.29	0.19	0.29	1.00

MSA: 0.64

Eigenwerte: 5.78, 1.96, 1.71, 1.27, 1.09, 1.00, 0.66, 0.47, 0.31, 0.22, 0.19, 0.14, 0.10, 0.07, 0.03

Faktorladungen

Auch für die Gruppe der Arbeitgeber zeichnet sich deutlich eine Ein-Faktorlösung mit – bis auf eine Ausnahme – durchweg positiven Korrelationen ab.

Tabelle 4.11: Faktorladungen Arbeitgeber

Person	Faktorladung
1	0.63
2	0.78
3	0.53
4	0.57
5	0.83
6	0.68
7	0.72
8	0.39
9	-0.52
10	0.84
11	0.43
12	0.66
13	0.47
14	0.53
15	0.51

Erklärter Anteil der Gesamtvarianz: 0.39

Faktorwerte

Die Faktorwert-Darstellungen der Arbeitgebergruppe sind in Abbildung 4.8 und 4.9 zu sehen.

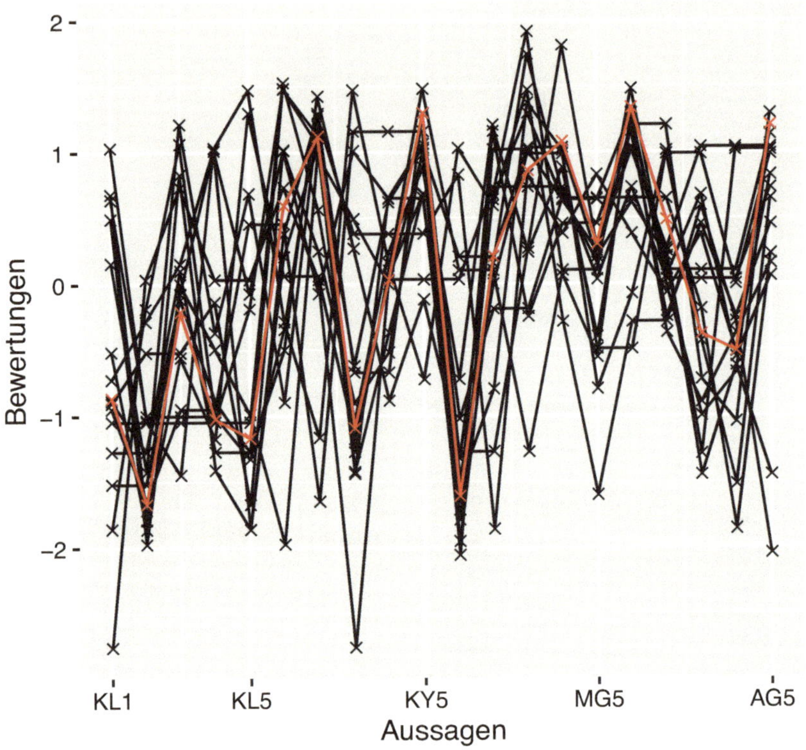

Abbildung 4.8: Die 15 z-standardisierten Antwortlinien der Arbeitgeber mit eingezeichneter Linie für die Faktorwerte

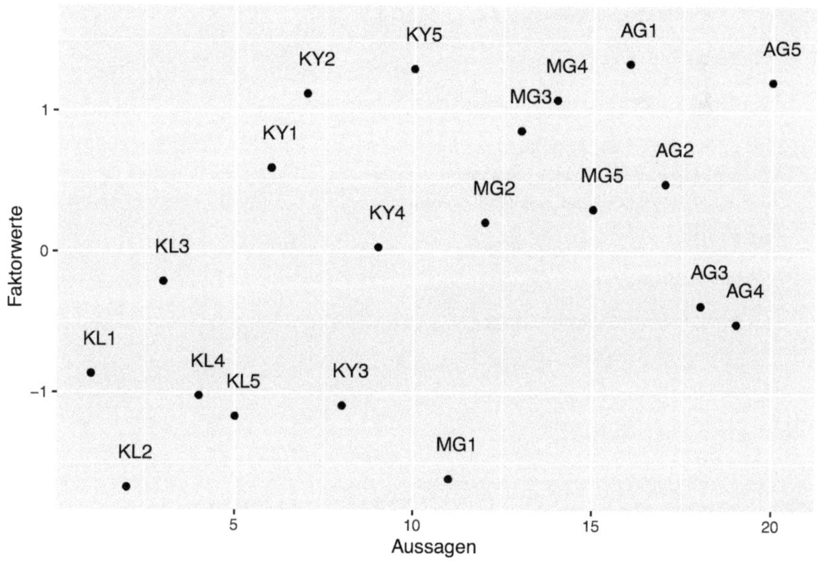

Abbildung 4.9: Die Faktorwerte für die Gruppe der Arbeitgeber

Kommentare

In den folgenden Tabellen 4.12 bis 4.17 sind jeweils die Kommentare für die drei am stärksten positiv und negativ bewerteten Aussagen für die Gruppe der Arbeitgeber zu sehen. Eine vollständige Auflistung aller Arbeitgeber-Kommentare findet sich in Appendix B.1.2.

Kommentare zu positiv bewerteten Aussagen in absteigender Reihenfolge (stark positiv, weniger positiv usw.)

Tabelle 4.12: Kommentare AG1

Aussage: »Unternehmen wollen immer ihre Profite maximieren«

Nr.	Kommentar
1	ohne dieses Streben gibt es keine allgemeine Wohlstandssteigerung
2	Es ist nicht richtig diese Aussage zu verallgemeinern und generell jedem Unternehmer diese einseitig ausgerichtete Firmenphilosophie zu unterstellen. Zahlreiche Unternehmen gestalten das Arbeitsplatzumfeld aufwendig und kostenintensiv, was natürlich einem Profit auch zuträglich ist.
3	im rahmen der gesetze
4	> Im PRINZIP MARKTWIRTSCHAFTLICHES 'DENKEN & auch 'Handel'n

Tabelle 4.13: Kommentare KY5

Aussage: »Wenn Unternehmen ihre Produkte nicht loswerden, produzieren sie weniger und verringern die Beschäftigung«

Nr.	Kommentar
1	so ist die bwl logik
2	ja ist so (mal abgesehen von Staatlichen Unternehmungen)
3	Um das zu verhindern, sollten krisenbedingte Unterstützungen und Regulierungen vorgenommen werden. Wichtig hierbei ist die Abwägung langfristiger Erhaltung von Arbeitsstellen und Nachhaltigkeit für Themen wie Klimapolitik und Sozialpolitik.
4	> Kann 'NACHHALTIG angewandt 'Sein ...!

Tabelle 4.14: Kommentare AG5

Aussage: »Arbeit ist ein Gut, das Leute anbieten und Unternehmen nachfragen«	
Nr.	Kommentar
1	da wird mir ja fasst schlecht bei der Aussage
2	Die Wertschätzung der Arbeitsleistung eines Angestellten sollte seitens der Unternehmer angemessen sein und zu einem auskömmlichen Gehalt beitragen.

Kommentare zu negativ bewerteten Aussagen in absteigender Reihenfolge (stark negativ, weniger negativ usw.)

Tabelle 4.15: Kommentare KL2

Aussage: »Wenn Leute arbeitslos sind, dann verlangen sie zu hohe Löhne«	
Nr.	Kommentar
1	mit unter oft bieten diese aber auch zu wenig Leistung
2	Es muss jeder für sich selber verantworten, welche Premissen er bei der Jobsuche setzt.

Tabelle 4.16: Kommentare MG1

Aussage: »Wenn Leute arbeitslos sind, haben sie den passenden Job nur noch nicht gefunden«	
Nr.	Kommentar
1	es ist eine unterstellung
2	Arbeitslose Menschen aus Ihren Wohnungen zu normalen festen Zeiten abholen und bilden oder beschäftigen. Ziel ist es diese Menschen nicht zu Hause sich alleine überlassen sondern wieder -ihr recht auf Arbeit- zu ermöglichen.
3	Es gibt objektive Gründe, hier diese Wirtschaftskrise, welche nicht jedem Arbeitslosen eine entsprechende (qualifikationspassende, altersgemäße und örtlich passende) Stelle bietet. Wichtig hierbei ist sicher bei zahlreichen Arbeitslosen das Zusammenspiel von Qualifikation und Standort.
4	>Trifft in 'KEINSTER - WEISE zu ... ...!

Tabelle 4.17: Kommentare KL5

Aussage: »Unternehmen können immer so viel verkaufen, wie sie wollen«

Nr.	Kommentar
1	dem ist nicht so wenn der staat reguliert
2	Nö Wenn die Firma etwas Herstellt was keiner brauch, dann nicht.
3	> erwähnt eine 'IDEOLOGIE welche an der 'REALITÄT - VORBEI geht !

4.3.3 Arbeitslose

Korrelationsmatrix

Anmerkung: Die Korrelationsmatrix in der Gruppe der Arbeitslosen weist mit einem MSA-Wert von gerade einmal 0.24 einen viel zu niedrigen Wert auf, um eine Hauptkomponentenanalyse zu rechtfertigen. Die dargestellten Ergebnisse stehen unbedingt unter diesem Vorbehalt.

Tabelle 4.18: Korrelationsmatrix Arbeitslose

1.00	-0.26	0.01	-0.01	-0.09	-0.32	-0.18	-0.21	-0.03	-0.30	0.04	0.16	0.21	0.00	-0.01
-0.26	1.00	-0.02	0.39	0.34	0.29	0.20	0.50	0.07	0.14	0.23	0.11	0.13	0.24	0.42
0.01	-0.02	1.00	0.02	-0.12	0.38	0.19	0.57	-0.34	0.12	-0.07	0.33	0.17	0.14	0.37
-0.01	0.39	0.02	1.00	0.42	0.22	0.43	0.18	0.47	0.25	0.45	-0.03	0.56	-0.09	0.14
-0.09	0.34	-0.12	0.42	1.00	0.21	0.08	0.24	0.42	0.16	0.68	0.15	0.45	0.15	0.12
-0.32	0.29	0.38	0.22	0.21	1.00	0.33	0.78	0.17	0.36	-0.03	0.12	0.13	0.25	0.13
-0.18	0.20	0.19	0.43	0.08	0.33	1.00	0.33	0.61	0.02	0.18	-0.05	0.52	-0.32	0.05
-0.21	0.50	0.57	0.18	0.24	0.78	0.33	1.00	0.05	0.20	0.14	0.23	0.14	0.25	0.39
-0.03	0.07	-0.34	0.47	0.42	0.17	0.61	0.05	1.00	-0.14	0.41	-0.21	0.26	-0.49	-0.20
-0.30	0.14	0.12	0.25	0.16	0.36	0.02	0.20	-0.14	1.00	0.11	0.50	0.35	0.08	0.49
0.04	0.23	-0.07	0.45	0.68	-0.03	0.18	0.14	0.41	0.11	1.00	0.16	0.32	0.18	0.12
0.16	0.11	0.33	-0.03	0.15	0.12	-0.05	0.23	-0.21	0.50	0.16	1.00	0.29	0.29	0.54
0.21	0.13	0.17	0.56	0.45	0.13	0.52	0.14	0.26	0.35	0.32	0.29	1.00	0.01	0.14
0.00	0.24	0.14	-0.09	0.15	0.25	-0.32	0.25	-0.49	0.08	0.18	0.29	0.01	1.00	0.08
-0.01	0.42	0.37	0.14	0.12	0.13	0.05	0.39	-0.20	0.49	0.12	0.54	0.14	0.08	1.00

MSA: 0.24

Eigenwerte: 3.94, 2.76, 1.82, 1.50, 1.20, 0.93, 0.75, 0.60, 0.53, 0.40, 0.26, 0.19, 0.08, 0.03, 0.01

Faktorladungen

Da sowohl der MSA-Wert als auch die eher »flachen« Eigenwerte für eine *Kein*-Faktorlösung sprechen, seien die Faktorladungen in Tabelle 4.19 bloß aus vergleichsbezogenen Symmetriegründen aufgeführt.

Tabelle 4.19: Faktorladungen Arbeitslose

Person	Faktorladung
1	-0.21
2	0.59
3	0.35
4	0.64
5	0.61
6	0.62
7	0.53
8	0.70
9	0.33
10	0.51
11	0.52
12	0.41
13	0.61
14	0.18
15	0.51

Erklärter Anteil der Gesamtvarianz: 0.26

Faktorwerte

Die vergleichsweise »ausgefranzten« Faktorwert-Darstellungen sind in Abbildung 4.10 und 4.11 zu sehen.

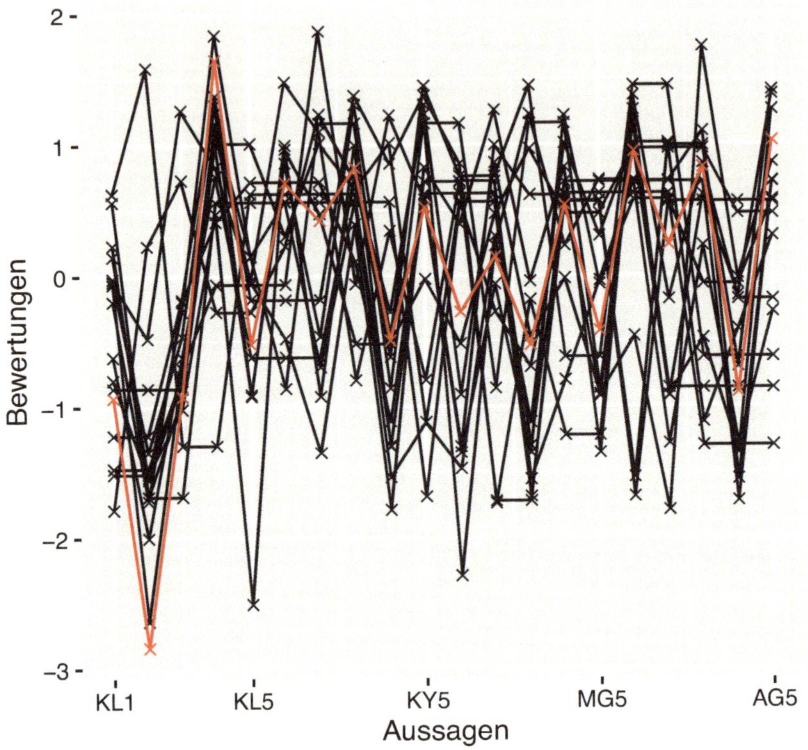

Abbildung 4.10: Die 15 z-standardisierten Antwortlinien der Arbeitslosen mit eingezeichneter Linie für die Faktorwerte

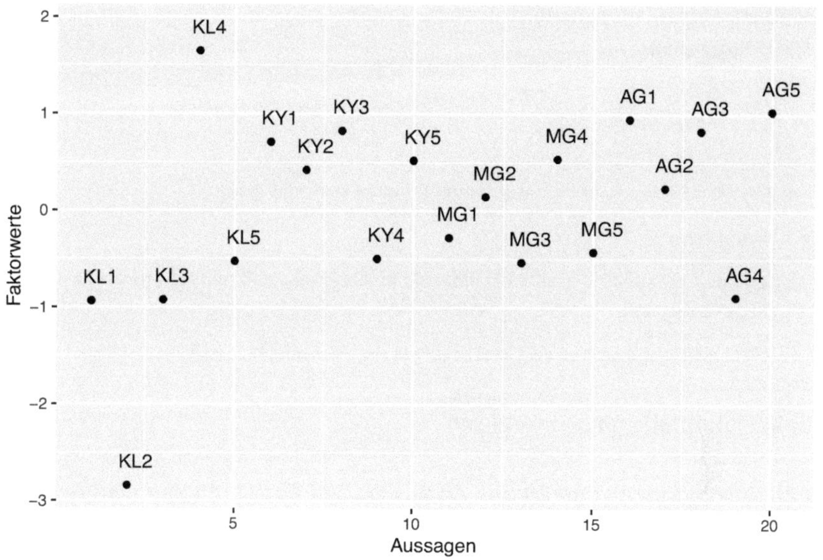

Abbildung 4.11: Die Faktorwerte für die Gruppe der Arbeitslosen

Kommentare

In den folgenden Tabellen 4.20 und 4.21 sind jeweils die Kommentare für die am stärksten positiv und negativ bewertete Aussage für die Gruppe der Arbeitslosen zu sehen. Da sich lediglich zwei Aussagen von allen anderen abheben (vgl. Abbildung 4.11), beschränke ich die Darstellung auf diese. Eine vollständige Auflistung aller Kommentare der Arbeitslosengruppe findet sich in Appendix B.1.3.

Kommentare zu positiv bewerteten Aussagen in absteigender Reihenfolge (stark positiv, weniger positiv usw.)

Tabelle 4.20: Kommentare KL4

Aussage: »Wie viel Leute kaufen, hängt nur von den Preisen ab«

Nr.	Kommentar
1	Das Kaufverhalten hängt immer noch davon ab, was für Geld angeboten wird.

Kommentare zu negativ bewerteten Aussagen in absteigender Reihenfolge (stark negativ, weniger negativ usw.)

Tabelle 4.21: Kommentare KL2

Aussage: »Wenn Leute arbeitslos sind, dann verlangen sie zu hohe Löhne«

Nr.	Kommentar
1	Löhne sollten so gestaltet sein, das ein signifikanter Unterschied zum Arbeitslosengeld und ALG2 - Bezug steht.
2	Wer arbeiten will, schaut nicht so sehr auf die Höhe der Löhne.

4.3.4 Interpretation und Vergleich

Weiter oben (S. 204) habe ich die Faktorlinie behelfsmäßig mit einem Antwort-Datensatz verglichen, der perfekt mit den Faktorwerten korreliert. Daraus könnten sich subjektivistisch idealisierende Missverständnisse ergeben, die ich nun vorsorglich gerne ausräumen möchte. Die Faktorlinie kann im Rahmen des Forschungsdesigns nicht einmal ansatzweise einem wie auch immer gearteten Kollektivsubjekt zugeschrieben werden. Denn versteht man Sprachspiele mit Wittgenstein als »Systeme der Verständigung« (Wittgenstein, 2021b, S. 121), verbieten sich solch naive Deutungsoptionen von selbst. Empirische Regelmäßigkeiten, wie sie beispielsweise in den, wenn man es so sehen möchte, »auf Klarsichtfolie« übereinandergelegten Antwortlinien der Personen zum Ausdruck kommen, weisen für uns auf grammatische Regeln des politisierenden Sprachgebrauchs von ökonomischen Modellaussagen hin – nicht auf einen geisterhaft-subjektiven Standpunkt, der »über« den anderen Linien schwebt.

Natürlich kann hier von Intersubjektivität nicht im Sinne von raumzeitlicher Kopräsenz die Rede sein. Weder haben die Probanden untereinander interagiert, noch war der Publikumsbezug der Redesituation oder die Vertrauensperson der Beratungssituation durch andere Teilnehmer inkarniert. Gleichwohl wurde man zum Sprachspiel nur zugelassen, wenn man, den Injunktionen der Situationsbeschreibung folgend, diese intersubjektiven Bezüge mit der eigenen Person wenigstens so ausgeprägt hergestellt hatte, dass man die Kontrollfragen richtig beantworten konnte.

Die Ergebnisse zeigen nicht nur, dass die Befragten in der vorgeführten Situation mit den Aussagen etwas anzufangen wussten. Durch den aus den Korrelationsmatrizen resultierenden MSA-Wert verraten deren Image-Analysen zusätzlich, wie untereinander kohärent die Mitglieder einer Untersuchungsgruppe die 20 vorgeschlagenen Aussagen gebrauchen. Das Kohärenzkriterium bemisst sich an der wechselseitigen Vorhersagekraft: Kann ein beliebiges Mitglied einer der Gruppen, wenn es eine bestimmte Aussage mit starker Zustimmung in die vorgestellte Rede aufnimmt, davon ausgehen, dass ein anderes Gruppenmitglied diese Zustimmung teilt oder gerade diametral ablehnt? Je mehr Gruppenmitglieder für möglichst viele der Aussagen eine solche Regel*mäßigkeit* voraussetzen können, desto höher der MSA-Wert, desto bündiger die Antwortlinien und desto mehr Anlass, eine grammatische Regel*haftigkeit* zu vermuten.

Für das MSA-Kriterium spielt es wiederum keine Rolle, wie die Struktur dieser Regelhaftigkeit spezifisch aussieht, sondern nur, ob sie vorliegt. Erst die Hauptkomponentenanalyse spezifiziert die Regeln genauer: Genügt eine Führungslinie? Orientiert man sich an ihr oder ihnen durchweg gleichgerichtet?

Im hiesigen Fall treten faktorielle Muster nur in den Gruppen der Arbeitnehmer und Arbeitgeber auf. Dennoch lassen sich in Abbildung 4.10 für die Gruppe der Arbeitslosen, besonders im Hinblick auf die Aussagen KL2 und KL4, vereinzelte, aber dafür recht deutliche Bündel erspähen. Insgesamt verlaufen die Linien der Arbeitslosen doch weitestgehend »zerfasert«, was sich mit dem Befund eines niedrigen MSA-Wertes durchaus deckt.

Für die beiden anderen Gruppen stellt sich jeweils eine nahezu durchgängig positiv geladene Ein-Faktorlösung heraus. Nur ein Arbeitgeber korreliert negativ mit dem für diese Gruppe extrahierten Faktor.[11]

4.2 Stell dir vor, eine Gruppe von Personen, die sich nicht kennen, würde in isolierten Verhörgesprächen anhand der 20 vorgeschlagenen Aussagen des vorliegenden Forschungsdesigns auf ihre politische Gesinnung geprüft. Je ähnlicher sie die Aussagen bewerten, desto besser kommen sie weg.

Die positiv geladenen Ein-Faktorlösungen der Arbeitnehmer- und Arbeitgebergruppe bedeuten, dass beide Gruppen in diesem Spiel und verglichen mit anderen Faktor-Konstellationen wohl recht gut abschneiden würden.

Bezogen auf die Faktorwerte verbieten sich gruppenübergreifende Größenvergleiche, weil die Faktoren sich bloß auf standardisierte Abweichungen vom Mittelwert beziehen. Ob die Arbeitnehmer eine bestimmte Aussage höher bewertet in ihre Rede aufnähmen *als* die Arbeitgeber, kann man aus den Faktorwerten nicht ableiten. Dennoch gibt es in jeder Gruppe Aussagen, die man auffällig über- oder unterdurchschnittlich bewertet. Die Auswahl der Aussagen, welche man als Gruppe in diese beiden Kategorien schickt, bildet durchaus einen möglichen Vergleichspunkt.

---

11 Mit insgesamt 16 Arbeitgeber-Rückläufern standen zwei Samples zur Auswahl. Ausgeschlossen habe ich, um mit dem Kriterium der höchsten Durchschnittskorrelation konsistent zu bleiben, einen Datensatz, der schwach positiv (0.27) mit dem extrahierten Arbeitgeber-Faktor korreliert.

Gruppenvergleich: Aussagen

Am augenfälligsten scheint mir in Bezug auf die Aussagenbewertungen der überdurchschnittlich zustimmende, aber den Kommentaren nach doch mehr oder weniger widerwillige Redebezug *aller* Gruppen zu Aussage AG1: »Unternehmen wollen immer ihre Profite maximieren«. Von zwei bis drei Ausreißern abgesehen, können wir Abbildung 4.10 entnehmen, dass sich auch die Gruppe der Arbeitslosen bei AG1 positiv bündelt. In dieser Gruppe gab es zu AG1 nur einen Kommentar:

> »Das Gesellschaftssystem beruht auf diesem Prinzip. Werte wie wirtschaftliches Wachstum, Profitmaximierung, usw. sind Grundpfeiler der Gesellschaftsordnung - leider« (Appendix B.1.3, Tabelle B.55, Nr. 1).

Stellt man dieser Aussage einen bestimmten Arbeitgeber-Kommentar gegenüber, eröffnet sich vielleicht die Möglichkeit, zwei Politisierungstypen zu unterscheiden, die man unverbindlich *lebensweltlich-deskriptiv* und *normativ-auszeichnend* nennen könnte.

> »ohne dieses Streben gibt es keine allgemeine Wohlstandssteigerung« (Appendix B.1.2, Tabelle B.36, Nr. 1).

Erster Kommentar, also jener aus der Arbeitslosengruppe, scheint mir repräsentativ für den ersten Typus, dem – nach einem ersten Überblick – die meisten Kommentare zu entsprechen scheinen. Tatsächlich steht der obige Arbeitgeber-Kommentar viel zu allein da, um mehr als eine bloße Abgrenzung zum ersten Typus zu bezeichnen. Dieser sieht im unternehmerischen Profitstreben eher ein »zweitnatürliches« Gesetz unserer Lebenswelt als ein instrumentelles Gebot zur normativ ausgezeichneten Wohlstandssteigerung, von der im Arbeitgeber-Kommentar die Rede ist.

Das zweite Augenmerk, auf das ich die Aufmerksamkeit gerne richten möchte, macht gleichsam einen möglichen Vorteil der Antwortlinien-Darstellung deutlich: Wir können uns ein Bild des Antwortverhaltens über ganze, inhaltlich nach Modellfamilien gruppierte Aussagenblöcke machen. Wenn ich mich nicht täusche, verlaufen die Arbeitgeber-Linien aus Abbildung 4.8 für die MG-Aussagen sichtbar enger um die Faktorlinie als die Linien der Arbeitnehmer aus Abbildung 4.6 und erst recht als jene der Arbeitslosen aus Abbildung 4.10. Demnach können die Arbeitgeber als Gruppe im Vergleich zu den beiden anderen mehr mit den Matchingmodell-Aussagen MG1 bis MG5 anfangen. Wenn das stimmt, könnte man vielleicht sagen, sie seien mit Blick auf die ökonomische Theorie des Arbeitsmarkts mehr »up to date« als die anderen beiden Untersuchungsgruppen. Um diesen Verdacht aber zu erhärten, bräuchte es wohl weitere, speziell auf diese Hypothese zugeschnittene Forschung.

Sicherlich ließen sich hinsichtlich der Aussagebewertungen interpretativ noch weitere Entdeckungen machen. Beispielsweise eint alle Gruppen – aus, den Kommentaren nach, diversen Gründen – ein deutlich ablehnender Redebezug zu Aussage

KL2 »Wenn Leute arbeitslos sind, dann verlangen sie zu hohe Löhne«. Es sei der Leserin überlassen, weitere Typisierungspotenziale aufzuspüren. Unbedingt empfehle ich, dabei auch mindestens einen Blick in Appendix B zu werfen, in welchem sich die Gesamtheit der Kommentare aufgelistet findet. Fortfahren möchte ich nun damit, die Gruppenunterschiede in den MSA-Werten näher zu beleuchten.

Gruppenvergleich: Kohäsion

Um technisch begründet vom MSA-Wert zu einer soziologisch-gehaltvollen Interpretation überzugehen, scheint mir der Organisationsbegriff nach (Ashby, 1962) geeignet, denn dieser Autor fasst »Organisation« kommunikationstheoretisch auf (vgl. Shannon und Weaver, 1999) und bringt dabei gleichsam den wahrscheinlichkeitstheoretischen Korrelationsbegriff ins Spiel.

> »The treatment of ›conditionality‹ (whether by functions of many variables, by correlation analysis, by uncertainty analysis, or by other ways) makes us realize that the essential idea is that there is first a product space–that of the possibilities–within which some sub-set of points indicates the actualities. This way of looking at ›conditionality‹ makes us realize that it is related to that of ›communication‹; and it is, of course, quite plausible that we should define parts as being ›organized‹ when ›communication‹ (in some generalized sense) occurs between them.
>
> (Again the natural converse is that of independence, which represents non-communication.)
>
> Now ›communication‹ from *A* to *B* necessarily implies some constraint, some correlation between what happens at *A* and what at *B*. If, for given event at *A*, all possible events may occur at *B*, then there is no communication from *A* to *B* and no constraint over the possible (*A*, *B*)-couples that can occur. Thus the presence of ›organization‹ between variables is equivalent to the existence of a *constraint* in the product-space of the possibilities« (Ashby, 1962, S. 256).

Nachdem wir bereits besprochen haben, wie man in unserem Zusammenhang die Korrelationsmatrix lesen kann, können wir Ashbys Aussage entsprechend knapp zusammenfassen: je weniger »ausgewürfelt« die Ergebnisse aussehen, desto mehr Berechtigung, von kommunikativer Organisation zu sprechen. Kommunikation äußert sich dann nicht in Äußerungen, sondern in statistischer Abhängigkeit. Ashby behauptet, mit anderen Worten, nicht weniger, als dass es einen Ausdruck von Organisation durch Kommunikation darstellt, wenn die Höhe von Kirschbäumen mit deren Stammdurchmesser korreliert. In philosophischen Debatten könnte man dieses Beispiel womöglich anführen, um einen Kommunikationsbegriff intuitiv als »zu weit« abzulehnen. Hier nehmen wir ihn aber gerade in dieser vermeintlichen Übergröße an, um damit eine Brücke zur Optik der soziologischen Theorie zu schlagen.

In Abgrenzung zu Max Webers instrumentalistischer Machttheorie knüpft (Habermas, 1976) an den Begriff der kommunikativen Macht nach Hannah Arendt an.

> »Max Weber hat Macht als die Möglichkeit definiert, den jeweils eigenen Willen dem Verhalten anderer aufzuzwingen. Hannah Arendt hingegen versteht Macht als die Fähigkeit, sich in zwangloser Kommunikation auf ein gemeinschaftliches Handeln zu einigen« (a. a. O., S. 946).

Im Zentrum dieser Macht-Konzeption steht für Habermas »die Macht der einigenden Rede« (a. a. O., S. 947). Diese »einigende *Rede*« scheint als solche also auch ihres faktisch-expliziten Vollzugs mit ebenso faktischem Konsens zu bedürfen. Liest man »Rede« nämlich im Sinne von »Reden«, kann es so erscheinen, als bestünde Kommunikationsmacht geradezu ausschließlich im tätigen Einigen.

Zu dieser, wenn man so sagen darf, *Modus-Operandi*-Auffassung von Kommunikationsmacht deutet schon obiges Zitat eine Spannung an. Nicht von der *vollzogenen*, sondern von der *Fähigkeit zur* Einigung wird dort gesprochen. Der Eindruck einer solchen, wenn man noch einmal so sagen darf, *Modus-Operatum*-Auffassung verfestigt sich, wenn der Autor von der »kommunikativ erzeugte[n] Macht gemeinsamer Überzeugungen« (a. a. O., S. 948) spricht.

Zusammengeführt werden diese beiden Pole in der Behauptung, dass »Macht in der faktischen Anerkennung diskursiv einlösbarer und grundsätzlich kritisierbarer Geltungsansprüche verankert« (a. a. O., S. 960) sei. Könnte man hier nicht fragen: Was nun, faktisch ein*gelöst* oder bloß dispositional einlös*bar*?

Vom explizit-diskursiv erzielten Konsens klarer, doch nicht im machttheoretischen Zusammenhang, grenzt (Renn, 2014, S. 267) den Integrationstypus der *performativen Kultur* ab.

> »Im Unterschied zu abstrakten Formaten einer standardisierten Handlungstypik (formale Organisation, theoretische Diskurse oder systemische Codierungen) leisten – gemäß einer pragmatischen Interpretation des Wittgenstein'schen Begriffs einer ›Lebensform‹ – performative Kulturen die Integration von Handlungszusammenhängen im *Medium* der Interaktion und dabei auf der *Grundlage* eines hinreichend gemeinsamen impliziten, gleichsinnigen und habitualisierten kulturellen Wissens der ›Angehörigen‹. Dieses Wissen unterscheidet sich in seinem Modus als ›implizites‹ Wissen grundlegend von der expliziten und propositionalen Form eines ›lebensweltlichen‹ Hintergrundwissens« (ebd.).

Dass Renn in Interaktionen ein »Medium« erblickt, scheint mir geeignet, um einen charakteristischen Unterschied zur expliziten Einigung zu schärfen.

Als »Proto-Generalisierungen« (a. a. O., S. 268) bilden sie vielmehr konventionelle Ermöglichungsbedingungen von expliziten Einigungen. Jene liegen diesen dann unthematisiert voraus – und müssen diesen vorausliegen, da wir nicht über alles gleichzeitig sprechen können. Explikationen be*ruhen* im wahrsten Sinne auf stillen »Mitgegebenheiten«.

> »To assert and explore any one relation, other relations need to be passed over in silence; in Wittgenstein's terms, we can only speak about bounded portions of the world. If we could not pass things over in silence, we could not begin to say anything« (Pedretti, 1981, S. 46-47).

Abmachungen, die still bleiben können, funktionieren auch im Stillen. Diesen Zug teilt der performative Integrationstypus nach Renn mit jenem der Parsonschen Interaktionsmedien, obgleich dieser freilich nicht auf spezifische Milieuformen zugeschnitten ist, sondern gesamtgesellschaftliche Dimensionen umfasst.

Die stille Operationalität medialer Kommunikation lässt sich vielleicht durch eine Variante von Sprachspiel 4.2 veranschaulichen:

4.3 Stell dir eine Verhörsituation wie in Sprachspiel 4.2 vor. Doch statt der 20 Aussagen legt man den Personen einen Geldschein, sagen wir 50 €, und eine Liste vor. Diese Liste kann bloß schriftlich oder auch bebildert ausfallen. Sagen wir, auf der Liste steht: »schönes Wetter«, »ein Goldbarren« und »ein Restaurantbesuch«. Man fragt nun, für welchen *einen* der drei Einträge man den vor dir liegenden Gegenstand am ehesten gebrauchen könnte.

Angenommen, wir spielten Sprachspiel 4.3 mit Leuten, die an monetären Zahlungsverkehr gewöhnt sind, und stellten im Ergebnis fest, dass nahezu alle befragten Personen den Restaurantbesuch markierten, dürften wir hier dann nicht von »kommunikativer Organisation« sprechen? Liegt in diesem Fall nicht eine grammatische Analogie zu Sprachspiel 4.2 vor? Denn obwohl die Befragten sich annahmegemäß nicht kennen und die Verhöre isoliert stattfinden, lässt sich trotzdem eine Gleichförmigkeit erkennen. Unterscheidet sich diese nicht explizit abgestimmte Übereinstimmung in ihrer »*Zweit*naturwüchsigkeit« so sehr von der Korrelation zwischen der Höhe und dem Stammdurchmesser von Kirschbäumen oder überbewerten wir vielleicht nur grammatisch irrelevante Details? Vielleicht wirkt es unhinterfragt beeindruckend, dass man Biologie und Gemeinschaftskunde in der Schule als unzusammengehörig unterrichtet. Welche Regelkunde hier dann, wenn man einem spontanen Sperrgefühl gegen die Analogie begegnet, ihre heimliche Wirkung ausspricht, bleibt allerdings spekulativ und unerheblich für die Wirkung selbst.

Gesetzt den Fall, wir können uns darauf einigen, dass man die Strukturiertheit der Korrelationsmatrizen als implizite Organisation im Sinne von Ashby auslegen darf: Lassen sich vergleichsweise Aussagen über die »Organsisations*verteilung*« zwischen Gruppen qualifizieren?

Bei der oben durchgesprochenen Gruppe der 15 Arbeitnehmer gibt es, wie bereits erwähnt, ein Problem, das wir nun zu einer Tugend biegen können. Insgesamt haben ja 55 Arbeitnehmer die Umfrage vollständig abgeschlossen, sodass es sich bei den 15 Arbeitnehmern, deren Ergebnisse oben (S. 200 ff.) dargestellt sind, um eine besonders günstige Auswahl handelt, wenn es um die interne Korrelativität des Datensatzes geht. Herausgesiebt wurden schlicht die 15 Teilnehmer, die basierend auf der initialen 55×55-Matrix die höchsten durchschnittlichen Korrelationswerte aufweisen.

Im Falle der Arbeitgeber gestaltete sich die Entscheidungssituation weniger komplex. Hier haben nur insgesamt 16 Teilnehmer den Fragebogen komplett beantwortet, sodass man sich hier im Grunde nur zwischen zwei Korrelationsmatrizen, die mit Blick auf den 15. Kandidaten divergieren, zu entscheiden hatte. Für die Faktorenanalyse wurde die Matrix mit dem höheren MSA-Wert (0.64) herangezogen. Die Aussagekraft des gleich zu thematisierenden Kohäsionsvergleichs zwischen den Gruppen fällt aber höher aus, wenn man ganz bewusst die – gemessen am MSA-Kriterium – »schlechtesten« zufällig gezogenen Arbeitgeber aufnimmt.

Da insgesamt nur 15 der Befragungsabsolventen den Status »arbeitslos« angaben, war, bezogen auf diese Gruppe, keine weitere Auslese erforderlich, sodass es sich hier um 15 zufällig Befragte handelt.

Was weiter oben (S. 201 f.) eine »Qual der Wahl« bedeutete, erweist sich nun in dem Sinne als Segen, dass uns auf diese Weise Aussagen über die Verteilung des MSA-Wertes für zufällige 15er-Gruppen innerhalb der Arbeitnehmerschaft zustehen. Ausgehend von der Arbeitnehmer-Verteilung des MSA-Wertes lassen sich dann nämlich Vergleiche mit den beiden anderen Gruppen anstellen.

Im Bootstrap-Verfahren wurden simulativ 10.000×15 zufällige der insgesamt 55 Arbeitnehmer gezogen. Die Ergebnisse zeigt Abbildung 4.12. Zu sehen ist ein Histogramm, auf dessen horizontaler Achse die MSA-Werte der gezogenen 15er-Gruppen eingetragen sind. Hervorgehoben habe ich den Mittelwert bzw. den empirischen Erwartungswert der Arbeitnehmer (0.38), den MSA-Wert der Arbeitslosen (0.24) und den niedrigeren Wert (0.59) der beiden möglichen Arbeitgebergruppen.

Der MSA-Wert der Arbeitslosen liegt dabei mit 10-%-Signifikanzniveau unter dem Durchschnitt der Arbeitnehmer. Daher scheint es nicht völlig verfehlt, davon auszugehen, dass den Arbeitssuchenden eine andere Verteilung zugrundeliegt. Doch als vielleicht augenfälligstes Ergebnis lässt sich festhalten, dass die Arbeitgeber eine hochsignifikant ($p = 0.0098$) stärkere Kohäsion aufweisen als die beiden anderen Gruppen. Die Nullhypothese, dass die befragten Arbeitgeber der gleichen Verteilung entstammen wie die Arbeitnehmer, lässt sich mit einer Irrtumswahrscheinlichkeit von unter 1 % zurückweisen.

Nach den Eingangsüberlegungen dieses Abschnitts können wir das Simulationsergebnis so deuten, dass die Untersuchungsgruppe der Arbeitgeber sich durch ökonomische Modellaussagen politisierend besser zu organisieren weiß als die beiden anderen Gruppen. Veranschaulichend auf die Sprachspiele 4.2 und 4.3 bezogen, bedeuten die wirtschaftswissenschaftlichen Aussagen demgemäß dann für Mitglieder dieser Gruppe eher eine geldscheinähnliche Währung im Sinne von medialen Proto-Generalisierungen als für die anderen Gruppen.

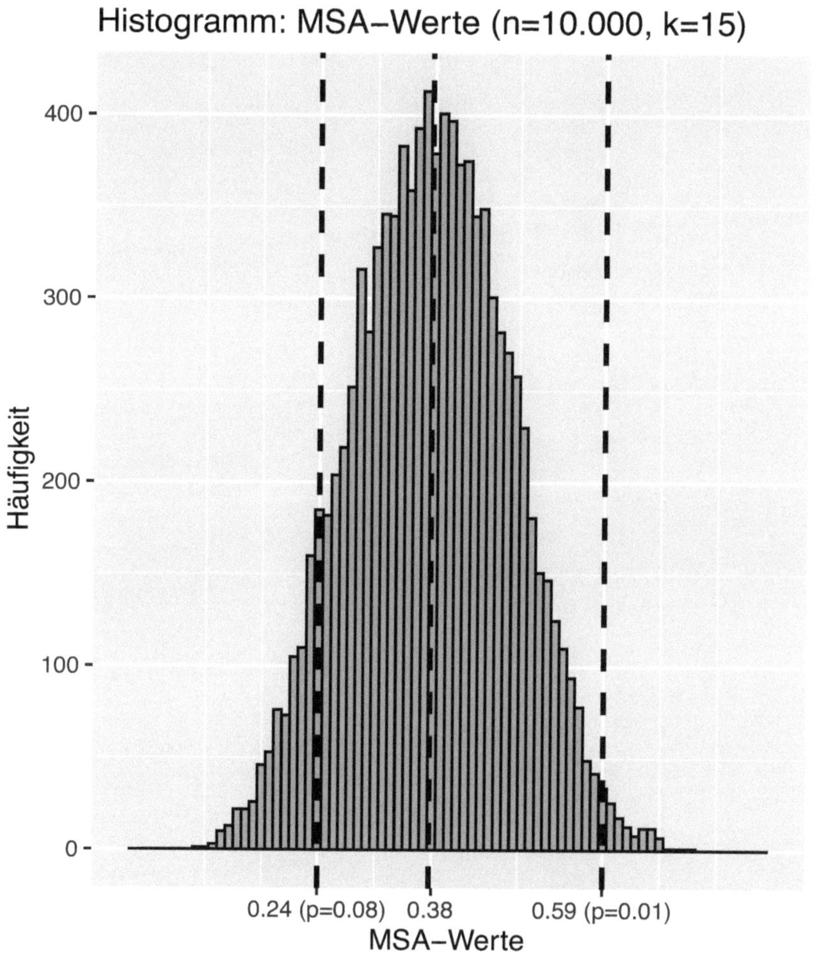

Abbildung 4.12: Die Verteilung der MSA-Werte nach Kaiser-Meyer-Olkin für 10.000 *zufällige 15er-Stichproben aus allen* 55 *Arbeitnehmer-Datensätzen*

5. Schluss: Zusammenfassung, Kritik und Ausblick

Nachdem wir eine Feldbeobachtung genutzt haben, um das Thema der vorliegenden Arbeit zu explizieren, ging es daran, vier politisierbare Modellweltfamilien aus dem jüngeren und älteren Diskurs der Arbeitsmarktökonomik zu rekonstruieren. Zu jeder Modellweltfamilie wurden fünf charakteristische Aussagen abgeleitet, um sie gemäß einem Forschungsdesign, das sich zunächst vor der unhintergehbaren Reflexivität der Sprache zu rechtfertigen hatte, einer empirischen Probe zu unterziehen. Drei für soziographische Merkmale kontrollierte Teilnehmergruppen, bestehend aus je 15 Arbeitnehmern, Arbeitgebern und Arbeitslosen, haben die Aussagen im Rahmen einer fiktiven Politisierungssituation bewertet. Als Ergebnisse wurden diese Bewertungen entlang einer Q-methodologisch angeleiteten Hauptkomponentenanalyse ausgewertet. In den Daten zeigten sich Regelmäßigkeiten, die sich als regelhafte Politisierungsmuster ökonomischer Modellweltaussagen interpretieren lassen.

Schon an dieser Stelle muss sich die Arbeit kritische Rückfragen gefallen lassen: Inwiefern sollen die *einzelnen* Aussagen überhaupt für *ganze*, mathematisch zusammengehaltene Modellwelten stehen können? Wie lassen sich die festgestellten Regelmäßigkeiten auf die »ursprünglichen« Welten rückbeziehen? Setzt man die »strukturrelevanten« Einzelaussagen zu neuen Welten zusammen oder betrachtet man jede von ihnen als Vertreterin einer ganzen Welt, sodass man einander »weltfremde« Aussagen zu einer Art »Multiversum« rekombiniert?

Auf die erste Frage lässt sich womöglich leichter antworten als auf die übrigen. Obwohl das *Prinzip der Allgemeinverständlichkeit* mich dazu nötigte, von *explizit* mathematischen Formulierungen abzusehen, bleiben solche Figuren *implizit* doch erhalten. Wenn beispielsweise die Rede davon ist, dass Unternehmen ihre Profite maximieren, so beinhaltet diese Aussage noch immer das Maximierungsproblem einer Differenz, welche die wesentlichen Bestandteile der *allgemein-walrasianischen* Welt einbindet. Ein möglichst hoher Umsatz bei möglichst geringen Kosten zieht nahezu alle Register: Unternehmen, die Güter an Haushalte verkaufen, welche diese Güter erarbeiten und dabei Lohnkosten verursachen, die in der Profitrechnung wiederum vom Umsatz abgezogen werden. Indem die einzelnen Aussagen also potenziell Elemente der gesamten Welten aufnehmen, klingt in ihnen aus je spezifischem Blickwinkel auch immer wieder die ganze Welt an. Dies verbindet die Aussagen dann auch untereinander.

Probleme tauchen dann auf, wenn die Ergebnismuster Konzepte einer Welt auf eine andere beziehen, in der ihnen nichts entspricht. In den *walrasianischen* Welten, wie ich sie hier rekonstruiert habe, können stellensuchende Subjekte nicht mit offenen Stellen koexistieren. Wenn also beispielsweise die Arbeitgebergruppe *klassisch-walrasianische* Aussagen in ablehnender Haltung mit einer *Such-und-Matching*-Aussage kombiniert, stellt dies die sozialwissenschaftliche Beobachtung vor ein Übersetzungsproblem. Auf dieses kann ich an dieser Stelle nur hinweisen, da mir hier wohl selbst noch die nötige Sicht fehlt.

Eine weitere Übersetzungsschwierigkeit bezieht sich direkt auf die Entstehungsseite der Bewertungsergebnisse. Um die Strukturen in den Daten sinnvoll als Gebrauchsregeln von Aussagen interpretieren zu können, sollte man die Aussagen in der Befragungssituation möglichst auch gebrauchen wie im Alltag. Für gewöhnlich geben wir allerdings keine ordinalskalierten Nummern zur Antwort, wenn uns eine vertraute Person Ratschläge gibt. Das vorliegende Forschungsdesign nimmt für die vorgestellte Beratungssituation aber stillschweigend an, dass die befragte Person sich gegenüber ihrem beratenden *Alter* in einer solchen Weise verhält, als hielte sie zur Antwort Zahlentäfelchen in die Luft. Mir bleibt an dieser Stelle nur, diese Idealisierung als solche anzugeben.

Mindestens eine Unschärfe liegt außerdem in der Auswahl der befragten Personen. Es bleibt nämlich unklar, zu welchen Anteilen sich die Gruppe der nach eigenen Angaben »Arbeitslosen« aus Arbeitssuchenden und Personen außerhalb der Erwerbsbevölkerung zusammensetzt. Die Arbeitsmarktökonomik unterscheidet hier in der Regel; im Forschungsdesign findet diese Unterscheidung jedoch keine Entsprechung. Dieses Defizit ergab sich aus den Schwierigkeiten, Mitglieder dieser Gruppe zu rekrutieren. Bevor ich schließlich eine Agentur mit der Rekrutierung beauftragte, war es mir selbst kaum gelungen, diesen Teil der Bevölkerung zu erreichen. Bei der Angebotsstellung konnte mir die Agentur hier dann auch, anders als im Falle der Arbeitnehmer und Arbeitgeber, keine 15 vollständigen Antworten garantieren, was man ganz im Sinne der Informationsökonomik durchaus als ein Signal geringer Verfügbarkeit interpretieren darf.

Selektiv rekonstruiert scheinen auch die ökonomischen Modellwelten, denen die Aussagen entstammen. Der Fokus bei der Auswahl lag auf algebraisch rigoros formulierten Mikro- und Makromodellen. Man hätte hier auch weniger formelle Modelldarstellungen, beispielsweise der Institutionenökonomik, einbeziehen können. Verteidigend lässt sich vielleicht anführen, dass die ausgewählten Modelle insgesamt eine in sich kohärent abgrenzbare Systematik entlang der Unterscheidungen »walrasianisch«/»Such- und Matching« sowie »klassisch«/»keynesianisch« ergeben.

In gesellschaftstheoretischer Hinsicht darf man durchaus kritisch bemerken, dass der Begriff der symbolisch *generalisierten* Kommunikationsmedien eine gewisse »Zweckentfremdung« erfährt. Parsons versuchte, damit zu beschreiben, wie sich in komplex-modernen Gesellschaften gewisse Kommunikationsformen *allgemein*umspannend zum Standard institutionalisieren. Doch gerade dieser Generalisierungsgrad scheint im hiesigen, situationsbezogenen Begriffsgebrauch entbehrlich: Die ökonomischen Modellwelten, auf welche sich die befragten Leute in bestimmten Situation politisierend stützen, scheinen kaum institutionalisiert. Wenn der politisierende Gebrauch der Modellwelt-Aussagen weiter oben »geldscheinähnlich« genannt wird, so kann damit also kaum der institutionalisierte Generalisierungsgrad gemeint sein. Vielmehr bezieht sich diese Zuschreibung darauf, dass man sie politisierend gebrauchen kann, ohne sich zuvor über diesen Gebrauch zu verständigen, auf »eine *spezifische* Sinnbedeutung und Wirkungsweise in der Evaluation und im Austausch« (Parsons, 1980a, S. 231). Die Politisierbarkeit ökonomisch-modellweltlicher Aussagen kann ungesagt bleiben.

An dieser Stelle scheinen mir die »sprachkybernetischen« Überlegungen von (Pedretti, 1981) in einem ersten, rein spekulativen Ausblick wie gemacht, um verschiedene Ermöglichungsverhältnisse zwischen Ungesagtem und Gesagtem ungeachtet ihres Allgemeinheitsgrades zu typologisieren.

> »[I]t is only silence, Wittgenstein postulates, which enables us to speak sensibly (without involving ourselves in regressions [...] with every one thing we say). If this point is trivial, it is that in every-day life we are accostumed to pass things over in silence. In its triviality, however, this shows the danger of attempts (eg. semantics) to render our silences explicit. Such attempts mis-take [sic!] things spoken about for what is beyond being spoken about, and in so doing, explore just such a regression (generating hierarchies as Russell suggested)« (a. a. O., S. 38-39).

Die notwendig verschwiegenen Flussbetten unserer Sprache offenzulegen, indem wir sie durch formale, aber damit eben auch *un*verschwiegene Ausdrücke ersetzen, verweist uns stets nur auf das Ungesagte genau dieser Ausdrücke und wiederholt das Problem damit *ad infinitum*. *Formal*semantische Ansätze laufen hier offensichtlich ins Leere, sodass man sich durchaus fragen darf, ob ein soziologischer Begriff von Semantik, wie ihn beispielsweise Niklas Luhmann vorgeschlagen hat, nicht besser abschneidet, wenn man ihn, durch Wittgenstein informiert, interaktionsbezogen »tieferlegt«.[1] Daran kann sich dann auch die Frage anschließen, inwiefern

1 Bei dieser Gelegenheit ließen sich sicherlich auch jene Schwierigkeiten aktualisierend *geltend machen*, die beim Versuch auftreten, Wittgenstein einseitig in der Ruhmeshalle der analytischen Philosophie aufzustellen (vgl. Apel, 1973, S. 225-377), (vgl. Habermas, 2020, S. 65-101).

das darstellungsmächtige Instrumentarium der Spencer-Brown-Notation den sozialwissenschaftlichen Austausch über diese Fragen vereinfachen kann (vgl. Baecker, 1993).

Mit dem Ungesagten, das wir beim Sagen *mit*-übertragen, können wir soziologisch vielleicht den Ort bestimmen, von dem aus ökonomische Modellwelten in politische Diskurse *einfließen*. Wenn man beispielsweise die Politik dazu auffordert, sagen wir, »das Profitstreben der Großkonzerne« seiner Wirkung nach einzudämmen, so spricht man damit *in* einer Welt, in der ein solches Profitstreben als selbstverständlich gilt und die bei gelingender Verständigung dann stillschweigend vorauszusetzen ist. Nehmen wir Pedrettis Gedanken ernst, so lässt sich nicht *in* genau dieser Welt auch *über* sie sprechen. Sprechen wir *über* diese Welt, so *tun* wir dies bereits *in* einer anderen.

Wohl ähnlich wie (Pedretti, 1981) erkennt auch (Luhmann, 1993b) »das Problem, daß symbolische Generalisierungen zugleich erhellen und abdunkeln müssen« (a. a. O., s. 66). Als normativ bleiche Abschattungswechsel können semantische Verschiebungen aber wohl nur auf einem so abstrakten Reflexionsniveau erscheinen, wie es die Luhmannsche Systemtheorie auszeichnet. Man darf gerade in diesem »eiskalten Blick« eine rechtfertigungsbezogene Stärke sehen, weil die Systemtheorie wertrelativierenden Vorwürfen gegen sie auf diese Weise wohl *a priori* den Boden entzieht. Empirische, gleichwohl systemtheoretisch inspirierte, Medienforschung muss dieses Eis aber zum Schmelzen bringen, möchte sie nicht riskieren, den »normativen Kern« der Sache zu verfehlen. Wie (Honneth, 2013) mit bewundernswerter Klarheit herauspräpariert, sah schon Parsons einen internen Zusammenhang zwischen symbolisch generalisierten Kommunikationsmedien und normativ-aufgeladenen Anerkennungsverhältnissen.

> »Für Parsons sind [...] unter dem Gesichtspunkt der sozialen Integration durch reziproke Anerkennung drei Komponenten an den institutionellen Ordnungen von besonderer Bedeutung: Erstens müssen diese auf von allgemeinen Werten abgeleiteten Normen beruhen, die eine nachvollziehbare Verknüpfung zwischen individueller Rollenbefolgung und sozialer Anerkennung herstellen, zweitens müssen solche Verknüpfungen in einem generalisierten Anerkennungsmedium auf Dauer gestellt sein, und drittens sollte das entsprechende Medium dann nach Möglichkeit in einem deutlich erkennbaren, generalisierten Symbol zum Ausdruck gelangen« (a. a. O., S. 21).

Die entlastend Austausch ermöglichende Funktion symbolischer Medien kann somit zur anderen Medaillenseite von unterdrückten Missachtungserfahrungen verkommen, wenn das, was gesagt zu werden versucht, nicht mehr gerechtfertigt gesagt werden *kann*, ungesagt bleiben *muss*.

Hält die Indifferenz medialer Interaktion Anerkennungsansprüche stumm, so brechen sie sich nach (Honneth, 2013) auf andere, eher diffuse Weise Bahn.

> »Das Streben nach Selbstachtung in der und durch die Gesellschaft stirbt ja nicht einfach ab, sobald einmal geschichtlich keine normativ regulierten Sphären für seine verlässliche Bewährung und Befriedigung vorhanden sind; aber es verliert doch, so lässt sich vielleicht sagen, jede Chance einer intersubjektiv verständlichen Codierung, kann sich an kein legitimierendes Prinzip anlehnen, wird so eigentümlich ortlos und begibt sich auf die Suche nach alternativen Formen der Entäußerung« (a. a. O., S. 35).

Vor allem die Kommentare der Befragungsteilnehmer (siehe Appendix B) lassen mich mit der paradoxen Vermutung zurück, dass die Vokabularien ökonomischer Modellwelten sowohl als Artikulationsinstrument in diese Bresche springen als auch nicht-ökonomisch artikulierbare Ansprüche damit *uno actu* zum Schweigen verdammen. Bei manchen Kommentaren kann man den Eindruck gewinnen, dass das Textfeld des Fragebogens von den entsprechenden Autoren selbst als »Bühne« verwendet wurde, um sich politisierend Anerkennung zu verschaffen.

Der Kohäsionsvergleich deutet dann darauf hin, dass die grammatische Befähigung zum politisierend-ökonomischen Sprechen zwischen den Akteurstypen am Arbeitsmarkt durchaus ungleich verteilt ausfallen könnte. Hier bleibt die Arbeit statistisch-konfirmatorische Evidenz schuldig. Sollte sich dieser Verdacht allerdings in weiteren Untersuchungen erhärten, spräche dies dafür, dass bestimmte Bevölkerungsgruppen von vorherrschenden sprachlichen Voraussetzungen zur politischen Teilhabe expropriiert sind.

Dies führt uns zum Öffentlichkeitsbegriff nach (Habermas, 1990), welchen der Autor erst in jüngster Zeit wiederaufgenommen hat.

> »Der deliberative Charakter der Meinungs- und Willensbildung der Wähler bemisst sich *in der politischen Öffentlichkeit* am Ergebnis der diskursiven Qualität der Beiträge, nicht am Ziel eines ohnehin nicht erreichbaren Konsenses; vielmehr soll hier die Wahrheitsorientierung der Beteiligten einen offen bleibenden Meinungsstreit anfachen, aus dem *konkurrierende* öffentliche Meinungen hervorgehen. Diese Dynamik eines *fortdauernden* Dissenses in der Öffentlichkeit prägt ebenso die Konkurrenz der Parteien und das Gegeneinander von Regierung und Opposition, auch die Meinungsverschiedenheiten von Experten; der Argumentationshaushalt, der auf diese Weise mobilisiert wird, kann dann die bindenden, an den entsprechenden Orten des politischen Systems verfahrensgerecht zu treffenden Entscheidungen informieren« (Habermas, 2022, S. 26).

Nicht faktische Einstimmigkeit, sondern die ständig vollzogene Bearbeitung von Themen im Modus rationaler Argumentation macht für Habermas das Wesen deliberativer Politik aus. Indem man aber Konsenserfordernisse durch die Idee des »fortdauernden Dissenses« ersetzt, berührt man noch keineswegs die stillschweigenden Voraannahmen, auf denen sich Dissens bewegt. Man kann sich, um im obigen Beispiel zu bleiben, trefflich darüber streiten, durch welche Maßnahmen man die Kollateralschäden einseitiger Profitorientierung mitigiert, ohne auch nur in einer Silbe dieses Profitstreben selbst ins diskursive Licht zu heben. Hier bringt Habermas die Rolle der Verbreitungsmedien ins Spiel.

> »Diese sind nämlich angesichts der gesellschaftlichen Komplexität diejenige Vermittlungsinstanz, die in der Perspektivenvielfalt der sozialen Lebenslagen und kulturellen Lebensformen zwischen den konkurrierenden Weltdeutungen einen intersubjektiv geteilten Interpretationskern herausschält und als allgemein *rational akzeptiert* sichert. Natürlich ist die Tages- oder Wochenzeitung mit ihrer klassischen Dreiteilung der Inhalte in Politik, Wirtschaft und Feuilleton niemals die *letzte* Instanz, wenn es um die Wahrheit oder Richtigkeit einzelner Aussagen oder maßgebender Interpretationen von Tatsachenzusammenhängen, um die Plausibilität allgemeiner Einschätzungen, gar um die Triftigkeit von Beurteilungsstandards oder Verfahren geht. Aber mit ihrem Fluss von täglich erneuerten Informationen und Deutungen bestätigen, korrigieren und ergänzen die Medien laufend das unscharfe alltägliche Bild einer *als objektiv unterstellten Welt*, von dem mehr oder weniger *alle Zeitgenossen* annehmen, dass es auch von allen anderen als ›normal‹ oder gültig akzeptiert wird.« (Habermas, 1990, S. 55).

Demnach sichern die öffentlichen Verbreitungsmedien zwar das »rational Akzeptierte«, doch über die, wenn man es so nennen kann, »Reflektierbarkeit« der als »normal« eingeflossenen Welten sagt dies noch lange nichts aus. Wenn ökonomische Modellwelten, die im wissenschaftlichen Diskurs vielleicht als bloßes Erkenntnisinstrument dienen, als politisierbare Vorannahmen den politischen Diskurs normieren, so bleibt fraglich, wie man diese Welten selbst reflexiv-thematisierbar hält.

Die Reflexivität ökonomischer Sedimente ohne Beteiligung der Wirtschaftswissenschaften zu steigern, scheint wenig aussichtsreich. Vielleicht kann man sehr vereinfacht festhalten, dass der öffentliche Diskurs ökonomische Dogmen nur schwerlich kritischer hinterfragen kann als der wirtschaftswissenschaftliche Diskurs selbst. Die Performativität ökonomischer Modelle durch die Routine des wissenschaftlichen Verfahrensmodus schlicht zu ignorieren, indem man physikalistisch die Methoden der Naturwissenschaften zu imitieren versucht, scheint hier kein besonders überzeugender Weg.

Mut machen demgegenüber neue Ansätze, welche in der Performativität ökonomischer Modelle kein zu verbergendes *horrendum pudendum* sehen, sondern eher eine Chance für reflexives Wissenschaften.

> »[E]conomics as a science must be reflective: Economists need to reflect upon their own role in society, both intentional (economists as advisers) and non-intentional (such as transforming individual values by adopting market frames). This does

> in no way imply that economics should apply self-censorship, including on results that may stand against a current societal mainstream or zeitgeist. But it means that the idea of the economist standing outside the object she is analysing and, therefore, ultimately bearing no responsibility for the impact of her analyses, needs to be abandoned« (Herrmann-Pillath und Hederer, 2022, S. 40).

Mit der thematischen Umstellung auf Reflexivität berührt die Ökonomik allerdings auch Themen, die ihr wohl weniger natürlich innewohnen als beispielsweise der Soziologie, welche die Spezifität ihres Gegenstands, ohne das Problem interner Selbstbeschreibung zu thematisieren, wohl kaum mehr zu fassen vermag (vgl. Renn, 2006, S. 33ff.). Die erfahrungsgemäß noch immer schwelenden Grabenkämpfe zwischen den beiden Disziplinen durch wohlgesonnen-interdisziplinären Austausch zu ersetzen, scheint nicht nur wissenschaftlich fruchtbar, sondern zur Bewältigung gesellschaftlicher Herausforderungen wahrscheinlich auch zunehmend geboten. Vielleicht darf *ich*, der Text, mich in dieser Hinsicht als einladende Sprechhandlung verstehen.

6. Literaturverzeichnis

Ackerman, C. und Parsons, T. (1976). Der Begriff »Sozialsystem« als theoretisches Instrument. In Jensen, S., Herausgeber, *Zur Theorie sozialer Systeme*, Band 14 in *Studienbücher zur Sozialwissenschaft*, Seiten 69–84. VS Verlag für Sozialwissenschaften, Wiesbaden.

Apel, K.-O. (1973). *Transformation der Philosophie. Band I. Sprachanalytik, Semiotik, Hermeneutik*. Suhrkamp, Frankfurt am Main.

Arrow, K. und Debreu, G. (1954). Existence of an Equilibrium for a Competitive Economy. *Econometrica*, 22(3): 265.

Ashby, W. (1962). Principles of the Self-Organizing System. In Heinz von Foerster und G. W. Zopf Jr, Herausgeber, *Principles of Self-Organization: Transactions of the University of Illinois Symposium*, Seiten 255–278. Pergamon Press.

Backhaus, K., Erichson, B., Plinke, W., und Weiber, R. (2018). *Multivariate Analysemethoden. Eine anwendungsorientierte Einführung*. Springer Gabler, Online.

Baecker, D. (1993). *Probleme der Form*. Suhrkamp, Frankfurt am Main.

Barro, R. J. (1979). Second Thoughts on Keynesian Economics. *The American Economic Review*, 69(2): 54–59.

Barro, R. J. (1998). *Macroeconomics*. MIT Press, Cambridge.

Barro, R. J. und Grossman, H. I. (1971). A General Disequilibrium Model of Income and Employment. *The American Economic Review*, 61(1): 82–93.

Barro, R. J. und Grossman, H. I. (1976). *Money, Employment and Inflation*. Cambridge University Press, Cambridge.

Bellman, R. (1957). *Dynamic programming*. Princeton University Press, Princeton.

Bertsekas, D. (2005). *Dynamic Programming and Optimal Control*, Band I. Athena Scientific, Belmont.

Blanchard, O. (1991). Wage Bargaining and Unemployment Persistence. *Journal of Money, Credit and Banking*, 23(3): 277–292.

Blanchard, O., Amighini, A., und Giavazzi, F. (2010). *Macroeconomics a European perspective*. Pearson Education UK, Harlow.

Blanchard, O. und Diamond, P. (1992). The Flow Approach to Labor Markets. *American Economic Review*, 82(2): 354–359.

Blaug, M. (1990). *Economic Theory in Retrospect.* Cambridge University Press, Cambridge.

Boldyrev, I. (2019). The Ontology of Uncertainty in Finance: The Normative Legacy of General Equilibrium. *Topoi*, 40(4): 725–731.

Boldyrev, I. und Svetlova, E. (2016). *Enacting Dismal Science: New Perspectives on the Performativity of Economics.* Palgrave Macmillan US, New York.

Boltanski, L. und Chiapello, È. (2013). *Der neue Geist des Kapitalismus.* UVK-Verlag, Konstanz.

Boltanski, L. und Thévenot, L. (2008). *De la justification: Les économies de la grandeur.* Gallimard, Paris.

Bourdieu, P. (2014). *Die feinen Unterschiede: Kritik der gesellschaftlichen Urteilskraft.* Suhrkamp, Frankfurt am Main.

Brown, S. (1980). *Political Subjectivity: Applications of Q Methodology in Political Science.* Yale Unniversity Press, New Haven.

Cahuc, P. und Zylberberg, A. (2004). *Labor Economics.* The MIT Press, Cambridge.

Callon, M. (1998). Introduction: the embeddedness of economic markets in economics. *The Sociological Review*, 46(S1): 1–57.

Chiang, A. C. (1992). *Elements of Dynamic Optimization.* McGrayHill, Singapur.

Chiang, A. C. und Wainwright, K. (2005). *Fundamental Methods of Mathematical Economics.* McGraw Hill, Boston.

Clower, R. (1965). The Keynesian Counterrevolution: A Theoretical Appraisal. In Hahn, F. und Brechling, F., Herausgeber, *The Theory of Interest Rates. Proceeedings of a Conference held by the International Economic Association*, Seiten 103–125. Macmillan, London.

Decauwert, G. (2013). Saying and showing: The single solution of all the 'problems of philosophy' according to Wittgenstein's Tractatus. *Philosophia*, 5: 85–104.

Diamond, C. (1988). Throwing Away the Ladder. *Philosophy*, 63(243): 5–27.

Diaz-Bone, R. (2015). *Die "Economie des conventions": Grundlagen und Entwicklungen der neuen französischen Wirtschaftssoziologie.* Springer VS, Wiesbaden.

Eckey, H., Kosfeld, R., und Rengers, M. (2002). *Multivariate Statistik. Grundlagen – Methoden – Beispiele.* Gabler, Wiesbaden.

Elias, N. (2003). *Die Gesellschaft der Individuen.* Suhrkamp, Frankfurt am Main.

Fischer-Lichte, E. (1997). *Die Entdeckung des Zuschauers. Paradigmenwechsel auf dem Theater des 20. Jahrhunderts.* Francke, Tübingen.

Frei, N., Schäfer, R., und Nachtwey, O. (2021). Die Proteste gegen die Corona-Maßnahmen. *Forschungsjournal Soziale Bewegungen*, 34(2): 249–258.

Garibaldi, P. (1998). Job flow dynamics and firing restrictions. *European Economic Review*, 42(2): 245–275.

Glanville, R. (2007). *Gordon Pask, Philosopher Mechanic: An Introduction to the Cybernetician's Cybernetician.* echoraum, Wien.

Goodman, N. (1978). *Ways of Worldmaking.* Hackett, Indianapolis.

Granovetter, M. (1995). *Getting a Job: A Study of Contacts and Careers*. University of Chicago Press, Chicago.

Guttman, L. (1953). Image theory for the structure of quantitative variates. *Psychometrika*, 18(4): 277–296.

Habermas, J. (1976). Hannah Arendts Begriff der Macht. *Merkur*, 341: 946–960.

Habermas, J. (1988). *Der philosophische Diskurs der Moderne: Zwölf Vorlesungen*. Suhrkamp, Frankfurt am Main.

Habermas, J. (1990). *Strukturwandel der Öffentlichkeit. Untersuchungen zu einer Kategorie der bürgerlichen Gesellschaft*. Suhrkamp, Frankfurt am Main.

Habermas, J. (1995). *Theorie des kommunikativen Handelns. Band 2. Zur Kritik der funktionalistischen Vernunft*. Suhrkamp, Frankfurt/Main.

Habermas, J. (2020). *Wahrheit und Rechtfertigung. Philosophische Aufsätze*. Suhrkamp, Frankfurt am Main.

Habermas, J. (2022). *Ein neuer Strukturwandel der Öffentlichkeit und die deliberative Politik*. Suhrkamp Verlag, Berlin.

Hansen, A. (1953). *A guide to Keynes*. McGraw Hill, New York.

Heider, F. (2017). *Ding und Medium*. Kulturverlag Kadmos, Berlin.

Herrmann-Pillath, C. (2016). Performative Mechanisms. In Boldyrev, I. und Svetlova, E., Herausgeber, *Enacting Dismal Science: New Perspectives on the Performativity of Economics*, Seiten 53–86. Palgrave Macmillan US, New York.

Herrmann-Pillath, C. (2023). Analytische Dualismen bei Tönnies und deren Relevanz für eine kritische Wirtschaftswissenschaft. In Haselbach, D., Herausgeber, *Ferdinand Tönnies und die Debatte um Gemeinwohl und Nachhaltigkeit*, Seiten 29–56. Springer Fachmedien Wiesbaden, Wiesbaden.

Herrmann-Pillath, C. und Hederer, C. (2022). *A New Principles of Economics*. Routledge, London.

Hicks, J. (1937). Mr. Keynes and the "Classics"; A Suggested Interpretation. *Econometrica*, 5(2): 147–159.

Holler, M. und Illing, G. (2006). *Einführung in die Spieltheorie*. Springer, Berlin.

Honneth, A. (1994). *Kampf um Anerkennung. Zur moralischen Grammatik sozialer Konflikte. Mit einem neuen Nachwort*. Suhrkamp, Frankfurt am Main.

Honneth, A. (2010). *Das Ich im Wir. Studien zur Anerkennungstheorie*. Suhrkamp, Berlin.

Honneth, A. (2013). Verwilderung des sozialen Konflikts. Anerkennungskämpfe zu Beginn des 21. Jahrhunderts. In ders., Lindemann, O., und Voswinkel, S., Herausgeber, *Strukturwandel der Anerkennung. Paradoxien sozialer Integration in der Gegenwart*, Seiten 17–39. Campus Verlag, Frankfurt.

Hoover, K. D. (2001). *The Methodology of Empirical Macroeconomics*. Cambridge University Press, Cambridge.

Hoover, K. D. (2012). *Applied Intermediate Macroeconomics*. Cambridge University Press, Cambridge.

Jensen, S. (1976). Einleitung. In ders., Herausgeber, *Zur Theorie sozialer Systeme*, Band 14 in *Studienbücher zur Sozialwissenschaft*, Seiten 7–55. VS Verlag für Sozialwissenschaften, Wiesbaden.

Jensen, S. (1980). Einleitung. In ders., Herausgeber, *Zur Theorie der sozialen Interaktionsmedien*, Band 39 in *Studienbücher zur Sozialwissenschaft*, Seiten 9–67. VS Verlag für Sozialwissenschaften, Wiesbaden.

Joas, H. und Knöbl, W. (2017). *Sozialtheorie: Zwanzig einführende Vorlesungen*. Suhrkamp, Frankfurt am Main.

Kaiser, H. (1970). A second Generation Little Jiffy. *Psychometrika*, 35(4): 401–415.

Kauffman, L. (2022). Laws of Form – An Exploration in Mathematics and Foundations. http://homepages.math.uic.edu/ kauffman/Laws.pdf. abgerufen am 17.09.2022.

Keynes, J. (1997). *The General Theory of Employment, Interest, and Money*. Prometheus Books, New York.

Kim, G., Humble, J., Debois, P., und Willis, J. (2016). *The DevOps handbook. How to Create World-Class Agility, Reliability, and Security in Technology Organizations*. IT Revolution Press, Portland.

Kreps, D. (1990). *A Course in Microeconomic Theory*. Princeton University Press, Princeton.

Kuhn, T. (2015). *The Structure of Scientific Revolutions*. University of Chicago Press, Chicago.

Leijonhufvud, A. (1968). *On Keynesian Economics and the Economics of Keynes: A study in Monetary Theory*. Oxford University Press, New York.

Leijonhufvud, A. (1998). Mr Keynes and the Moderns. *European Journal of The History of Economic Thought*, 5(1): 169–188.

Ljungqvist, L. und Sargent, T. (2000). *Recursive Macroeconomic Theory*. The MIT Press, Cambridge.

Luhmann, N. (1987). *Soziale Systeme. Grundriß einer allgemeinen Theorie*. Suhrkamp, Frankfurt am Main.

Luhmann, N. (1992). *Die Wissenschaft der Gesellschaft*. Suhrkamp, Frankfurt am Main.

Luhmann, N. (1993a). Die Paradoxie der Form. In Baecker, D., Herausgeber, *Kalkül der Form*, Seiten 197–212. Suhrkamp, Frankfurt am Main.

Luhmann, N. (1993b). *Gesellschaftsstruktur und Semantik. Studien zur Wissenssoziologie der modernen Gesellschaft. Band 1*. Suhrkamp, Frankfurt am Main.

Luhmann, N. (1994). *Die Wirtschaft der Gesellschaft*. Suhrkamp, Frankfurt am Main.

Luhmann, N. (1998). *Die Gesellschaft der Gesellschaft. I*. Suhrkamp, Frankfurt a.M.

Maeße, J. (2015). *Eliteökonomen. Wissenschaft im Wandel der Gesellschaft*. Springer VS, Wiesbaden.

Malinvaud, E. (1978). *The Theory of Unemployment Reconsidered*. Basil Blackwell, Oxford.

Mannheim, K. (1964). *Wissenssoziologie. Auswahl aus dem Werk*. Luchterhand, Berlin.

Mas-Colell, A., Green, J. R., und Whinston, M. D. (1995). *Microeconomic Theory*. Oxford University Press, Oxford.

McCall, J. (1970). Economics of Information and Job Search. *The Quarterly Journal of Economics*, 84(1): 113–126.

Morgan, M. (2012). *The World in the Model: How Economists Work and Think*. Cambridge University Press, Cambridge.

Mortensen, D. T. (1986). Job search and labor market analysis. In Ashenfelter, O. und Layard, R., Herausgeber, *Handbook of Labor Economics*, Band 2, Seiten 849–919. Elsevier.

Mortensen, D. T. und Pissarides, C. A. (1994). Job Creation and Job Destruction in the Theory of Unemployment. *The Review of Economic Studies*, 61(3): 397–415.

Mortensen, D. T. und Pissarides, C. A. (2016). *Job Matching, Wage Dispersion, and Unemployment*. Oxford University Press, Oxford.

Nash, J. (1950). The Bargaining Problem. *Econometrica*, 18(2): 155–162.

Nassehi, A. und Nollmann, G. (2016). Einleitung: Wozu ein Theorievergleich? In dies., Herausgeber, *Bourdieu und Luhmann. Ein Theorievergleich*, Seiten 7–22. Suhrkamp, Frankfurt am Main.

Oevermann, U., Allert, T., Konau, E., und Krambeck, J. (1979). Die Methodologie einer 'objektiven Hermeneutik' und ihre allgemeine forschungslogische Bedeutung in den Sozialwissenschaften. In Soeffner, H.-G., Herausgeber, *Interpretative Verfahren in den Sozial- und Textwissenschaften*, Seiten 352–434.

Pahl, H. und Sparsam, J. (2016). The IS-LMization of the General Theory and the Construction of Hydraulic Governability in Postwar Keynesian Macroeconomics. In Boldyrev, I. und Svetlova, E., Herausgeber, *Enacting Dismal Science. New Perspectives on the Performativity of Economics*, Seiten 151–181. Palgrave Macmillan US, New York.

Parsons, T. (1976). Zur Allgemeinen Theorie in der Soziologie. In Jensen, S., Herausgeber, *Zur Theorie sozialer Systeme*, Band 14 in *Studienbücher zur Sozialwissenschaft*, Seiten 85–120. VS Verlag für Sozialwissenschaften, Wiesbaden.

Parsons, T. (1980a). Sozialstruktur und die symbolischen Tauschmedien. In Jensen, S., Herausgeber, *Zur Theorie der sozialen Interaktionsmedien*, Band 39 in *Studienbücher zur Sozialwissenschaft*, Seiten 229–259. VS Verlag für Sozialwissenschaften, Wiesbaden.

Parsons, T. (1980b). Über den Begriff der »Macht«. In Jensen, S., Herausgeber, *Zur Theorie der sozialen Interaktionsmedien*, Band 39 in *Studienbücher zur Sozialwissenschaft*, Seiten 57–137. VS Verlag für Sozialwissenschaften, Wiesbaden.

Parsons, T. (1980c). Über den Begriff »Commitments«. In Jensen, S., Herausgeber, *Zur Theorie der sozialen Interaktionsmedien*, Band 39 in *Studienbücher zur Sozialwissenschaft*, Seiten 83–228. VS Verlag für Sozialwissenschaften, Wiesbaden.

Parsons, T. (1980d). Über den Begriff »Einfluß«. In Jensen, S., Herausgeber, *Zur Theorie der sozialen Interaktionsmedien*, Band 39 in *Studienbücher zur Sozialwissenschaft*, Seiten 138–182. VS Verlag für Sozialwissenschaften, Wiesbaden.

Pask, A. (1964). Proposals for a Cybernetic Theatre. https://pangaro.com/pask/ProposalCyberneticTheatrePask1964r.pdf. abgerufen am 08.09.2022.

Pask, A. (1984). Review of Conversation Theory and a Protologic (Or Protolanguage), Lp. *Educational Communication and Technology*, 32(1): 3–40.

Patinkin, D. (1965). *Money, Interest, and Prices : an Integration of Monetary and Value Theory*. Harper and Row, New York.

Pedretti, A. (1981). *The cybernetics of language*. Brunel University, London.

Perera, D. (2022). Annetta Pedretti vs. a world out of time. Explorations in cybernetics, design and futures. [Paper presentation]. In *Advances in systems sciences and systems practice, International Society for Systems Sciences annual conference*, Online.

Petrongolo, B. und Pissarides, C. A. (2001). Looking into the Black Box: A Survey of the Matching Function. *Journal of Economic Literature*, 39(2): 390–431.

Pickering, A. (2007). Ontological Theatre Gordon Pask, Cybernetics, and the Arts. *Cybernetics & Human Knowing*, 14: 43–57.

Pissarides, C. A. (2000). *Equilibrium Unemployment Theory*. The MIT Press, Cambridge.

Pitcher, G. (1965). Wittgenstein, Nonsense, and Lewis Carroll. *The Massachusetts Review*, 6(3): 591–611.

Plott, C. (2008). Properties of Disequlibrium Adjustment in Double Auction Markets. In Plott, C. R. und Smith, V. L., Herausgeber, *Handbook of Experimental Economics Results*, Band 1. North Holland, Amsterdam.

Quine, W. V. O. (1963). Two Dogmas of Empiricism. In 9 *Logico-Philosophical Essays*. Harper & Row, New York.

Renn, J. (2006). *Übersetzungsverhältnisse. Perspektiven einer pragmatischen Gesellschaftstheorie*. Velbrück, Göttingen.

Renn, J. (2014). *Performative Kultur und multiple Differenzierung. Soziologische Übersetzungen I*. transcript, Berlin.

Renn, J. (2021). *Indirekte Referenz - Pragmatischer Realismus und Medientheorie. Soziologische Übersetzungen III*. transcript, Bielefeld.

Robinson, J. (2002). *Economic Philosophy*. Palgrave, Houndmills.

Rogerson, R., Shimer, R., und Wright, R. (2005). Search-Theoretic Models of the Labor Market: A Survey. *Journal of Economic Literature*, 43(4): 959–988.

Rosa, H. (2021). *Resonanz. Eine Soziologie der Weltbeziehung*. Suhrkamp, Berlin.

Rothschild, K. (1981). *Einführung in die Ungleichgewichtstheorie*. Springer, Berlin.

Schütz, A. (1943). The Problem of Rationality in the Social World. *Economica*, 10(38): 130.

Schütz, A. (1962). On Multiple Realities. In Natanson, M., Herausgeber, *Collected papers I. The Problem of Social Reality*, Seiten 207–286. Nijhoff, Den Haag.

Scott, B. (2021). *Cybernetics for the Social Sciences*. Brill, Leiden.

Shackle, G. L. (1943). The Expectational Dynamics of the Individual. *Economica*, 10(38): 99–129.

Shannon, C. E. und Weaver, W. (1999). *The mathematical theory of communication*. University of Illinois Press, Urbana.

Spencer-Brown, G. (1979). *Laws of Form*. E.P. Dutton, New York.

Stephenson, W. (1935). Correlating Persons Instead of Tests. *Journal of Personality*, 4(1): 17–24.

Stigler, G. (1961). The Economics of Information. *Journal of Political Economy*, 69(3): 213–225.

Tellmann, U. (2007). Die Zeit und die Konventionen der Ökonomie. In Langenohl, A. und Schmidt-Beck, K., Herausgeber, *Die Markt-Zeit der Finanzwirtschaft. Soziale, Kulturelle und Ökonomische Dimensionen*, Seiten 239–260. Metropolis, Marburg.

von Foerster, H. (1993). Die Gesetze der Form. In Baecker, D., Herausgeber, *Kalkül der Form*, Seiten 9–11. Suhrkamp, Frankfurt am Main.

Walras, L. (2014). *Elements of Theoretical Economics*. Cambridge University Press, Cambridge.

Werner, L. C. (2018). Gordon Pask's 'Cybernetic Theatre': beyond tinkering with Architecture. In Grasso, F., Cornelia, J., Johnson, C., und Dennis, L., Herausgeber, *Symposium 'Cybernetic Serendipity Reimagined'*, Seiten 44–48, Liverpool. AISB Publications.

Winch, P. (1990). *The Idea of a Social Science and Its Relation to Philosophy*. Studies in philosophical psychology. Routledge, London.

Wittgenstein, L. (2003a). *Philosophische Untersuchungen*. Suhrkamp, Frankfurt am Main.

Wittgenstein, L. (2003b). *Tractatus logico-philosophicus. Logisch-philosophische Abhandlung*. Suhrkamp, Frankfurt am Main.

Wittgenstein, L. (2021a). Das Blaue Buch. In Rush Rhees, Herausgeber, *Das Blaue Buch. Werkausgabe Band 5. Das Blaue Buch. Eine philosophische Betrachtung (Das Braune Buch)*, Seiten 15–116. Suhrkamp, Berlin.

Wittgenstein, L. (2021b). Eine philosophische Betrachtung (Das Braune Buch). In Rush Rhees, Herausgeber, *Das Blaue Buch. Werkausgabe Band 5. Das Blaue Buch. Eine philosophische Betrachtung (Das Braune Buch)*, Seiten 117–282. Suhrkamp, Berlin.

7. Appendix

7.1 Schlüssel der charakteristischen Modellaussagen

Tabelle A.1: Aussagenschlüssel

Code:	Aussage
KL1	»Märkte bringen von selbst die für alle nützlichste Situation«
KL2	»Wenn Leute arbeitslos sind, dann verlangen sie zu hohe Löhne«
KL3	»Wenn die Löhne steigen, verringern Unternehmen die Beschäftigung«
KL4	»Wie viel Leute kaufen, hängt nur von den Preisen ab«
KL5	»Unternehmen können immer so viel verkaufen, wie sie wollen«
KY1	»Wenn man Märkte sich selbst überlässt, können sie in Situationen stecken bleiben, die nicht für alle vorteilhaft sind«
KY2	»Leute wären auch arbeitslos, wenn Unternehmen die Löhne beliebig festlegen könnten«
KY3	»Können sich Leute nicht so viel leisten, wie Unternehmen gerne produzieren würden, dann führen höhere Löhne zu mehr Beschäftigung. Denn wenn Leute mehr Geld haben, kaufen sie auch mehr. Unternehmen können dann mehr verkaufen, produzieren mehr und stellen dazu auch mehr Leute ein«
KY4	»Wie viel Leute kaufen, hängt auch davon ab, wie viel sie arbeiten können«
KY5	»Wenn Unternehmen ihre Produkte nicht loswerden, produzieren sie weniger und verringern die Beschäftigung«
MG1	»Wenn Leute arbeitslos sind, haben sie den passenden Job nur noch nicht gefunden«
MG2	»Wenn es mehr Jobs gibt, können Arbeitnehmer höhere Löhne aushandeln, weil sie dann leichter eine Stelle finden«
MG3	»Je mehr Geld Arbeitslose bekommen, desto weniger Jobangebote nehmen sie an«
MG4	»Unternehmen entlassen Beschäftigte, wenn die Produktionsbedingungen sich verschlechtern, und suchen neue Mitarbeiter, wenn die Produktionsbedingungen sich verbessern«

Code:	Aussage
MG5	»Ausgeschriebene Stellen sind wie Aktien: Sie kosten etwas, aber lassen zukünftige Gewinne erwarten«
AG1	»Unternehmen wollen immer ihre Profite maximieren«
AG2	»Konsumenten wollen immer ihren Nutzen maximieren«
AG3	»Wenn ein Unternehmen mehr Leute beschäftigt, produziert es mehr. Allerdings erhöht sich die produzierte Menge mit jeder weiteren Arbeitskraft in einem immer geringeren Ausmaß – zumindest dann, wenn das Unternehmen keine neuen Anschaffungen tätigt, also beispielsweise keine zusätzlichen Maschinen oder Werkzeuge kauft«
AG4	»Der Konsum eines Gutes bringt immer weniger zusätzlichen Nutzen, je mehr man davon konsumiert«
AG5	»Arbeit ist ein Gut, das Leute anbieten und Unternehmen nachfragen«

7.2 Alle Kommentare zu den bewerteten Aussagen

7.2.1 Arbeitnehmer

Tabelle B.1: Kommentare KL1

Aussage: »Märkte bringen von selbst die für alle nützlichste Situation«

Nr.	Kommentar
1	nein
2	Staatliche Regulierung ist Sozialismus und führt zu Mangelwirtschaft ala DDR.
3	Auf Märkten geht es nur die Vermehrung von Geld, Alle Gebrauchswerte sind nur der Zweck dafür, es zählt nur der Tauschwert. Unternehmen sind in Wahrheit nur Ausdruck der Abstrakten Herrschaft des Kapitals.
4	Das ist grundsätzlich falsch. Der Markt wird immer versuchen mit so wenig wie möglich Einsatz den höchst möglichen Gewinn zu erwirtschaften.
5	stimmt, selbstbereinigend
6	kommt auf das produkt an
7	generell falsch, siehe rüstungsindustrien, facebook.......
8	Kein wichtiges Thema
9	definitiv
10	nur im Shareholder-Kapitalismus, den wir ja nicht wollen, sondern soziale Marktwirtschaft
11	Das kann ich nicht sagen.
12	Ohne Kontrolle ist das nicht möglich. Allein schon die Monopolbildung birgt Gefahren.
13	ich stimme zu

Tabelle B.2: Kommentare KL2

Aussage: »Wenn Leute arbeitslos sind, dann verlangen sie zu hohe Löhne«

Nr.	Kommentar
1	nein
2	das eine hat zum überwiegenden Teil nichts mit dem anderen zu tun
3	Falsch. Sie haben entweder gerade nicht benötigte Qualifikationen bzw. nicht die gerade gesuchten.
4	Jeder Bürger will seine Ware zu einem Hohen Preis verkaufen, da ist der Verkäufer der Ware Arbeitskraft nicht anders. Der Bürger neigt ja immanent dem Anderen das vorzuwerfen was Er selber ist, ein Egoist.
5	Bedarfsgerechte Ausbildung ist der Schlüssel zum Erfolg. Auch über die gesamte Lebenspanne betrachtet. Wer sich nicht mit verändert fällt hinten runter. Es wird in Zukunft keine Jobs mehr geben die man sein ganzes Leben machen kann. Marktorientierte Weiterbildung ist die Lösung für den Arbeitsmarkt und Soziale Probleme. Ein Bildungsministerium sollte lenken und leiten, und das auch nach Schule Lehre oder Studium.
6	Wovon hat Bezugsperson Ahnung?
7	sie sollen alle den job nehmen
8	jeder sollte auch vernüftig bezahlt werden und sich nicht unter wert verkaufen
9	schlimme aussage
10	Dies hört man oft leider
11	auf dieses thema muss eingegangen werden
12	auch wieder sehr polemisch und verallgemeinernd
13	Das könnte gut möglich sein.
14	Das ist eine pauschalisierte Aussage der jegliche Grundlage fehlt.
15	stimmt nicht

Tabelle B.3: Kommentare KL3

Aussage: »Wenn die Löhne steigen, verringern Unternehmen die Beschäftigung«

Nr.	Kommentar
1	nein
2	Die internationale Wettbewerbsfähigkeit sinkt. Es müssen Kosten eingespart werden.
3	Der Lohn ist der Preis der Ware Arbeitskraft und dessen »Wert« ist Mehrwert zu produzieren, die dem Käufer der Ware Arbeitskraft gehört. Es handelt sich so um Ausbeutung für den Mehrwert, die Klasse der Arbeitkraft Verkäufer sind die Wert Vergrößerungsklasse und der Mehrwert muss sich auf dem Markt, also in der Konkurrenz in Profit, in Mehr Geld verwandeln, G W G', Näher dazu in der Radikalen Kritik der politischen Ökonomie, Das Kapital von Karl Marx. Unternehmen haben nur einen Zweck, Profit, das Profane Geld und Alle Fähigkeiten und Bedürfnisse müssen so die Form des Interesse haben, also die Warenform. So sind die Fähigkeiten und Bedürfnisse nicht der Zweck der Gesellschaft und so der Individuen, sondern deren Mittel, der Zweck ist die Verwertung des Wertes, das Profane Geld, das Kapial ist die Säkulare Alltagsreligion der Bürgerlichen Subjekte, das Bürgerliche Subjekt so Religiot des Kapitals. Der Bürger will so nichts weiter als, seine Partikularinteressen als Ideale zur Norm erheben und gegen andere durchsetzen, eben in der Konkurrenz. Die Krisendynamik des Kapitals, Überproduktion und Überakkumulation hat die Gesellschaft inzwischen völlig Dysfunkional gemacht, der also den Skandal der Existenz dieser Gesellschaft nicht sehen will, ist Ideologisch Verwahrlos. Das wäre Grundlegende Basis meine Rede.
4	Nicht generell, natürlich muss ein Unternehmen rentabel arbeiten, aber das Unternehmen misst sich an dem Gap zwischen Einsatz und Ertrag.Ein vernünftiges Bildungsbasiertes Gehaltsmodell steigert den Gewinn, wenn es das richtige Produkt ist.
5	dies ist gar nicht möglich, da ja alle nun an einem strang ziehen
6	das muss nicht sein wer gute arbeitskräfte haben möchte muss auch einen guten lohn zahlen
7	muss nicht sein, gleichzeitig könnte auch der konsum steigen und damit die produktion
8	Die Leute sind einfach zu gierig
9	will ich nicht behaupten
10	Unternehmen reagieren natürlich zurückhaltend auf höhere Lohnforderungen und können schließlich nur das zahlen was an finanziellen Mitteln da ist, in einer Wirtschaftskrise wohl eher weniger
11	Das kann ich leider nachvollziehen.
12	Wenn Löhne steigen, ist das nur ein Angleichen an die gestiegenen Preise. Wenn Unternehmen nicht an Gewinnen von über 5% festhalten würden, wäre es gerechteres Arbeiten.
13	kann sein, muss aber nicht

Tabelle B.4: Kommentare KL4

Aussage: »Wie viel Leute kaufen, hängt nur von den Preisen ab«

Nr.	Kommentar
1	nein
2	viele Dinge werden immer benötigt (Nahrung, Kleidung usw.)
3	In hohem Maße. Wenn etwas zu teuer ist, wird es zum reinen Luxusgut für wenige (In diese Richtung bewegen sich hierzulande die Energiepreise)
4	Was der Preis tatsächlich misst, konnte auch noch kein Ökonom erklären
5	Das Preis-Leistungsverhältnis ist entscheiden. Qualität vor Quantität.
6	nicht immer
7	es kommt viel mehr auf die qualität an
8	vom verfügbaren geld und vom bedarf
9	Menschen kaufen vorrangig nach dem Preis
10	guter punkt
11	trifft nicht zu
12	Könnte sinnvoll sein.
13	Das ist im Grund richtig. Ich würde aber auch die Wertigkeit der Materialien und die Qualität der Produkte mit anführen. Dann darf das Produkt auch gerne mittelpreisig sein, wenn es nicht so schnell kaputt geht.
14	nicht mehr, auch die Qualität zählt

Tabelle B.5: Kommentare KL5

Aussage: »Unternehmen können immer so viel verkaufen, wie sie wollen«

Nr.	Kommentar
1	nein
2	ohne Absatzmarkt verkauft man nichts
3	Das ist Unsinn. Es gibt ein Marktgleichgewicht zwischen Angebot und Nachfrage.
4	Unternehmen können so viel verkaufen, wie Sie es schaffen sich in der Konkurrenz durchzusetzen.
5	Leider ist das so, man müsste dringen mal wieder über eine neue Gesellschaftsform nachdenken. Zu mindestens das was muss viel stärker reguliert werden, was aber nicht unbedingt Arbeitsplätze schafft.
6	in zeiten einer wirtschaftkrise sollte alle das gemeinwohl im auge haben und nicht den eigenen verdienst
7	nachfrage ist entscheidend
8	Sie können soviel verkaufen wie der Markt hergibt
9	ja, kann sein
10	wo keine Nachfrage ist wird auch nix verkauft und wenn die Arbeitnehmer zu wenig verdienen können sie sich auch nicht viel davon kaufen und die Unternehmen bleiben auf ihren Waren sitzen
11	Das funktioniert nicht.
12	In Bezug auf Schonung von Ressourcen und in Bezug auf Umweltschutz würde ich diese Aussage kritisch beleuchten.
13	falsch, Kosten sind entscheidend

Tabelle B.6: Kommentare KY1

Aussage: »Wenn man Märkte sich selbst überlässt, können sie in Situationen stecken bleiben, die nicht für alle vorteilhaft sind«

Nr.	Kommentar
1	nein
2	zumindest eine gewisse Marktregulierung und -kontrolle ist zwingend notwendig, sonst kennt der etfesselte Kapitalismus keine Grenzen mehr
3	Märkte müssen sich selbst steuern, allerdings darf es ein Kontrollorgan geben.
4	Der Markt ist nie für alle vorteilhaft. Es gibt immer Gewinner und Verlierer.
5	Märkte sind immer Rechtliche Einrichtungen, werden also durch den Staat erst geschaffen. Der Staat sorgt für Eigentumsordnung und Gleiche Rechtliche Bedingungen der Bürgerlichen Subjekte als Warenverkäufer, der Staat sorgt dafür das es Geld als Währung überhaupt gibt, daher heißt des Politische Ökonomie, zwei Sphären die zwar von einander getrennt sind, doch deren Dialekische Vermittlung, den Widerspruch, das Kapital, das Automatische Subjekt, erst möglich machen.
6	Der Markt wird sich nie zugunsten der Menschen oder der Umwelt entwickeln. Nur das Geld zählt, und dafür muss es Regeln, Einschränkungen und Richtungsanweisungen geben. Innovation schafft Arbeitsplätze, nicht das verharren an Verkaufsgebaren.
7	es werden immer welche auf der strecke bleiben
8	natürlich
9	Märkte sollten nicht zu stark politisch geregelt werden
10	diese erfahrung teile ich
11	siehe Elektromobilität, siehe Energiewirtschaft, ohne staatliche Eingriffe ändert sich zu wenig
12	Das kann ich nicht beurteilen.
13	Wenn z. B. durch Spekulationen die Preise exorbitant nach oben steigen müssen die Märkte reguliert werden um unnatürliche Preissteigerungen zu verhindern.
14	der markt regelt sich selbst

Tabelle B.7: Kommentare KY2

Aussage: »Leute wären auch arbeitslos, wenn Unternehmen die Löhne beliebig festlegen könnten«	
Nr.	Kommentar
1	nein
2	es wird immer Menschen geben, die auf einem niedrigen Lebensniveau zufrieden sind und ohne Arbeit nur durch staatliche Alimentierung gut zurecht kommen
3	Das ist völliger Unsinn.
4	Arbeitslosigkeit ist Grundlegen für die Bürgerliche Gesellschaft, was eben auch nur Ausdruck des Arbeits und Leistungsfetisch dieser Gesellschaft ist und deren Inhumanes Denken sich so zeigt.
5	Die Löhne sind marktorientiert. Weniger Lohn kann kurzfristig zu mehr Arbeitsplätzen führen, diese sind dann aber nicht Effektiv. Höhere Löhne sind effektiver, und durch die höre Motivation und Innovation führt das zu mehr Arbeitsplätzen und höheren Gewinnen.
6	Thema Fluktation?!?
7	bingo
8	es wird immer welche geben die nicht arbeiten wollen
9	natürlich. und die ki wird uns noch viel mehr jobs kosten
10	Gleichgewicht muss stimmen
11	Es gibt genug die nicht arbeiten wollen
12	ja, muss ich einbeziehen
13	eine gewisse Sockelarbeitslosigkeit ist unvermeidlich
14	Kann ich nicht sagen.
15	Da Unternehmen eher an den Löhnen sparen wollen um möglichst kostengünstig zu produzieren, ist es nicht von der Hand zu weisen, dass niedrige Löhne die Arbeitslosigkeit erhöht.
16	nein

Tabelle B.8: Kommentare KY3

Aussage: »Können sich Leute nicht so viel leisten, wie Unternehmen gerne produzieren würden, dann führen höhere Löhne zu mehr Beschäftigung. Denn wenn Leute mehr Geld haben, kaufen sie auch mehr. Unternehmen können dann mehr verkaufen, produzieren mehr und stellen dazu auch mehr Leute ein«

Nr.	Kommentar
1	nein
2	Wenn die Löhne steigen, steigen auch die Preise. Es gleicht sich also langfristig alles wieder aus.
3	Der Lohn ist der Preis der Ware Arbeitskraft und dessen »Wert« ist Mehrwert zu produzieren, die dem Käufer der Ware Arbeitskraft gehört. Es handelt sich so um Ausbeutung für den Mehrwert, die Klasse der Arbeitkraft Verkäufer sind die Wert Vergrößerungsklasse und der Mehrwert muss sich auf dem Markt, also in der Konkurrenz in Profit, in Mehr Geld verwandeln, G W G', Nähers dazu in der Radikalen Kritik der politischen Ökonomie, Das Kapital von Karl Marx. Unternehmen haben nur einen Zweck, Profit, das Profane Geld und Alle Fähigkeiten und Bedürfnisse müssen so die Form des Interesse haben, also die Warenform. So sind die Fähigkeiten und Bedürfnisse nicht der Zweck der Gesellschaft und so der Individuen, sondern deren Mittel, der Zweck ist die Verwertung des Wertes, das Profane Geld, das Kapial ist die Säkulare Alltagsreligion der Bürgerlichen Subjekte, das Bürgerliche Subjekt so Religiot des Kapitals. Der Bürger will so nichts weiter als, seine Partikularinteressen als Ideale zur Norm erheben und gegen andere durchsetzen, eben in der Konkurrenz. Die Krisendynamik des Kapitals, Überproduktion und Überakkumulation hat die Gesellschaft inzwischen völlig Dysfunkional gemacht, der also den Skandal der Existenz dieser Gesellschaft nicht sehen will, ist Ideologisch Verwahrlos. Das wäre Grundlegende Basis meine Rede.
4	Ein realer Teufelskreis, diesen Punkt könnte man gut nutzen um die Ursache der Kriese zu erörtern. Aber dieser Weg ist nicht die Lösung sondern das Problem.
5	wie lange soll das denn gut gehen?
6	nicht zwangsläufig
7	passt
8	Das hat noch nie so funktioniert
9	darüber weiss ich nichts
10	aber auch sehr verallgemeinernd
11	Höhere Löhne führen nicht zu mehr Beschäftigung.
12	Das stimmt.
13	Klare Aussage. Steigt die Kaufkraft, steigt auch der Absatz.
14	bin unsicher

Tabelle B.9: Kommentare KY4

Aussage: »Wie viel Leute kaufen, hängt auch davon ab, wie viel sie arbeiten können«

Nr.	Kommentar
1	nein
2	Es hängt auch davon ab inwieweit sie arbeiten wollen.
3	Wieviel Menschen kaufen können, hängt davon ab wie viel Geld Sie in der Konkurrenz sich vorher aneignen können. Die Tatsächliche Arbeitszeit spielt dabei keine Rolle.
4	Da steht der Faktor Zeit im Widerspruch. Was allerdings stimmt ist das mit mehr gut bezahlter Arbeit eine höhere Qualität der Produkte erwünscht ist. Aber die Menge verändert sich nicht wesentlich.
5	eben
6	viel arbeit und guter lohn bewirkt eine gute kaufkraft und somit wirtschgaftliche aufschwung
7	zum teil, es geht um verfügbares geld
8	Mit zunehmenden Verdienst steigt die Kaufkraft
9	finde ich irrelevant
10	aber vor allem wieviel Geld sie mit ihrer Arbeit verdienen
11	Das glaube ich nicht.
12	keinen

Tabelle B.10: Kommentare KY5

Aussage: »Wenn Unternehmen ihre Produkte nicht loswerden, produzieren sie weniger und verringern die Beschäftigung«

Nr.	Kommentar
1	nein
2	das wird wohl letztendlich die Konsequenz sein
3	So ist eben der Markt.
4	In Wahrheit versuchen Unternehmen dann billiger zu produzieren, also mehr in der gleichen Zeit. Das heißt Technologische Rationalisierung
5	Na Gott sei Dank, es wird schon genug für die Tonne produziert. Aber gut bezahlte innovative Mitarbeiter sollten den Markt kennen und rechtzeitig gegensteuern können.Reine Bandarbeiter im Billiglohnsektor fallen halt einfach um wenn das Band steht. Bildung Bildung Bildung.
6	man muss sich neu orientieren
7	ist nur logisch
8	wäre eine möglichkeit, sie könnten aber auch die produkte ändern oder mehr werbung machen
9	Erst mal keinen verunsichern
10	Absatz sollte schon gegeben sein
11	absolut!
12	ist oft so... im Kapitalismus
13	Das ist sinnvoll.
14	richtig, oder stellen ium

Tabelle B.11: Kommentare MG1

Aussage: »Wenn Leute arbeitslos sind, haben sie den passenden Job nur noch nicht gefunden«

Nr.	Kommentar
1	nein
2	Wenn das ALG zu hoch ist, ist die Motivation für eine Jobsuche niedrig.
3	Da es sich um nichts weiter handelt als die Konkurrenz aller Verkäufer der Ware Arbeitskraft, gibt es in diesem Wettbewerb unvermeidlich Menschen die Pech haben,
4	... oder haben noch nicht die richtige Qualifikation. Jobsuche will auch gelernt sein.
5	kommt auf die umstände an
6	es wird immer welche geben die nicht arbeiten wollen
7	völliger Blödsinn, viele wollen arbeiten und finden nix und viele wollen gar nicht arbeiten
8	Wer arbeiten will findet auch was
9	stimmt nicht
10	Polemik
11	Arbeitslos müsste heute kaum noch einer sein.
12	Wann ist ein Job passend? Eine Verpflichtung zur Arbeit macht die Jobs passend. Außerdem kann man auch neben der Arbeit sich um passendere Arbeitsstellen bewerben.
13	ist auch eine Frage des Willens
14	Es ist nun mal so.

Tabelle B.12: Kommentare MG2

Aussage: »Wenn es mehr Jobs gibt, können Arbeitnehmer höhere Löhne aushandeln, weil sie dann leichter eine Stelle finden«

Nr.	Kommentar
1	nein
2	Die Anzahl der Jobs hängt von der Marktsituation ab. Natürlich bedeuten mehr freie Stellen eine höhere Nachfrage und damit bessere Chancen auf eine höhere Entlohnung. Das trägt aber auch nicht zur Lösung einer Wirtschaftskrise bei.
3	Die Arbeitsethik ist das einzige was das Bürgerliche Subjekt hat, ohne diese ist es so Hohl und Leer wie die Wertform
4	Ja das nennt man Marktpreis, und der orientiert sich schon immer auch an dem vorhandenem oder ausbaufähigem Wissen des Bewerbers.
5	denkt nur ihr
6	es kommt immer auf die eigene qualifikationmen an
7	kann so sein
8	Teilhabe am Erfolg
9	Widerspricht sich
10	keine ahnung
11	sollte idealerweise so sein
12	Das stimmt genau.
13	umgedreht

Tabelle B.13: Kommentare MG3

Aussage: »Je mehr Geld Arbeitslose bekommen, desto weniger Jobangebote nehmen sie an«	
Nr.	Kommentar
1	nein
2	Ein überwiegender Teil der Arbeitslosen möchte wieder in Arbeit kommen, um auch einen Sinn in ihrem Leben zu sehen und zu realisieren, dass sie als Individien gebraucht werden. Deshalb muss das Arbeitslosegeld schon 90 bis 95% des Arbeitslohnes ausmachen, dass ich dieser Aussage zustimmen würde.
3	Das ist absolut richtig. Viele haben sich schon heute dauerhaft in Hartz4 eingerichtet und sind für den Arbeitsmarkt verloren.
4	Die Arbeitsethik und so der Arbeitsfetisch, zeigt sich in diesem Ressentiment gegen die Unterschicht, die gerade in Deutschland durch den NS, besonders widerwärtig ist.
5	Die Aussage trifft nur auf wenige Ausnahmen zu. Die Mehrheit reagiert, wissenschaftlich nachgewiesen, mit höherer Innovation. Auf der Couch liegen ist viel schöner wenn man vorher was geschafft hat. Die Mehrheit würde sogar stärker suchen oder sich gerade selber was einfallen lassen, wenn der Finanzielle druck weniger wird.
6	richtig so
7	ver undverdient arbeitslos geworden ist sollte auch das notige geld zum überleben bekommen alle anderen nicht
8	die faulen schmarotzer auf jeden fall
9	Die die arbeiten werden dafür bestraft es zu tun weil sie damit die Nichtstuer finanzieren die dafür genauso viel bekommen ohne eine Leistung zu erbringen. Leider
10	kann man so sagen
11	hilft, glaube ich in der Situation nicht unbedingt weiter
12	Davon bin ich überzeugt.
13	Ich einerseits diese Aussage zustimmen, andererseits würde ich, wenn ich wenn sich die Rede in die Richtung Preissteigerung auf das Gefälle der sinkenden Kaufkraft von Arbeitslosen hinweisen. Eine Pflicht zur Arbeit um die Bundeskasse zu entlasten mit entsprechenden Maßnahmen würde ich befürworten.
14	stimmt auch nur teilweise

Tabelle B.14: Kommentare MG4

Aussage: »Unternehmen entlassen Beschäftigte, wenn die Produktionsbedingungen sich verschlechtern, und suchen neue Mitarbeiter, wenn die Produktionsbedingungen sich verbessern«

Nr.	Kommentar
1	nein
2	ich würde nicht den Begriff »Produktionsbedingungen« verwenden, sondern eher von »Marktumfeld« sprechen und der Aussage dann eher zustimmen
3	Das ist auch eine Binsenweisheit und hilft nicht weiter.
4	Eine Binsenweisheit die deutlich macht was Unternehmen sind, Ausbeutungsstätten zum Zweck der Geld vermehrung.
5	Der normale Wandel, Produkte die sich nicht mehr so gut verkaufen lassen sterben weg und dafür entstehen neue, die dann dann auch besser geschulte Mitarbeiter benötigen, da neue Produktionsstätten einen höheren Automatisierungsgrad erreichen. Diesen Punkt könnte man höchstens als Fußnote beim Thema lebenslange Bildung einfließen lassen.
6	völlig falscher ansatz
7	nicht jede firma kann sich leisten personal zu behalten wenn es die wirtschaft nicht her gibt
8	es ist eher die nachfrage aber auch die produktionsbed.
9	Selbsterklärend
10	das ist wichtig
11	ist häufig so
12	Das ist nachvollziehbar.
13	Wenn Produktionsbedingungen für Unternehmen zu stark durch den Staat reglementiert werden, steigen die Produktionskosten. Dadurch wandern Betrieb auch ab ins Ausland. Werden diese Reglementierungen von der Kostenseite staatlich durch Subventionen gestützt und gefördert, können Arbeitsplätze erhalten bleiben bzw geschaffen werden. Wichtig bei den Subventionen ist aber eine strikte Maßnahmenbindung und Kontrolle. Außerdem dürfen subventioniere Unternehmen für x Jahre nicht veräußert werden, da die Modernisierung auch eine Wertsteigerung der Unternehmen darstellt.
14	umgedreht

Tabelle B.15: Kommentare MG5

Aussage: »Ausgeschriebene Stellen sind wie Aktien: Sie kosten etwas, aber lassen zukünftige Gewinne erwarten«	
Nr.	Kommentar
1	nein
2	Nicht zwangsläufig. Das hängt von der Marktentwicklung ab. Mehr Mitarbeiter bedeuten nicht automatisch mehr Gewinn.
3	Das Unternehmen nur die Ware Arbeitskraft kaufen, wenn Profit in Aussicht steht, sollte eine Binsenweisheit sein, doch der Bürger mit seiner Halbbildung (Adorno) ist eben Ideologisch Verwahrlost.
4	Und das gilt für beide Seiten.
5	kann man so oder so sehen
6	wenn man die richtige person für die richtige stelle findet stimmt diese aussage
7	nö
8	Um sehr gute Mitarbeiter zu bekommen muss man investieren
9	volltreffer
10	netter Vergleich
11	Das stimmt vollkommen.
12	Diese Aussage lässt unterschwellig Aktien als risikolos darstellen. Diese Formulierung mit einer positiven Affinität zu Aktien würde ich keinesfalls wählen.
13	bin ich mir nicht sicher, ist bestimmt nicht überall so

Tabelle B.16: Kommentare AG1

Aussage: »Unternehmen wollen immer ihre Profite maximieren«

Nr.	Kommentar
1	nein
2	so ist das wohl (leider) in der Marktwirtschaft
3	Das ist das Prinzip der Marktwirtschaft.
4	Das ist der Zweck von Unternehmen, das ist der Zweck Kapitalistischer Produktionsweise, der Warenproduktion
5	Ja genau dagegen muss man Regulierend eingreifen, und schon sind wir wieder bei einer neuen Gesellschaftsform.
6	stimmt
7	das ist zutreffend
8	weil es das ist was zählt. außer vielleicht bei kleinen Familienbetrieben
9	das stimmt leider
10	Dies ist der Zweck eines Unternehmens
11	guter aspekt
12	leider sehr oft so im Kapitalismus
13	Das ist die Aufgabe eines Unternehmens.
14	Das ist der Grundsatz jedes Unternehmens.
15	Aus unternehmerischer Sicht nachvollziehbar. Aber nicht um jeden Preis. Schonung von vorhandenen Arbeitsplätzen muss aus der Fürsorgepflicht an erster Stelle stehen.
16	unterschiedlich

Tabelle B.17: Kommentare AG2

Aussage: »Konsumenten wollen immer ihren Nutzen maximieren«

Nr.	Kommentar
1	nein
2	wer will es dem Konsumenten verdenken - für den erarbeiteten Lohn will doch jeder eine maximale Gegenleistung haben, wenn er sich etwas kauft
3	Das ist doch absolut normal.
4	Die Gesellschaftlichen Verhältnisse, die Konkurrenz, zwingen jeden dazu.
5	Konsumenten sind beeinflussbar, die Beeinflussung erfolgt leider sehr einseitig durch den Markt.
6	Unternehmen auch - Hauptziel: Gewinn erwirtschaften, sonst Unternehmen sinnlos...
7	noch nicht nachgewisen
8	das versuchen nicht nur kunden sondern auch die firmen und dies ist auch gut so
9	stimmt natürlich und ist normal und vernünftig
10	Menschen sind egoistisch
11	muss unbedingt gesagt werden
12	um die Situation auf dem Arbeitsmarkt zu verbessern/ zu analysieren ist das Konsumentenverhalten zu vernachlässigen
13	Kann ich nicht bestätigen.
14	der Meinung bin ich nicht

Tabelle B.18: Kommentare AG3

Aussage: »Wenn ein Unternehmen mehr Leute beschäftigt, produziert es mehr. Allerdings erhöht sich die produzierte Menge mit jeder weiteren Arbeitskraft in einem immer geringeren Ausmaß – zumindest dann, wenn das Unternehmen keine neuen Anschaffungen tätigt, also beispielsweise keine zusätzlichen Maschinen oder Werkzeuge kauft«

Nr.	Kommentar
1	nein
2	Die Produktion hat nichts mit der Anzahl der Beschäftigten zu tun, sondern wird eher von der Technologie bestimmt.
3	Die Technologie hat den Zweck die Arbeitskraft des Menschen zu ersetzen um Lohnkosten zu senken. Da jedoch der Wert um den es geht, nur aus der Arbeitszeit der menschlichen Arbeitskraft kommen kann, zeigt sich hier ein Irrationaler Widerspruch des Kapitals.
4	Das ist eine Tatsache die eher in die Grundausbildung gehört.
5	1. Satz ok, zweite totaler Blödsinn..., sorry
6	das ist zumindest teil rchtig
7	nicht zwangsläufig
8	ich kann auch leute einstellen und weniger produzieren. leute im personalwesen produzieren gar nix
9	Investitionen in Manpower und Technologie sind ein wichtiger Baustein
10	ja, denke ich auch
11	kann passieren, deshalb muss der Staat oder ein anderer Anreize schaffen für Investitionen
12	Trifft auf den Dienstleistungssektor nur sehr bedingt zu.Man kann auch in Schichten arbeiten, um die Auslastung zu erhöhen.
13	Dem würde ich widersprechen.
14	Erhöhte Produktion nur in Verbindung mit mehr Absatz. Produktion nur der Produktion wegen ist kritisch zu kommentieren. Maschinen müssen, wenn die Finanzierung gesichert ist, modernisiert werden.
15	mehr leute heißt nicht effektiver

Tabelle B.19: Kommentare AG4

Aussage: »Der Konsum eines Gutes bringt immer weniger zusätzlichen Nutzen, je mehr man davon konsumiert«

Nr.	Kommentar
1	nein
2	Bezogen auf lebensmittel –> irgendwann ist man eben satt. Aber so eine Binsenweisheit trgt nicht zur Lösung einer Witschaftskrise bei.
3	Die »Kritik« des Konsums ist nichts weiter als Ressentiment, denn die Bedürfnisse sind nicht Gegenstand der Kritik, sondern die Produktionsweise. Die sogenannte »Konsumkritik« kommt eben von Selbstdisizplinierten Asekten mit Protestantischer Arbeitsethik, also genau den Elendsgestalten die diesen Irratioanlen Unsinn durchgesetzt haben.
4	Diese Aussage klingt zwar interessant, aber wenn ich selber nicht weiß wo es hinführt, würde ich die Finger davon lassen.
5	seh ich genauso
6	konsum kurbelt die wirtschaft schon immer an
7	kommt auf die produkte an. für kondome kann das wohl kaum gelten........
8	Nicht logisch / wichtig
9	sehr guter aspekt
10	Benötige ich nicht für die Rede
11	kommt auf das Gut an

Tabelle B.20: Kommentare AG5

Aussage: »Arbeit ist ein Gut, das Leute anbieten und Unternehmen nachfragen«

Nr.	Kommentar
1	nein
2	so ist es - der Mensch bietet seine Arbeitsleistung einem Unternehmen an und der Arbeitgeber sucht sich aus dem Kreis der bewerbenden Personen den seiner Meinung nach besten und geeignetsten aus und stellt ihn ein
3	Das Prinzip von Arbeitgeber und Arbeitnehmer ist völlig korrekt.
4	Es ist die Arbeitskraft die gekauft wird, Sie ist eine Ware und ist die einzige Ware die Mehrwert produziert, Lohnarbeit ist immer Ausbeutung für den Mehrwert.
5	Leider gibt es in punkto Qualifikation ein großes Gap. Arbeitslosigkeit kann man nur durch Bildung bekämpfen, die Industrie hilft ja schon wo sie kann, aber der Grundstein ist politisch gesehen total veraltet. Das gesamte Bildungssystem muss mit Hilfe des Marktes und der Industrie neu aufgestellt werden.
6	wir d nur noch ausgenutzztz
7	nichts
8	korrekt
9	So ist es
10	So ist es eben
11	nicht wirklich von bedeutung
12	sehr theoretisch, für eine Fernsehsendung ungeeignet
13	Habe Vertrauen zu meiner Beratungsperson
14	stimmt

7.2.2 Arbeitgeber

Tabelle B.21: Kommentare KL1

Aussage: »Märkte bringen von selbst die für alle nützlichste Situation«

Nr.	Kommentar
1	es stimmt schlicht nicht
2	und diese Kräfte müssen möglichst frei arbeiten!!!
3	Nachteile einer selbstregulierenden Marktsituation sind beispielsweise schlechte Qualitäten einzelner Produkte oder unkontrollierte Arbeitsbedingungen. Von \`nützlich' kann dann keine Rede mehr sein, insbesondere bei Produkten die einer Notwendigkeit entbehren.
4	unsinn
5	> Es existiert ein 'GERINGER EINFLUSS der sg. 'MÄRKTE

Tabelle B.22: Kommentare KL2

Aussage: »Wenn Leute arbeitslos sind, dann verlangen sie zu hohe Löhne«

Nr.	Kommentar
1	mit unter oft bieten diese aber auch zu wenig Leistung
2	Es muss jeder für sich selber verantworten, welche Premissen er bei der Jobsuche setzt.

Tabelle B.23: Kommentare KL3

Aussage: »Wenn die Löhne steigen, verringern Unternehmen die Beschäftigung«

Nr.	Kommentar
1	So lange es vernünftige Gewinne gibt und die Kosteneffizienz gesteigert werden kann nicht.
2	Die Gefahr, von Wirtschaftsunternehmen in einer Krisensituation Lohnerhöhungen zu fordern, liegt zweifellos in der drohenden Vernichtung von Arbeitsplätzen.
3	> THESE / FESTSTELLUNG OHNE ZUSAMMENHANG ?

Tabelle B.24: Kommentare KL4

Aussage: »Wie viel Leute kaufen, hängt nur von den Preisen ab«

Nr.	Kommentar
1	keine Lust das zu widerlegen dämliche Aussage
2	Bei guten Produkten sollte nicht der Preis sondern das Verhältnis zur Qualität zu einem Kauf anregen. Generell zu sagen, günstige Preise erhöhen den Konsum, ist in der (inteligenten und nachhaltig denkenden) Gesellschaft unzutreffend.
3	und von den Einkommen und Bedürfnissen
4	> Trifft 'TEILWEISE zu .

Tabelle B.25: Kommentare KL5

Aussage: »Unternehmen können immer so viel verkaufen, wie sie wollen«

Nr.	Kommentar
1	dem ist nicht so wenn der staat reguliert
2	Nö Wenn die Firma etwas Herstellt was keiner brauch, dann nicht.
3	> erwähnt eine 'IDEOLOGIE welche an der 'REALITÄT - VORBEI geht !

Tabelle B.26: Kommentare KY1

Aussage: »Wenn man Märkte sich selbst überlässt, können sie in Situationen stecken bleiben, die nicht für alle vorteilhaft sind«

Nr.	Kommentar
1	Daher bitte eine soziale Marktwirtschaft.
2	Regulierende Eingriffe in stagnierende Märkte sollten unter bestimmten Voraussetzungen und mit wohl abgewägten Mitteln eine ausufernde Arbeitslosigkeit verhindern. Z. Bsp. in Krisensituationen das Kurzarbeitergeld oder Soforthilfen für betroffene Berufszweige. Ein Eingriff in die Märkte kann nur seitens der Regierungsebene geschehen, was chaotische Zusammenbrüche stark betroffener Branchen verhindert. Unternehmen, welche auf staatliche Unterstützung bauen, sollten zum einen bereits vor der Krise stabil gewesen sein und zum anderen in der Lage sein, spätere Überschüsse anteilig zur Rückzahlung einzubeziehen. Ausgeschlossen sollten Auszahlungen an Aktionäre aus Staatszuschüssen sein.

Tabelle B.27: Kommentare KY2

Aussage: »Leute wären auch arbeitslos, wenn Unternehmen die Löhne beliebig festlegen könnten«

Nr.	Kommentar
1	Das wird so sein, da es Menschen gibt die zu wenig Leistung anbieten. oder Es auch Menschen gibt die nicht arbeiten können, krank sind oder einfach zu dämlich.
2	Die Beliebigkeit der Lohnfestsetzung würde wohl vorallem von Unternehmen ausgenutzt werden, um den Lohn zu drücken. Somit würden sich mehr Menschen gegen eine unterbezahlte Stelle entscheiden und in die Arbeitslosigkeit gehen. Jeder Lohn sollte ausreichend für die Lebensführung sein. Dennoch akzeptieren sicher auch einige Arbeitnehmer geringbezahlte Arbeitsplätze, um einer Beschäftigung nachzugehen, welche selbst geringsten Lohn verspricht.
3	> Hinsichtlich des 'ZUFRIEDENHEIT' s - GEFÜHL ' s in WIRTSCHAFTLICHER HINSICHT , Könnte das die 'AUSWIRKUNG - zur ENTSCHEIDUNG' s - FINDUNG 'prägen / bestimmen

Tabelle B.28: Kommentare KY3

Aussage: »Können sich Leute nicht so viel leisten, wie Unternehmen gerne produzieren würden, dann führen höhere Löhne zu mehr Beschäftigung. Denn wenn Leute mehr Geld haben, kaufen sie auch mehr. Unternehmen können dann mehr verkaufen, produzieren mehr und stellen dazu auch mehr Leute ein«

Nr.	Kommentar
1	es ist eine wirre zusammenfassung von spekulationen
2	Irgendwie hört sich das nach einer Aussage an, die von sozialen Gutmenschen kommen könnte. Das ist eine in sich klein geistige Aussage ohne Anerkenntnis von vielen weiteren Bedingungen.
3	Es ist fraglich, ob dieser Konsumrausch für alle langfristig gut und gewinnbringend bleibt.
4	> Zuviel KENNTNISSE tragen in DIESEM - FALLE 'NICHT WIRKLICH zur 'LOHNSTEIGERUNG bei!

Tabelle B.29: Kommentare KY4

Aussage: »Wie viel Leute kaufen, hängt auch davon ab, wie viel sie arbeiten können«

Nr.	Kommentar
1	Wenn mit arbeiten auch mehr Geld verdienen gemeint ist? Ja Gibt ja auch Menschen die bekommen auch auf einmal mehr Geld ohne mehr zu Arbeiten.
2	Die Arbeitszeit ist die Grundlage des zur Verfügung stehenden Gehaltes. Das wiederum entscheidet über die Möglichkeit des Konsums.
3	> 'INSTINkTiV sowie INFORMATIV !

Tabelle B.30: Kommentare KY5

Aussage: »Wenn Unternehmen ihre Produkte nicht loswerden, produzieren sie weniger und verringern die Beschäftigung«

Nr.	Kommentar
1	so ist die bwl logik
2	ja ist so (mal abgesehen von Staatlichen Unternehmungen)
3	Um das zu verhindern, sollten krisenbedingte Unterstützungen und Regulierungen vorgenommen werden. Wichtig hierbei ist die Abwägung langfristiger Erhaltung von Arbeitsstellen und Nachhaltigkeit für Themen wie Klimapolitik und Sozialpolitik.
4	> Kann 'NACHHALTIG angewandt 'Sein ...!

Tabelle B.31: Kommentare MG1

Aussage: »Wenn Leute arbeitslos sind, haben sie den passenden Job nur noch nicht gefunden«

Nr.	Kommentar
1	es ist eine unterstellung
2	Arbeitslose Menschen aus Ihren Wohnungen zu normalen festen Zeiten abholen und bilden oder beschäftigen. Ziel ist es diese Menschen nicht zu Hause sich alleine überlassen sondern wieder -ihr recht auf Arbeit- zu ermöglichen.
3	Es gibt objektive Gründe, hier diese Wirtschaftskrise, welche nicht jedem Arbeitslosen eine entsprechende (qualifikationspassende, altersgemäße und örtlich passende) Stelle bietet. Wichtig hierbei ist sicher bei zahlreichen Arbeitslosen das Zusammenspiel von Qualifikation und Standort.
4	> Trifft in 'KEINSTER - WEISE zu ... ..!

Tabelle B.32: Kommentare MG2

Aussage: »Wenn es mehr Jobs gibt, können Arbeitnehmer höhere Löhne aushandeln, weil sie dann leichter eine Stelle finden«

Nr.	Kommentar
1	ja korrekt
2	Krise? Höhere Löhne sind sicher nicht das erste Mittel zur Bekämpfung einer Wirtschaftskrise.
3	> Klingt _ LOGIK:

Tabelle B.33: Kommentare MG3

Aussage: »Je mehr Geld Arbeitslose bekommen, desto weniger Jobangebote nehmen sie an«

Nr.	Kommentar
1	es ist eine sehr polarisierende feststellung
2	Stimmt!
3	Diese Aussage setzt eine Stigmatisierung voraus, welcher ich mich nicht anschließen möchte.
4	> BEQUEMLICHKEIT" Läßt WÄHLERISCH werden !

Tabelle B.34: Kommentare MG4

Aussage: »Unternehmen entlassen Beschäftigte, wenn die Produktionsbedingungen sich verschlechtern, und suchen neue Mitarbeiter, wenn die Produktionsbedingungen sich verbessern«

Nr.	Kommentar
1	das ist bwl basis
2	ja das ist so
3	Unternehmen sollten stets darauf achten gutes Personal auch in Krisenzeiten zu halten.
4	dagegen hilft kurzarbeit
5	> Deutet die 'SACHLAGE REALISTISCH

Tabelle B.35: Kommentare MG5

Aussage: »Ausgeschriebene Stellen sind wie Aktien: Sie kosten etwas, aber lassen zukünftige Gewinne erwarten«

Nr.	Kommentar
1	es ist eine wilde behauptung
2	Marktwirtschaft aber wer hat was zu welchem Zweck von dieser Aussage?

Tabelle B.36: Kommentare AG1

Aussage: »Unternehmen wollen immer ihre Profite maximieren«

Nr.	Kommentar
1	ohne dieses Streben gibt es keine allgemeine Wohlstandssteigerung
2	Es ist nicht richtig diese Aussage zu verallgemeinern und generell jedem Unternehmer diese einseitig ausgerichtete Firmenphilosophie zu unterstellen. Zahlreiche Unternehmen gestalten das Arbeitsplatzumfeld aufwendig und kostenintensiv, was natürlich einem Profit auch zuträglich ist.
3	im rahmen der gesetze
4	> Im PRINZIP MARKTWIRTSCHAFTLICHES 'DENKEN & auch 'Handel'n

Tabelle B.37: Kommentare AG2

Aussage: »Konsumenten wollen immer ihren Nutzen maximieren«

Nr.	Kommentar
1	ja natürlich (sogar im Sozialismus und Kommunismus)
2	> Enthält eine Gewisse WAHRHEIT

Tabelle B.38: Kommentare AG3

Aussage: »Wenn ein Unternehmen mehr Leute beschäftigt, produziert es mehr. Allerdings erhöht sich die produzierte Menge mit jeder weiteren Arbeitskraft in einem immer geringeren Ausmaß – zumindest dann, wenn das Unternehmen keine neuen Anschaffungen tätigt, also beispielsweise keine zusätzlichen Maschinen oder Werkzeuge kauft«

Nr.	Kommentar
1	das kann muss aber nicht so sein
2	Da keine zusätzlichen linearen Kosten entstehen müssen kann die Wirtschaftlichkeit auch steigen. Nur weil ich keinen zweiten Hammer zum Kistennageln kaufe sondern diesen anschließend nicht nur zu 50% nutze sondern zu 100%, steigt meine Wirtschaftlichkeit.
3	In einer Wirtschaftskrise sollten an erster Stelle die Arbeitsplätze stehen.
4	> Ist 'So' NICHT ZUTreffend ! > Denn 'Weitere ARBEITSKRÄFTE bewirken 'AUTOMATISCH ein ERHÖHTES MENGEN - VOLUMEN in der - HERSTELLUNG (PRODUKT ERZEUGUNG

Tabelle B.39: Kommentare AG4

Aussage: »Der Konsum eines Gutes bringt immer weniger zusätzlichen Nutzen, je mehr man davon konsumiert«

Nr.	Kommentar
1	wehr hat was von dieser Aussage?
2	Ein Gut, welches konsumiert wird ist grundsätzlich erst einmal gut für den Arbeitsmarkt, auch wenn bestimmte Güter nur auf begrenzte Zeit am Markt sind. (Einschätzung ist unabhängig von Sinnhaftigkeit und moralischen Werten dieser Güter bzw. Herstellung der Güter)
3	>'Ist 'eine REALE FESTSTELLUNG !

Tabelle B.40: Kommentare AG5

Aussage: »Arbeit ist ein Gut, das Leute anbieten und Unternehmen nachfragen«

Nr.	Kommentar
1	da wird mir ja fasst schlecht bei der Aussage
2	Die Wertschätzung der Arbeitsleistung eines Angestellten sollte seitens der Unternehmer angemessen sein und zu einem auskömmlichen Gehalt beitragen.

7.2.3 Arbeitslose

Tabelle B.41: Kommentare KL1

Aussage: »Märkte bringen von selbst die für alle nützlichste Situation«

Nr.	Kommentar
1	In der Vergangenheit wurde immer wieder gezeigt das entfesselte Märkte auch gesellschaftlichen Systeme schaden können (Bankenkrise). Regulierung ist daher ein unverzichtbares Instrument.

Tabelle B.42: Kommentare KL2

Aussage: »Wenn Leute arbeitslos sind, dann verlangen sie zu hohe Löhne«

Nr.	Kommentar
1	Löhne sollten so gestaltet sein, das ein signifikanter Unterschied zum Arbeitslosengeld und ALG2 - Bezug steht.
2	Wer arbeiten will, schaut nicht so sehr auf die Höhe der Löhne.

Tabelle B.43: Kommentare KL3

Aussage: »Wenn die Löhne steigen, verringern Unternehmen die Beschäftigung«

Nr.	Kommentar
1	Höhere Löhne steigern auch die Kaufkraft der Menschen - kann auch ein Konjunkturmotor sein.
2	Dann frag ich mich, wie das Wirtschaftswunder zustande kam... zum einem natürlich durch enorm gestiegene Nachfrage, aber doch nicht nur.

Tabelle B.44: Kommentare KL4

Aussage: »Wie viel Leute kaufen, hängt nur von den Preisen ab«

Nr.	Kommentar
1	Das Kaufverhalten hängt immer noch davon ab, was für Geld angeboten wird.

Tabelle B.45: Kommentare KL5

Aussage: »Unternehmen können immer so viel verkaufen, wie sie wollen«

Nr.	Kommentar
1	Nur soviel sie verkaufen können wäre richtig.

Tabelle B.46: Kommentare KY1

Aussage: »Wenn man Märkte sich selbst überlässt, können sie in Situationen stecken bleiben, die nicht für alle vorteilhaft sind«

Nr.	Kommentar
1	Sogenannte selbst regulierende Märkte führen mitunter zur Problemen, Verwerfungen und Unsicherheit.

Tabelle B.47: Kommentare KY2

Aussage: »Leute wären auch arbeitslos, wenn Unternehmen die Löhne beliebig festlegen könnten«

Nr.	Kommentar
1	Natürlich würde der Anreiz zur Arbeitsaufnahme weitaus geringer sein, wenn die Höhe der Löhne kaum zum Arbeitslosengeld oder ALG2 unterscheidbar wäre.
2	7,9 Mrd. Idioten auf diesem Planeten... da immer mehr Automatisierung einzieht, brauchen wir nicht mehr so viele Arbeiter, sie werden überflüssig...

Tabelle B.48: Kommentare KY3

Aussage: »Können sich Leute nicht so viel leisten, wie Unternehmen gerne produzieren würden, dann führen höhere Löhne zu mehr Beschäftigung. Denn wenn Leute mehr Geld haben, kaufen sie auch mehr. Unternehmen können dann mehr verkaufen, produzieren mehr und stellen dazu auch mehr Leute ein«

Nr.	Kommentar
1	Mehr Konsum und höhere Gehälter führen nicht zwangsläufig zu höheren Kaufkraft (Inflation).

Tabelle B.49: Kommentare KY4

Aussage: »Wie viel Leute kaufen, hängt auch davon ab, wie viel sie arbeiten können«

Nr.	Kommentar
1	Es hängt weniger von der Arbeit ab sondern wieviel sie dabei verdienen.

Tabelle B.50: Kommentare KY5

Aussage: »Wenn Unternehmen ihre Produkte nicht loswerden, produzieren sie weniger und verringern die Beschäftigung«

Nr.	Kommentar
1	Es wird eine Produktumstellung stattfinden.

Tabelle B.51: Kommentare MG1

Aussage: »Wenn Leute arbeitslos sind, haben sie den passenden Job nur noch nicht gefunden«

Nr.	Kommentar
1	Das wäre zu pauschal da jeder Mensch individuell seine Fähig-und Fertigkeiten, Skills usw. haben. Mitunter wird auch durch Krankheit, Behinderung eine berufliche Laufbahn beendet und somit der Zugang zum Arbeitsmarkt erschwert wird.
2	Nein, wir müssen das bimmpern mal für 100 Jahre um 2/3 zurückfahren, es sind zu viele, wir brauchen nicht mehr so viele Arbeiter/ Sklaven, denn zum Teil wird man ja tatsächlich fast so behandelt... z.B. ich... zu 7/8 Krüppel, wird von der ARGE aber nicht anerkannt, stattdessen erzählen die mir, ich könne mindestens 6 Stunden pro Tag arbeiten und müsse einsatzfähig sein, um auch nur die paar Kröten zum überleben zu bekommen (denn zum wirklichen Leben reicht das bei weitem nicht, das System ist am Ende/ kaputt), während ich zu Hause nich einmal mit meinem eigenen Haushalt hinterher komme und dabei regelmäßig Hilfe brauche... von wegen die Menschenwürde wäre unantastbar, tatsächlich wird sie regelmäßig, von oben herab, von lebenden Knäckebrot (absolut nichtskönnenden Idioten, die wuderst denken, was sie tolles darstellen, obwohl die noch eine viel größere Steuerverschwendung sind...) mit Füßen getreten.! Und für den Umweltschutz gilt genau das gleiche, zu viele Menschen, so ist der Planet nicht mehr zu retten, nicht in unserem Sinne... und das CO2 ist nur ein verzweifelter Versuch... ABER... treffen sich zwei Planeten, sagt der eine, ohh, ich hab Homosapien, sagt der ander, kein Ding, geht schnell vorbei (gemessen am »Leben« eines Planeten) also schöne Restzeit...

Tabelle B.52: Kommentare MG2

Aussage: »Wenn es mehr Jobs gibt, können Arbeitnehmer höhere Löhne aushandeln, weil sie dann leichter eine Stelle finden«

Nr.	Kommentar
1	Nachfrage und Angebot bestimmen den Arbeitsmarkt und entsprechend auch die Verhandlungsbasis bei Gehältern.

Tabelle B.53: Kommentare MG3

Aussage: »Je mehr Geld Arbeitslose bekommen, desto weniger Jobangebote nehmen sie an«

Nr.	Kommentar
1	Der Regelsatz für Arbeitsuchende sollte ein menschenwürdiges Leben und Teilhabe an der Gesellschaft sichern. Eine Reform zur Beschäftigung von Arbeitslosen wäre unabdinglich. Nach niederländischen Vorbild erwerbslose schwer vermittelbare Menschen in einer vom Jobcenter initiierten Beschäftigungsgesellschaft mit sozialpflichtiger Tätigkeit zu beschäftigen wäre ein Lösungsansatz. Personengruppen wie Menschen mit Behinderung, Langzeitarbeitslose usw. würden davon sicherlich profitieren.

Tabelle B.54: Kommentare MG4

Aussage: »Unternehmen entlassen Beschäftigte, wenn die Produktionsbedingungen sich verschlechtern, und suchen neue Mitarbeiter, wenn die Produktionsbedingungen sich verbessern«

Nr.	Kommentar
1	Ein fester qualifizierter Mitarbeiterstamm kann für etablierte Unternehmen überlebenswichtig sein. Das Instrument der Kurzarbeit bietet Arbeitgebern die Möglichkeit auch in konjunkturschwachen Zeiten ihre Mitarbeiter zu halten.
2	Die Produktionsbedingungen zu verbessern, sprich z.B. neuere, präzisere Maschinen anzuschaffen, kann ich nur, wenn ich einen regelmäßigen Gewinn erwirtschafte, mich also verbessere, nicht wenn ich immer mehr einspare...

[Keine Kommentare zu Aussage MG5: »Unternehmen entlassen Beschäftigte, wenn die Produktionsbedingungen sich verschlechtern, und suchen neue Mitarbeiter, wenn die Produktionsbedingungen sich verbessern«]

Tabelle B.55: Kommentare AG1

Aussage: »Unternehmen wollen immer ihre Profite maximieren«

Nr.	Kommentar
1	Das Gesellschaftssystem beruht auf diesem Prinzip. Werte wie wirtschaftliches Wachstum, Profitmaximierung, usw. sind Grundpfeiler der Gesellschaftsordnung - leider.

Tabelle B.56: Kommentare AG2

Aussage: »Konsumenten wollen immer ihren Nutzen maximieren«

Nr.	Kommentar
1	Die meisten Verbraucher versuchen ein gutes Preis-Leistungsverhältnis abzuwägen.
2	Wenn dem so wäre, dann würde so mancher NICHT für FairTrade bezahlen, !!! Obwohl es für große Unternehmen viel einfacher wäre !!! ... Edeka 2020, 61 Mrd. Euro Umsatz...

Tabelle B.57: Kommentare AG3

Aussage: »Wenn ein Unternehmen mehr Leute beschäftigt, produziert es mehr. Allerdings erhöht sich die produzierte Menge mit jeder weiteren Arbeitskraft in einem immer geringeren Ausmaß – zumindest dann, wenn das Unternehmen keine neuen Anschaffungen tätigt, also beispielsweise keine zusätzlichen Maschinen oder Werkzeuge kauft«

Nr.	Kommentar
1	Investitionen sind ein unumgänglicher Baustein von Unternehmen um weiterhin wettbewerbsfähig zu bleiben.

Tabelle B.58: Kommentare AG4

Aussage: »Der Konsum eines Gutes bringt immer weniger zusätzlichen Nutzen, je mehr man davon konsumiert«

Nr.	Kommentar
1	Mehr Konsum führt nicht automatisch zu Nachhaltigkeit - Ressourcen werden verbraucht, ökologisch bedenklich.

Tabelle B.59: Kommentare AG5

Aussage: »Arbeit ist ein Gut, das Leute anbieten und Unternehmen nachfragen«

Nr.	Kommentar
1	Die Nachfrage an Arbeitskräften ist ansteigend. Leider ist die Kluft zwischen Qualifikation, Arbeitsanforderung, Gehalt mitunter sehr groß.

7.3 Technischer Anhang zur Feldbeobachtung

Im Folgenden aufgelistet sieht man die datenschutzform abgeänderte Herleitung der Modellgleichungen, die in der im Fall geschilderten Situation gezeigt wurden:

- N Dokumente
- M Status
- Zeit t
- In jedem Status befindet sich zum Zeitpunkt t_i eine gewisse Anzahl Dokumente.
- Bei jedem Wechsel von t_i auf t_{i+1} (jeden Tag, jede KW z.B.) wechselt eine gewisse Anzahl von Dokumenten den Status.
- Die Validierungsdurchlaufhäufigkeit steigert die Anzahl der Dokumente, die progressiv den Status wechseln.

Abbildung C.1: Erklärung der Variablen der Modellwelt

- N Dokumente seien am Tag in den nächsten Prozessschritt zu bringen.
- I Validierungssprozessdurchläufe finden pro Tag statt.
- Wahrscheinlichkeit p dafür, dass ein Dokument nach dem jeweiligen Validierungsdurchlauf erneut durch den Validierungsprozess muss.

- Erwartete Anzahl weitergereichter Dokumente pro Tag N_e:

$$N_e = N * (1 - p^I)$$

Abbildung C.2: Modellierung der täglich in den nächsten Prozessschritt gereichten Dokumente

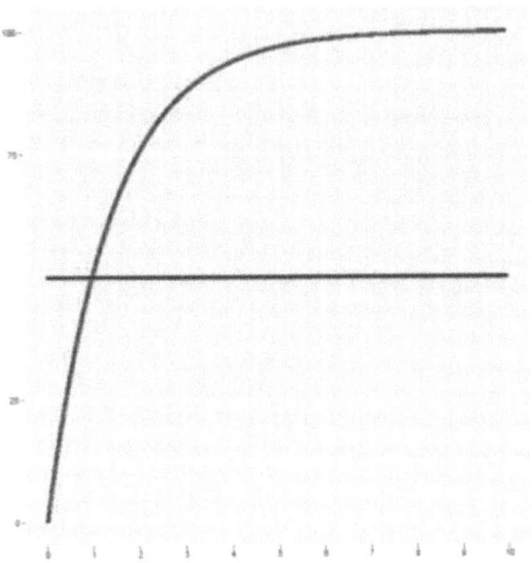

Abbildung C.3: Diagramm mit Beispieldaten für die täglich erfolgreich verarbeiteten Dokumente. y-Achse: Zahl der erfolgreich importierten Dokumente pro Tag; x-Achse: Zahl der täglichen Validierungsprozessdurchläufe. Die rote Linie zeigt den Status quo für eine auf den Wert 1 fixierte Anzahl der täglichen Validierungsprozessdurchläufe

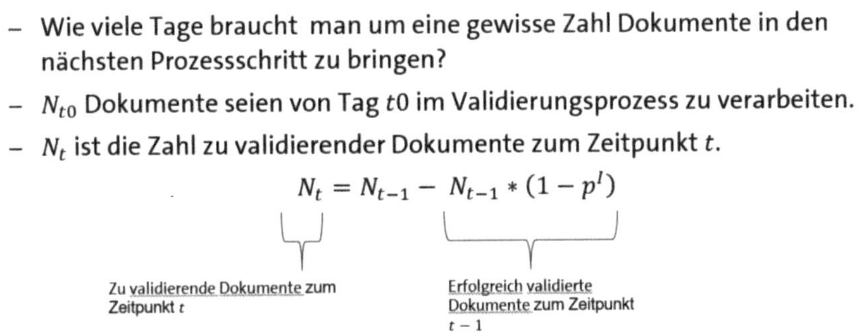

Abbildung C.4: Herleitung der Modellgleichung für die zentrale Kurvendarstellung des exponentiellen Zerfallsprozesses in Abbildung 1.3 oben